天外"求索"文库

天津外国语大学研究生论坛

（第二辑）

《天津外国语大学研究生论坛》编辑委员会　主编

南开大学出版社

天　津

图书在版编目(CIP)数据

天津外国语大学研究生论坛.第二辑 /《天津外国语大学研究生论坛》编辑委员会主编.—天津:南开大学出版社,2016.11
(天外"求索"文库)
ISBN 978-7-310-05253-0

Ⅰ.①天… Ⅱ.①天… Ⅲ.①社会科学-文集 Ⅳ.①C53

中国版本图书馆 CIP 数据核字(2016)第 266550 号

版权所有 侵权必究

南开大学出版社出版发行
出版人:刘立松
地址:天津市南开区卫津路 94 号　邮政编码:300071
营销部电话:(022)23508339　23500755
营销部传真:(022)23508542　邮购部电话:(022)23502200

*

唐山新苑印务有限公司印刷
全国各地新华书店经销

*

2016 年 11 月第 1 版　2016 年 11 月第 1 次印刷
210×148 毫米　32 开本　15.75 印张　2 插页　449 千字
定价:48.00 元

如遇图书印装质量问题,请与本社营销部联系调换,电话:(022)23507125

《天津外国语大学研究生论坛》
编辑委员会名单

主　任：修　刚
副主任：王铭玉　陈法春
委　员：李运博　余　江　李　晶　程幼强
　　　　朱鹏霄　姜雅明　单体瑞　邢　成
　　　　项成东　张晓希　赵彦春　佟　立
　　　　陈大亮
秘书处主任：李运博（兼）

序

　　研究生教育是培养高层次人才的主要途径，是国家创新体系的重要组成部分。天津外国语大学研究生教育始于1979年，1981年获得硕士学位授予权，是全国首批硕士学位授权单位之一。经过30多年的发展壮大，研究生教育从最初的9名学生发展到今天的千人规模；从6名导师发展到现在的130余名导师；从两个学科发展到今天拥有1个服务国家特殊需求（"党和国家重要文献对外翻译研究及中译外研究"）博士人才培养项目（外国语言文学学科）、4个一级硕士学位授权学科，22个二级硕士学位授权学科和4大类17小类专业硕士学位授权点；获批外国语言文学和中国语言文学两个天津市一级重点学科、外国哲学和世界经济两个天津市二级重点学科，并与中共中央编译局联合培养博士后人才，已成为我国外语类院校硕士、博士乃至博士后高层次人才培养的重要基地之一。

　　天津外国语大学始终高度重视培养研究生的思辨能力、学术素养和科研能力，围绕"具有坚实专业基础能力、广博学术视野、较强研究能力和实践应用能力的创新型人才"培养目标，不断完善寓教于研的创新人才培养模式，通过开设高水平学术讲座、导师论坛、硕士论坛，利用承办第十届世界日语教育研究大会、第六届中译外研讨会、第十一届全国语言与符号学研讨会等契机，组织在校研究生积极参加国内外高质量学术会议、创设研究生论坛、鼓励发表论文、参与科研立项等，为开阔研究生视野、提升研究生专业素质和学术能力搭建了广阔平台。

　　为全面展现研究生教育取得的显著成绩，以实际行动为建校50周年献礼，2015年研究生院组织编写了《天津外国语大学研究生论坛（第一辑）》，受到广泛关注。第二辑收录了由9个语种16个专业方向研究生撰写的 72 篇论文，内容涉及语言学研究、文学研究、翻译研究、社会经济文化研究四个方面，既有对经典学术思想和理论成就的重现，也有对新颖学术观点与独特学术视角的呈现，清晰地展示了天津外国语大学研究生良好的学术素养和较强的科研能力，凝结着全体研究生攻坚克难的心血，凝聚着全体导师孜孜不倦提携青年才俊的付出，承载着天津外国语大学高层次人才培养的美好未来。

希望广大研究生以此为新的起点，继续发扬"中外求索、德业竞进"的校训精神，人格与学问并重，求知与修身结合，厚德与博学互促，求真理于世界，博文明于古今，勤奋上进、内外兼修，不断攀登知识的高峰，加强创新能力的培养，将天津外国语大学的学术思想和精神发扬光大，积极为建设创新型国家贡献力量！

王铭玉
2016 年 3 月

目 录

语言学研究部分

评价系统下奥巴马对巴黎恐怖袭击事件演讲的人际意义研究
  2014 级 英语语言文学 陈菲菲 …………………………… 3
从语音学角度赏析诗歌《夜会》
  2014 级 英语语言文学 范洁 ……………………………… 10
维特根斯坦语言哲学核心术语探讨
  2014 级 外国哲学 郭韵杰 ………………………………… 16
《遐迩贯珍》中的日语借词
  2013 级 日语语言文学 纪华筝 …………………………… 22
表示被动意义的机能动词组合的动词意义考察
  ——以"注目を浴びる"为例
  2014 级 日语语言文学 井立冰 …………………………… 29
关于"市场"的考察
  2014 级 日语语言文学 矫新玉 …………………………… 36
哲学文献翻译视角下人称代词的确定性理解
  ——以 How to Make Our Ideas Clear 为例
  2014 级 外国哲学 孙瑞雪 ………………………………… 43
浅析奥斯汀言语行为理论
  2014 级 外国哲学 刘维 …………………………………… 49
韩语时间系统的认知语言功能考察
  2014 级 亚非语言文学 李潇睿 …………………………… 55
基于乔姆斯基约束理论视角下的中韩反身代词对比研究
  2014 级 亚非语言文学 吕凤玲 …………………………… 63

浅析由词形引起的副词性修饰成分误用
    2013级　日语语言文学　滕春萍……………………71
汉语人体词"脚"的隐喻研究
    2014级　外国语言学及应用语言学　吴晨…………77
责怪义话语标记"真是的"
    2013级　汉语言文字学　王小雨……………………84
国内多模态隐喻研究综述——认知语言学视角
    2014级　外国语言学及应用语言学　薛燕……………91
浅析网络詈语的去詈语化
    2013级　汉语言文字学　闫阳………………………97
格尔茨文化观下花儿的意义与创新——以六盘山花儿为例
    2015级　阿拉伯语语言文学　张敏…………………103
音韵视角下日语四字熟语的声调规律
    2015级　日语语言文学　朱怡洁……………………109
中国学习者对日语终助词"ね"的误用案例分析
——以天津外国语大学日语本科生为对象
    2015级　日语口译　杨楠………………………………119
试析日语"动＋动"复合动词前后项构成要素的关系
    2015级　日语语言文学　刘易……………………127

文学研究部分

由《孤独的迷宫》看墨西哥的民族性
    2014级　西班牙语语言文学　陈婉玉…………………137
刍议《大和物语》中的《姨舍》——以"月"为中心
    2014级　日语语言文学　宋丹丹……………………144
围绕风景诗学的中法对话
    2014级　法语语言文学　豆萌萌……………………149
从菅原道真的汉诗看作者的忠君性
    2014级　日语语言文学　冯奇罕……………………155

论杰伊·盖茨比的悲剧根源
  2014 级 英语语言文学 黄梦鸾……………160

法比恩·马索笔下的巴黎郊区
  2013 级 法语语言文学 胡秀蓉……………166

论陶渊明的外倾直觉与华兹华斯的内倾感觉
  2015 级 英语语言文学 刘瑞爽……………173

浪漫主义与现代主义对穆旦爱情诗创作的影响
  2014 级 现当代文学 穆春蕾……………178

《艰难时世》中的改良主义
  2014 级 英语语言文学 马力……………183

鲁迅和纳娃勒·赛阿达维作品对比研究——以妇女解放问题为视角
  2014 级 阿拉伯语语言文学 马鑫……………189

曼斯菲尔德《布里尔小姐》中的印象主义
  2014 级 英语语言文学 茹璐璐……………195

20 世纪 90 年代辞赋研究简析
  2014 级 中国古代文学 任恣娴……………201

樱花树下有什么
  ——关于《盛开的樱花树下》中樱花树意向的分析
  2014 级 日本语言文学 吴琼……………207

《黑猫》的生态女性主义解读
  2015 级 英语语言文学 王歆瑞……………213

路伊吉·皮兰德娄的创作思想简析
  2013 级 意大利语语言文学 许金然……………218

后印象主义下《到灯塔去》的光线和色彩
  2014 级 英语语言文学 杨宇佳……………224

道家思想对《文心雕龙》的影响
  2014 级 古代文学 张丽……………230

"别是一家"与"变俗为雅"
  ——通过《词论》分析李清照词作风格
  2014 级 古代文学 赵君英……………236

列维·斯特劳斯结构主义探析
　　2014 级　外国哲学　张亦冰 ………………………… 243

翻译学研究部分

从赵彦春教授的英译文看翻译新思路
　　2014 级　外国语言学及应用语言学　陈侯垚 ………… 251
美学视角下《三字经》的三个英译本对比研究
　　2014 级　英语语言文学　吕丽荣 ………………………… 260
目的论视角下民俗文化词汇的外宣翻译研究
　　2013 级　法语笔译　陈秀旗 ……………………………… 267
借鉴西方翻译理论丰富我国传统译学——以德国功能派为中心
　　2015 级　朝鲜语口译　程乐 …………………………… 274
浅谈合作原则在英汉互译中的应用
　　2014 级　英语语言文学　高俊培 ………………………… 279
从傅雷的《约翰·克利斯朵夫》译本浅谈翻译的文学性
　　2014 级　法语笔译　黄潇梦 …………………………… 286
从翻译美学视角比较分析唐诗《山居秋暝》法译本
　　2015 级　法语笔译　李梦一 …………………………… 293
浅析俄语政论语体语词特点与翻译技巧
　　——以俄罗斯社科院季塔连科院士的报告为例
　　2015 级　俄语语言文学　潘晓彤 ……………………… 300
浅析中日指示词的对译——以"这"为中心
　　2014 级　日语语言文学　宋慧娟 ……………………… 308
浅谈释意理论下政府新闻发布会中长句的省略翻译
　　2015 级　英语同传　孙颖哲 …………………………… 315
文化意象再现——关联理论在《逍遥游》英译中的应用
　　2015 级　英语笔译　田嘉欣 …………………………… 322
外宣翻译：传递中国声音
　　2014 级　英语语言文学　田韵 ………………………… 328

关联理论视角下《今晚报》中文化负载词英译策略探析
  2014 级 英语语言文学 王海珠 ·················· 335
女权主义翻译路在何方
  ——文化学派视角下的女权主义翻译理论研究
  2014 级 英语语言文学 王伟浩 ·················· 342
关联理论视角下的汉英新闻编译
  ——以《今晚报》海外版翻译为例
  2014 级 英语语言文学 王艳 ···················· 348
释意理论视角下的字幕翻译
  ——以法国电影《岳父岳母真难当》为例
  2014 级 法语语言文学 徐晨 ···················· 355
从渐变模型的角度看同声传译中的增译
  ——以美国柏森商学院讲座的同传录音为例
  2015 级 英语同传 张琪 ························ 362
《红楼梦》杨宪益夫妇和霍克斯英译本中文化信息的翻译对比研究
  2014 级 英语语言文学 张伟伟 ·················· 369
回归翻译本体：基于对文化派的反思
  2014 级 英语语言文学 张娅娅 ·················· 376
浅析"化境"与"三美"之共性——异曲同工之于美
  2014 级 英语口译 赵亚星 ······················ 382
文化负载词的英译策略——以《今晚报》海外版为例
  2014 级 英语笔译 周红娟 ······················ 388
关于《邓小平文选》日译本的研究
  李运博 李钰婧 米原千秋 ······················ 395

社会经济文化研究部分

浅析我国进出口额的影响因素——基于多元线性回归分析
  2014 级 世界经济 郭凯頔 ······················ 407
天津市百强企业社会责任综合评价
  2014 级 管理科学与工程 郭秋诗 ················ 419

江苏省城乡人均收入与消费的差异
　　——基于R软件构造的一元线性回归模型
　　　　2013级　世界经济　蒋飞亚……………………428
性别工资差异与日本女性就业问题研究
　　　　2014级　日本语言文学　马莉鑫……………442
古代科举制度的若干影响研究综述
　　　　2014级　中国古代文学　常潇………………449
PPP模式对中东北非轨道交通建设的应用
　　　　2014级　英语语言文学　孙柳………………455
中国货币流动性指标的解读和分析
　　　　2014级　世界经济　吴丹……………………462
基于因子分析的河北省11市区域经济发展差异的研究
　　　　2015级　世界经济　展博娜…………………470
浅析日剧在跨文化交际能力培养中的作用
　　　　2015级　日语语言文学　李琴………………478
浅析语言实验室在德语教学中的应用
　　　　2014级　德语语言文学　王惠………………484

语言学研究部分

评价系统下奥巴马对巴黎恐怖袭击事件演讲的人际意义研究

2014级　英语语言文学　陈菲菲

摘　要：马丁继承了韩礼德的系统功能语法，建立了评价系统这一重要的人际意义分析框架，为我们提供了有效的语篇分析工具。本文在其评价理论框架下对奥巴马就巴黎恐怖袭击事件所做的演讲进行了人际意义话语分析。

关键词：评价；人际意义；恐怖袭击；演讲

一、引言

演讲作为一种特殊的对话，有自身独特的语篇特征，旨在实现演讲者与听众之间的人际交流，从而影响目标听众的态度或行为。系统功能语言学中的人际意义指讲话者使自己参与到某一情景语境中，来表达他的态度和判断，并试图影响别人的态度和行为。（于涛，2009）李战子（2004）认为评价首先是话语人际意义的实现方式，即评价可以被看作说话人和作者建立与他们的读者/听众之间的团结的"人际性"工具。本文尝试在评价系统框架下分析奥巴马演讲语篇中体现的人际意义。

二、评价理论概述

人际意义是韩礼德系统功能语法中的重要概念之一，在语篇研究中具有重要意义，是维系人际关系的主要手段。但其对人际意义的研究主要集中在语气和情态上。Martin（马丁）和 White（怀特）等继承了功能语法的精髓，创立评价理论体系。

评价系统可以分为态度（attitude）、介入（engagement）和级差（graduation）三个子系统。其中态度是对情感、人品和物值的评价。情感、人品、物值有好有坏，因此评价程度不同（Martin & Rose（罗斯），2007），就产生了级差。而介入主要关注态度的来源，可能来源于作者或说话者本人，也可能来源于别处。三个子系统又进一步细化，后文的分析中将会展开详述。

三、奥巴马演讲声明的人际意义分析

（一）态度子系统

态度系统作为评价理论的核心，在意见统一协商中占据重要地位，它关注的是说话人或作者对当前所涉及的描述对象的情感认知，包括自身情感（affect）和价值观的表达，基于社会道德伦理和法律等对人物品格和行为的评判或裁决（judgment），以及从美学角度对事物品质、结构或价值进行的鉴赏（appreciation）。通过对奥巴马就巴黎袭击事件所做演讲全文的分析，笔者将态度资源的分布表归结如下：

表 1

子系统	情感（affect）	裁决（judgment）	鉴赏（appreciation）
出现次数	10	15	8
频率	30.30%	45.45%	24.24%

如上表所示，不同态度资源的分布差异并不悬殊，这是因为在此次演讲中，演讲者综合运用各种评判手段来传达自己对此次不幸的感慨，同时褒扬正义痛斥邪恶。其中情感子系统主要用来表达奥巴马个人对本次恐怖行径的谴责和憎恨，对法国人民的同情与慰问以及美国同世界人民一道反恐的坚定决心。裁决系统主要用在对恐怖分子极其行为的评判。鉴赏系统则出现在对该事件本身的性质的描述上。

评价资源在不同语体中的分布频率是有差异的。在该语篇中裁决资源较其他两者所占比重稍大是由其评论性演讲的语体性质决定的，公共演讲的主旨就是表明演讲者的立场或演讲者所代表群体的价值观，而这又必然体现在演讲者本身对事件行为主体的评论上。本次演讲也不例外地从奥巴马对袭击者及其活动的评论中折射其主持正义的英雄形象。当然对袭击者的评判都是消极的，对法国人民的评论都是积极的。

此外，情感的表达可以通过多种语言手段实现，其中有直接式（direct）与隐含式（implicit）之分，直接式的通过词汇来实现，隐含式的则要通过概念意义来表达。下面举例说明情感子系统中的直接与隐含的表达手段：

（1）… we **stand together**（隐含）with them in **the fight against**（直接）terrorism and extremism.
（2）… to **communicate our deepest condolences to** the families … to **offer our prayers and thoughts to** those ...（直接）

动词短语"stand together"并不能直接表明情感，需要听众依据上下文从动作本身及动词后的宾语推断说话人的心理状态。而两句中其他的加粗斜体部分都是明显的情感表达。

另外，朱永生等（2013）认为评判还具有社会性，社会评判是依据伦理道德标准、法律和宗教规范对人或事物所作出的价值判断。社会裁决又分为社会约束（social sanction）和社会尊严（social esteem）两大类（Martin & Rose，2007）。社会约束包含真实可靠（veracity）和行为正当（propriety）两个方面，此外，同情感系统一样，评判也可以直接（explicitly）或间接（implicitly）地发生，但评判既可以是个人角度的欣赏、批评也可以是依照道德标准进行的表扬、谴责。需要指出的是评判与评价者所在的机构和群体密切相关。在统计的15次裁决资源中，其中有9次是从道德角度强烈谴责恐怖分子的野蛮行为（例3），而对无辜的法国人民则是给予高度同情和支持（例4）。从而再次折射出奥巴马所代表的美国政府及人民的反恐立场，同时也拉近了与法国的距离，为接下来的G20峰会及美法的长期友好合作奠定基础。

（3）... we've seen an outrageous attempt to terrorize innocent civilians.
（4）... from the French people's commitment to life, liberty, the pursuit of happiness.

鉴赏是评价者从美学角度对事件或事物的评价，又细分为反应（reaction）、结构（composition）和价值（valuation）三个子系统，其中反应涉及影响（impact）和质量（quality），结构有平衡（balance）和复杂性（complexity）。在本语篇 8 次鉴赏资源中，反应出现了 5 次，分别是 tragedy（策略），hateful（可恶的），heartbreaking（令人心碎的），danger（危险）和 accurate（准确的），其中前 4 个用来修饰事件本身，表明同样经历过恐怖袭击的美国人对这类灾难的深恶痛绝，最后一个是奥巴马在保证不对未知情况妄加猜测，保证提供准确信息时用到的，也表明其实事求是的态度及对客观公正的尊重，有利于维护良好的自身形象。

（二）介入子系统

介入关注的是说话者参与所阐述的话语或价值观念的方式，说话者可以通过自言（monogloss）直接介入人际关系，或通过借言（heterogloss）引出自己或他人的话来表明自己的观点，从而引发探讨，使交际得以发生，因而有学者称他是"一种无形的对话"（于涛，2009）。介入是调节责任的语言资源，其中借言主要包含投射（projection）、情态（modality）和让步（concession）等。

投射有转述（report）和引述（quote）两种，转述和引述的内容可以是原话或大意，也可以是思想或感受，既可以转引别人的（例 5），也可以转引自己的（例 6）。奥巴马在本篇演讲中多处采用投射的方式进行借言，用来增强演讲内容的客观性，使语篇更具说服力。

（5）I just want to make a few brief comments about the

attacks…

（6）… my teams will make sure that we are in communication with the press…

情态资源在公共演讲语篇中占有重要地位，它是发话者对自己所谈命题的成功性和有效性做出的判断，或在命令中要求对方承担义务，或在建议中表达个人意愿。由于情态本身能够反映语气的轻重和态度的强弱，不同量值（value）的情态动词的运用可以表示出不同的情态意义，反映说话人的不同态度。奥巴马在演讲中多次用到"we want to be very clear that"（我们想要十分明确……），"I am confident that"（我有信心……），"I'm sure that"（我确定……），"It appears that"（似乎……）等显性情态隐喻、"always"等情态副词，以及像"will"这样量值较高的情态动词来表达自己的意图和目的，而很少使用"can""may"这样的低值情态词。显性情态动词在演讲语篇中能够明显地摆明奥巴马自身的立场，传达自己的意见和观点，从而引起听众，尤其是广大爱好和平的美国人民的共鸣，甚至采取相应的行动帮助法国人民，同时也进一步巩固了其在美国人民心中的领导者地位。

此外，主位人称的选择也能反映态度的来源，演讲语篇在本质上是要实现演讲人与听众的互动，因此较多使用第一和第二人称，由于本次演讲重在评论，故主语多由第一人称承担。本次演讲中奥巴马虽指出只是个人就袭击事件的声明，但第一人称复数"we"出现了高达 20 次，而仅有 8 次使用"I"做主语（见表 2），这充分体现出其在发表评论的同时力求增强美国人民的凝聚力，共同维护美国社会安定的意图，从更大的范围说，也是对世界和平的号召，充分显示了语篇的对话性。当然，奥巴马既是语篇的生产者也是美国的核心领导者，是官方色彩与个人色彩的完美结合，潜移默化地凸显了自身的英雄形象。

表 2

人称代词	I	we		you
类型		包含听众	不包含听众	包含听众
出现次数	8	16	4	2

(三) 级差子系统

态度的显著特征之一在于它是分级的，我们可以通过评价，表达自己对人或事物情感的强烈程度。(Martin & Rose，2007) 级差正是对态度和介入程度的分级，它包括语势（force）和聚焦（focus）两大类。语势可以调节态度范畴的力度（volume），表明程度是上扬、强势（raise）还是下降、弱势（lower）。语势的上扬和下降可以通过强调性副词（intensifier）、表态性实词（attitudinal lexis）、隐喻和诅咒来实现。(Martin & Rose，2007) 强调词如 extremely（极度），really（真正），somewhat（有点）等，表达程度的词如 happy（高兴的），delighted（欣喜的），ecstatic（兴奋的）等。对人或物不可分级范畴的清晰（sharpening）或模糊（softening）描述叫聚焦，如 We are *real* policeman（我们是真正的警察）和 *not quite* my first love（并不算是我的初恋）。(Martin & Rose，2007)

英语中的强势语言资源比弱势的多，在本次演讲中奥巴马也重复运用强势词来渲染自己的鲜明观点、坚定立场，使语言更具说服力，以获得广大听者的支持。例如用强调性副词"very"（非常）和"obviously"（明显的）来表明美国人十分明确自己应该怎样援助法国，用"deeply"（深刻的）形容法国人民对自由、平等以及民权的重视。在给这次恐怖行为定性时选用"outrageous"（粗暴的），"hateful""heartbreaking"等强势形容词来抒发自己对恐怖袭击的强烈憎恨；而为了巩固与法国的反恐同盟关系则借用"extraordinary counterterrorism"（极其抵制恐怖主义）来修饰法国；同时还用"do whatever it takes"（不惜一切），"deepest condolences"（最深切的同情），"full support"（全力支持），"in any ways"（以任何方式），"whenever"（无论何时）等来反复强调美国政府会不遗余力地帮助法国恢复社会秩序、调查背后实情。

在聚焦方式上，奥巴马用"these kinds of"的模糊化表达来修饰美国也曾遭遇过与法国类似的袭击，因此会"in that same fashion"（像法国当年帮助本国一样）去援助法国，于是相同命运下的两国就更加感同身受、惺惺相惜，在反恐道路上就会自然会志同道合，从而达到了巩固美法同盟关系的效果。此外，为了保证信息的可靠性，奥巴马还用"actually"（真正的），"exactly"（确定的），"accurate"（准确的）等词使焦点明显化，确保只提供源自官方的真实、权威消息，使听众更易信服，增强语篇的语力和人际效力。

四、结语

通过以上分析，态度资源在演讲语篇中的重要性可见一斑，奥巴马借情感资源唤起广大听众的情感共鸣——对恐怖主义的痛恨、对法国人民的同情；利用评判或裁决评价社会是非；同时运用鉴赏潜移默化地将影响听众的观点与立场。自言与借言的介入达到了个人观点与客观性的完美结合。最后通过强势和明显化的级差系统对情感力度加以巩固，在演讲者与听众之间建立起态度交流，充分实现了其演讲的人际意义。

参考文献：

[1]李战子. 评价理论：在话语分析中的应用和问题[J]. 外语研究，2004（5）：1~6.

[2]于涛，汪云. 评价理论视角下英语公共演说语篇中人际意义的体现[J]. 中国矿业大学学报（社会科学版），2009（4）：140~144.

[3]朱永生，王振华. 马丁学术思想研究[M]. 北京：北京大学在出版社，2013：47.

[4]Martin J. R. & Rose David. *Working with Discourse: Meaning beyond the Clause*[M]. Beijing: Peking University Press, 2007.

从语音学角度赏析诗歌《夜会》

2014 级　英语语言文学　范洁

摘　要：《夜会》是英国 19 世纪维多利亚时期著名诗人罗伯特·勃朗宁所作。这首《夜会》属于短小的叙事诗，描绘了相爱的恋人深夜相会的场景。本文以语音学知识为出发点，从辅音与元音、韵律与节奏两个方面对《夜会》这首诗歌进行解读。旨在让读者深刻地领会这首诗歌的语音效果及其微妙的情感变化。

关键词：辅音；元音；韵律；节奏

一、引言

罗伯特·勃朗宁与丁尼生齐名，是英国维多利亚时期著名的诗人，他的诗作对 20 世纪的文坛产生了重要的影响。"他的诗歌大致可以分为两类，第一类是较短的抒情诗，第二类是戏剧性独白类的诗"。《夜会》就是一首短小精悍的抒情诗，描绘了相爱的恋人在深夜相会的情景。半轮明月低悬夜空，"我"撑起双桨，漂渡海湾，穿过田地，终于与心爱的人在农舍相见，话语在此刻变得无力，只听见两颗怦怦跳跃的心。

《夜会》全诗共 93 字，其中冠词、连词、介词等功能词 33 个，在余下的 60 个实义词中，告诉我们具体景物的名词，如大海、弯月、小舟、海滩、田垄、火柴，以及两颗相向而跳的心等，就多达 22 个，所用动词仅有 5 个。这些意象的叠加，体现了"我"内心中要与爱人相见的感情的微妙变化：从急切到兴奋再到愉悦。动词的弱化表现了

"我"此时已经不太关心自己是否历尽千辛万苦前来相会,在乎的只是相遇后两颗心紧紧相拥。《夜会》的第一节描述了在一个明月低悬夜空的晚上,"我"漂过灰蒙蒙的大海,黑黝黝的长岸,最终抵达在软绵绵的沙滩上。通过对长路漫漫的描绘,体现了"我"迫切见到爱人的心情,字里行间中透露出些许的忧郁色彩。然而在诗的第二节,诗人笔锋一转,一个农舍出现在视野中,不论是轻叩窗棂的声音,还是火柴划出火焰的声音,都给人一种轻快的感觉。而话语在此刻变得无力,最后两颗心紧紧相拥,怦怦跳跃,更是给读者留下了深刻的印象。勃朗宁对辅音与元音、韵律和节奏的使用更是加深了这首诗歌的语音效果,产生了一种余音缭绕的韵味。

二、辅音和元音

(一) 辅音

语言学家 G. N. Leech 认为以下四组辅音按序码由柔而刚,硬度逐渐增加。a) 流音和鼻音、b) 摩擦音和送气音、c) 塞擦音、d) 爆破音。语言学家将辅音分为柔软辅音和刚硬辅音两大类。柔软辅音主要是由前两组音组成,往往给人一种缠绵、悠长、舒缓、漫长的感觉。而刚硬辅音是由后两组音组成,通常给人一种急促、有力、剧烈、刚强的感觉。

Meeting at Night
The grey sea and the long black land;
And the yellow half-moon large and low;
And the startled little waves that leap
In fiery ringlets from their sleep,
As I gain the cove with pushing prow
And quench its speed i' the slushy sand.
Then a mile of warm sea-scented beach;
Three fields to cross till a farm appears;
A tap at the pane, the quick sharp scratch

And blue spurt of a lighted match,
And a voice less loud, through its joys and fears,
Than the two hearts beating each to each

夜 会

灰蒙蒙的大海，黑黝黝的长岸
黄色的半月低悬空中
微微的波浪从睡梦中惊醒
溅出一道火红的发鬈（quán）
船头极速冲向海湾
骤然停在泥泞的沙滩

接着是一哩海风温柔的沙滩
再过三块农田有村子会出现
轻叩窗扉，急促的刮擦
擦亮的火柴喷出蓝色的火花
轻声细语难隐欣喜若狂
两颗悸动的心相互碰撞

在《夜会》这首诗的第一节和第二节的前两句中，除去第一节的最后两行，使用了大量的柔弱辅音，有气流缓缓溢出的流音，比如 /r/、/l/，共出现 24 次，体现了长路漫漫，衬托出"我"渴望及早回家的迫切心情。短语"long black land"三个词中就使用了三个流音，让读者感受到了伸长而又漆黑的海岸线，遥遥无期的旅途。一个人独自撑着双桨，望着一望无际的海岸线，不时有寒冷的海风席卷全身，流音的使用拉长了绵延的海岸线和我的孤独感。而短语"yellow half-moon large and low"也使用了三个流音，此时的月亮不是挂在天空的一轮皓月，也不是皎洁的一弯新月，而是又大又低的半个月亮悬在空中，似乎给人一种压抑感，如同我此时此刻的心情：低沉而又失落。同时诗人还大量使用了鼻音，共出现 17 处。给人一种月夜十分静谧的感觉，一个人行走在这样静谧的月夜，难免产生一些孤独之感，就更加重了"我"急切见到心爱之人的情感。送气音/s/的使用在这一部分中也十分常见，/s/音的使用常常会塑造声音的效果，比如有波浪轻轻拍打的声音，有船只停泊在沙滩上的声音。以上这些分析都表明勃朗宁通过使用柔软辅音来增加一种旅途漫漫的氛围。之所以这种绵长的感觉直到第二节诗的前两句才结束，是因为直到这个时候才出现了"我"心心念念的农舍，才出现了我日思夜想的爱人。

在《夜会》的最后四行中，诗人运用了大量的爆破音，急促而有力，共有爆破音 14 处。结束了漫长的旅途，这时诗人笔锋一转，窗棂上响起了轻叩的声音，短语"a tap on the pane"中使用了 3 个爆破音，描绘了轻叩窗棂的清脆有力的声音，正是这清脆有力的轻叩声打破了孤寂的月夜，也和之前的漫漫长夜形成了鲜明的对比，一个短促有力，一个绵长无期。让人感到之前所有旅途的奔波都是有意义的，只是为了换来与爱人的一次相聚。短语"the quick sharp scratch"中使用了 4 个爆破音，描写了火柴轻划的声音，短促而有力，火柴不仅照亮了黑色的夜，也温暖了我的心扉，"我"不再感到孤独，因为有了爱人的相伴，她为"我"的黑夜带来了光亮。诗歌的最后一句"than the two hearts beating each to each"有四个爆破音，让读者仿佛听到了两个爱人的心怦怦跳动的声音，爆破音的使用给人一种心脏跳动的律动感。

（二）元音

对于元音，一般认为那些舌位较高、开口较小的前元音比较清脆单薄；而开口大、舌位低的元音比较响亮，舌位较高的后元音显得比较深沉。响亮、深沉的元音所构成的各种双元音以及它们与鼻辅音的结合都有丰富、深厚的音色。所以这里把元音划为脆薄和洪亮两种。

全诗较少地使用了深沉的后元音，而更多地采用了清脆的前元音和响亮的舌位较低的元音，使得全诗并没有给我们一种绝望、痛苦的感觉，因为"我"要与心爱的人相会，即便是任何艰难的旅程在"我"看来都不是难以逾越的。"我"只会觉得长路漫漫，却不会觉得旅途痛苦不堪，因为"我"的心里总有一种期待，一种对相见后欢愉的期待。

在《夜会》这首诗中给人印象最深刻的就是最后一句，在"two

hearts beating each to each"这个短语中，脆薄元音与洪亮元音交替使用，我们能感觉到心脏跳跃时发出的响亮而又清脆的声音，从而体味出男女主人公之间炽烈而又深厚的感情。

三、韵律和节奏

（一）韵律

押韵是英语诗歌最重要的诗法之一，英语有多种押韵方法。罗伯特·勃朗宁的这首《夜会》就采用了大量的压头韵，行内韵和压尾韵，读来朗朗上口，表现了"我"将要与爱人相见的急切心情，给人一种余音缭绕的感觉。

压头韵就是词首辅音的重复。《夜会》第一句中的"long black land"就使用了压头韵，表现了海岸的绵长，与"我"的急切心情形成了鲜明的对比，从而突出了两个爱人之间的真挚感情。第二句中的"large and low"，第三句中的"little waves that leap"都压/l/的音，词首辅音的重复加剧了"我"在漫长旅途中的忧虑的心情。第五句中的短语"pushing prow"，写出了我急切划桨的动作，同时压头韵/p/的使用读来就有一种急促感，体现了我迫切希望见到恋人的焦灼的心情，叠加出现更加强化了这种感情。第六句中的"slushy sand"，第七句中的"sea-scented"，第二节中的第三小句"sharp scratch"都压/s/的音，读来或有船只停靠沙滩发出的咝咝声，或有海风吹拂的嗖嗖声，或有划火柴发出的嘶嘶声。/s/音的重复使用如同汉语中拟声的叠词，意与音的巧妙结合更是浑然天成。压头韵的使用强化了音的效果，以动衬静，衬托了月夜的宁静，给读者留下了深刻的印象。

行内韵是指出现在一句诗中的末韵。比如第一小节中的第二句，"yellow"和"low"，第六句中"speed"和"sand"，第二小节中的第三句，"tap"和"sharp"等等，这些行内韵的使用使得诗行之间的联系更为密切，加强了诗行之间的音韵效果。

压尾韵就是行末尾音的重复。《夜会》这首诗共有两节，每节有6行，押韵的格式为 ABCCBA，DEFFED。两小节相互对称，声音高低起伏，就像是两颗怦怦跳动的心，很有节奏感。与结尾相互照应，产生了一种韵律美,深化了诗歌的主题,让读者能够感同身受这次月夜相会带给这对恋人的喜悦之情。

（二）节奏

节奏是语流的抑扬顿挫和跌宕起伏。英语诗歌的节奏是由轻、重音节交替出现而形成的。《夜会》这首诗是由无韵体诗写成的,这首诗歌并没有严格的遵循传统诗歌的一些节奏规则,但是正是这种无序性体现了"我"心情的变化,由急切到兴奋再到最后的欣喜,这种感情变化是没有规律可循的,"我"在旅途中情感也会有一些微妙的变化,时而孤独苦闷,时而满心期待,时而焦灼难耐,时而欣喜万分。所以采用这种方式更能使读者体味"我"的感情的微妙变化,使读者随着"我"的情感的跌宕起伏而波动,仿佛读者也身临其境。

四、结语

罗伯特·勃朗宁这首短小的叙事诗,虽仅有12句,93个字,却展现了"我"与恋人月夜相会的情感变化,"我"的情感变化跌宕起伏,由急切到激动再到欣喜。本文从语音学的角度,探讨了诗歌中的辅音和元音,韵律和节奏,并作了详细的分析,使读者体会到诗歌的韵律美和音韵美,增加了意象的感染力,深化了诗歌的主题。

参考文献：

[1]戴聚成. 罗伯特·勃朗宁诗歌的汉译——有关诗歌翻译理论与实践的一个例案研究[D]. 南昌：南昌大学硕士论文, 2007.

[2]郭天奎. 再谈罗伯特·勃朗宁《幽会》诗[J]. 达县师范高等专科学校学报, 2000, (12): 45.

[3]侯维瑞. 英诗的韵律及其表意功能[J]. 上海外国语学院学报, 1986, (2): 4.

[4]李会学. 幽韵浅唱夜半歌[J]. 襄樊学院学报, 2002, (4): 77, 75~79.

[5]Leech, Geoffrey N. *A Linguistic Guide to English Poetry* [M]. London: Longman, 1980.

维特根斯坦语言哲学核心术语探讨

2014 级　外国哲学　郭韵杰

摘　要：路德维希·维特根斯坦（Ludwig Wittgenstein）是 20 世纪重要的语言哲学家之一，其著作《逻辑哲学论》（*Tractatus Logico-Philosophicus*）、《哲学研究》（*Philosophiques Investigations*）以及《逻辑笔录》（*Notes on Logic*）等都开创了语言哲学的新纪元。本文从维特根斯坦语言哲学角度出发，依据外文文献，对其重要术语"世界"和"逻辑原子主义"的历史沿袭、创新点及主要影响进行阐述。

关键词：维特根斯坦；语言哲学；世界；逻辑原子主义

20 世纪上半叶，哲学发生了"语言学转向"，这种转向以路德维希·维特根斯坦在《逻辑哲学论》的出版作为标志。该著作将"全部哲学就是一种'语言批判'（all the philosophies were 'criticism of language'）"作为全书的中心。因此，维特根斯坦认为，哲学，尤其是语言哲学，应该在语言的批判形式中进行研究。维特根斯坦表示，语言和实在之间存在一种内部的关联，这种内在关系以及语言角色的本质仍然存在争议。

一、生平及著作

路德维希·维特根斯坦，于 1889 年出生于维也纳，家境十分殷实。维特根斯坦家族中，许多人都拥有极高的天赋，但家族内部充满了不和谐的因素，后人称他们"富可敌国，却充满自杀、疯癫和争吵"。1913 年，维特根斯坦继承其父的巨额财产，并将其中大部分赠予了一名穷困的艺术家,第一次世界大战中,他站在最前线保卫国家,战后,将其剩余财产分给了他的兄弟姐妹。维特根斯坦曾经做过办公室职员、医院的勤杂工等,但他为人低调,极少与人说起自己的哲学家身份。

幼年时的维特根斯坦并不出众,但十分偏好物理学,自那时起便对罗素的《数学原理》(Principia Mathematica)以及弗雷格(Frege)的《算术基础》(Die Grundlagen edr Arithmetik)产生极大兴趣,后成为罗素的学生,并在其指导下完成《逻辑哲学论》一书,成为语言哲学的奠基人之一。

维特根斯坦的哲学思想一般被分为两个时期,其一是以《逻辑哲学论》为代表的早期思想,第二个时期是以《哲学研究》为代表的晚期思想。在其早期思想中,维特根斯坦着重研究"命题"(propositions)与"世界"(world)之间的逻辑关系,他认为,只要弄清这两者的关系,一切哲学问题都会迎刃而解;然而,维特根斯坦的晚期思想则推翻了许多早期思想中所建立的,尤其是《逻辑哲学论》中所重点提出的假设,在这个时期,他阐释了新的观点,即词的意义只有在给定的语言游戏中才能被最好的理解。由于前后期思想的转变,哲学界对维特根斯坦的语言哲学存在长久的争议。下面本文就对"世界"和"逻辑原子主义"两个术语进行解析。

二、世界(world)

在哲学研究中,"世界"一词有多种解释,根据海德格尔(Heidegger)在《现象学之基本问题》(*The Basic Problems of Phenomenology*)中的阐述,世界是指"任何组成现实或者宇宙的事物"[①]。古希腊时期,哲学家巴门尼德(Parmenides)认为,世界的本质是一种"存在"(being),这种"存在"不产生(ungenerated)、不变化(unchanging)并且不消亡(indestructible)。柏拉图(Plato)在其洞穴比喻(Allegory of the Cave)中将"形式"(forms)和"理念"(ideas)区分为两种不同的世界,即:

---

① Heidegger, M. The Basic Problems of Phenomenology. Bloomington: Indiana University Press, 1982: 5.

"感性世界"(sensible world)与"理性世界"(intelligible world)。

17、18世纪,在文艺复兴和启蒙运动的浪潮下,"世界"概念有了进一步发展。黑格尔在其《历史哲学》(Philosophy of History)中有对"世界"问题的相关研究。德国哲学家亚瑟·叔本华(Arthur Schopenhauer)在其著作《作为意志和表象的世界》(The World as Will and Representation)表示,人类意志是表象世界的一扇窗户,意志和身体的关系可以为表象所揭示。精神分析学创始人弗洛伊德(Freud)表示,人类并非在一个"普遍世界"(common world)中活动,所有的行为都被"欲望"(lust)所支配。

20世纪,对"世界"概念做出贡献的哲学家有海德格尔和维特根斯坦。海德格尔认为,世界对于每个个体都是不同的,尽管"我们都在同一个普遍世界中活动"[①]。维特根斯坦继承了罗素和海德格尔等人的思想,把"符号系统"(symbolism)原则应用在语言哲学中,并在这一背景之下阐述"世界"概念。

维特根斯坦认为,"世界是事实的总体,而不是物的客体"[②]。在其语言哲学中,世界是包含一切事物的整体,但分别列举每一事物则不能完全说明世界的概念,因此维特根斯坦的又一条名言表示:"世界是什么,并不是由所列举的事物以及这些事物的构成来说明的。"他在《逻辑哲学论》中论述到,假设世界是由"a""b"和"R"构成的,如果需要证明三者的关系,需分别证明"ab""bR""aR"之间的联系,得出的结论为"S""S1"和"S2",紧接着需要论证"S"与"S1"、"S1"与"S2"以及"S2"与"S"之间的关联,如此下去便进入了一种无限循环,因此"世界"的概念无法通过列举得到。

维特根斯坦将所有"关系项"(relational term)的特征总结为"内在关系"(internal relations)和"外在关系"(external relations),他表示这两种关系是"非对称"(asymmetry)的。内在关系是保证事物存在的前提和基础,如果事物之间保持着内在联系,那么他们的关系就

[①] Heidegger, M. The Basic Problems of Phenomenology. Bloomington: Indiana University Press, 1982: 5.
[②] 维特根斯坦.逻辑哲学论.郭英,译.商务印书馆,1985年: 55-62.

是长久、稳定的；相反，外在关系并不能确保事物的必然性。由此，维特根斯坦引出了两种性质，即："内在性质"(inwardness)和"外在性质"(extrinsic)，他认为，这两种性质可以依照之前的推理进行说明，内在性质是可靠的，而外在性质是易变的。如此一来就构成了"关系项"—"内在关系"—"关系事实"的循环，关系事实成立的条件是关系项之间存在内在联系，维特根斯坦得出了结论："世界是由诸事实，以及这些就是所有这些事实，所决定"[1]。另外，维特根斯坦最终得出结论，"因为事实的总体既决定了是如此的东西，也决定了所有不是如此的东西，逻辑空间中的诸事实就是世界"[2]。他表示，逻辑空间不需要进一步说明和论证，只要逻辑空间存在，那么其中所有事实都是确实可信的。逻辑空间的作用就是排除不属于该事实的所有特点，因此就产生出两个对立的关系，即被排除的情况和余下的情况。

三、逻辑原子主义（logical atomism）

逻辑原子主义产生于 20 世纪早期，最初是分析哲学（analytic philosophy）的一个分支，后独成一派。该学派由英国哲学家伯特兰·罗素（Bertrand Russell）创立，其学生维特根斯坦以及维特根斯坦的好友鲁道夫·卡纳普（Rudolf Carnap）继承并发展了该学派的主要思想。他们认为，世界就是包含终极逻辑"事实"也就是"原子"（atoms）的整体，这种整体一旦形成，不可破坏。"逻辑原子主义"这一概念于 1918 年由罗素提出，用以表示一种世界运动变化的方式。此后，乔治·爱德华·摩尔（G. E. Moore）等人推动了"逻辑原子主义"概念在英国的发展。

罗素认为，"逻辑原子主义"包含三个方面，即：原子命题（the atomic proposition）、原子事实（the atomic fact）以及原子综合体（the atomic complex）。原子命题是逻辑原子主义的基本组成部分；原子事实的范围很广，所有"殊相"（particulars）和"共相"（universal）中都存在原子事实；每一个逻辑系统都存在许多原子命题，以及与之相

---

[1] 黄敏. 维特根斯坦的《逻辑哲学论》. 上海：华东师范大学出版社，2010：5.
[2] 黄敏. 维特根斯坦的《逻辑哲学论》. 上海：华东师范大学出版社，2010：14.

关的原子事实，他们相互交织在一起便构成了原子综合体。

维特根斯坦认为，哲学中的原子主义来源于化学中的"原子"，这就意味着哲学家的任务就是从各种逻辑事实中寻找最终的原子。维特根斯坦在《关于逻辑形式的几点意见》中表示，"如果我们尝试将任何一些现成的命题分析一下，我们就会大体看出这些命题都是比较简单命题的逻辑和、逻辑积或其他真值函项，要表达命题之间的关系，我按照罗素的说法称之为原子命题"[①]。在维特根斯坦的语言哲学中，他利用基本命题对所有逻辑事实进行分析，联结每个事实的核心，这一条主线是逻辑中最基本的部分，其余的一切命题都是这条主线的附属物。

维特根斯坦认为，探寻逻辑原子主义的实质首先要梳理两种关系即："事实"（fact）、"实在"（reality）和"经验"（empiric）之间的关系以及"逻辑"（logic）与"世界"之间的关系。正是由于对这两种关系的理解不同，罗素和维特根斯坦的后期思想出现了比较大的差异。罗素赞同贝克莱式的唯心经验主义哲学，而维特根斯坦则在先验论的基础下发展了自己的"图像论"（picture theory）。维特根斯坦认为，原子本身不具有辩证主义的性质，因此，原子之间也不存在相互依存的关系，原子主义的任务就是挖掘事实命题，而这一任务的完成，需要借助日常语言。

四、结语

随着我国学者对维特根斯坦语言哲学理论研究的逐渐深入，其核心术语在新的时期拥有了新的内涵。维特根斯坦作为语言哲学的杰出代表，不仅对欧洲，甚至对整个世界都产生了重要的影响。本论文以维特根斯坦语言哲学核心术语为切入点，对术语的历史沿袭、重大事件以及主要影响做了详细梳理，旨在服务我国思想文化建设。

---

① 舒炜光.维特根斯坦哲学述评.北京：生活·读书·新知三联书店，1982：50-98.

参考文献:

[1]黄敏. 维特根斯坦的《逻辑哲学论》[M]. 上海: 华东师范大学出版社, 2010.

[2]冒从虎, 王勤田, 张庆荣. 欧洲哲学通史[M]. 天津: 南开大学出版社, 2008.

[3]舒炜光. 维特根斯坦哲学述评[M]. 北京: 生活·读书·新知三联书店, 1982.

[4]维特根斯坦. 维特根斯坦与维也纳学派[M]. 北京: 商务印书馆, 2014.

[5]维特根斯坦. 哲学研究[M]. 北京: 商务印书馆, 2013.

[6]Heidegger, M. *The Basic Problems of Phenomenology* [M]. Bloomington: Indiana University Press, 1982.

《遐迩贯珍》中的日语借词

2013 级　日语语言文学　纪华筝

摘　要：19 世纪末 20 世纪初，清政府派遣留学生东渡日本，而后出现引用日语的高潮。学者们对于这个时期日语借词的研究也比较集中。然而，对于 19 世纪 50 年代日语借词的研究少之又少。本文以 1853 年出版的杂志《遐迩贯珍》为研究对象，通过调查语源，确认 19 世纪 50 年代日语借词的存在状态。

关键词：日语借词；19 世纪 50 年代；遐迩贯珍

一、关于日语借词的研究

何为"日语借词"呢？简言之，就是从日语中借用而来的词语。对于日语借词的研究可以从两方面进行说明。

一个是日本方面的研究。主要有实藤惠秀、铃木修次、荒川清秀等人。其中，实藤惠秀的《中国人日本留学史》介绍了在日留学生的翻译活动以及日语传入的方法、途径等内容；铃木修次的《汉语与日本人》一书从近代思想史、文化史的角度介绍了词语的文化；荒川清秀的《近代日中学术用语的形成和传播——以地理学用语为中心》阐述了词语的传播和固定过程。

另一个是中国方面的研究。主要有彭文祖的《盲人瞎马之新名词》，考察了 20 世纪初流入中国的日本词汇；高名凯、刘正埮的《现代汉语外来词研究》是中国第一本全面论述外来词的书籍，另外二人编写的《汉语外来词词典》中收录了日语借词共计 892 个，全面考察了传入中国的外来语；北京师范学院中国语学部的《五四以来汉语书面语言的变迁和发展》一书，将日语借词这一现象归入汉语变迁的过程中进行考察；陈力卫的《和制汉语的形成及展开》，从各个角度对和制汉语进行了分析，尤其是对明治时代产生的新词进行了详细说明；朱京伟的《近代中日新语的创出和交流——以人文科学和自然科学术语为中心》主要以哲学、植物、音乐领域的专业术语为考察对象进行研究；沈国威的《近代中日词汇交流史——新汉语的生成与受容》一书，系统地介绍了中日词汇交流的历史、特征以及作用等研究成果，这为研究者提供了宝贵的参考资料。另外，还有王力、史有为、王立达等学者在日语借词方面颇有研究，这些学者以及其论著都为日语借词的研究打下了坚实的基础。但是，这些学者们对于日语借词的研究大多停留在五四时期，对于19世纪50年代日语借词的研究几乎不存在。本文虽存在诸多不足，但是若能通过调查语源确认这一时期的日语借词的存在状态，也算是一次有意义的尝试。

二、杂志《遐迩贯珍》的概貌

杂志《遐迩贯珍》的英文名称为 Chinese Serial，是接受马礼逊教会出资，于1853年在香港出版的杂志。这本杂志先后经过了麦都思、奚礼尔和理雅各三位主编，最后于1856年5月停刊，共出版32期。

《遐迩贯珍》刊有论说、新闻、通讯、寓言、图片等，1855年后又增有广告。此外，长篇论说中也有一些时事政治评论。两项内容加起来，该刊每期新闻报道及新闻评论所占的篇幅一般在三分之二以上。大量的新闻和评论使《遐迩贯珍》成了中国近代第一个以时事政治为主的刊物。除一般的消息外，还有短讯、通讯、述评等。

《遐迩贯珍》对西方近代文明的宣传和介绍，涉猎极其广泛，囊括政治学、历史学、文学、地质及地理学、天文学、物理学、化学、医学、生物学等领域，可谓19世纪中叶介绍西学最集中、最有影响的中文刊物。

需要重要说明的是，《遐迩贯珍》中1854年的第11、12期以及1855年的第1期连载了罗森的《日本日记》，这是该时期中日依旧存在交流的依据。也就是说，日本的词汇有可能传入了中国。

目前，《遐迩贯珍》的原本有两个版本。一个收录在大英博物馆，共计 4 册。详细内容如表 1：

表 1

	合订本 1	合订本 2	合订本 3	合订本 4
册数	10	5	9	9
内容	①1853 年第 1～4 期 ②1854 年第 1～3·4 期 ③1855 年第 1～3 期	①1853 年第 2～5 期 ②1855 年第 7 期	①1855 年第 4～12 期	①1855 年第 3、7、9～12 期 ②1856 年 1、2、4·5 期
尺寸 (cm)	①18.8×12.1 ②19.5×12.1	①20×12.1	①19.5×12.1	①19.5×12.1

从以上统计数据可知，收录的《遐迩贯珍》合订本有遗漏的部分，即 1854 年的第 5～12 期以及 1856 年的第 3 期。

另一版本收录于伦敦大学亚非研究所，共计 2 册，保存状态良好。

三、研究方法

本文以沈国威、松浦章编写的《遐迩贯珍——附解题·索引》为研究对象，并参考朱京伟（2003）的理论，以杂志中出现的中日同形词为对象，考察其是否为日语借词。具体研究顺序如下：

（一）抽取中日同形词

在最大范围内，抽取《遐迩贯珍》中的中日同形词。抽取的中日同形词主要包括以下 3 种形式：

（1）中日词汇字形完全相同。例如：

安心（汉语）－安心（日语）　　表面（汉语）－表面（日语）

比例（汉语）－比例（日语）　　大学（汉语）－大学（日语）

（2）中日词汇字形繁简不同。例如：

人员（汉语）－人員（日语）　　复制（汉语）－複製（日语）

泪囊（汉语）－涙嚢（日语）　　本质（汉语）－本質（日语）

（3）中日词汇字形笔画不同。例如：
气管（汉语）－気管（日语）　　　自转（汉语）－自転（日语）
配置（汉语）－配置（日语）　　　热度（汉语）－熱度（日语）

本文在抽取中日同形词时，充分考虑了清朝末年用于表达新的概念、思想的词汇，例如博士、总理、薄膜等，这些词汇是日语借词的可能性极高。

（二）调查出典

抽取中日同形词后需要利用中日两国现存的权威性辞典对其出处进行调查。本文主要使用了以下辞典，《汉语大辞典》《汉语外来词词典》《近现代汉语新词词典》《日本国语大辞典》《幕末·明治初期汉语辞典》等。

（三）词汇的整理

根据调查词汇的最初出典，笔者将抽取的词汇分为：有典、无典、新义、未收四类。"有典"指在古代汉语书籍中能找到出典，并且沿用其用法及意义至今的词汇；"无典"包括两种情况，第一是在古代汉语书籍中未能找到出典的词汇，第二是虽在《汉语大词典》中有解释意义，但无出典的词汇；"新义"指在古代汉语书籍中能找到出典，但其用法由于某种原因发生了变化而产生新义并沿用至今的词汇；"未收"指《汉语大辞典》中未收录的词汇。

其中，"无典""新义"和"未收"三类词汇为日语借词的可能性较大，本文采用查找两国辞典，比较双方出典先后的方法判定其是否为日语借词。

四、日语借词考察结果

从《遐迩贯珍》杂志中共抽取 700 个中日同形词，根据前文所述考察方法，通过调查出典进行一一确认，可以得知 700 个中日同形词中有 28 个日语借词，相比之下数量非常少，只占总数的 4%。表 2 为判定的 28 个日语借词按照"无典""新义""未收"三类统计的个数及所占比例。

表2

类型	无典	新义	未收
个数	15	11	2
比例	53.6%	39.3%	7.1%

（一）"无典"类词汇

如表2所见，判定为日语借词的"无典"类词汇共计15个，比例为53.6%，占28个日语借词的一半以上。

"无典"类日语借词包括：改訂　合衆国　議院　議会　気管　子宮　自転　商会　商務　熱度　派遣　摩擦　脈管　涙嚢　雑誌

【例】合衆国
①使用频率：2次
②出处：1854年第11期、1855年第11期
③原文：合众国钦差大臣/驻中华日本天竺等海权/管本国师船提督/被理/布列威严，上岸相会（"被理"为人名）
④《汉语大辞典》中解释为"美国"，无出典。
⑤《幕末・明治初期汉语辞典》中解释为"アメリカ合衆国、米国"，出典：合衆国出師提督口上和解二通　合衆国海軍総督、某盟約を結ばん為に、全権行事の特命を承け、此海に来る（『幕末外国関係文書』（1853年））

1854年，罗森访问日本，撰写了《日本日记》，"合众国"一词的原文正是连载在《遐迩贯珍》中《日本日记》的一部分。因此，原文"合众国"的用法可以判定为"美国"之意。日方出典是1853年，早于中国，故判定为日语借词。

（二）"新义"类词汇

如表2所见，判定为日语借词的"新义"类词汇共计11个，比例为39.3%。

"新义"类日语借词包括：遺伝　銀行　経費　顕微鏡　交換　成分　宣伝　地質　動脈　理性　理論

【例】动脉

① 使用频率：2 次
② 出处：1855 年第 10 期、1855 年第 11 期
③ 原文：不独手足颈内始有动脉，但他处脉管有肉藏护，故用手按摩不觉跳动（1855 年第 11 号）
④ 《汉语大辞典》中有两种解释。
　a. 中医学名词。《脉经》："动脉见于关上，无头尾，大如豆，厥厥然动摇。" b. 生理学名词。从心脏运送血液到机体各部的血管的总称。无出典。
⑤ 《日本国语大辞典》中有两种解释。
　ア．心臓から血液を各体部に送り出す血管。「夫動脈者、従心之左方起、支別則蔓延一身也。」（杉田玄沢ら訳・安永 3 年（1774）『解体新書』）イ．主幹となっている重要な交通路などをさしていう。
《遐迩贯珍》中使用的"动脉"一词均为《汉语大辞典》中 b 的解释。另外，日方的出典为 1774 年，中方的出典为 1857 年。双方进行比较，日方出典更早，故"动脉"一词判定为日语借词。

（三）"未见"类词汇
如表 2 所见，判定为日语借词的"未见"类词汇共计 2 个，比例为 7.1%。
"未见"类日语借词包括：新世界　薄膜。
【例】新世界
① 使用频率：1 次
② 出处：1855 年第 7 期
③ 原文：此旧新二洲之名，所由来也，或有时名曰旧世界新世界者（1855 年第 11 号）
④ 《日本国语大辞典》中有两种解释。
　ア．新しく発見された大陸。特に南北アメリカおよびオーストラリア。新大陸。「南北広大ノ土地アリテ、南北共二アメリカ洲ト名ク、則新世界ト云ナリ」（司馬江漢・文化 2 年（1805 年）『和蘭通舶』）イ．新しく生活したり活動したりする場所。
原文使用的"新世界"是日本国语大辞典中ア之意，出典为 1805

年的《和兰通舶》;《汉语大词典》以及各类汉语词典中没有查到关于"新世界"一词的出典,故认为"新世界"为日语借词。

五、结论

本文将日语借词分为"无典""新义""未收"三类进行分析,可得出以下结论:

(1)《遐迩贯珍》中共出现日语借词 28 个。其中,"无典"类借词最多,共计 15 个,占全部日语借词的 53.6%;"新义"类借词共计 11 个,占日语借词的 39.3%;"未收"类借词仅有 2 个,占总数的 7.1%。

(2)《遐迩贯珍》中有日语借词存在但是数量极少,抽取的 700 个中日同形词中,日语借词仅有 28 个,占 4%。这也反映了在 19 世纪 50 年代,中日词汇交流少之又少。

参考文献:

[1] 北京师范学院中国语学部. 五四以来汉语书面语言的变迁和发展[M]. 北京:商务印书馆,1959.

[2] 高名凯,刘正埮. 现代汉语外来词研究[M]. 北京:文字改革出版社,1958.

[3] 沈国威. 近代中日词汇交流研究——汉字新词的创制、容受与共享[M]. 北京:中华书局,1994.

[4] 李运博. 中日近代語彙の交流——梁啓超の作用と影響[M]. 天津:南开大学出版社,2006.

[5] 朱京伟. 近代中日新語の創出と交流——人文科学と自然科学の専門語を中心に[M]. 東京:白帝社,2003.

表示被动意义的机能动词组合的动词意义考察
——以"注目を浴びる"为例

2014 级　日语语言文学　井立冰

摘　要：认知语义学认为，机能动词组合的语义是由各构成要素的语义扩展来实现的，机能动词的语义变化在其中起着不可替代的作用。本文对机能动词组合"注目を浴びる"（受到关注）中动词"浴びる"（受到）的意义进行分析，发现机能动词在语义扩展中并未完全失去它的实质意义，而是在保留了一部分意义的同时，增加了一些限制功能。

关键词：机能动词组合；机能动词；注目を浴びる；语义扩展；认知语义学

一、引言

在现代日语中的被动表达主要通过在动词词干后添加接尾词-rare-ru 的派生动词来表达，但是，除了这种形式上的被动表达之外，用其他方法也可以完成被动表达。比如说，像"みつかる"（被找到）"つかまる"（被捉住）这种词，它们是"見つける"（找到）和"つかまえる"（捉住）的自动词形式,在词汇的意义中就包含有被动的意思。另外，还有一种就是像"恨みを買う"（招怨恨）"注目を浴びる"之类的机能动词组合的形式。这种表达是可以和"恨まれる"（被人恨）"注目される"（被关注）形式互换的。虽然形式上并不是他动词的能动形，但是意义上可以表达被动。在本次研究中，主要考察可以表达被动意义的机能动词组合形式。

机能动词组合属于词语组合的一种。村木（1991）把词语组合分为了以下三类：

　　①惯用语：具有构成要素结合的特殊性、意义的不可分割性、句法上、形态上的固定性限制、既成性[①]等性质的词语组合（馬が合う）（情投意合）
　　②含有机能动词的词语组合（匂いがする）（闻到气味）
　　③自由词语组合：构成要素的意义自由组合而成的词语组合（花が咲く）（花开）

村木将"恨みを買う"和"注目を浴びる"这种词语组合都归于②机能动词组合。村木将机能动词定义为"失去了本来的实质意义，而将实质意义转移给名词，自身只担任语法功能的动词"，之后，村木将机能动词组合作如下定义：

　　使用的名词为表示联系、考虑、看透等的"广义的动作性名词"，吸收了名词中所富有的行为、过程、状态、现象等的各种侧面信息特征的词语组合。（村木，1991）

机能动词组合是处于惯用语和自由词语组合之间的一种词语组合形式。"惯用语从自由词语组合中的脱离发生于对词语整体的解释，而非实质性意义的产生是名词从具体向抽象转移的结果，从而产生了比喻意义。"而相对于惯用句来说，机能动词组合则不同，其比喻意义的转化只发生在名词上。另外，关于机能动词的作用，村木这样论述："动作的主要意义在名词身上，而动词的动作性意义是附加的、第二位的""动词的实质性意义变得空洞化。"（村木，1991）
然而笔者并不赞同村木对于机能动词功能的论述，认知语义学认为，机能动词组合的语义是由各构成要素的语义扩展来实现的。而机

[①] 这里的"既成性"村木解释为"并不是把单词一次次重新组合使用，而是将最初所形成的形式直接运用于语言活动中"。

能动词在语义扩展中并未完全失去它的实质意义，而是在保留了一部分意义的同时，增加了一些功能。本文运用认知语义学的方法以"注目を浴びる"为例，通过考察机能动词组合"注目を浴びる"中动词"浴びる"的语义扩展和功能变化来进行具体论证。

二、机能动词"浴びる"的语义扩张

在认知语义学中，数个意义相关联凝聚成一个词形是范畴化能力的一种表现，数个意义是如何关联的，是认知语义学的重要研究课题。多义现象的产生源自于语义扩展。语义扩展指在基本意义的基础上派生出新的意义。研究语义扩展的主要方法是使用隐喻等解释多个义项之间的关系。

关于隐喻，有如下定义：

　　隐喻是基于两个事物或其概念上的某种类似性，用一种事物或概念来表示另一个事物或其概念的比喻形式。（有薗智美，2008）

在解决语义扩展课题的方法上，兰盖克（1987）提出了处理多义关系的网络模式[①]，籾山（2001）在网络模式和现象素研究的基础上，提出了统合模式（翟东娜，2010）。本文中笔者也将借用这两种模式来进行具体论述。

下面以"注目を浴びる"为例进行论证。

"浴びる"这个词在"スーパー大辞林3.0"（大辞林3.0）中的释义有以下三个：

意义 1. 水などを大量に体全体に受ける。かぶる。他人にかけられる場合と、自分自身がかける場合とがある。（将水等液体大量的浇遍全身。冲。分为被别人浇和浇别人两种情况。）

---

② 网络模式是统括多义词多种意义的模式之一。网络上各个节点表示确立的词义，节点之间以两种基本类型的"范畴化关系"连接在一起；以实线箭头表示的图式关系和以虚线箭头表示的扩展关系。

（例）トラックのはねた泥水をあびる（被拖拉机上的泥水溅了一身）；シャワーをあびる（洗淋浴）

意义 2. 光線やたくさんの細かいものを体全体に受ける。かぶる。（全身大量地或者集中地接受光纤等细小的东西。浇。）

（例）舞台でライトをあびる（在舞台上全身洒满灯光）；ほこりをあびる（弄了一身灰尘）；集中砲火をあびる（遭到集中火力的炮弹攻击）

意义 3. 大勢の人から非難・賞賛や質問のことばを受ける。（受到很多人的责难、夸奖或质疑）

（例）非難をあびる（遭到责难）；喝采をあびる（受到喝彩欢迎）

笔者运用剖析其义位的各个义素的方式来分析各个意义之间的关系。首先确定"浴びる"这个词的基本义是意义 1——"水などを大量に体全体に受ける。かぶる。他人にかけられる場合と、自分自身がかける場合とがある"（将水等液体大量地浇遍全身。冲。分为被别人浇和浇别人两种情况）。所谓义位，是指用于表示意义的最基本的语义单位，而义素则是对义位进行分解得到的最小单位（翟东娜，2010）。对"浴びる"的各个意义进行分解便得到以下义素。

意义 1.（基本义）"仕手は他人でも自分でもいい"（动作行为者是别人也可以，自己也可以）；"受け手は自分である"（动作接受者是自己）；"行為は'かぶる'で、つまり、物を上にかけて覆う"（动作是"浇、盖"，也就是把东西覆盖到上面）

意义 2. "仕手は他人である"（动作行为者是别人）；"受け手は自分である"；"行為は避けることのないものを集中的に身に受ける"（动作是将无法躲避的东西集中地作用给接受者）

意义 3. "仕手は他人である"；"受け手は自分である"；"行為は自分の意志に関係なく、他からの働きかけをこうむる"（行为是遭受某种与自己意志无关的外来作用）

其中，意义 2 是从意义 1 通过隐喻成立的，二者既有"仕手は他人である""受け手は自分である"的共同点，也有区别。这两个意义是相似关系，可以提取出"仕手は他人である""受け手は自分である"

作为二者共有的图式。同样，意义3也是从意义1通过隐喻形成的，二者的共有图式也是"仕手は他人である""受け手は自分である"，而意义3的不同义素是由意义1的最后一个义素引申而来，"浴びる"的多义结构可以表示为图1。

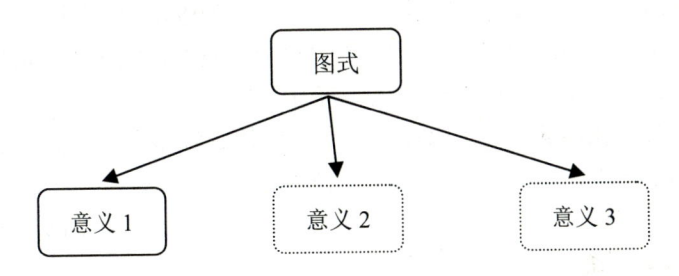

图1 "浴びる"的多义结构

在图1中，图式指"仕手は他人である""受け手は自分である"。可以明显看出"浴びる"的意义3是由意义1通过隐喻手段来完成的，其部分义素得到保留，部分义素变成其比喻义。由此，可以得到结论"浴びる"的实质意义在机能动词组合"注目を浴びる"中并未完全失去，而是得到了部分保留。

三、机能动词组合"注目を浴びる"与"注目される"的区别

机能动词组合与其动作名词的-rare-ru形式的语义是相同的，比如"評価を得る"（得到评价）与"評価される"（被评价）、"恨みを買う"与"恨まれる"、"足止めをくう"（遭禁闭）与"足止めされる"（被禁止外出）、"注目を浴びる"与"注目される"都是可以进行互换使用的。但是不同形式的两种表达方式之间又有什么样的区别呢？

笔者通过"现代日语书面语均衡语料库（中纳言）"分别搜索了"注目を浴びる"和"注目される"的例句，结果数量见表1。

表1 含有"注目を浴びる"与"注目される"的例句数量

	注目される	注目を浴びる
例句数量	876	49

由此可看出，"注目される"的使用数量要远远多于"注目を浴びる"的使用，即"注目される"转换为"注目を浴びる"之后在语法形式上受了一定限制，比如说"注目される"仍然可以接"〜に注目される"（被……关注）的形式，而在"注目を浴びる"的例句中没有一个使用"〜に"（表示对象）的句子。这一点说明，与"注目される"相比，"注目を浴びる"的施动者更倾向于一般大众或是一个群体，不会集中在某一个或几个具体的施动者身上。

同时，我们从形式上来比较一下"注目される"和"注目を浴びる"的区别。"注目される"和"注目を浴びる"形式上的不同在于"〜られる"（表示被动）和"〜を浴びる"（受到……）的不同。我们通过图1的分析可以得知，在"浴びる"一词中，已经含有被动的义素了，也就是含有了"〜られる"的意义，所以说在表1中所体现的两种表达的区别，是"浴びる"赋予"注目を浴びる"整个词语组合的，也就是说使用上施动者的倾向性和搭配限制是"浴びる"产生的。

通过以上论述可以得出，在机能动词组合"注目を浴びる"中，"浴びる"赋予了整个词语组合搭配限制和使用的倾向性。

四、结语

以上论述结合已有的研究成果，重点考察了机能动词组合中的动词的意义和功能变化，验证了机能动词在语义扩展中并未完全失去它的实质意义，而是在保留了一部分意义的同时，增加了一些限制功能。具体结论如下：

（1）"浴びる"的实质意义在机能动词组合"注目を浴びる"中并未完全失去，而是得到了部分保留。

（2）在机能动词组合"注目を浴びる"中，"浴びる"赋予了整个词语组合搭配限制和使用的倾向性。

机能动词组合意义的生成靠的是其构成要素——动作名词和机能动词的共同作用，动作名词和机能动词在互相作用过程中各有取舍，但是在本次研究中动作名词和机能动词的结合过程并未做深入探讨。这一点留待他文解决。

参考文献：

[1] 范崇寅. 日语中的机能动词——介绍村木新次郎教授的有关论述[J]. 日语学习与研究，1994（9）：66～69.

[2] 翟东娜. 日语语言学[M]. 北京：高等教育出版社，2010.

[3] 有薗智美.「顔」の意味拡張に対する認知的考察[J]. 言葉と文化，2008,（9）：17～20.

[4] 神田靖子. 機能動詞結合とその多動性をめぐる覚書[J]. 同志社大学留学生別科紀要，2002,（2）：55～73

[5] 村木新次郎. 日本語動詞の諸相[M]. 東京：ひつじ書房，1991.

关于"市场"的考察

2014级　日语语言文学　矫新玉

摘　要：「市場」作为中日同形词，很少有人对其进行意义分析。笔者在查阅词典的过程中发现，不同的词典对于「市場（いちば）」一词的汉语释意也不尽相同。其问题点在于日语中的「市場（いちば）」与汉语中的"商场"是否可以对译？"商场"作为词典中的主要义项是否妥当？本文将通过中纳言语料库及中日对译语料库对例句进行检索和详细考察。

关键词：市场；中日同形词；辞书释义

一、引言

「市場」作为日语中的多音词有「いちば」和「しじょう」两个读音。读法不同意义也存在差别。日语中的「市場」有两个义项：①狭義には、売り手と買い手とが特定の商品を規則的に取引する場所をいう。具体的市場。②広義には、一定の場所・時間に関係なく相互に競合する無数の需要・供給間に存在する交換関係を言う。国内市場、国際市場など。抽象的市場。（狭义指具体市场，广义指抽象市场）。

本文主要考察日汉词典中「市場（いちば）」的辞书释义，即日语中的「市場（いちば）」与汉语中的"商场"是否可以对译？笔者查阅了5本日汉词典，得出的结论如表1所示。

表1　日汉词典中关于「市場（いちば）」的词条释义

辞书名称	出版社	出版年	释义
精选日语词典	辽宁人民出版社	2012	いちば:【市場】[名]　市场，集市。△青物～/菜市　△魚～/鱼市。商场
现代日汉汉日词典	外语教学与研究出版社	1991	いちば:【市場】[名]　市场，集市。商场
现代日中辞典	光生馆	1973	いちば:【市場】[名]市场；菜市场〈食料品の〉。
岩波日中辞典	中国商务印书馆	1986	いちば:【市場】[名]菜市，市场　～へ買い出しに行く/上菜市买东西去。青物～/蔬菜批发市场
新日汉辞典	大连外国语学院	1980	いちば:【市場】[名]　市场，集市。△青物～/菜市　商场。マーケット。

《现代日汉汉日词典》《精选日语词典》《新日汉辞典》中有"市场""集市""商场"3个基本义项。而《现代日中辞典》《岩波日中辞典》中则只有"市场""集市"两个基本义项。未曾出现"商场"这一释义。同一个词为什么不同词典中的释意不同？日语中的「市場」与汉语中的"商场"是否可以对译？"商场"作为词典中的主要义项是否妥当？以下我们将通过中纳言语料库（以下简称 BCCWJ）及中日对译语料库（以下简称 CJCS）进行例句检索，对以上问题进行详细考察分析。

二、日语中「市場（いちば）」的意义分析

中纳言语料库（以下简称 BCCWJ）检索到日语「市場（いちば）」（汉字亦写作「市庭」）用例共 53 例。一一梳理分析后发现，日语中「市場（いちば）」的基本意可以归纳为三类：

①市场。

②专有名词。
③集市。
下面对中纳言语料库检索到的典型例句进行归纳分析。

（1）まず、コーフの<u>市場</u>に行って、未加工の羊毛を買った。
　　　　　　　　　　　　　　——『魂の燃ゆるままに』
（2）那覇市の食生活を支えていたのは、各地に点在する<u>市場</u>でした。
　　　　　　　　　　　——『年金で豊かに暮らせる日本の町ガイド』

例（1）例（2）中「市場（いちば）」均表示小型的商品买卖场所，共检索到38例，占总数的71.69%，是「市場（いちば）」最常见的一种用法，汉语中亦可直译为"市场"。属于第一类用法。

（3）アティナス通りを挟んで東が肉・<u>魚市場</u>、西が<u>青果市場</u>に分かれていて、市場全体で約二万坪の広さである。
　　　　　　　　　　　　　　　　　　——『西日本新聞』
（4）目や舌で確かめ買い求めることができる『<u>海鮮いちば</u>』の開設など、マリンビジョン（※4）の推進を図ります。
　　　　　　　　　　　　　　——『広報のぼりべつ』

例（3）例（4）中「市場（いちば）」与具体销售商品名称结合，代表更具体意义上的市场，是「市場（いちば）」一词的下位语。如例（3）中「魚市場」对应的汉语翻译是"鱼市"，「青果市場」对应的汉语翻译是"青菜水果市场"，例（4）中「海鮮いちば」对应的汉语翻译是"海鲜市场"。以上用例均可以译为汉语中的"市/市场"属于第一类用法。

（5）<u>木次市庭</u>の商人が杵築相物親方石田彦兵衛らに宛てて認めた書状。

　　　　　　　　　　　　　　——『図説日本の歴史』

（6）さきに島根地域における市庭の初見として例示した<u>長田市庭</u>も、中海・宍道湖が深く入り込んだ朝酌川との接点に成立したもの。

　　　　　　　　　　　　　　——『図説日本の歴史』

（7）近くの<u>武庫川市場</u>で、ツル夫人と買い物をする姿を記憶している人も多い。

　　　　　　　　　　　　　　——『尼崎相撲ものがたり』

例（5）的「木次市庭」例（6）的「長田市庭」和例（7）的「武庫川市場」是典型的专有名词用例。共检索到 13 例，占总数的 24.53%。属于第二类用法。

　　（8）たとえば、三のつく日に定期的に開かれる<u>市庭</u>を「三日市」というなど。

　　　　　　　　　　　　　　——『図説日本の歴史』

例（8）中的「市場」为定期聚会交易的市场，汉语中可译为"集市"，共检索到 2 例，占总数的 3.77%。属于第三类用法。

表 2　BCCWJ 中「市場（いちば）」对应的汉语翻译及用例数

	市場（いちば）	
市场	38	71.69%
专有名词	13	24.53%
集市	2	3.77%
合计	53	100%

综上例句分析 BCCWJ 中并没有检索到可译为"商场"一词的用例。因此笔者更赞同《现代日中辞典》《岩波日中辞典》的释义，即「市場（いちば）」有"市场""集市"两个基本义项。但 BCCWJ 中并没有中日对译语料，一定程度上缺少客观性，为保证客观性，接下来我

们将通过中日对译语料库检索汉语中的"商场"对应的日语译法并做进一步分析。

三、汉语中"商场"的日语译法

「市場（いちば）」：①市场。每天或在一定的日子里商人聚集买卖商品的场所，将各自的产品带来进行交换、买卖的场所。②市场。聚集众多常设的小店，出售饰品材料日用品的场所。
——《新世纪日汉双解大辞典》

商场：聚集在一个或相连的几个建筑物内的各种商店所组成的市场。面积比较大，商品比较齐全的综合商店：百货商场。指商界。
——《现代汉语词典》

对比日语「市場（いちば）」的定义与汉语"商场"的定义后发现。汉语中的商场指大型的综合销售场所，占地面积广规模大。而日语中的「市場（いちば）」所指的为小型的销售场所，规模不大占地面积也小，生活中"商场"的职能更全面，往往包括「市場（いちば）」的职能。二者属于包含与被包含的关系。

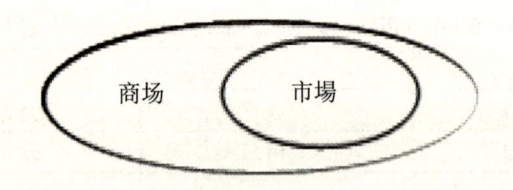

图1 汉语"商场"与日语「市場（いちば）」图示关系

通过二者词义分析得知，汉语中"商场"意义范围更大，而日语中「市場（いちば）」的意义范围相对狭小。笔者认为如果在两个词词意范围不完全对等的情况下，将"商场"翻译成日语中的「市場（いちば）」并不妥当。那么"商场"一词对应的日语翻译又是什么呢？通

过 CJCS 进行调查，共检索到 26 例，如表 3 所示共出现「デパート」「商場」「商店」「マーケット」「ショッピングセンター」「市場」六种翻译方式。

表 3　CJCS 中"商场"在日语中的翻译及其用例数

	《活动变人形》	《家》	《青春之歌》	人大报告 97	人大报告 98	《钟鼓楼》
デパート						16
商場	3	1	1			
商店						1
マーケット	1					
ショピングセンター				1	1	
市場						1

其中只有小说《钟鼓楼》中出现了一例翻译为「市場」的例子。以下对该例进行详细分析。

（9）原文：冯婉姝猜测："又是螃蟹吗？冰冻的海螃蟹？昨天我们甘家口商场也卖来着。"

——《钟鼓楼》

译文：「あら。嬉しい。またカニかしら。冷凍の海ガニでしょう。昨日家のほうの甘家口市場でも売っていたわ」

小说《钟鼓楼》主要叙述的是 1982 年北京钟鼓楼一带发生的故事。时值改革开放社会生产力发展之际，老百姓无须再凭票购物，随之一些综合性的百货商场也渐渐出现，文中仅"商场"一词的用例就出现了 30 次。例（9）中的"甘家口商场"正是一所综合性的百货商场。日语可以直接译为「商場」或「デパート」，那么此处译者为什么把"商场"译为「市場（いちば）」呢？从例（9）句意中可知，说话人提到商场中卖冰冻的海螃蟹，而日语中卖海鲜的地方通常都用「市場（いちば）」来表达，这更符合日本人的表达方式。"商场"一词在极少数限定场景的情况下可以翻译成「市場（いちば）」，但这种译法事实上仅为靠近译文目标语言的表达，并非真实的传达"商场"的全貌。例（9）无疑可以当做特例来处理。因此笔者认为词典释义中「市場（いちば）」不能等同于"商场"作为主要义项。

四、结论

本文通过 BCCWJ 及 CJCS 进行例句检索分析，证实了「市場（いちば）」与"商场"的意义领域并非完全重合，两者之间属于包含与被包含的关系。所以笔者认为日语中的「市場（いちば）」在无情境限定的情况下翻译为汉语中的"商场"有失偏颇。同时词典中忽略"商场"与「市場（いちば）」的意义范围，将"商场"作为「市場（いちば）」主要义项也并不妥当。因此笔者更赞同《现代日中辞典》《岩波日中辞典》的辞书释义，即「市場（いちば）」有"市场""集市"两个基本义项。

参考文献：

[1] 崔崟，丁文博. 日源外来词探源[M]. 北京：世界图书出版公司，2013.

[2] 何宝年. 中日同形词研究[M]. 南京：东南大学出版社，2012.

[3] 王萍等. 现代日汉汉日词典[M]. 北京：外语教学与研究出版社，1991.

哲学文献翻译视角下人称代词的确定性理解
——以 How to Make Our Ideas Clear 为例

2014 级　外国哲学　孙瑞雪

摘　要：本文以著名哲学家查尔斯·桑德斯·皮尔士（Charles S. Peirce）的文章 How to Make Our Ideas Clear（《如何把我们的观念弄清楚》）为例，主要探讨英文原版哲学文献中，人称代词的翻译问题。在翻译全文的基础上，作者发现英文原文与中文译文在人称代词的使用数量上，存在不一致的情况。考虑到人称代词的重要性，本文总结并着重探讨英语代词的四种翻译法，并提供较多的英译汉的实例。

关键词：人称代词；确定性理解；翻译法；英汉差异

一、人称代词的英汉差异

代词，顾名思义，是"代替名词、动词、形容词、数量词、副词的词"①。考虑到人称代词的重要地位，重视人称代词的确定性理解和正确翻译法，对我们这些翻译初学者来说，是学好英汉翻译中十分关键的一步。尤其是在我们阅读英文原版哲学文献的过程中，准确翻译相关的人称代词，更是学习中较为重要的环节之一。庄绎传先生在《英汉翻译简明教程》中提到："英语避免重复，最常见的办法是使用代词，而汉语连续使用某个词语是常见的事，而且汉语常常隐含人称于句意内，主体融于客体之中，无形而有意，看似'无主之境'，实为

---

① 吕叔湘，丁声树. 现代汉语词典[M]. 北京：商务印书馆，1988：205.

'有主之意'"[①]。正如庄先生所说，人称代词的英汉差异主要体现在以下几方面。

第一，中英文的人称代词不是一一对应的关系。英文中的人称代词有主格和宾格之分，其中，主格包括：I, we, you, they, he, she, it, one, some, anyone 等；宾格包括：me, us, you, them, him, her, it 等。但是，在中文的人称代词中，并没有这一区分。另外，还有一点需要注意的是：在英文中，同一个形式的人称代词，在中文中，可能会有很多种说法。例如：根据不同的文献和语境，英文中的"you"可以翻译为"你""您"和"你们"。因此，在英文原版哲学文献的翻译中，作为初学者的我们，对于中英文的人称代词，不能生搬硬套地进行相关翻译，而是要根据实际情况，做到具体问题具体分析。

第二，中英文的人称代词使用数量不同。人称代词是代词中最重要的组成部分之一，与中文相比，英文中的人称代词较多。在英文原版教材中，我们经常会看到这些英文的主语常用某个人称代词来"替代"或"省略"，以减少或避免重复现象的出现。人们普遍认为"用替代形式代替上文或句中已出现过的词语或内容，以避免重复并连接上下文，这是英语说话或写作的一项重要原则"[②]。举个例子来说，当你在马路上走路时，你的家长会告诫你，"不要把手放在口袋里，这样容易摔倒"，而不是说"不要把你的手放在你的口袋里"。然而，当我们用英文来表达这句话含义的时候，我们通常会说，"Don't put your hands in your pockets when you walk on the road."

第三，中英文的人称代词使用范围不同。中文中，人称代词在表示所有格形式时，我们只需要在主格后面加上"的"这个字就可以了。例如："我的""你的""他的""她的""它的""我们的""你们的"和"他们的"，其主体的词汇是不改变的。英文中，大多数的人称代词是通过单词的变化来实现性、数、格的变化的。例如：男的"他"是"he"，女的"她"是"she"，动物的它是"it"；然而这些词在变成宾格时就发生了相应的变化，即"他"是"him"，"她"是"her"，"它"是"it"

[①] 庄绎传. 英汉翻译简明教程[M]. 北京：外语教学与研究出版社，2002：251-252，251.
[②] 连淑能. 英汉对比研究（增订本）[M]. 北京：高等教育出版社，2010：223.

（其中 it 没有变化）。当然，这些词在变成所有格时，也会发生相应的改变。例如："他的"是"his"，"她的"是"her"，"它的"是"its"。

二、人称代词的翻译法

通过分析皮尔士的 *How to Make Our Ideas Clear* 全文，笔者发现，从宏观上来说，英文原文中，在同一句或同一段需要使用与前面所提到的相同的名词时，皮尔士一般不重复这个相同的名词，而是使用人称代词对其加以代替。在中文译文中，人称代词的使用比英文原文少一些，同时这也印证了翻译界的一个共识，即"汉语也常常使用代词，但不如英语用得多，所以英译汉时要少用代称，多用实称"[①]。之后，本文将从 *How to Make Our Ideas Clear* 的英文原文和中文译文中选出三段文字，重点讲述以下两种人称代词的翻译法，供大家学习思考。

（一）还原译法——重复原词

为了保持文章的整体性和语义的一致性，在英文原文中，人称代词的翻译经常需要译者重复这个人称代词所代替的原词，也就是我们所说的"还原译法"。正如我们在上文中提到的，由于英文中的大部分人称代词都是通过形态的变化来实现性、数、格的变化的；因此，我们在翻译相关英文文献时，需要注意的是根据具体的情况将英语原文中的人称代词还原为它所指代的名词。下面，让我们来分析一下，我们所节选的皮尔士的 *How to Make Our Ideas Clear* 一文中的第一句话。

原文：From all these sophisms we shall be perfectly safe so long as we reflect that the whole function of thought is to produce habits of action: and that whatever there is connected with a thought, but irrelevant to its purpose, is an accretion to it, but no part of it.[②]

译文：只要我们反映出思想的全部功能是为了产生行为的习惯，我们就可以完全免于这些诡辩；而且无论是什么，都和思想相

[①] 庄绎传. 英汉翻译简明教程[M]. 北京：外语教学与研究出版社，2002：251-252，251。
[②] Lawrence E. Cahoone. *From Modernism to Postmodernism An Anthology*. Blackwell Publishers Inc, 1996:149.

联系，但是和思想的目的不相干，都是思想的添加物，而绝非是思想的一部分。

分析这句话，我们可以从冒号后面的部分开始看。"and that whatever there is connected with a thought"（"无论是什么，都和思想相联系。"）很明显，我们可以看出，这句话的中心词是"思想"（"a thought"）。那看后面的内容，"但是与'its purpose'不相干"，这里的"its"，我们很容易看出，这个人称代词指的就是"思想"这个中心词。理解了第一个代词之后，我们继续分析后面的内容。"是'it'的添加物"，从上句话，我们可以看出，这里的"it"指的仍然是"思想"。同理，最后一个分句中的"it"指的也是"思想"这个中心词。

（二）直接译法——译成相应的代词

我们之前也提到了人称代词的英汉差异主要体现在三方面，因此，我们在翻译相关英文文献时，要根据具体情况，对英文原文采取不同的翻译策略，尤其在处理一些特殊的语言现象时，我们更应该灵活运用各类翻译法，采用直接译法，译成相应的某个代词，充分考虑中文的表达习惯，努力使自己的译文更易被读者所接受。现在，让我们来分析一下，我们所节选的皮尔士的 *How to Make Our Ideas Clear* 一文中的第二句话。

原文：So long as this deception lasts, it obviously puts an impassable barrier in the way of perspicuous thinking; so that it equally interests the opponents of rational thought to perpetuate it, and its adherents to guard against it.[1]

译文：只要这个骗局坚持下去，它很明显地在我们明了的思路上设置了一个不可逾越的障碍；以至于这种骗局同样引起了理性思想的反对者的兴趣来使它永久下去，同时引起了这种骗局的坚持者的兴趣来保卫它。

---

[1] Lawrence E. Cahoone. *From Modernism to Postmodernism An Anthology.* Blackwell Publishers Inc, 1996: 148.

在这句话中，对于人称代词的翻译法，既包括"还原译法——重复原词"，也包括"直接译法：译成相应的代词"。首先，我们来看第一个分句，"只要这个骗局坚持下去"，这句话的中心词是"骗局"（"this deception"），后面的"it"紧跟在中心词的后面，那么，它一定是用来代替"骗局"（"this deception"）这个词的。同理，"so that"后面的"it"指的也是"这个骗局"。"to perpetuate it"，动词不定式后面这个"it"和这个分句中的主语，也就是"so that"后面的"it"想表达的其实是同一个概念。因此，我们可以将这个"it"翻译为"其"或者"它"，那么，这句话就变成了"来使其永久下去"或者"来使它永久下去"。同理，最后一个分句中的"it"也是代替"骗局"（"this deception"）这个词，我们可以直接翻译为代词本身，即"它"。

刚才我们分析了人称代词动物的"它"（"it"）的情况，我们还需要分析一下人称代词"他们"（"they"）的翻译法。最后，让我们来分析一下，我们所节选的皮尔士的 *How to Make Our Ideas Clear* 一文中的第三句话。

原文：If beliefs do not differ in this respect, if they appease the same doubt by producing the same rule of action, then no mere differences in the manner of consciousness of them can make them different beliefs, any more than playing a tune in different keys is playing different tunes.[①]

译文：如果信念在这方面没有区别，如果信念通过产生相同的行为规则来平息同样的疑虑，那么，信念仅仅在意识上没有不同是不会使它们成为不同的信念的。正如在不同的键上演奏曲调是在演奏不同的曲调。

在这句话中，第一个分句的中心词是"beliefs"（信念），第二个分句和第一个分句是一样的句型结构，那么，很明显，这句话中的

---

① Lawrence E. Cahoone. *From Modernism to Postmodernism An Anthology*. Blackwell Publishers Inc, 1996:148.

"they"指代的是第一个分句的中心词是"beliefs"（信念）。后面那句较长的话中有两个"them"，并且这两个"them"代替的是同一个词。由于"them"指的是复数形式，那么，这两个"them"可以指代的内容只有两个词，一个是"differences"（不同），另一个是"beliefs"（信念）。通过分析，我们得知，这两个"them"指的仍然是"beliefs"（信念）。由于这两个词出现在同一个分句中，前面刚提过"信念"这个词，因此我们可以将最后一个"them"翻译为"它们"。

三、结束语

综上所述，在翻译的视角下，对人称代词进行确定性理解，对于翻译初学者的我们来说，是十分重要而且必要的。尤其是在我们所节选的皮尔士的 *How to Make Our Ideas Clear* 一文中，这一特征极为明显。英文中人称代词的数量虽然不多，但是学会正确地使用并翻译这些人称代词是一个十分复杂而艰难的过程，因此，我们对这一过程的研究必须深入而且细致。从英译汉的角度来说，人称代词的翻译主要以以上两种为重点翻译法。因此，中英文人称代词的翻译，值得我们进行更进一步的研究以及探索，这样做不仅可以加深我们这些翻译初学者对人称代词的确定性理解和正确运用（尤其是对中英文人称代词差异的准确性理解）而且有利于英文原版哲学文献翻译实践的成功开展。

参考文献：

[1]丁声树, 吕叔湘. 现代汉语词典[M]. 北京：商务印书馆, 1988.

[2]连淑能. 英汉对比研究（增订本）[M]. 北京：高等教育出版社, 2010.

[3]庄绎传. 英汉翻译简明教程[M]. 北京：外语教学与研究出版社, 2002.

[4]Lawrence E. Cahoone. *From Modernism to Postmodernism: An Anthology Expanded* [M]. Oxford: Blackwell Publishers Inc, 1996.

浅析奥斯汀言语行为理论

2014 级　外国哲学　刘维

摘　要：奥斯汀的哲学被人们称为日常语言哲学或普通语言哲学，作为言语行为理论开创者，奥斯汀对言语行为作出了开创性地分析工作。本人将从奥斯丁所提出的言语行为理论产生的背景、施事话语以及著名的言语行为三分说入手，对奥斯汀的言语行为理论作出简要分析。

关键词：理论背景；施事话语；言语行为

奥斯汀（Austin）的一生只发表过七篇论文，其全部收录在 1979 年出版的《哲学论文集》(*Philosphical Papers*) 中，比较著名的有 1939 年发表的《有先天概念吗》(*Are There A Priori Concepts*)，1946 年发表的《他人的心》(*Other Minds*)，1956 年发表的《施事话语》(*Performative Utterance*) 等。现存的著作都是由他的学生和朋友根据课堂笔记和讲演稿加以总结，编辑出来的，主要著作是 1962 年出版的《如何以言行事》(*How to do Things with Words*) 和《感觉和可感物》(*Sense and Sensibilia*)。

一、理论背景

20 世纪初，哲学发生了"语言学转向"（linguistic turn），最早是由古斯塔夫·伯格曼（Gustav Bergmann）在《逻辑与实在》(*Logic and Reality*) 中提出的，因此，哲学领域新的研究对象——语言诞生了。知识的本质最终还要归于语言，此后，语言哲学的发展分为两条不同的道路：早期的维特根斯坦继承并发展由弗雷格和罗素所提出的逻辑实证主义（logical verificationism），大力发展逻辑分析，并著有《逻辑哲学论》（*Tractatus Logical-Philosophicus*）一书；后期的维特根斯坦将观点扭转，开创日常语言哲学（ordinary language philosophy），写下专著《哲学研究》（*Philosophical Investigations*）。

逻辑实证主义认为，有意义的句子，通过实证，就必然会有真假值的存在。而在日常语言哲学看来，尽管句子没有真值，也应该具有意义。因而，对于逻辑实证主义来说，根据可证实意义理论（verifiability theory of meaning），可证实性是意义的准则，陈述被证实为真或假时，它才有意义，不然则为"伪陈述"（pseuso-statements）。所以，一个句子的陈述符合客观事实，则为真；反之则为假。日常语言学派的哲学家认为，语言本身是完整的，是没有缺陷的，在使用语言中所出现的问题，比如模糊、有歧义等是因为人们对语言运用的理解不正确。奥斯汀受到后期维特根斯坦日常语言哲学的影响，对语言做出分析。

二、施事话语（performative utterance）

奥斯汀以研究语言的使用入手，而从引入"施事话语"这一术语。在日常生活中，人们使用语言是为了描述事件，传统哲学家和语法学家将这种行为仅仅视作对言谈行为的单纯描述。奥斯汀所谓的施事话语意思是，说话不是为了描写或者描述事件，而是为了执行。他认为，"言语行为是话语行为的有意义单位""言语行为是意义的基本单位，语言表达式的意义体现在人类大量的言语活动中，意义或者语言用法包含于语言行为中"[①]。所以，我们说"言行不一"，就是言语行为与实际行为的不一致。维特根斯坦在《哲学研究》中说到，"语言是一种工具"[②]，除了描述事实，它还可以用于提问、命令等。奥斯汀的看法与维特根斯坦很相似，他认为描述事件是语言使用的用途之一。1946年，奥斯汀发表《他人的心》一文，指出仅仅将语言看作是描述性的

---

① J. L. Austin. How to do Things with Words. Oxford: Clarendon Press, 1979: 64.
② 维特根斯坦. 哲学研究. 杨嘉映译. 上海：上海人民出版社，2005：179.

观点是错误的。

对于"施事话语"的具体概念，奥斯汀并没有明确给出，却表述了它的基本特征："第一，'施事话语'在形式上是无懈可击的、极为普通的直陈式，它们在语法上与'陈述'无异；第二，它们实际上根本不陈述任何东西，因此是无真假的；第三，这类语句的说出不是在陈述言谈行为，而是在做道歉、保证、许诺等约定俗成的社会行为。"[①]因此，我们可以看出，"施事话语"意味着言行合一，言就是行，行就是言。为了更好地理解"施事话语"的概念或特征，奥斯汀给予我们的例证是：

  a. I do (sc.take this woman to be my lawful wedded wife).
  我愿意娶这个女人为我的合法妻子。
  b. I name this ship the Queen Elizabeth.
  我把这艘船命名为伊丽莎白号。
  c. I give and bequeath my watch to my brother.
  我把表给予并遗赠给我的表弟。
  d. I bet you sixpence it will rain tomorrow.
  我和你赌六便士，明天会下雨。

这类平常的话语表达是说，我们不是在描述结婚、命名、遗赠、打赌等行为，而是在执行这些行为。说话者在执行这些活动，因此，言语即施事。

三、奥斯汀言语行为三分说

在《如何以言行事》中，奥斯汀将言语行为分为三个部分，即言语行为理论（theory of speech-acts）。奥斯汀认为，说话者在说话的同时，也会有相应的行为伴随着他。因而，他将言语行为分为：话语行为（locutionary act）、话语施事行为（illocutionary act）和话语施效行

[①] 杨玉成. 奥斯汀：语言现象学与哲学. 北京：商务印书馆, 2013: 69, 196.

为（perlocutionary act）。话语行为指说出有意义的句子，当然这里的有意义包括涵义（sense）和指称（reference）。他把说些什么（say something）的行为称作话语行为的实施。

话语施事行为，顾名思义，即在话语中实施的行为。奥斯汀概括为：In saying X, I was doing Y. 比如：

In saying "I will pay you sixpence", I was making promise.

在这句话中，saying 后面的内容是话语行为，而 promise 是在说话的过程中实施的另外的动作。illocutionary 直译为在言中所行，它是由前缀 in 和 locutionary 构成，in 相当于奥斯汀概括的 in saying X 中的 in。同时，奥斯汀本人对话语施事行为这部分内容较为重视。

话语施效行为指说话者说些什么后，会对听话者或其他人的感情、思想等产生影响。因为会产生些许影响，且不是在话语中实施的行为，所以不是话语施事行为，是由于说话这个行为产生了效果。同样地，奥斯汀将之概括为：By saying X, I did Y. 比如：

By saying "I will pay you sixpence", and making a promise, I reassure you.

同样在这里，saying 后面的是话语行为，而 I reassure you（让你放心）就是由说话产生的效果。perlocutionary 直译为由言所行，前缀 per 相当于 by，即 by saying 中的 by。

塞尔（Searl）是奥斯汀的学生，深受奥斯汀影响。他认为，"语言是实施言语行为，比如陈述、命令、设问、许诺等等"[①]，与此同时，塞尔将言语行为也进行了划分，即言说行为（utterance act）、命题行为（propositional act）、话语施事行为（illocutionary act）和话语施效行为（perlocutionary act）。由此可见，塞尔保留了奥斯汀的话语

---

① John, R. Searle. *Speech Acts: An Essay in the Philosophy of Language*. Cambridge University Press, 1969: 16.

施事行为和话语施效行为,并在此基础上,提出了两个新的概念。对于塞尔来说,一个完整的言语行为是由这四部分构成的。下面,让我们简单地看一看他们二者在言语行为区分上的不同。在这里,我想举一个例子:

(1) 玛丽会来。
(2) 玛丽会来吗?
(3) 玛丽必须来!
(4) 希望玛丽会来。

塞尔认为,说话者在说些什么时,是在执行一种行为,同时他也是在表达某种意义。上面四句话都有"玛丽来"这个内容,而第一句是陈述句,说话者在陈述的同时,也断定了某件事;第二句是疑问句,说话者在提问的同时,还在请求某件事;第三句是祈使句,包含一种命令的行为;第四句也是陈述句,但意义与第一句不一样,陈述的同时,带有某种愿望的行为。不难看出,这四个句子含有相同的内容或者说是相同的命题,而他们的话语施事行为和话语施效行为不一样。

因此,我们可以看到,塞尔的言语行为理论是对奥斯汀言语行为理论的进一步阐释,并继承了奥斯汀的"意向"(intention)说。在他看来,话语就是完成一系列言语行为,而每一种言语行为都体现着说话者的某种意向。

四、结语

自古希腊哲学家苏格拉底(Socrates)以来,语言概念就是一个主要题目。苏格拉底的一生在连续不断地讨论语言中概念的内容和表达形式。同样,亚里士多德(Aristotle)也着重分析了语言形式问题。史前时期,语言作为人们之间传达信息的方法就已形成。而语言形成的步骤却鲜为人知。如今的语言,作为日常生活中传递信息的工具与媒介,它包含许多概念。科学哲学家海森堡(Heisenberg)认为,"这些概念是在使用语言的过程中未作严格的区分而逐渐获得的,在经常反复使用一个词后，我们认为我们多少知道它意味着什么。[①]"

奥斯汀的学生瓦诺克（Warnock）曾说："在最近十年内完成其主要著作的哲学家中，没有一个人比 J.L.奥斯汀教授更有影响或更有独创性。[②]"奥斯汀在《如何以言行事》中"施事话语"的提出与言语行为理论的开创，对语言哲学所做的贡献功不可没。而言语行为理论经过塞尔等人的继承与发展，成为语言哲学重要理论之一。研究奥斯汀哲学，我们不仅可以从他的语言哲学中得到启发，同时也可以学习到他研究哲学问题时所运用的独树一帜的方法。他对于言语行为理论的提出，对如今的语用学（pragmatics）研究产生了重大影响。

参考文献：

[1]杨玉成.奥斯汀：语言现象学与哲学[M].北京：商务印书馆，2013.

[2]姚虹.功能视野中的言语行为理论——奥斯汀、塞尔言语行为理论批判[D].哈尔滨：黑龙江大学硕士学位论文，2009.

[①] 海森堡.物理学和哲学.范岱年译.北京：商务印书馆，1981：53.
[②] 杨玉成.奥斯汀：语言现象学与哲学.北京：商务印书馆，2013：69，196.

韩语时间系统的认知语言功能考察

2014级　亚非语言文学　李潇睿

摘　要：本文探讨空间系统下的形容词、指示代词和名词与时间概念搭配使用表现出的不同认知特点。在描述时间概念的形容词中，空间形容词在与时间名词搭配使用时会受到一定的限制；方位指示词的时间隐喻化表达存在着"이/그/저"的三元化表达；最后语义上截然相反的앞/뒤在不同的认知条件下可以同时用来表示未来。

关键词：时间系统；空间系统；隐喻；认知语言学

一、绪论

关于时间的概念化论述上，Bull（布尔）指出，时间是线性、持续无限的，并具有可区分多种大小的分离性。这是对自然时间的论述，而对于语言上的时间概念论述则存在多种不同的意见。

임지룡（任智龙）（1980）将语言中的时制看作是理解时间的基本装置，并将其划分为词汇性装置和句法性装置。语言的时间概念中，词汇性装置主要是由表示时间概念的单词构成，因其具有鲜明的语义特征，所以在表述时间概念上更明确。句法装置通过时制或时体表现。

而在认知语言学中，认知语言学家将时间看作是空间的一种抽象化范畴，通过对空间概念的抽象化隐喻，产生了时间概念。

김기혁（金基赫）（1998）指出，"时间概念与空间概念共存，并在语义上借由空间概念的牵引、吸收、包含、伴随来表现时间概念。"也就是说，语言上时间的概念化是借助于对空间概念隐喻而来的。

이찬규（李灿圭）（2002）指出，"体"是对知觉等外部刺激的选择组织和解释，并赋予其存在世界的意义。他对意识化的复杂过程进行了定义。即，我们对时间的认知是要受到知觉能力等基本人类生物性条件制约的。

Wolfgang Klein（沃尔夫冈·克莱因）对时间概念范畴化，并将其称为基本时间概念（Basic Time Concept）。具体的内容是 1）分节性 2）包含关系 3）直线型顺序 4）邻接性 5）本质的缺乏 6）持续性 7）以现在经验为起点（Origo）。

总结来说，认知语言学上的时间可以定义为由空间抽象隐喻而来的，具有分节性、包含关系、直线型顺序、持续性、以现在经验为起点等特征的抽象化概念。

本文借助于认知语言学的相关理论，对汉语、韩语两种语言中时间概念的语言功能进行考察。

二、时间系统在韩语中的认知功能体现

（一）描述时间概念形容词的时间性制约

一般来讲，时间概念词大多是由空间名词、空间形容词或空间移动动词等空间词经过语义扩张而形成的。这是因为时间这种物理现象是无法用眼来确认的。语言学家认为大部分的时间概念词都是通过空间表现的特殊性使用、空间表现的抽象化或者通过隐喻扩张形成的。但并不是所有的空间词都能隐喻抽象化来表现时间概念。

例（1）　　时间很长　시간이 길다.
例（1）'　　*时间很宽　*시간이 넓다.
例（1）"　　*时间很高　*시간이 높다.

以上可看出，空间形容词在与时间名词搭配使用时会受到一定的限制。

安明哲（2013）提出，空间形容词只有具有[＋时间性]的语义用法时，才能用来和时间名词搭配使用。该语义用法是指在长度或距离

的认知上，在基准点"始点"和"终点"之间，具备视线时间持续性并且根据水平线方向进行线性移动的特征。也只有满足视线的持续性和水平方向线性移动这两点，时间名词才能成为空间形容词的论元。

在时间的认知过程上，长（길다）的认知意象图式上，"始点"和"终点"为基本的设定，在从"始点"到"终点"的认知过程中赋予空间形容词空间性以外的[＋视线性]这个属性。只有空间形容词具有表示时间的幅度，即时间的持续或时间段的距离的语义特性，这类形容词才能用来表示时间概念。见图1。

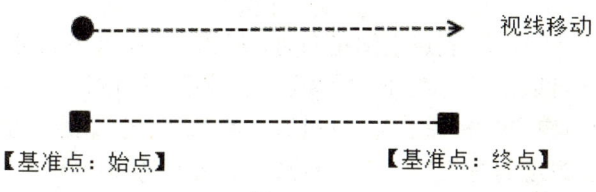

图 1

在时间认知上，时间概念的认知上一般为以人眼为基点，按照前后这种水平线的连续方式去认知。可以与时间概念词搭配使用的空间形容词也具有水平的空间移动的属性。

例（2） 时间很长　시간이 길다.
例（2）'*时间很深　*시간이 깊다.

安明哲指出，深（깊다）类的空间形容词因为本身只能用来表示垂直的空间概念，而不具备表达水平空间的属性，因此该类空间形容词无法与时间概念搭配使用。

以上可看出，在空间形容词描述时间概念时，会受到人对时间认知上的影响。

（二）方位指示词的时间隐喻化表达

在韩语空间概念中，在描述指向上，一般使用"이/그/저"三元体系，김종택（金钟泰）指出，'이'是话者近称，'그'是听者近称，'그'的近称与'저'的远称构成一个二元体系。

임지룡（任智龙）指出，"이/그/저"是两边相等的三角形，如图 2,（b）中 A、B 以 O 为中心，当 A=B 时，这个时候话者近称'이'和听者近称'그'可以构成一个一元体系。

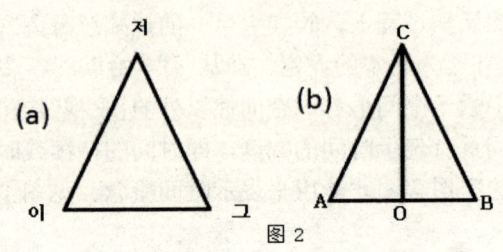

图 2

确定"이/그/저"表达空间指向时，根据「표준국어대사전」，"이"的原型语义可以定义为"「1」 말하는 이에게 가까이 있거나 말하는 이가 생각하고 있는 대상을 가리킬 때 쓰는 말.（话者近称或者话者指向正在思考的对象），"그"的原型语义为"「1」 듣는 이에게 가까이 있거나 듣는 이가 생각하고 있는 대상을 가리킬 때 쓰는 말（听者近称或者指向听者正在思考的对象）","저"的原型语义为"말하는 이와 듣는 이로부터 멀리 있는 대상을 가리킬 때 쓰는 말.（指向远离话者和听者的对象）"。

那么加入"话者"这个变量，在探究空间指向时，可以确定图 3 所示的三者的位置。

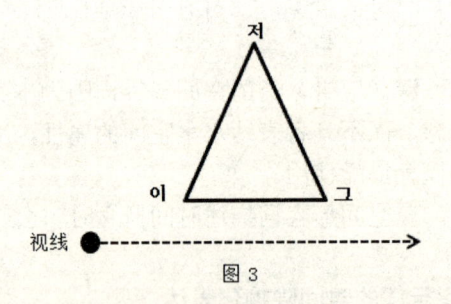

图 3

上图可看出，在话者的认知基础上，"이/그/저"在表示空间指向时，可以确定为一个三元的图式，"이"离话者距离最近，"그"离话者距离较远，"저"则属于一个不定的位置，但是相对于"그"处于更

远的距离。

例（3）갈래귀공（公）은 나서（태어난 지 3주일이 되었다）쭈욱 이 늪의 덤불 속에서 살아오고 있지만, 이때까지 이런 소리를 들은 적이 한 번도 없었다.〈출처: 월간 에세이〉

例（4）그 때는 보림사까지 가는 버스가 없었기 때문에 우리 일행은 면소재지까지 버스를 타고 갔다.〈출처: 고려대학교 교양 국어 작문（교육학과）, 전자파일, 어휘 의미 분석 전자파일〉

例（5）이 때나 올까 저 때나 올까 눈이 빠지도록 기다리나 해가 지도록 아무 소식이 없으니 최 씨가 또 조증이 나서….〈출처: 이상협, 재봉춘〉

例（5）' 저 때로부터 두 달 뒤, 같은 해 2005년 10월에 비례대표 의원으로서는 여권으로서는 따놓은 당상으로 할 수 있는 대구 재보선에 공천까지 받으면서 특혜라는 말까지 들을 정도였습니다.〈출처: YTN 뉴스, 박근혜 대통령과 유승민 원내대표 10년 인연의 종착점은?〉

例句中，"이 때""그 때"是指话者明确知道的一段时间，而"저 때"的认知上可有一种更遥远、模糊的感觉。

当"이/그/저"与时间词"때"搭配使用，以上述空间指向和话者的认知为基础，可得出图4。

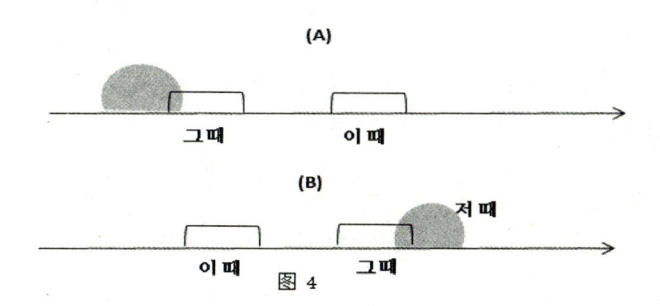

图 4

由此可见,"이/그/저"空间指向抽象化,与时间词"때"搭配使用时,由于本身上对"그"所指向的不明确/模糊认知,抽象到指向时间时也具有这种属性,这也是韩语在指向上本身的一种认知特点。

(三)空间名词的隐喻化

韩语中,"위/아래"很难用来表示时间概念,"时间沿纵向坐标运动(主要为上/下的概念方向)"模式主要通过汉源词来实现隐喻,比如상순(上旬)、중순(中旬)、하순(下旬)、상반기(上半期)하반기(下半期)。

"전/후""앞/뒤"都表示先后顺序,"전"和"앞"属于近义词,"후"和"뒤"属于近义词,但是"앞"既可以表示过去,也可以表示将来。

例(6)첫째는 앞에서 말한 생활 연령. 〈출처:결혼과 성〉

例(7)그러나 앞으로 요구되는 것은 목표 그 자체를 스스로 설정하는 안목이다. 〈출처:사회를 보는 논리〉

上述例句中,例(6)"앞"表示过去,例(7)"앞"表示将来。

关于"앞"的隐喻化表现上,박정운(朴正云)(1998)指出,韩国语水平性时间隐喻可分为时间移动隐喻和人移动隐喻。

在时间移动隐喻中,以表示现在的话者的位置为前提。概念化的时间经由表示现在的话者的位置,从"뒤"表示的未来向"앞"表示的过去移动,最终形成概念化的隐喻。并且,因为앞/뒤的关系,位于앞的时间表示为以前的时间,位于뒤的时间表示为以后的时间。而这些都需要以话者的位置,也就是表示现在为前提。

用图5来表示时间移动隐喻过程。

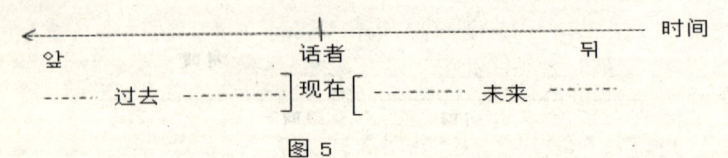

```
          ←─────────────────────────────────── 时间
          앞              话者              뒤
          ----- 过去 -----]现在[----- 未来 -----
```

图5

而在人移动隐喻中时间是固定不动的，时间根据话者固定的时间来移动，从而实现概念化隐喻。例（7）中，话者的现在位置表示现在，话者走过的时间为过去，前面要走的路表示为未来。因此在这种认知中，뒤表示过去，앞表示未来。

人移动隐喻过程如图 6 所示。

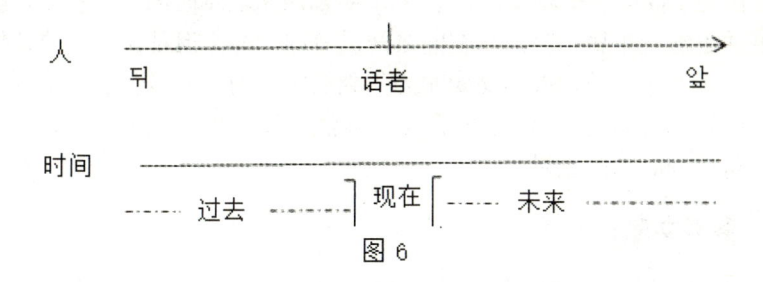

```
人     ←─────┼─────────┼─────────→
        뒤         话者         앞

时间       ────────┐   ┌────────
        ---- 过去  │现在│  ---- 未来
                   └───┘
              图 6
```

例（8）앞으로 한달뒤에 만납시다.

例（8）中，앞和뒤都表示未来。作为空间概念中相反的概念，앞/뒤都用来表示时间上的未来，虽然表面上看起来属于时间和空间之间没有同一性。但是在这个例句之中，앞表示未来是以人移动隐喻为基础而实现的，而뒤表示未来则是以时间移动隐喻为基础。通过此例句也可看出，虽然语义上截然相反，앞/뒤在不同的认知条件下可以同时用来表示未来。

三、结论

如上所述，在人类的认知过程中，语言上时间的概念化是借助于对空间概念隐喻而来的。

首先，在描述时间概念的形容词中，空间形容词在与时间名词搭配使用时会受到一定的限制。时间概念的认知上一般为以人眼为基点，按照前后这种水平线的连续方式去认知。可以与时间概念词搭配使用的空间形容词也必须具有水平的空间移动的属性。

其次，方位指示词的时间隐喻化表达存在着"이/그/저"的三元

化表达,"이/그/저"空间指向抽象化,与时间词"때"搭配使用时,由于本身上对"그"所指向的不明确/模糊认知,抽象到指向时间时也具有这种属性,反映出韩语在指向上本身的一种认知特点。

最后,韩语中,"위/아래"很难用来表示时间概念,"时间沿纵向坐标运动(主要为上/下的概念方向)"模式主要通过汉源词来实现隐喻。作为空间概念中相反的概念,앞/뒤都用来表示时间上的未来,虽然表面上看起来属于时间和空间之间没有同一性。但是在一定的条件下,앞表示未来是以人移动隐喻为基础而实现的,而뒤表示未来则是以时间移动隐喻为基础。虽然语义上截然相反,앞/뒤在不同的认知条件下可以同时用来表示未来。

参考文献:

[1]李福印. 认知语言学概论[M]. 北京:北京大学出版社,2008.

[2]蓝纯. 从认知角度看汉语的空间隐喻[J]. 外语教学与研究,1999:7~15.

[3]임지룡. 국어에 있어서의 시간과 공간 개념[J]. 국어교육연구,1980:111~126.

[4]박정운. 앞으로 한 달 뒤에 만납시다[J]. 언어와 언어학,1998:85~110.

[5]안명철. 한국어공간형용사의 시간성에 대하여 [J]. 어문연구,2013,41(1):7~32.

基于乔姆斯基约束理论视角下的中韩反身代词对比研究

2014 级　亚非语言文学　吕风玲

摘　要：本文主要通过对中韩反身代词的形式、用法和分布简要对比两者语法功能的异同，重点根据乔姆斯基的管辖约束理论对汉语及韩语反身代词进行句法结构对比。同时，本文对中韩两种语言在这一理论适应中的特殊性也进行了简要分析。本文旨在更加全面对比中韩反身代词以弥补这一方面的空缺，进一步完善以前的研究。

关键词：汉语；韩语；反身代词；对比；乔姆斯基约束理论

一、引言

汉语反身代词的用法形式分为两种。一种为复合反身代词，即人称代词＋自己；另一种则为简单式反身代词，即反身代词"自己"。韩语反身代词用法形式则较多，基本形式将近十种，本文简要对比了一下中韩反身代词的形式及语法功能上的异同，着重运用乔姆斯基的管辖约束理论来分析中韩反身代词，对比分析它们在约束原则适用中的普遍性以及特殊性。为了清晰易懂，本文按照句型，从简单句和复杂句分开探讨，比较中韩反身代词对约束原则的适用情况，又具体分析了不适用时的中韩反身代词用法的异同，旨在让韩语学习者和汉语爱好者在学习反身代词时，能更加清晰的认识它们之间的差异，在对比分析中系统有效的学习这两种语言。

二、中韩反身代词的形式对比

表 1 中列出的韩语反身代词为韩语中最常用的十大基本反身代词，都可用在先行词为有情名词之后，但只有"저""자신""자기자신""자체"可以用在先行词无情名词之后。而汉语反身代词则无论先行词为有情名词还是无情名词都可使用。

表 1

反身代词	韩语	1. 자기（自己） 예: 철수는 자기의 집으로 갔다.
		2. 저（제） 예: 사람들이 저마다 꿈을 가지고 살아간다.
		3. 당신（当身） 예: 할아버지께서는 항상 당신의 과거이야기를 말씀하셨다.
		4. 자신（自身） 예: 철수는 자신의 일을 잘 해내었다.
		5. 자기자신 예: 그 여자는 자기 자신도 미인으로 착각하고 있다.
		6. 자체（自体） 예: 그들 자체의 문제부터 해결하라고 한다.
		7. 서로 예: 그들은 서로가 도왔다.
		8. 스스로 예: 철수가 스스로 노래를 불렀다.
		9. 직접 예: 이것은 제가 직접 만든 거예요.
		10. 혼자, 혼자서 예: 철수는 혼자서 문제를 해결했다.
	汉语	1. 复合反身代词，即人称代词＋自己 例：我自己，他自己，你自己，我们自己，你们自己，她们自己
		2. 简单式反身代词，即反身代词"自己" 例：自己的事情自己做。

由此可以看出，虽然韩语反身代词形式多样，但是相比起汉语反身代词，其所受的限制也多。

三、中韩反身代词语法功能对比

韩语反身代词和汉语反身代词"自己"在语法方面相同点很多。两种语言都可作为主语、宾语、定语以及副词使用，在用法上只有一些细微的差异，即汉语反身代词"自己"可单独作为副词使用，有时也可与其他副词结合使用。韩语反身代词则无此用法，它不可单独作为副词使用，而且必须与其他成分结合才可。

（1）먼저 남을 탓하기 전에 자기 스스로 바르게 행동해야 한다.
（2）눈물이 자기도 모르게 흘러 내린다.
（3）我自己在家学习。
（4）我自己一个人在家。

其他方面如表2，"＋"代表有此类情况，"－"代表没有此情况。

表2

反身代词对比方面	韩语	汉语
1. 先行词有没有人称限制	＋	－
2. 有没有人称代名词＋反身代词的复合形式	－	＋
3. 句中有没有人称代名词反复出现的情况	＋	－
4. 反身代词有没有复数形式	＋	－
5. 有没有反身代词省略的情况	＋	－
6. 有没有反身代词复指人称代词或物的情况	－	＋
7. 反身代词有没有泛指功能	＋	＋

四、中韩反身代词约束理论原则下的对比

乔姆斯基提出管辖约束理论虽对汉语与韩语均有一定的解释力，

但由于语言环境差异，也存在不适用此约束原则的个性。本节以中韩两种语言对管辖约束理论的适用程度为主线来对比分析。

（一）理论依据

反身代词不是确指某一人称的代词，即没有独立的指称性，它必须要保持与先行词的人称、性、数等方面的一致性。乔姆斯基将此类约束现象归纳为约束原则。

约束原则 A：照应语在管辖语域内受约束（bound）
约束原则 B：代词在管辖语域内是自由的（free）
约束原则 C：指称词总是自由的（free）[①]

依照约束原则，反身代词只可以照应管辖区域以内的某个成分。而在实际语言运用中，汉语和韩语并没有完全遵守这一约束原则。

下面本文将根据不同句型来具体分析一下中韩反身代词对乔姆斯基约束原则的适用情况。由于韩语反身代词的基本形式较多，故本文选取最常用的"자기"来进行对比分析。

（二）中韩反身代词对约束原则的适用情况对比

根据约束理论 A 原则可知，反身代词必须在管辖范围又称"局部范围"内受约束，这可以证明约束原则 A 的正确性和普遍性。

1. 简单句

（1）Zhe zhu hates himself.
（2）哲洙不喜欢自己。
（3）哲洙不喜欢他自己。
（4）철수가 자기를 싫어한다.

按照约束原则 A，反身代词都直接受先行语管辖，反身代词"自己""他自己""자기"与英语相应成分相近，符合约束原则 A。所以在简单句中，汉语反身代词与韩语反身代词均在管辖范围内受约束。

[①] 张宁. 韩语"自己"与英语反身代词的对比研究. 新疆教育学院学报，200（1）.

2. 复合句

（1）Zhe zhu knew that zhi en did not like himself.
（2）哲洙知道智恩不喜欢自己。
（3）哲洙知道智恩不喜欢他自己。
（4）철수가 지은이 자기를 싫어하는 것을 안다.

通过对比发现，汉语复合反身代词和英语反身代词在复合句中仍然在管辖语域内受约束，不能复指管辖语域外的先行词。但是汉语简单反身代词则不仅可以复指管辖区域内的先行词"智恩"，也可以复指管辖区域外的先行词"哲洙"。韩语反身代词与汉语简单反身代词"自己"的用法相同，都没有完全符合约束原则 A。见表 3。

表 3

反身代词句型	汉语复合 反身代词	汉语简单反身代词"自己"	韩语反身代词"자기"
简单句	√	√	√
复合句	√	×	×

（三）中韩反身代词无法适用约束原则的共性对比

中韩反身代词在适用中由于其独特的句法结构特征，一部分无法用约束原则 A 解释。

1. 反身代词的长距离约束对比

长距离约束又称多个先行词，是指反身代词既可以指代离自己最近的先行词，也可以指代其他的先行词。

（1）철수가 지은이 자기를 좋아한다고 믿는다.
（2）哲洙相信智恩喜欢自己。

例句中的反身代词"自己"都可以有两个先行词。当句中的反身代词指代管辖内的先行词"지은"时，体现了中韩反身代词遵循约束

原则A的共性;当句中的反身代词指代管辖外的先行词"철수"时,则体现中韩反身代词在适用约束原则A时的特殊性,即长距离约束现象。

2. 反身代词的阻隔效应对比

在汉语和韩语中,并不是所有句子都遵循长距离约束。韩语反身代词"자기"只能指代第三人称,不能用于第一和第二人称。汉语中当一个指示语与其下层的指示语在人称特征上不一致时,反身代词就无法跳出低一层语域的约束,从而导致连锁反应被阻断,即"阻隔效应"。

(1) 나는 철수가 자기를 좋아한다는 것을 모른다.
(2) 我不知道哲洙喜欢自己。
(3) 지은은 내가 자기에게 자신심이 없다고 생각한다.
(4) 智恩认为我对自己没信心。

(1)中"자기"只能指代"철수",因为另一个先行词"나"是第一人称。(2)中"자기"和主语"지은"被第一人称代词"나"隔断,所以"自己"只能受到"我"的约束,不能与"지은"同指,长距离约束不成立。但其实阻隔效应并不是对所有中韩反身代词的句子都适用。如:

(1) 그가 그들은 자기에게 자신심이 없다는 것을 안다.
(2) 他知道他们对自己没信心。

若按阻隔效应,主语的单数代词"他"被从句的复数代词阻挡,不能约束反身代词。但此处反身代词"自己"则可以指代"他"。若将(1)、(2)中主语换成第一、第二人称代词时则无此特殊现象。

(1) 그는 나에게 자기 옆에 세웠다.
(2) 他让我站在自己旁边。

上述例句也不符合阻隔效应，因为语义不通。这一现象说明韩语、汉语考虑更多的是语义而不是语法结构。遇到此类情况我们应该从语义和语用现象上对其分析处理。

3. 反身代词的主语倾向性对比

中韩反身代词受长距离约束，回指时具有优先选择主语为先行语的倾向。

（1）철수는 영희를 자기의 방에서 만났다.
（2）철수는 지은에게 자기의 사진 한장을 선물했다.

上述例句中反身代词的先行词虽然都有两个，但它们指代的先行词均为主语"철수"，汉语亦是如此，说明汉语和韩语都有主语倾向性。

五、反身代词的次统治约束对比

次统治约束是指反身代词所指代的先行词不在主语位置，而是在附加成分的位置。

（1）철수의 동생은 자기를 때렸다.
（2）哲洙的弟弟打了自己。

根据约束原则A，反身代词"自己"与先行词必须在主语的位置，所以"自己"指代的为"弟弟"。但汉语和韩语均允许先行词不在主语位置的现象存在，这一现象即为反身代词的次统治约束。

（1）철수의 무지가 자기를 상해했다.
（2）哲洙的无知害了自己。

例句中，先行词不是主语"无知"，而是主语的修饰语"哲洙"。此现象为中韩反身代词没有适用约束原则A的个性，即由东西方语言文化背景差异而引起的语言特殊性。

任何语言都有其特殊性。在"管辖约束"理论的应用上，汉语和韩语的共性多于二者的差异。汉语和韩语都允许反身代词长距离约束和多个先行词的存在；先行词可以不出现在其管辖语域之内；也可以不在其主语的位置（次管辖约束）出现。同时，汉语和韩语反身代词的约束问题，不只是简单的句子结构和语法问题，还必须结合语意和语用因素，这样才能更深入地理解和应用"管辖约束"理论[①]。

六、小结

本文主要从中韩反身代词的形式、语法功能对比来分析比较中韩反身代词的异同，结合约束原则的理论特征，又从两种语言对约束原则A的适用情况进行对比，总结了中韩反身代词在句法结构上的异同。总之，无论是形式上、语法功能上还是对乔姆斯基约束原则的适用上，中韩反身代词都既有共同点又有不同点。之所以采用乔姆斯基的约束原则，是因为其具有普适性，以此为理论依据进行中韩反身代词对比更加客观科学。望本文可以为韩语学习者提供一点借鉴。

参考文献：

[1] 程寿凤. 韩国语反身代词与汉语"自己"的对比研究[D]. 延边：延边大学硕士学位论文，2007.

[2] 郑翠，汤镇华. 约束原则A在汉、韩语中的普遍性探讨[J]. 现代语文，2012，（4）.

[3] Chomsky, N. *Lectures on Government and Binding*[M]. Dordrecht: Foris, 1981.

[4] 유연군. 중국어 재귀대명사의 기능 및 그 변천에 관한 연구[D]. 단국대교 박사학위논문, 2008.

[5] 조석전. 한중 재귀사의 대조 연구[D]. 동국대학교 석사학위논문, 2013.

---

① 郑翠，汤镇华. 约束原则A在汉、韩语中的普遍性探讨. 现代语文，2012（4）.

浅析由词形引起的副词性修饰成分误用

2013 级　日语语言文学　滕春萍

摘　要：日语的副词性修饰成分是一个广义的概念，除了副词之外，它还包括由名词、形容词、形容动词等其他词类转化而来的形式。由于其词形本身的复杂性，导致了日语学习者在实际使用过程中频频出现误用。本文针对后续连用助词的副词性修饰成分进行调查，在各类误用类型中着重考察了脱落和附加这两种与词形相关的误用类型。

关键词：连用助词；副词性修饰成分；脱落；附加

一、引言

对于日语学习者而言，副词性修饰成分的使用是日语学习过程中的一大难点，因其不像动词、形容词那般在活用等方面有规律可循，且除去副词之外另包含由其他词类转换而来的形式，因此无论是在作文写作或是口语会话中，出现误用的几率是比较高的。本文将以后续连用助词的副词性修饰成分为中心展开考察，具体针对由词形引起的误用类型进行分析，以期得到学习者误用的规律，便于日语学习者在实际使用时有效规避副词性修饰成分的误用。

二、脱落与误形成

（一）本应接续的连用助词发生脱落

通过对后续连用助词「に」「と」「で」的副词性修饰成分进行的

考察发现，因连用助词脱落①而产生的词汇误用较为常见，尤其以后续连用助词「に」的副词性修饰成分居多。例如：

（1）また、日本と別の国の交往の歴史も残ると思う。確か（→確かに）②、3種類の文字の表記は難しくて、負担がいっぱいあるかも。しかし、3種類の文字の表記のほうがいいと思う。(107_a／18339／中国語)③

（2）地震と津波の影響で停電となり、電車が運転されたことが あっという間（→あっという間に）流された。(p33_a／27791／マラーティー語)

在例（1）和例（2）中，原本连用助词「に」是必不可少的，但是日语学习者在作文当中使用的却是「に」脱落之后的形式。表面看来，是一个连用助词之差，但细看之下，却并非是简单的词汇形式上的区别。因为连用助词「に」的脱落，使得一个副词性修饰成分变成了意思截然不同的另外一个副词性修饰成分。根据词典释义，例（1）中的副词「確か」通常表示「自身の記憶や経験に基づいていて、はっきりとは言い切れないものの、間違いなくそうであると思われるさま」（基于自身的记忆和经验，虽不能断言，但基本上不会有错）这样一种意思。且一般情况下，它多与后续连用助词的「確かに」列为同一条目之下，而并与之做细致区分。但是，细追究之下二者之间的不同着实值得推敲。例如，下面一组对话：

（3）A：山田さんが来た日が覚えていますか。
B：ええ、たしかあれは台風の前でした。

---

① 脱落，即原本应该后续连用助词的副词性修饰成分而未使用连用助词的情况，或者未使用本应该接续的连用助词而后续其他连用助词导致误形成的情况。

② 「最後（→最後に）」当中，下划线部分表示日语学习者误用的副词性修饰成分、（→ ）表示语料库中修改之后的正确使用形式。

③ （036_a／15361／中国語）是作为例句出处的作文作者的相关信息，按顺序依次表示作文ID／误用ID／学习者的母语。

说话者 B 就「山田さんが来た日」("山田来的日子")这件事情做出的回答是经过对回忆的追溯完成的，这种情况下，使用「確か」属于自然通顺的表达。与之相比，例（1）中「確か」的使用则显得不那么贴切。而修改后的「確かに」，不仅实现了对事实的确认这一基本职能，而且也恰如其分的完成了「確かに～かもしれない」之一表达方式上的呼应。

再看例（2），则呈现出由原本意义功能向强调功能过度的趋势。「あっという間」与「あっという間に」并不存在意义上的分歧，只是根据小林（1977）中的分类来看，「あっという間に」属于〔X'α〕型，即本身并不具备连用功能的「あっという間」通过添加连用助词「に」才具备了连用修饰的功能，单纯的「あっという間」一般只能用作「あっという間のできごと」这样连体修饰的情况。

（二）连用助词脱落后的误形成

如前所述，单纯的连用助词脱落是日语学习者在使用副词性修饰成分时经常出现的一种误用形式。除此之外，原本应该接续在副词性修饰成分之后的连用助词脱落，之后代之以其他的连用助词而构成有异于正确形式的误用也屡见不鲜。例如：

（4）私たちの国の交響楽は建国するの後から、早く発展しました。その中、私たちに自ら誇りに思うは、世界で（→世界的に）有名な音楽作品、「梁山伯と祝英台」。（041_a / 15717 / 中国語）

（5）みんなに交響楽の意味、交響楽隊の構成と発展を 概略な（→概略的に）紹介しました。（041_a / 15609 / 中国語）

例（4）（5）的共同之处在于，连用助词使用的不是原本应该接续的「に」，而是偷梁换柱，代之以「で」「な」来作为副词性修饰成分。其中，例（4）中日语学习者使用的「世界で」是将名词「世界」之后附加表示"动作、作用进行的场所"的格助词「で」形成的误用。相比之下，形容动词「世界的」后续连用助词「に」而构成的副词性修饰成分显得更加贴切。究其原因，恐怕是日语学习者受到作为母语的汉语影响，将汉语中的"在世界上"这样一种结构与日语中的「世界で」相对应而产生的误用。因本文暂就误用的形式做简单探讨，针对其产生原因的考察将在之后的文章中再做深入分析，此处便不做详细说明。同样，例（5）中，经常作为形容动词的连体修饰出现的「な」被误作为连用修饰使用，修改之后的「概略的に」才是其正确表达形式。

三、附加与误形成

（一）可附加连用助词的副词性修饰成分的误附加

与连用助词发生脱落的误用例相比，连用助词附加的情况似乎更多一些。例如：

（6）かまわずに、少なくない人は、この状態は<u>だんだんに</u>（→だんだん）よくなるだと思いますが、今日、パトナの人数は80万人、最高記録です。（007_b／14208／中国語）

（7）戦争というのは命が<u>直接に</u>（→直接）かかることで、大事なことである。（009_a／14283／韓国語）

上述两个误用例中使用的「だんだんに」「直接に」其本身不接续连用助词「に」的形式「だんだん」「直接」即为副词，可直接接续用言实现连用修饰的功能。当然，在日语中，「だんだん」之后接续连用助词「と・に」、「直接」之后接续「に」的情况也并非不存在，下文的例句便是经常使用的形式。

（8）仏教の来世と同じように、レイモンドの天国にも第七界までありまして、魂の修行にしたがって<u>だんだんと</u>高きに昇ってゆくのであります。（川端康成「伊豆の踊り子」）

（9）左手にうける茶碗の中へ、はしを少しずつ落として、しっぽのさきから<u>だんだんに</u>ひたすと、アーキミジスの理論によって、そばのつかった分量だけツユのかさが増してくる。（夏目漱石「吾輩は猫である」）

（10）一人一人の信者は、それぞれ個人として、直接に神と対峙しているのである。（黒田壽郎「イスラームの構造」）

像例（8）和例（9）这样，在「だんだん」之后伴随「に」或者「と」的形式，使得「だんだん」的容许度得到了提高。究其原因，主要是因为「に」和「と」的存在使得变化过程的区分变的更加明确，为变化的过程提供了一种可控制的"区分"。除此之外，通过语料库的检索发现，并不存在例（6）这样「だんだんによくなる」的形式，而「だんだんよくなる」却是普遍使用的形式，这也证实了例（6）确实是一种误用。

（二）不可附加连用助词的副词性修饰成分的误附加

另外一种附加的误用则是日语学习者在本不可以接续连用助词的副词性修饰成分之后附加连用助词的情况。例如：

（11）これは昔から研究者たちが絶えずに（→絶えず）努力した結果だと思います。（048_a／16030／中国語）

（12）私はしょうらいに（→しょうらい）日本語で上手にならったから、日本語の有名な本と映画がみたいです。（p13_a／27457／マラーティー語）

在以上三个误用例当中，虽然错误附加连用助词之后对副词性修饰成分本身的意义并无影响，但是仍然值得注意。此外，在针对附加这一类型的误用进行统计分析的过程中也发现了不少其他成分的附加。例如：

（13）インターネット詐欺を防ぐために、まず個人は意識を高まることが必要だ。簡単的に（→簡単に）個人情報を人に知らせることができない。（128_f／26629／中国語）

（14）少年刑務所に行かせたり、ある程度で（→ある程度）人間の自由をうばったりしたほうがいいと思う。（132_c／26697

／中国語)

分析发现,像例（13）这样以"汉语词+に"的形式出现的日语副词性修饰成分极容易被汉语母语的日语学习者误用作"汉语词+的+に"的形式,即"的"的附加。这与汉语的表达习惯不无关系。如我们所知,在汉语中副词作为状语使用时,有无标和有标两种类型。像"彻底地删除程序"这样的是典型有标的例子,它要求副词与结构助词"地"呼应使用。而在日语中,既存在「徹底的」「全面的」「根本的」「具体的」「人為的」这样本身含有"的"的形容动词,也不乏「単純」「正確」「簡単」这种不含有的一类。正因如此,以汉语为母语的日语学习者受到汉语中"副词+结构助词'的'"的影响,而将本不含有"的"的副词性修饰成分之后附加"的",从而产生误用。

四、结论

通过上文的考察不难发现,与后续连用助词的副词性修饰成分词形相关的误用主要有脱落和附加两种形式。其中,脱落的误用既包含本应后续的连用助词发生脱落的情况,也包含连用助词脱落之后结合其他连用助词而误形成的情况。同样,附加的误用主要有可附加连用助词的副词性修饰成分的误附加以及不可附加连用助词的副词性修饰成分的误附加这两种情况。后续连用助词的副词性修饰成分误用类型以及引起误用的原因多种多样,这仍是今后需继续考察的问题。

参考文献:

[1]小林典子.外国人日本語学習者による副用語の誤用－誤用例の分類の試み－[J].筑波大学留学生教育センター日本語教育論集（第3号）,1988:29～47.

[2]小林幸江.「に」のつく副詞,「と」のつく副詞[J].日本語学校論集（第6号）,1977:131～145.

[3]玉村文郎.語形から見た日本語の副詞//渡辺実副用語の研究[M].東京:明治書院,1983:68～87.

汉语人体词"脚"的隐喻研究

2014 级　外国语言学及应用语言学　吴晨

摘　要：身体及身体器官是人类认知世界的基础之一。人体隐喻化对人类的思维和概念形成具有重要的意义。作为人体的重要部位之一，"脚"的用法具有明显的隐喻特征，对人类形成概念，理解事物发挥着非常重要的作用。本文以人体隐喻化和概念隐喻理论为基础，就汉语的"脚"概念进行隐喻认知分析，尝试揭示出"脚"这一词汇的隐喻运行机制。

关键词：脚；概念隐喻；映射

一、身体隐喻理论基础

（一）跨域映射理论

概念隐喻理论作为认知语言学最为重要的理论之一，它的核心内容是"隐喻是跨概念域的系统映射"（李福印，2008）。隐喻映射遵循恒定原则，源域的意象图式结构以一种与目标域的内容结构相一致的方式投射到目标域。因此，概念隐喻是源域对目标域的单向作用。映射的基础是人体的经验，映射不是任意的，它根植于人体日常经验及知识。

（二）意象图式理论

意象图式理论最初是在概念隐喻理论中提出来的，意象图式在意义的构建和推理中起着不可忽视的作用。（Lakoff, Johnson 1980）隐喻的激活有赖于意象图式。我们一般认为，目标域中如果不存在和源域相一致的意象图式特点，源域的特点就不能映射到目标域中去。

二、含有汉语"脚"的身体隐喻词

本文中所用到的语料均为来自《现代汉语词典》(商务印书馆，2002)、《分类成语词典》(吉林大学出版社，2009)、《成语大辞典》(商务印书馆，2014)上的例句。下面笔者将对其进行整合分析。

（一）单个词"脚"的隐喻

由收集到的语料来看，单用"脚"构成的词并没有太多的隐喻含义，或可称为"死隐喻"。人们日常的使用习惯演变已使得这些词成为通俗用法，不再具有修辞作用。但这些词本质还是隐喻性的，根源于我们的体验。由"脚"单字构成的隐喻词，意义多为"某物的底部"。作为源域的身体部位"脚"，可以映射到许多非人体部位的目标域（某物的底部），在身体部位中，脚位于人体的底部，是支撑整个身体的重要部位，当人们识解其他不熟悉的事物时，总是以自身熟知的身体部位进行映射，这在生活中非常常见，例如：山脚、墙脚、裤脚、高脚杯、脚注、韵脚、页脚等。

（二）含有"脚"的复合词的隐喻

1. 含脚的动作的复合词

在包含脚的动作概念的词中，词的意义不只停留在字面上，而具有隐喻性。在构词法中，其结构为"动词＋脚"或"脚＋动词"，如插足、脚踏实地等。

插脚/插足：字面上指脚站到里面去，隐喻参与某种活动。

（1）这种事你何必去插一脚？

缩脚/缩手缩脚：手脚没伸开或伸开了又收回去；多隐喻为做事有顾虑，不敢放手做，亦作"束手束脚""缚手缚脚"。

（2）喊了许久，店家方拿了一盏灯，缩手缩脚地进来，嘴里还喊道："好冷呀！"

（3）三要家下有钱，放得开，收得拢，不是缩手缩脚的，经济拮据的。

立足/站住脚：站稳，比喻在一个地方安定下来，站稳脚跟，或隐喻处于某种立场。

(4) 立足基层,面向群众。

涉足:光着脚去某处,隐喻进入某一境界、环境或范围。

(5) 他早期涉足政坛。

(6) 如果世间真有这么一种境界,涉足其间的人将要应接不暇,终于陶醉了吧。

绊脚/绊脚石:绊脚,字面上指脚被某物体阻碍而身体跌倒,隐喻某事或某人被阻碍。绊脚石隐喻阻碍前进的人或事物。

(7) 越是着急的事,越是有复杂的情况绊脚。

(8) 骄傲是进步的绊脚石。

垫脚/垫脚石:字面指铺垫在脚下来抬高身体位置的动作,隐喻用他人或他物的衬托来抬高自己或向上爬。垫脚石,喻指借以向上爬的人或事物。

(9) 我敢保证,他们回家不像往日,不再把儿媳、老婆当作垫脚砖。

(10) 他们不会安分,他们要到处找垫脚石。

失足:字面指某人没踩稳脚跟而跌倒,隐喻某人犯了大错或做某事失败了。正如中国有名的谚语"一失足成千古恨"。

(11) 少奶奶:"一失足成千古恨,女人走错了路,是不能原谅的。"

裹足:字面指静止不向前走,隐喻人因有所顾虑而停滞不前,如成语"裹足不前"。

(12) 我们不能做有名无实的党员,不能总在困难面前裹足不前。

战不旋踵/死不旋踵:旋,旋转。踵:脚后跟。旋踵:转动脚后跟。隐喻不畏艰险,坚决向前。死不旋踵也可喻极短时间内死亡。

(13) 墨子服役者百八十人,皆可使赴火蹈刃,死不旋踵。

脚踏实地/脚踏两只船:脚踏在坚实的土地上,隐喻做事踏实,认真。脚踏两只船:脚踩在两条船上,隐喻对事物的认识不清而拿不定主意,或为了投机取巧而跟不同的两个方面都保持关系。

(14) 萧队长寻思,这人原先胆子小,干啥也是脚踩两边船。

(15) 生平常谓:吾无他长,惟足履实地。

由以上例子来看，包含脚的动作的词并不是仅有字面上的意思，在某种语境中还具有隐喻意义。而这种隐喻的规则就是将脚的具体动作映射到抽象的人类活动中，又或者说，这种映射是基于脚的具体动作和人类活动的相似性而言的。然而要说明的是，在这种映射中所谓的"相似性"不是在生理层面的，而是在心理层面，是人类在认知能力提高的情况下逐渐获得的。

2. 含有脚的特征的复合词

所谓脚的特征包含很多方面，比如脚是强健有力还是柔弱无力，是大脚还是小脚，是光滑还是粗糙，有茧还是没茧等。在特定的语境中，包含脚的特征的复合词具有隐喻意义（喻指某物或人的特征），而不是单纯地为了描述脚这一身体部位。

包含脚的特征的复合词在构词法中的结构可描述为："动词＋脚"或"脚＋动词"。同样地，我们举以下例子进行分析：

蹩脚：跛脚的，喻指人或物的能力或质量低。

（16）你那蹩脚香烟暂时收起，我口袋里是大炮台。

毛手毛脚：毛：举动轻率。喻指做事粗心大意，不细致，不沉着。

（17）可不知怎么又生下我这样尖嘴缩眼，毛手毛脚，这等碜东西来。

科头跣足：科头：不戴帽子；跣足：光脚。形容生活困苦，也指散漫、无拘无束。

（18）从厢房廊下穿去，隐约玻璃窗内有许多人，科头跣足，阔论高谈。

大手大脚/小手小脚：字面上都是描述手脚的大小，而它们在隐喻层面的意义有所不同：大手大脚形容对财物毫不吝惜，没有节制地随便花费；或指行动鲁莽。小手小脚则是形容做事没有魄力。

（19）成年家大手大脚的，替太太不知背地里赔垫了多少东西。

（20）你喝起酒来，却小手小脚的。这未免和你的身份不相称吧！

胼手胝足：胼、胝，老茧。一般是指长期从事体力劳动者，手脚生茧。形容十分辛勤劳动。

（21）侨胞的金钱不是容易得到的，是由他们终年胼手胝足，千辛万苦，省吃俭用，积蓄起来的。

由以上例子可以看出，脚的特征可以映射到其他事物或人体的特征上。而有两点是需要注意的：一是在构词法上，"脚"经常与其他身体部位搭配使用（以"手""头"居多），以使意义更加完整。另一点是包含脚的特征的复合词多以贬义居多。

3. 包含脚的状态意义的复合词

和脚的特征类似，"脚"在某个时间内可能具有不同的状态。例如，脚是否有异味、是否干净、是否被束缚等。因此包含脚的状态的复合词也可能有隐喻意义，可以映射人或物的状态或特征。但这些词在构词法上看并没有严格的规律，而是相对多变的。

臭脚：字面意为脚的异臭味，基于这一特征，"臭脚"可隐喻为足球比赛中球踢得差；也可隐喻为某人在某方面不擅长，某物不合格、质量差等。人们常说的"捧臭脚"也是基于这一认识，即明知被捧方是错的，也要千方百计说成对的；明知被捧方的本领不怎么样还要推崇叫好。

（22）于是，我们的谈话便移在电视机前，从他嘴里还不时冒出"好球""臭脚"……

（23）和珅就是个典型的捧臭脚的主儿。

手脚干净/手脚不干净：用手脚的干净与否隐喻人的状态，手脚干净隐喻人廉洁奉公，品行端正，而手脚不干净则指人行为不正，多指在钱财方面。

（24）我们要一些手脚干净的工人干活。

（25）郭掌柜心中怀疑他手脚不干净，嘴里又不便直说，只是留心侦察，相机行事。

捆住手脚、放开手脚：捆住手脚原意为手脚被绳子等物体捆住，隐喻为人或物被过分地束缚，而放开手脚意义正好相反。

（26）这也不许做，那也不许做，我们都捆住手脚，生产怎么搞得好呢？

（27）当前我省发展的机遇和条件很好，我们一定要抓住时机，放开手脚加快经济发展。

（三）与其他词身体词搭配的"脚"的隐喻

在前面的章节中，有一些涉及脚的动作、特征和状态的复合词语包含了其他身体部位词，比如说头、手。但是这一节中涉及的词语与之前提到的这些复合词语是不一样的。之前章节中提到的含有其他身体部位的词语作为整体是具有一定的隐喻意义的。然而这一节中，脚与身体其他部位结合，是作为完整的短语和复合词语，没有其他词语的加入，是意义上更为严格的"其他身体部位＋脚"的形式，它本身就具有隐喻意义。

手足：字面意义是人和动物的手和脚。它含有两层隐喻意义。其一是兄弟，这是因为手和脚总是密切相关，它们都是人体重要的部位。这种亲密的关系也存在于兄弟之间，因此这种相似性使人们用"手足"去喻指"兄弟"。因为汉语中有"手足之情""情同手足""手足相残"。

（31）请你念及手足之情，不要因我没有出息，就把我抛弃。

"手＋足"的另一层隐喻意义是"力量，体力"，手和脚组成了人类的四肢，我们人体的主要力量来自四肢。因此，"手＋脚"喻指"力量"，相关的词语有"一手一足"，表示一个人的力量，力量薄弱。

（32）后稷天下之为烈也，岂一手一足哉！

头足："头＋足"字面意义是人体或动物的头和足。由于头和脚是人体两个相反相对的部位，它们之间的这种关系被用来喻指人体或事物的缺点和优点。因此，我们不难理解"评头品足"被喻指谈论别人的优点和缺点，或者喻指挑剔和对缺点不容忍。

（33）你应该多干点实事，不要总评头品足。

三、结语

本文以所收集的语料为基础，基于认知语言学的概念隐喻理论及人体概念化，集中讨论了汉语"脚"概念的意义及其综合词义引申，通过对其进行隐喻分析，说明人体部位词"脚"在不同语境下的隐喻含义，印证了以相似性为基础的概念隐喻不仅是一种语言现象，还是人类认知和思维的工具。

参考文献：

[1]李福印. 认知语言学概论[M]. 北京：北京大学出版社，2008.

[2]卢卫中. 人体隐喻化的认知特点[J]. 外语教学，2003，(6)：23~28.

[3]林荫. 脚的转喻和隐喻分析[J]. 赤峰学院学报（汉文哲学社会科学版），2010，(1)：122~124.

[4]蒙倩静. 对汉语"脚"的隐喻和转喻分析[D]. 桂林：广西师范大学，2011.

[5]钱进."脚"构词语系列及其文化内涵[J]. 语文学刊，1996，(4)：35~36.

责怪义话语标记"真是的"

2013级　汉语言文字学　王小雨

摘　要：话语标记（discourse marker），又称话语联接语，是指序列上划分语言单位的依附成分[①]。话语标记成为近年来语言学界研究的热点课题。本文的研究重点是责备式话语标记"真是的"，笔者首先对责怪义话语标记进行了界定，然后对其责备语气进行了分级，接着论述对其形成过程经历了词汇化和语法化，其中语用推理和主观性对其形成起到了作用。

关键词：话语标记；真是的；责怪义

一、话语标记"真是的"的性质

根据话语标记的定义，现代汉语中存在的"真是的"并不全是话语标记。"话语标记是指在语言序列上划分语言单位的依附成分，它不具有概念意义，不对命题的真值意义发生影响。它是指示前后话语之间关系的连接纽带。[②]"另外，它可以表明说话人对话语信息的评价、立场和态度等。看下面的例句：

（1）真是的呢，丰老先生说的西洋人接近中国艺术，年轻的德国人贡德曼可算是又一例证。

（2）我一把抓起书，翻起来，心里说："请一定是个黑人作

[①] 董秀芳. 词汇化与话语标记的形成. 世界汉语教学, 2007（1）：50~61.
[②] 董秀芳. 词汇化与话语标记的形成. 世界汉语教学, 2007（1）：50~61.

者！"原来她真是的！

（3）慢慢地她说道："你别说还真是的啊，最近他好长时间都没有这种要求了。"

（4）我真想问问他们那些人，究竟妨碍我这样一个爱好和平又没有什么害处的人有什么乐趣，真是的！

（5）再忙，不能生病不管，你这人，真是的，自己受罪，连说也不说一声……

（6）我抱歉地说："真是的，我记成明天了。本来我想陪你的。"

例句（1）～（3）中的"真是的"都是"肯定、确认"的意义，例（1）确认"丰老先生说西洋人接近中国艺术"，例（2）确认"她是黑人作家"，例（3）确认"他很长时间没有这种要求了"，三个例句都对命题的真值意义发生影响，其存在是有实在意义的，表达了言说的功能。而例句（4）～（6）中的"真是的"，已经不对命题的真值意义产生影响，并不表达"肯定、确实"的意义，逐渐虚化，功能也由言说功能过渡到表达主观情态的语用功能。

所以说，以上例句可以分为两类，（1）～（3）中的"真是的"还具有命题意义，不是话语标记。而（4）～（6）中的"真是的"已经虚化了，具备话语标记的几个标准，可以认为是话语标记。

话语标记"真是的"在句法上，位置较灵活，可以位于句首、句中和句尾，可以用逗号隔开，也可以不用逗号隔开。

二、话语标记"真是的"的责怪功能

话语标记"真是的"从表达确定的命题功能，变为表达说话人主观情态的功能，它已经没有语义真值，只有特殊的话语功能。这一特殊的功能就是表达不满的责怪功能，王曼认为作为话语标记的"真是的"可以表达赞扬和责备功能，其认为表达赞扬的例句为：

（7）"团长也真是的，娶了这么好的老婆……"

(8)"老太太这人呀，真是的，一辈子宽厚待人。"

王幼华在其论文中将埋怨分为假性埋怨和真性埋怨，假性埋怨即"说话者心中并无不快或埋怨，甚至有娇嗔、窃喜、暗夸之义"，例（7）和（8）是属于假性埋怨。因此，话语标记"真是的"在现代汉语中主要的语用功能是责怪功能。"责怪"是一个意义范畴，它是一个语义强度由低到高的连续统上。根据语境的不同，表达埋怨的强度等级不同，通过对北大语料库192条例句和其他例句的统计和整理，埋怨语气可以大致分为以下几个等级：

等级1：假性埋怨。并不是真正的埋怨，暗含有娇嗔、窃喜、暗夸之义，说话对象一般是自己敬重的人，或者暗夸自己的成就或功劳，这种等级的责备语气最弱。

(9)语境：某人再次得了最高年终奖，他会说："真是的，我已经得过一次这个奖了，不想再得了，可是领导组又把这个奖给了我！"

(10)"再忙，不能生病不管，你这人，真是的，自己受罪，连说也不说一声……"

例句（9）中的自夸义很明显，埋怨责备义仅仅停留在表面，例句（10）中表面有责备义，其实更是关心之义。

等级2：自嘲式埋怨。自己做了某件事，没有得到他人的理解，好心没好报，自己埋怨自己，但有时表面为埋怨自己，其实是在埋怨别人。或自己做了某种明显错误的事，自己埋怨自己。这种自嘲式埋怨的责备语气相对较弱。

(11)语境：某人帮别人一个忙，别人不但没感谢，反而不领情，他会说："我瞎操什么心呢，好心当了驴肝肺，真是的！"

(12)我也真是的，放着身边的大钟寺古玩市场不去，偏要去什么西苑呀，官园呀！

例句（11）表面为责怪自己，实为责怪别人不领情；例句（12）中责怪自己犯了明显的错误，舍近求远。

等级 3：缓解式埋怨。埋怨责怪对象就是说话人，或责怪的对象与自己和说话人的关系较亲近，一般在"真是的"前面加"可""也"，遵循会话原则，照顾对方的面子，达到缓解责怪语气的效果。

（13）他埋怨道："爸，你<u>也</u>真是的！都退休了还找这不自在干吗呀？您看看那几个人哪个是好东西？不是我说您，都一大把子年纪了，还掺和这种事。"

（14）月亮你<u>可</u>真是的，人家还没结婚呢。

例句（13）中，说话人即责怪对象，是自己的长辈，因此在"真是的"前加"也"，起到缓和埋怨的效果；例句（14）中，说话人也是责怪对象，在"真是的"前面加了"可"。

等级 4：苛责式埋怨。埋怨对象一般不在身边，或埋怨对象是自己的下级、晚辈，句式选择上一般为感叹句、反问句等可以加强责怪语气的句式，包含有生气、不满的词汇。

（15）这算什么话？来就来，不来就不来；又来又不来的，让人怎么办？真是的，最好别跟当权的打交道，最后弄得自己人不人鬼不鬼的，到时候可怎么交待！

（16）妈妈开口了，说："这种学校也真是的，滑板上面怎么能有钉子呢？"

例句（15）中，埋怨的对象不在身边，除了应用责怪义话语标记"真是的"外，还应用了反问句、感叹句加强语气；例句（16）也选择了反问句式加强责怪语气。

等级 5：怨天尤人式埋怨。埋怨的对象不是人，是一件事或事物，这种不满、埋怨的语气最为强烈。

（17）她急得直跺脚："这天气真是的，下什么雨呀？"

责怪义话语标记"真是的"表达责怪、埋怨语气，根据语境的不同，语气强烈程度也不同，总体语气强度等级为（由小到大）：

假性埋怨＜自嘲式埋怨＜缓解式埋怨＜苛责式埋怨＜怨天尤人式埋怨

三、话语标记"真是的"的形成动因和机制

责怪义话语标记"真是的"来自"真是"，经历了词汇化和语法化的过程，还伴随着主观化，最终形成话语标记"真是的"。

"真是"最初不是一个词，是由系词"是"前面加表确定义的成分"真"组成，表示"真的是"，如：

（18）夫妇然后始欢喜，叹曰："我女有圣德通于神明，乃能与生人通婚，<u>真是</u>我女夫。"
（19）既而还入，融正色谓后出者曰："汝<u>真是</u>盗，何以诬人！"

此时的"真是"位于主语的后面，"真"是来修饰判断系词"是"的，此时，它们之间的关系比较松散，除去"真"也可表达完整意思。后来，"真是"的句法位置越来越灵活，不仅仅可以应用于"名词＋真是＋名词"的结构，如：

（20）只是恁地底人，一旦得高官厚禄，只是为害朝廷，何望其济事？<u>真是</u>可忧！
（21）若<u>真是</u>见得君子小人不可杂处，如何要委曲遮护得！

"真是"逐渐脱离了主语，后面可以加形容词或小句，此时"真是"已经密不可分，成为一个固定的词汇，发生了词汇化，成为一个副词性词语。在词汇化的过程中，形成的重要机制是句法位置的变化，句法位置由主语后面逐渐灵活，为词汇化形成创造了句法环境。除了

句法位置的变化,使用频率也是"真"和"是"词汇化的重要机制,高频率地结合在一起使用,为词汇化创造了条件。

副词性词语"真是"发展成为话语标记词"真是"经历了语法化的过程,由表示程度的副词,其真值意义逐渐虚化,发展为没有真值意义的话语标记语。在形成的过程中,也经历了介于两者之间的中间状态:

(22) 这种连 3 岁小孩也骗不了的瞎话,她竟然还好意思说得出口,真是不要脸。
(23) 你们俩也真是,戏票都买好了,你们又不去了。
(24) 雨一直下也不停,真是!

例句(22)处于由实义虚化的中间状态,因为将"不要脸"去掉,"真是"就虚化为话语标记了。此时,"真是"语法化的机制是语用推理。会话原则中的经济原则,要求会话尽量简单,不赘述,"真是"是修饰后面成分的副词性词语,当后面的成分说话双方都知道或者在上下文中已经出现时,后面的成分就可以根据经济原则省略掉。如例句(23)可以扩充为"你们俩也真是不应该,戏票都买好了,你们又不去了"。

"真是的"比"真是"更能表达主观感情,是因为语气词"的"的加入。语气词是表达主观语气的重要表现形式,语气词"的"的加入,增强了其主观语气。在这个过程中主观性也起到了作用。"真是的"经历了词汇化和语法化的过程,其表达确定的命题功能逐渐消失,而表达主观情态的功能逐渐加强。当其命题功能完全消失时,它只表达主观情态。"真是的"形成过程大致可以表达为:

    词汇化   语法化
真＋是—————→真是—————————→真是(的)
(表判断) (句法位置变化)
    副词性词语   (语用推理、主观性)
           话语标记

四、结语

本文对责怪义话语标记"真是的"从性质、功能、形成动因和机制方面作了分析。它只有在不表示真值意义,只表达埋怨语气时才为话语标记;其主要语用功能是表达责怪埋怨的主观情绪;其形成过程经历了词汇化和主观化,句法位置的变化、频率、语用推理、主观性等在其形成过程中发生了作用。

参考文献:

[1] 董秀芳. 词汇化与话语标记的形成[J]. 世界汉语教学,2007(1):50~61.

[2] 沈家煊. 语言的"主观性"和"主观化"[J]. 外语教学与研究,2001,33(4):268~275.

[3] 王幼华. "真是的"的语义倾向及其演变进程[J]. 语言教学与研究,2011(1):70~75.

[4] 彭琴. "真是的"语法化及相关问题探析[J]. 现代语文(语言研究版),2011(5):37~39.

[5] 王琦,陈双双. 汉语凸显主观性指示标记"真是的"探析[J]. 语文知识,2011(3):92~95.

国内多模态隐喻研究综述
——认知语言学视角

2014级　外国语言学及应用语言学　薛燕

摘　要： 本文以知网作为搜索引擎，以多模态隐喻为关键字，之后以重点核心期刊为标准筛选出了四十五篇文章，以此为基础对多模态隐喻的国内研究进行了综述，发现结合语类研究是总体，多模态隐喻的动态构建是研究焦点，但缺少具有普遍意义的理论模型。多模态隐喻语料库建设是研究发展的需要，结合现代技术的实证研究是未来研究的方向。

关键词： 多模态；隐喻；认知

一、何为"多模态隐喻"

（一）"隐喻"的概念

隐喻作为一种普遍的语言现象，一直受到学者们的关注。学者们对隐喻的定义与理解也有所不同。本文所讨论的"隐喻"是在认知语言学视角下的隐喻概念，即认为隐喻不仅是一种语言现象、修辞手段，也是人类基于体验哲学的一种思维方式。Lakoff（莱考夫）和Johnson（约翰逊）在其著作《我们赖以生存的隐喻》中也提到，隐喻无处不在，它不仅存在于语言中，而且存在于思想和行为中。我们赖以进行思考和行动的日常概念系统，在本质上也是隐喻性的；隐喻的本质是通过另一类事物来理解和经历某一类事物，是概念从一个熟悉的认知域（源域）到不熟悉的认知域（目标域）之间的映射，而隐喻映射的基础是源域和目标域之间的象似性关系。

(二) 单模态隐喻与多模态隐喻

要讨论多模态隐喻,首先应该对"模态"进行界定。Forceville（福塞维尔）(2009a：22)把"模态"简要定义为"可通过具体的感知过程阐释的符号系统"。在信息交流过程中,信息传递的方式不是单一的,而是多种模态共同作用的结果。"模态"是一个复杂的概念,为了便于研究,Forceville 把模态细分为：图像符号；书面符号；口头符号；手势；声音；音乐；气味；味道；接触。

Forceville 在模态的分类基础上还进一步区分了"单模态隐喻"和"多模态隐喻"。 单模态隐喻指始源域与目标域出现在同一模态之中。典型的单模态隐喻有语言隐喻 、图像或视觉隐喻。与之相反,多模态隐喻指始源域和目标域出现在不同模态中。例如,"青春是绽放的花朵",是一个文本单模态隐喻；但如果以视频手段展现花园中娇艳的花朵,旁边是一群少年在春游嬉闹,同时配以画外音"绽放的青春"及少年们爽朗的笑声,那么这就是一个既包含视觉模态又包含听觉模态的多模态隐喻。多模态隐喻也有广义和狭义之分,在本文中我们取其广义,即有两种或以上模态构成的隐喻。

二、多模态隐喻的研究历史及发展状况

在多模态隐喻研究兴起之前,认知语言学对隐喻的研究主要集中在纯语言角度,探究隐喻的语言体现。而随着科学技术的进步,人们的交际模式呈多模态发展,人与人之间的沟通不局限于文字,而是与视频、声音及图像等媒介结合起来,多模态隐喻研究也应运而生。

多模态隐喻研究始于 20 世纪 90 年代末。Forceville 在《广告中的图像隐喻》中,运用认知语言学的理论框架对图像隐喻做出了全面系统的阐释。这一著作得到了学界的广泛支持,并推动了多模态隐喻研究的蓬勃发展。Forceville & Urios-Aparisi 将西方多模态隐喻的研究成果汇编于《多模态隐喻》一书中,内容涵盖平面广告、政治漫画、电影、口语、音乐、手势语等多种媒介的隐喻分析。

相比国外多模态隐喻研究的蓬勃趋势,国内学界对多模态隐喻的

研究尚处于发展阶段，所涉及的文章主要包含两个方面：一是介绍及评述国外的研究成果，如赵秀凤（2011）介绍了多模态隐喻的发展状况、研究焦点、已有成果及发展前景等内容；二是运用已有的理论成果分析实际问题。受 Forceville 等人的影响，国内的研究主要集中在广告和漫画等内容上。

三、资料收集

本篇文章主要对国内的多模态隐喻研究进行综述，调查对象为中国知网、万方及维普数据库平台所收录的核心期刊文章，共计 45 篇。虽然不能囊括国内所有相关领域的研究，但核心期刊的论文有一定的代表性及权威性，我们对此进行分析整理，以期窥探国内对多模态隐喻的研究概况及发展方向。

四、文献综述

（一）研究内容

国内多模态隐喻研究在引进国外多模态隐喻理论的基础上，主要集中在以下方面：文化认知模式与多模态隐喻关系；多模态隐喻类型；多模态隐喻表征方式研究；多模态隐喻与转喻意义的动态建构；以及多模态隐喻在教学中的应用。

关于文化认知模式与多模态隐喻的关系，学界一直存在不同的意见，究竟是文化模式建立在隐喻基础之上，隐喻渗透于文化模式、建构文化模式（Lakoff，1993），还是在构建认识世界的过程中，文化模式起主导作用，隐喻只是一个相对次要的因素（Quinn，1991），这是一个需要进一步探讨的问题。此外，多模态隐喻意义解读过程中体现出来的文化模式因素可以帮助我们去理清哪些隐喻是基于我们自身身体经验的，哪些是具有独特文化特色的。学界对于多模态隐喻与文化因素并没有深究，因此这是一个切入点，可以由此结合更多的语类展开研究。这方面，才亚楠（2014）以及王凤（2013）的文章可以作为参考。

关于多模态隐喻类型的研究主要是在广告或电影等语类中展开

的，呈现其中的多模态隐喻类型，阐释多模态隐喻体验基础和文化基础。相关的研究有蓝纯，蔡颖（2013）研究发现广告中的多模态隐喻主要类属两大基本隐喻系统，即存在链隐喻系统和时间结构隐喻系统，总体研究不多，接下来的研究可以在别的语类比如漫画，海报中展开，发现其中的隐喻特点。

多模态隐喻表征方式的研究相比前两种占有了较大的比重，在本文所搜集的资料中，多模态隐喻表征方式的研究都是采用了实证研究的方法，结合具体的语类，阐释具体语类中多模态隐喻各种表征方式和双域选择呈现出的特点。杨友文（2015）对于足球海报中的表征类型和俞燕明对政治漫画的研究，说明了不同的语类特点对表征方式有不同要求，表征的类型对具体语类中多模态隐喻的实践提出了建议。相关的研究还可以结合其他的语类展开，会对实践起到一定的启发作用。

多模态隐喻的动态构建是迄今为止多模态隐喻研究中最为广泛的主题，不同的学者对多模态隐喻意义的构建提出了不同的理论框架，相关的理论基础有诗歌意象整合模型、Lakoff 的跨域映射理论、概念整合模型、理想化认知模型以及意象图式理论。其中赵秀凤（2013）以政治漫画为例，在诗歌意象整合模型基础上提出的多模态隐喻整合模型，综合考虑了符号表征空间、语用关联空间、输入空间内部和跨空间之间认知互动，有较强的说服力，值得引鉴。此外，朱嫣然，郑燕（2013）的研究内容分类详细，结合概念整合理论的四种模型对政治漫画的多模态隐喻构建进行了详细的论述，论述清晰，是概念整合理论对多模态隐喻构建的一次很好尝试。我们看到多模态隐喻意义的动态建构已经不是单纯的隐喻跨域映射理论能够解释的，它需要考虑的因素更多，而且意义的构建呈动态性。其中，多模态隐喻的动态构建还涉及其与转喻的关系。已有的研究认为多模态语篇中转喻是隐喻的基础，张辉辉，展伟伟（2011）探讨了多模态转喻和隐喻在广告中的动态构建，认为多模态隐喻和转喻的研究可进一步揭示隐喻和转喻的本质和操作机制。总之，多模态语篇的构建与解读还需要结合具体的语类，在隐喻理论的基础上探讨更具有概括性和普遍性意义的理论模型，以及转喻与隐喻在动态构建中的互动关系。

最后是多模态隐喻在教学中的应用，这方面的研究缺乏系统性，而且相关研究提出的应用也很牵强，不够有说服力，也不够深入细致。其中梁晓辉（2013）对于学生写作中培养和运用比较和类比的思维是很好的创意，研究结合具体的多模态隐喻图片也为教学加入了更多的趣味性。另外，赵秀凤和张卉（2013）的文章，对于高校英语报刊阅读教学提出了新的思路和培养方向。总体而言，教学相关的多模态隐喻研究还在起步阶段，之后的研究可以拓展到更广泛的教学层面，比如教学课堂中手势语言的多模态隐喻。除此之外，对于学生的隐喻思维培养也是教学研究要考虑的。

（二）研究方法

在已有的研究中，主要是应用内省式的方法，相关的实证研究较为有限，多模态隐喻与当代科学技术的具体软件分析的结合也不够紧密，这方面周花平，邓云华（2014）做了非常好的尝试，发现了多种模态在时空上的耦合。再者，多模态语料库的建设与运用也是多模态隐喻研究所缺少的。相信语料库建设的相关研究有利于我们更深入地得出多模态隐喻方面具有更加普遍意义的结论。

（三）研究语类

广告语篇是国内多模态隐喻研究中最常见的研究语类，其次是海报和政治漫画，相关的视频语类较少，已有的研究也不够有力，是将来研究可以关注的方向，对电影语类的研究需要结合更多电影相关的专业知识，这也为多模态语篇的研究提出了跨学科的要求。言语—手势的多模态隐喻是一个较为新颖的方向，可以继续深入，但是研究的难度也是比较大的。

五、总结

笔者在本文综述的过程中发现，关于多模态隐喻的综述类研究较少，主要是在研究的起始阶段一些学者对于国外多模态隐喻研究的引介与评述，近几年的综述研究很少，说明研究反思不够多。

从研究内容来看，结合语类研究是总体趋势，多模态隐喻的动态构建是研究焦点，但仍需提出具有普遍意义的理论建构。多模态隐喻与转喻在语篇中的互动关系，以及多模态转喻在语篇中的基础性作用还需要结合更多语类去验证。多模态隐喻表征类型的研究还可以结合广告等其他语类探讨具体语类下的表征方式和双域选择特点。至于多模态隐喻在教学中的应用性研究，可以在更广泛的教学层面上展开，比如课堂手势隐喻以及学生隐喻思维的培养。文化模式在多模态语篇中发挥着重要的作用，已有的研究对于文化模式与隐喻关系存在不同的意见。

从研究的方法来看，内省式的研究占据了绝大多数，实证研究相对较少，结合具体的语料库和软件分析的研究更是稀少，多模态语料库的建设是发展的需要。最后，多模态隐喻的研究语类方面，目前广告是最多和最为广泛的研究语类，之后的研究可以向电影和手势——言语多模态方向发展。

参考文献：

[1] 才亚楠. 从多模态隐喻视角看文化认知模式与隐喻关系解读[J]. 外语学刊, 2014,（4）: 48~51.

[2] 梁晓辉. 多模态隐喻在英语写作教学中的应用——以比较性文章为例[J]. 外语研究, 2013,（5）: 24~31.

[3] 赵秀凤. 多模态隐喻构建的整合模型——以政治漫画为例[J]. 外语研究, 2013,（5）: 1~8.

[4] 赵秀凤. 概念隐喻研究的新发展——多模态隐喻研究——兼评 Forceville & Urios-Aparisi《多模态隐喻》[J]. 外语研究, 2011,（1）: 1~10.

[5] 赵秀凤, 张卉. 英语报刊阅读教学中的批评隐喻策略——以"外媒中多模态隐喻构建的中国形象"教研课题为例[J]. 外语教学, 2013, 34（4）: 61~64.

浅析网络詈语的去詈语化

2013 级　汉语言文字学　闫阳

摘　要：本文意在讨论目前网络上流行的网络詈语的去詈语化，本文先将詈语分为网络詈语和非网络詈语两类，简说非网络詈语的表达和成因后，将詈语分为性暗示詈语、字母詈语、谐音詈语和网络原生詈语四类，根据各类不同的情况分别进行讨论。进而揭示已经去詈语化的网络詈语逐步进入到网络主流语言范畴甚至现实生活中的现象。

关键词：詈语；网络詈语；去詈语化

一、引言

语言是人类重要的交际工具，如何运用语言，能彰显出个人的品德与文化素质。詈语其实存在于每种语言中，它是语言的一个有机组成部分。但是人们受制于传统观念，很少正式谈及它。为什么要使用詈语？动机复杂多样。大部分情况是由于仇恨、憎恶；或因为消气泄愤；也有毫无因由，只是语言习惯而已。

随着网络语言的不断丰富与发展，网络詈语也开始泛滥，不少学者担心这种现象会导致对汉语纯洁性的损害。

事实上网络确实给人们提供了更加宽松的语言环境：交流者间互不相识或者互不面识的匿名性；交流者间的地位相对平等性；网络话语权力中心的重新分布。这些特点导致人们在网络中使用语言时有意识的降低自我控制，更多的使用詈语。这是网络詈语泛滥的外部环境因素。

然而，除了整个网络语言环境的影响外，网络詈语区别于非网络詈语的特点，以及对网民内心产生的影响，都使人们在一定程度上改变了使用詈语的原因，这也是网络詈语泛滥的重要因素，是本文要探讨的主要问题。

二、网络詈语的去詈语化

（一）非网络詈语

什么是詈语？就是骂人的话，尤指骂人的脏话。现实生活中最常见的例如"傻逼""我操"等，这都是显而易见的詈语。一个用来羞辱人，一个用作感叹。我们来看几个例子：

> 许立宇立刻眉飞色舞地讲："那傻逼，老帽一个，计价器都不会看，我把'夜间''回程'全给他按上。" 《许爷》王朔
>
> 走到操作间门口的时候，他们不知是谁在身后兴犹未尽骂了一句："傻逼！"是笑着骂的，那一声笑，将城里人对农村人的蔑视…… 《新结婚时代》王海鸰
>
> "看见没有，这畜牲就是认定死理，它非要回来。它还是回来了！我操，它回来干什么？" 《哭泣的猫》叶兆言

在这几个例子当中，不论是"傻逼"还是"我操"，在语义上都是纯粹的辱骂与侮辱，即便是在文学作品中，这样的词也大多出现在对话中，可见这样的语言在我们的生活中是少有的，往往是由于仇恨、憎恶、泄愤或者粗俗语言习惯造成的。

那么网络中的詈语呢？（排除与现实生活中完全重叠的詈语）

（二）网络詈语

1. 性暗示詈语

第一类我们列举一些与性器官相关的网络詈语"呆逼""逗逼""屌丝""女屌丝""屌炸天""杰宝""跪舔"。在这一组网络詈语中，由于每个都带有不同程度的性器官暗示，深究每一个原本的字面意思，其

侮辱性都是十分明显的，但是就目前这组词汇来看，他们在网络语言环境中都不具有侮辱性。

"呆逼"是形容人呆呆的，呆若木鸡；"逗逼"是形容人非常搞笑，或者是做了一些看起来有些愚蠢却很搞笑的事情。这两个词虽然都包含了性器官词语，但是在网络中大家都用这两个词来形容"小伙伴"，也就是网络上、微博上的朋友，甚至还有表示亲密的意味。还有一些网络上的人会用"呆逼"或者"逗逼"专指自己身边的某个好朋友。也常有"你是猴子派来的逗逼吗？"这样的用法。

而"屌丝"和"女屌丝"分别是与"高富帅"和"白富美"相对的两个词。"屌丝"一词起源于"李毅吧"（百度贴吧），因为其他贴吧成员对"李毅吧"蔑称为"李屌吧"，而"李毅吧"的粉丝自称"毅丝"，从而演变成"屌丝"，最后该词变成了长相、家境、事业平平的普通大众的自嘲和自讽。而"屌丝"一词从2012年在网络上开始盛行，至今都没有消退的趋势。这个词确实准确地形容了一类人，而在现代汉语中很难找出与之意思完全对应的词。这个词虽然不能算褒义，但即便有贬义也很少是恶意的嘲讽，而且这种贬义也因语境不同而异。

"屌炸天"形容某个人在某方面很厉害或者某件事令人惊讶，一般是褒义的。有时会使用"狂拽炫酷屌炸天"整句，同于形容极其精彩极其好。同样的，在这个词中，男性性器官所含有的原本通过语言禁忌所表达出的骂人意思全无，詈语的詈语性消失了，变成了完全褒义的表达。

"杰宝"一词其实也算是谐音詈语，但是由于这个词本身表达的就是男性性器官，所以我们把它归于这一类。一般用在否定句里，表示感叹和强调，例如网络中有"无图无真相"这样的话，与之对应有"没图你说个杰宝"，衍生出"否定内容＋你说个杰宝"这样的句式。该词也放在一般的陈述句中进行强调。例如"结果现在一把辛酸泪地=_=这杰宝头发的不长了"这是选自新浪微博某个博主的感叹，"杰宝"在整句中用于强调，与现实詈语中"他妈的"相近，但是"杰宝"没有用原词。将原词提取了谐音，将原本骂人的话进行了修饰，变得更加内敛，在起到强调作用的同时，詈语性大大削减。

"跪舔"也是含有明确性暗示的一个网络詈语，最开始出自百度"李毅吧"，意思是臣服膜拜，取自印度奴隶舔地主脚表示尊敬的意思。在网络中有两重含义，一种是对某个人的崇拜，比如"跪舔学神"（对学习成绩优异的同学顶礼膜拜），这里常常用于褒义；另外一种用作贬义，形容某人出于某些见不得人的目的谄媚某人。所以这个词也是因语境而异，本身并不构成侮辱的詈语性。

2. 字母詈语

在网络中，现在还相对流行的字母詈语有"TMD""TNND""SB"，这些字母词，都是取自现实中詈语的拼音首字母。

为什么不直接用詈语，而要用字母呢？我认为这本身就是一种去詈语化，要弱化这些言语的粗俗程度，将原本不堪的东西隐蔽起来，虽然这些字母词还是詈语，并且有骂人的意味，但是骂人意味的强弱肯定有所区别。例如：

结果现在一把辛酸泪地=_=这他妈的头发的不长了
结果现在一把辛酸泪地=_=这 TMD 头发的不长了
结果现在一把辛酸泪地=_=这杰宝头发的不长了

这三个例句，同样是强调头发长不长，表达怨气，但是明显语气渐弱，"他妈的"的粗俗程度最强，语气也相对生硬，而后两个就没有那么粗俗了，所以我认为，字母詈语的存在，本身就是一种去詈语化的表现。

3. 谐音詈语

与字母詈语类似，网络中还流行着一批谐音詈语，例如"尼玛""草泥马""烧饼"（与"傻逼"谐音）。同样的，谐音詈语的存在就是一种去詈语化的表现。不论是"尼玛"还是"草泥马"还是"烧饼"比起原词都更容易接受，我们心理上的变化也是因为本身这个词汇变形后詈语性的减弱。

4. 网络原生詈语

除了以上三种，网络中大量存在一些从网络中产生的詈语，每个词都有自己的典故,并且在网络中经过传播和筛选形成了固定的用法。例如"绿茶婊""黑木耳""杀马特""肥猪流"等等。这些词我们也把它们归结为网络詈语。

这些网络原生詈语确实具有羞辱性,例如"绿茶婊"这个词在百度百科下有如下解释:"指外貌清纯脱俗,总是长发飘飘,在大众前看来素面朝天,其实都化了装,实质生活糜烂,思想拜金,在人前装得楚楚可怜、人畜无害、岁月静好却多病多灾、多情伤感,实际却善于心计,野心比谁都大,靠出卖肉体上位的妙龄少女。"但是这种羞辱是具有隐晦性的,比起非网络詈语这些詈语中脏字少,或者没有脏字,而且都以典故命名,光凭字面意思我们很难理解到其中羞辱之意,所以比起非网络詈语的詈语这种网络原生詈语性还是大大削弱了的。

三、去詈语化的网络詈语进入主流网络语言与现实生活

经过去詈语化的网络詈语已经进入了网络的主流话语,这是我们不可否认的一点。例如在新浪微博中,各个"大号"(粉丝众多的微博账号)和"官微"(官方微博)都经常用一些网络詈语,例如拥有940多万粉丝的新周刊官方微博,自从开博以来,原创微博用到"屌丝"一词就有16次。而拥有1700百万粉丝的著名的房地产大亨潘石屹在微博中也多次提到"屌丝"一词,并且在网络上多次与冯小刚探讨,我们是否应该自称"屌丝"。这些都说明一些去詈语化的网络詈语已经进入到了网络语言的主流世界,另一方面,这也很好地证明了,这些网络詈语确实已去詈语化,不然也无法跻身主流。

不仅如此,一些网络詈语已经进入到现实社会中,还是以"屌丝"为例,《人民日报》在2012年关于党的十八大会议报道中有这样一段话:"回望10年历程,中国社会结构变化之深、利益格局调整之大、遭遇的外部环境之复杂,实属罕见。市场经济的冲击余波未了,全球化、民主化、信息化的浪潮又不期叠加。分配焦虑、环境恐慌,拼爹时代、屌丝心态,极端事件、群体抗议,百姓、社会、市场、政府的关系进入'敏感期'。"

"屌丝"这个词在《人民日报》上的出现一方面是党政机关越来

越贴近人民生活、放低姿态的表现，另一方面我们也能看到，一些网络詈语确实已经走进了我们的现实生活，带有"屌丝"字样的艺术作品屡见不鲜，也能充分地说明这一点。

参考文献：

[1]陈琳琳.网络粗俗语研究[J].信阳农业高等专科学校学报，2009，19（4）：108～110.

[2]胡剑波.我国詈语研究综述[J].西南农业大学学报（社会科学版），2009（4）：137～142.

[3]孟建安,柳金殿.詈语与社会文化[J].当代修辞学,1997(5)：44～45.

[4]孟昭水.汉语詈语的致詈方式及文化内涵[J].齐鲁学刊,2006(4) 77～81.

[5]王俊杰.网络骂詈语研究[D].西宁：青海师范大学硕士学位论文，2010.

格尔茨文化观下花儿的意义与创新
——以六盘山花儿为例

2015级　阿拉伯语语言文学　张敏

摘　要：花儿又名少年，是产生于甘肃临夏，主要流行于甘肃、青海、宁夏、新疆等地区的一种男女对唱民歌（或称山歌）。本文运用格尔茨文化观中符号的理论，多角度阐释花儿话语的意义及隐藏于花儿身后的文化意义，并在中阿友好交往的大背景下对宁夏花儿的传承与创新提出几点建议。

关键词：花儿；文化观；符号；创新

一、引言

花儿又名少年，是产生于甘肃临夏，主要流行于甘肃、青海、宁夏、新疆等地区的一种男女对唱民歌（或称山歌），因其分布地域、音乐特点及歌词格律的不同，分为"河湟花儿""洮岷花儿"及"六盘山花儿"（或称宁夏花儿）。在2009年9月举行的"联合国教科文组织保护非物质文化遗产政府间委员会"第四次会议上，国家级非物质文化遗产甘肃花儿，连同我国申报的其他21个非物质文化遗产项目一道获准入选《人类非物质文化遗产代表作名录》。申遗的成功及政府对花儿作为重要非物质文化遗产的重视促成了近年来花儿的研究热，众多学者从语言学、文艺学、音乐学等不同领域对花儿进行深入研究，本文则主要从格尔茨的文化符号出发来解读花儿的文化意义。

二、理论基础

克利福德·格尔茨[①]采用"意义"与"符号"来界说"文化",认为"文化"即符号系统,是体现在象征符号中的意义结构。格尔茨把符号作为文化研究的对象,认为"文化"是各种象征性形式表达的概念系统。人们借助这些系统来交流、维持并发展有关生活的知识以及对待生活的态度。这里需要强调的一点是,格尔茨所说的符号和生活当中的符号是有所区别的。

格尔茨认为"symbol"一般有四种含义:(1)用以表示任何一个其他事物之事物,例如:说乌云是暴雨来临之 symbol,在此,"symbol"可以翻译为"记号"。(2)指用以表示经过明确的约定俗成的信号,如:绿灯通行为 symbol,红灯止步为 symbol。在此,"symbol"可以翻译为符号;(3)指一种用以表达某种无法直接说明而只能通过暗示比喻等间接方式说明的事物,可翻译为"象征"。因此,诗中有 symbol,而科学中则不能有 symbol;(4)指任何作为传达概念之媒介的词语、物体、行动、事件、性质或关系,而此概念即构成 symbol 之意义。格尔茨的文化定义是采用最后一个意义,符号即词语,用格尔茨的原话说:"所谓有意义的符号——它们大部分是词语,但也包括绘图、音乐、钟表之类的机械产品、珠宝之类的自然物体。"因此,"symbol"一词在格尔茨的"文化"概念中有其特定含义。格尔茨认为人类学家应该把符号(词语)作为文化研究的对象,认为研究词语的意义也就是研究文化的内涵。如果符号主要指词语,那么文化就是词语系统。以此类推,研究花儿文化就是研究花儿这个词汇的意义。或者说,研究花儿词语的意义也就是研究花儿文化的内涵。因此,本文将采用格尔茨文化观中的符号理论来解读花儿及阐释花儿背后所负载的文化意义。

[①] 克利福德·格尔茨(Clifford Geertz),美国人类学家,解释人类学的提出者。曾先后担任斯坦福大学行为科学高等研究中心的研究员、加利福尼亚大学巴凯学院人类学系副教授、芝加哥大学新兴国家比较研究会人类学副教授、普林斯顿高等科学研究所社会科学教授。

三、花儿话语的意义

根据格尔茨的文化观及其符号即词语的概念分析，花儿可解读为以下几种意义：

（一）民歌符号

花儿被定义为民歌是因其唱法曲调、歌词及演绎方式多体现民族特色，并只在某民族特定区域传播，且没有作者，多以口头相传。就如《东方红》和《山丹丹开花红艳艳》这两首全国闻名的歌曲是陕北民歌标志一样，花儿也是宁夏，特别是六盘山一带宁夏人民耳熟能详的民歌代表之一。提及花儿，人们首先会将其与宁、青、甘等地人民相关联，脑海中会自然浮现，背着些许干粮的少年少女嘹亮高亢的歌声回荡在西北空旷雄伟的大山里的景象，他们以歌会友，以词传意，或一一对唱或成群对唱，随心所欲，此时的花儿是开口即唱的烂漫民歌。

（二）方言符号

"六盘山花儿"的歌词中将不少阿拉伯语、波斯语等外来语汇音译为汉语，并加入大量民族特色鲜明的土语。如收录在《六盘山花儿两千首》中的唱词"主麻日""顿亚"等词均是阿拉伯语"يوم الجمعة"及"الدنيا"的音译词，表"伊斯兰教聚礼日"及"现世、俗世"之意，而唱词中的"阿訇"则是波斯语的音译，表"清真寺主持宗教事务的教务人员"。除此之外，歌词中还运用了许多的宁夏方言，如"尕"（小）和"奓"（张开或竖起之意）字。花儿唱词里对外来语及方言的使用，并不是随意拿来，其唱词背后体现的是悠久的民族历史及民族文化。回族是我国分布最广的少数民族，而宁夏是中国最大的穆斯林聚居区，也是唯一的省级回族自治区。公元 7 世纪，大批的波斯人及阿拉伯人经泉州、广州等中国沿海地区进入中国经商并定居，因当时君王的对外友好政策，这些阿拉伯人在中国定居并娶妻生子，随着一代一代的传承，回族这个少数民族便逐渐形成并在中国大地上繁衍发展。回族流淌着阿拉伯人及部分波斯人的血液，并虔诚信奉阿拉伯人信奉的伊斯兰教，所以花儿唱词中出现阿拉伯语及波斯语的词语也不足为怪。

而大量本地方言被应用于花儿唱词中，也体现花儿唱词与六盘山地区人民的日常生活紧密关联，这时的花儿是淳朴的方言。

（三）爱情符号

花儿的唱词内容繁多，有诉人民贫苦生活，批判社会之词，也有赞美生活，畅想未来之歌，但其中最为人们所关注并乐于吟唱的还是少年少女们唱之听之都心头荡漾的情歌。情歌可谓是"花儿"的主体，其歌词生动，抒情炽热，以直白大胆的唱词唱出人们在爱情前的人生百态，或爱慕或热恋或背叛，均率直唱来，这不仅是花儿唱词的出彩之处，更是西北人民天生率真直爽、敢爱敢恨、性情粗犷的直观体现，堪称花儿中最动人、最精彩、最丰富的部分。

青年男女衍生爱情的最直观表现就是不由自主的谈论及赞美对方，这种初生好感的羞涩企盼及对对方的青睐和夸赞在花儿中随处可见。如"天上的月亮们出来（呀）了/星宿的光气（哈）压了/尕妹的模样们长全的了/皇上的正宫（哈）压了"唱词用月亮压众星宿之光诵月亮的皎洁、美好，用尕妹压皇上的正宫娘娘之模样赞尕妹的姣好容貌，如此直白极端的对比足可见其对尕妹的爱慕之情，这时的花儿又化身为炽热的爱情。

（四）生活符号

除情歌以外，生活的真实写照以及对生活的赞美颂扬、对压迫生活的批判与痛恶也是花儿唱词的重要部分。唱及心酸的被压迫生活，人们唱道："东山的日头（嘛）背西（了）山三伏（呀）天/脊背上晒下的肉卷/一年里三百（嘛）六十（呀）天/实可（哟）怜，肚子里没饱过一天/身没有穿来者头没有戴/六月还穿的毡鞋/老羊的皮袄（嘛）毛朝（呀）外/不说个难看者难挨。"仅这区区数句，人民穷苦生活的画面便生动地展现在了我们面前。唱及幸福的新生活，人们赞颂："三炮台碗子们哗啦啦响/冰糖（嘛）沱茶（哈）泡上/尕日子越过者越（呀）美当/好似象蜂落者花上。"欢快的歌声伴着这甜如蜜的唱词，仿佛我们真正看到了人们正过着幸福日子。花儿就像是人们生活的纪录片一样，在时而豪迈、时而婉转的歌声中展现生活，因而，此刻的花儿又演绎为真实的生活。

四、花儿的创新

随着中阿关系的逐渐深入,作为花儿三大分支之一的六盘山花儿的发展和创新也出现新的契机。宁夏回族自治区是中国穆斯林聚居人口最多的地区,伊斯兰教将阿拉伯穆斯林与中国穆斯林紧紧联系在一起,因此宁夏也成为中阿友好交往及深度合作的首选之地,从中阿博览会①将宁夏银川作为永久会址便可见其重要性。借此地缘优势,宁夏花儿可以积极创新与发展。

首先,可将花儿谱为国际乐谱以便传播,也可将其制作成精美书籍及 CD 或 MV 作为民族特色礼物在高端会议及论坛上赠送给嘉宾;此外,中阿文化艺术节每两年在中国和阿拉伯国家轮流举行,借此平台,花儿可以在中阿交往的大舞台上大放异彩,既增进中阿文化交流,同时又可让花儿扬名海外。

其次,将传统花儿唱法与当下现实社会生活相结合,丰富发展花儿唱词。社会是不断发展前进的,花儿虽为民歌但若不与时俱进,最终会随着时代的发展,湮没在历史的长河里。基于花儿作为非物质文化遗产及民歌的特性,我们不能对自由演绎的花儿唱法加以硬性规范或改变。但若要将花儿传承下去,就务必要在传统花儿的基础上对其创新。唱法不可变但唱词可变,传统花儿之所以经典是因为它结合人民的实际生活而创作,它反映的是当时人们真实的生活状态。但若花儿一直裹足不前,发展几十年后仍然还只是唱几十年前的"清水们打得(嘛)磨轮子转,磨口里淌的是细面""尕犏牛碾场者跑里(呀)圈,尕骡子拉的是外圈"这些旧社会的生活,一直停步不前的花儿,又能再唱几载?所以花儿若要传承及发展,就需不断的创新,在唱词中融入新的情感、思想、生活以及我们现在社会生活的百态,取旧精华融新内涵,在传统花儿的基础上创新发展。

---

① 中国—阿拉伯国家博览会(原中阿经贸论坛)是经国务院批准,由中国商务部、中国国际贸易促进委员会、宁夏回族自治区政府共同主办的国家级、国际性综合博览会,以中国和阿拉伯国家为主体,面向全世界开放,每两年一届。

五、结论

综观花儿背后的文化意义,它既是高亢的民歌、是淳朴的方言,也是炽热的爱情、真实的生活。花儿这个文化符号载负着六盘山地区人们的情感与文化。不论是作为珍贵的非物质文化遗产还是淳朴的民歌,花儿都应世代传承下去。因此,一方面,我们要保护好花儿歌唱的领军人物及代表传承人,另一方面也要积极吸收新鲜血液,在传统花儿唱法的基础上,不断创新唱词,传统代与新生代共努力,让花儿之歌响彻中国大地,扬名四海。

参考文献:

[1]曹强. 基于问题意识的"花儿"语言研究[J]. 青海民族研究,2010,(2):85~88.

[2]武宇林."花儿民歌"与北方少数民族语言[J]. 宁夏社会科学,2012,(2):142~150.

[3]薛正昌. 黄土地上的"花儿王"——马生林花儿及宁夏花儿保护[J]. 宁夏社会科学,2008,(5):115~118.

[4]赵宗福. 西北花儿的文化形式与文化传承[J]. 西北民族研究,2011,(1):118~127.

[5]赵宗福. 花儿通论[M]. 西宁:青海人民出版社,1989.

音韵视角下日语四字熟语的声调规律

2015 级　日语语言文学　朱怡洁

摘　要：历来对四字熟语的研究多从意义及形态上入手，本论从音韵论视点出发对 270 例四字熟语的声调规律加以归纳总结，得出以下结论：（1）熟语的声调需从拍数出发，一字一拍的最易成为核，两字两拍的最不易成为核；（2）长音节语势强，易读上升调，反之短音节语势弱，易读下降调；（3）类推在读四字熟语声调时有很大作用。

关键词：音韵视角；四字熟语；声调

一、引言

中日文化交流历史源远流长，特别是文字与文化的交流。四字熟语，顾名思义，是"四个字构成的熟语或成语"。日语中既有引用中国古代成语的熟语（「四面楚歌」等），也有在日本本土形成的熟语（「猪突猛進」等）。

本论自建数据库，从音拍数和语势的视角考察分析四字熟语的声调规律，以深化对日语音韵的理解。此外，大部分学习者并没有母语者读四字熟语时的"语感"，发音时的声调具有一定任意性。鉴于此现状，探索总结其规律在一定程度上有助于教与学。

二、先行研究及问题所在

中日语言在表记上的共通性皆因历史上文字交流渊源使然，这在一定程度上解释了为什么中日同形异义词的对照研究如此之多。纵观中国人对日语四字熟语的研究，其中不乏四字熟语造词法的研究、与汉语成语的对照研究、四字词翻译法的研究等。但笔者注意到，这些多从语义论、形态学等视角来考察词的意义及构造，很少从音韵论的角度去探索四字熟语的声调规律。

在实际运用时，母语者一般会按照自己的语感去发音，而这种语感也并非毫无依据。本论从《为日语注入活力的"四字熟语"》（2002，广济堂，书名为笔者译，下同）和《掌握日语能力的"四字熟语"书》（2002，文香社）中选取 270 例四字熟语，试从音韵论的角度分析其声调规律，考察母语者在读四字熟语时的"语感"之依据所在。

三、四字熟语声调规律考察

（一）视角一：从拍数多少来看

与四字熟语相比，四字汉字词（一定程度上可以自由组合，如「有限会社」）的声调相当具有规律性。笔者在考察四字汉字词的声调特征时发现，大部分词的声调可以在其组成部分的原声调基础上按照一定规则加以预测。然而此方法并不适用于四字熟语。主要原因在于使用者的使用意识。

日语四字熟语中虽也有部分是自创的，但因为大部分借用了中国古代的成语，可以认为这些熟语的形成时期都较早。在使用者的意识中，熟语是一个整体，并非由互相独立的词复合而成。因此在考虑四字熟语声调的规律时，视点不应当放到汉字字数等表层问题，而应当以音节（音拍）和较为深层次的语势作为切入点。

本篇论文将所选的 270 词的声调情况列表如下。

表 1　四字熟语的声调情况

	拍数分布情况	典型声调型	词数	无声调&例外
①	○ ○ ○ ○	○ ○ ● ○	1	无
②	○ ○ ○ ○○	● ○ ○ ○○	6	1-无声调
③	○ ○ ○○ ○		1	无声调
④	○ ○ ○○ ○○	● ○ ○○ ○○	24	3-无声调&危機一髪、自家撞着
⑤	○ ○○ ○ ○	○○ ● ○	2	无
⑥	○ ○○ ○ ○○ ○ ○○ ○ ○○		13	下详谈
⑦	○ ○○ ○○ ○ ○	● ○○ · ● ○ ○	1	无
⑧	○ ○○ ○○ ○○ ○	● ○○ ○○ ○○ ○	26	下详谈
⑨	○○ ○ ○ ○	● ○ · ○ ○	1	无
⑩	○○ ○ ○ ○○		5	1-无声调
⑪	○○ ○ ○○ ○		8	3-无声调&一期一会
⑫	○○ ○ ○○ ○○		42	13 无声调& 閉戸先生、読書三到、月下氷人
⑬	○○ ○○ ○ ○	○○ ● ○	10	3-无声调
⑭	○○ ○○ ○ ○○	○○ ○ ○○ ○	31	5-无声调& 一網打尽、神出鬼没、白河夜船
⑮	○○ ○○ ○○ ○	○○ ● ○	30	6-无声调&堅白同異、泰山北斗
⑯	○○ ○○ ○○ ○○	○○ ○○ ○○	69	17-无声调& 悪口雑言、一陽来復、偕老同穴、 換骨奪胎、勧善懲悪、空中楼閣、 七転八倒、八面玲瓏、抜山蓋世
总数			270	

（"典型声调型"：该行的四字熟语经常以这一种或两种声调型出现。"无声调"：现有资料中并无记载有其声调型的）

观察表 1 发现，几乎每行都有"无声调"的词例，这也说明各词典中缺乏对熟语声调的记载。除此之外，16 组四字熟语中（除部分例外）大部分都能被概括到"典型声调型"里，这说明四字熟语的声调并非无规律可循。尽管使用者将四字熟语看作"一个整体"的意识很强，但大部分四字熟语可大致看作是二字词的组合。再观察"典型声调型"中声调核（以下简称"核"）的位置会发现，核一般出现在前词或后词的第一拍上。综上，笔者提出如下假说。①

---

① 为方便行文，以下称［(一字一拍+一字一拍) 的第一拍］(○　○) 为 α1，［(一字二拍+一字一拍) 的第一拍］(○○　○) 为 α2，［(一字一拍+一字二拍) 的第一拍］(○　○○) 为 α3。α4 会单列分析。

易成为核的顺序：(○　○) > (○○　○) > (○　○○)。

四字熟语由 α1 (○　○)、α2 (○○　○)、α3 (○　○○)、α4 (○○　○○) 这四种形式组合而成。其声调型中，既有前项头音或后项头音其中一方作为核的词例，也有两头音同时被作为核的词例。对表 1 中数据分析结果如下。

表 2　α1、α2、α3 头音的统筹大小

对象	组合类型	单词数	对象头音为核的词数	
			实际核	加潜在核
包含 α1	「α1+α1」、「α1+α2」、「α1+α3」、「α1+α4」、「α2+α1」、「α3+α1」、「α4+α1」	40	31 (77.5%)	38 (95.0%)
包含 α2	「α2+α1」、「α2+α2」、「α2+α3」、「α2+α4」、「α1+α2」、「α3+α2」、「α4+α2」	85	56 (65.9%)	79 (92.9%)
包含 α3	「α3+α1」、「α3+α2」、「α3+α3」、「α3+α4」、「α1+α3」、「α2+α3」、「α4+α3」	81	26 (32.1%)	43 (53.1%)

（潜在核是指无声词的词例：①③⑤⑦⑨这四组因为只有一例或两例，不具代表性，不列入下面考察对象）

表 2 所示，包含 α1 的有「α1+α1」到「α4+α1」这 7 组，共 40 词。其中 α1 头音为核（词典上明确记载声调型）的有 31 词，余下 9 词中，虽然词典上并未记载其声调型，但根据本节最后提出的"类推"可视其中拥有潜在核的共 7 词。表 2 可以看出，实际核的比例上 α1 与 α2 远超过 α3，加上潜在核之后，α2 与 α1 几乎持平。即 α1 的第一拍最易成为四字熟语的核，α2 次之，α3 第一拍最不易成为核。

关于 α4，仅观察表 1 典型型会发现 α4 的头音不会成为核。但这并不代表 α4 头音没有成为核的可能性。以下三种情况下其头音有可能成为核。

(1) 如「月下氷人（げっかひょうじん／げっかひょうじん）」这样具有两种声调型的熟语。

（2）如「読書三到（どくしょ・さんとう）」这样发音时停顿一下保留前后双方核的熟语。

（3）如「空中楼閣（くうちゅうろうかく）」这样的八拍熟语。

理由分别如下：

（1）的「月下氷人」并不是完全意义上的熟语。「月下」在一定程度上可以组词（「月下氷山」「月下推敲」等），考虑到区分四字汉字词和四字熟语时以"能否自由组词"为标准，「月下氷人」可以说兼具四字汉字词和四字熟语的性质。如「げっかひょうじん」这种，核出现在第三字头音的声调型是四字汉字词中最为典型的一种，因此这一发音也可作为「月下氷人」具有四字汉字词性质的依据之一。①

（2）的「読書三到」前后两项结合度并不高，其读音与其说是"复合"，不如说一定程度上更接近于"接合"②。

（3）的「空中楼閣」有八拍，即前后各四拍。同样是 α4 加上 α4，拍数一致的情况下，需要考虑前后位置是否会对核的位置产生影响。这里借用笔者对四字汉字词声调考察时得到的结论，"同一声调型在后方时其核更容易被保留下来"。综上，八拍熟语中后项 α4 头音有变成核的可能性。

这里还需要提到"类推"。四字熟语中有很多没有明确记载声调型的词。但这并不意味着可以随意发音。母语者在实际发音时会先联想类似的词例。比如表1中④的24词中，除去「危機一髪」「自家撞着」这两词声调型较特殊以外，余下有3词的声调型不明。但这组中16词都读成头高型，这3词也应不会例外，这就是"类推"。表1中其他无声调的熟语也可以按照这一方法来发音。

最后对表1中⑥和⑧的情况加以补充。⑥共有13例③。

---

① 四字汉字词典型声调在原稿中有具体考证内容。历来研究中提到一些四字熟语有逐渐向四字汉字词变化的倾向。
② "接合"可参考金田一（1967）提到的「文節アクセント」，二者性质较为相似。
③ 以下两截图的原数据均出自笔者毕业论文附件。

⑥ ○ ○○ ○ ○○ (13語)

危言危行	きげんきこう	○	○○	○	○○	0+0=?
苦肉之策	くにくのさく	○	○○	○	○○	0+?=?
自業自得	じごうじとく	○	○○	○	○○	?+?=0
		○	○○	●	○○	=4
		●	○○	○	○○	=1
自縄自縛	じじょうじばく	○	○○	○	○○	?+0=0
諸行無常	しょぎょうむじょう	○	○○	○	○○	1+0=0/1/5
		○	○○	○	○○	
他山之石	たざんのいし	○	○○	○	○●	1/0+?=6/1·2
		●	○○·○		●○	
奴顔婢膝	どがんひしつ	○	○○	○	○○	?+?=?
徒手空拳	としゅくうけん	●	○○	○	○○	1+0=1
土崩瓦解	どほうがかい	○	○○	○	○○	0+0=0
破鏡不照	はきょうふしょう	○	○○	○	○○	0+?=?
夫唱婦随	ふしょうふずい	○	○○	○	○○	?+0=0
		○	○○	●	○○	=4
無偏無覚	むへんむとう	○	○○	○	○○	0+?=?
夜郎自大	やろうじだい	○	○○	●	○○	?+0=4

其中无声调的有 5 例，前词或后词的头音为核的例子相比较其他组并不算多。

这里需要注意「他山之石」一词的构造。与「諸行無常」这样典型的二字词组合相比，「他山之石」并不算是二字词的组合，体现到声调上也相对特殊。余下词的声调只有三种，头高型、中高型（后词头音为核）和平板型。起伏式的两种声调型可以看作是 α3 头音作为核被沿用，而平板型的读法则另有说法。鶴岡（2005）提到，「（平板型になる複合語には）文語的なもの、慣用句的なものが多く、…後略…」（（读成平板型的复合词中）具有文语色彩的或成为惯用语的词较多……（后略））。四字熟语的读法中，若不考虑音韵因素，平板型的读法更易于表现其浓厚的文语色彩。

⑧ ○ ○○ ○○ ○○ (26語)

蛙鳴蟬噪	あめいせんそう	●	○○	○○	○○	?+?=1
意匠惨憺	いしょうさんたん	○	○○	○○	○○	0/1+0=?
以心伝心	いしんでんしん	●	○○	○○	○○	?+0=1
意到筆随	いとうひつずい	○	○○	○○	○○	?+?=?
葦編三絶	いへんさんぜつ	●	○○	○○	○○	1+0=1
蝸牛角上	かぎゅうかくじょう	○	○○	○○	○○	0+?=0
臥薪嘗胆	がしんしょうたん	●	○○	○○	○○	?+0=1
佳人薄命	かじんはくめい	○	○○	○○	○○	1/0+?=1
画竜点睛	がりょうてんせい	●	○○	○○	○○	0/1+0=1
臥竜鳳雛	がりょうほうすう	○	○○	○○	○○	0/3+0=0
危急存亡	ききゅうそんぼう	○	○○	○○	○○	0+0=0
奇想天外	きそうてんがい	○	○○	○○	○○	0+0/1=0
		○	●○	○○	○○	=2
			○○	●○	○○	=4
挙一反三	きょいちはんさん	○	○○	○○	○○	?+?=?
器用貧乏	きようびんぼう	○	○○	●○	○○	1+1=4
虚心坦懐	きょしんたんかい	○	○○	○○	○○	0+0=0
		●	○○	○○	○○	=1
呉越同舟	ごえつどうしゅう	●	○○	○○	○○	1+0=1
死中求活	しちゅうきゅうかつ	○	○○	○○	○○	0/2+?=?
耳提面命	じていめんめい	○	○○	○○	○○	?+?=?
酒嚢飯袋	しゅのうはんたい	○	○○	○○	○○	?+?=?
		●	○○	○○	○○	=1
粗製濫造	そせいらんぞう	○	○○	○○	○○	0+0=0
猪突猛進	ちょとつもうしん	○	○○	○○	○○	0/1+0=0/1
怒髪衝天	どはつしょうてん	○	○○	○○	○○	0/1+?=?
武陵桃源	ぶりょうとうげん	●	○○	○○	○○	?+0=1・0/1/4
		○	○○	●○	○○	
			○○	○・○○		
余裕綽綽	よゆうしゃくしゃく	○	○○	○○	○○	0+0=0
離合集散	りごうしゅうさん	○	○○	○○	○○	0+0=0
		●	○○	○○	○○	=1
和光同塵	わこうどうじん	●	○○	○○	○○	1+0=1

⑧共 26 例，头高型与平板型占上风。平板型的理由与⑥相同，不赘述。头高型也不难理解。前已证明，α4 的头音除了上述三种情况以外很难成为核，自然而然 α3 的头音变成核。这里需要注意的是「奇想天外」。

平板型和中高型（后词头音为核）毋须解释，但「○ ●○ ○ ○○」的发音究竟如何得来？佐藤（1989）提到，「アクセント核を担い得ない、あるいは担いにくい音上に来たアクセントは移動する」(如果声调核被规定到了很难承担声调核或承担不了声调核的读音上时，声调核会移动)。「き」本身发生了无声化，对应这里的「アクセント核を担いにくい音」。其语势过弱，无法发音成声调核，核自然后移了一拍，才有了「○　●○」的发音。

（二）视角二：从"语势"大小来看

视角一从拍数多少的视角分析，得出四种拍数中最易成为核的排列顺序。这种视角还停留在表面形式上，而深层次上可以从"语势"来考虑。

金田一（2001）介绍了石原正明的"声调与连浊"一说。

「便」のような去声は下降調であるから、終りの方が勢がなくなって、スル・セルの部分は清んで言う（像"便"这样的去声音节呈下降声调，音势会起来越弱，甚至到最后音势会完全消失，以至于 suru 和 seru 还是按照原来清音来发音不会浊化）

"上升调易连浊"，该观点不仅提示了连浊与声调之间的关系，还引出了"语势"的概念。如图 1 所示长音节因为语势长，容易读成上升调，反过来短音节因为语势短，容易读成下降调。

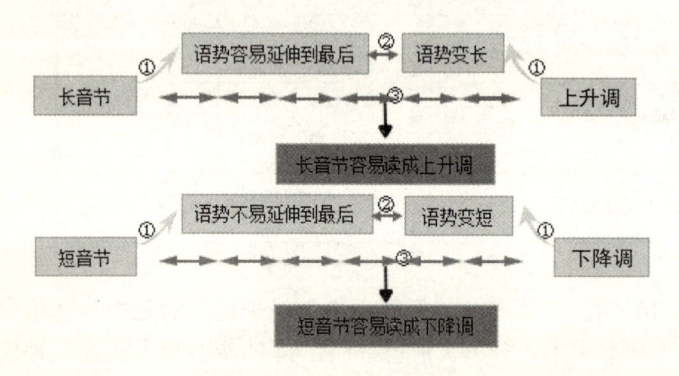

图1　关于音节的"语势"

（时间顺序为：①→②→③）

实际上表 1 的数据也反映了此倾向。一方面，⑯的 69 例都是由长音节组成的，除去无声调和个别例外，余下的都可读成平板型，即呈上升趋势发音。另一方面，除去「α1+α2」的一例，余下所有带 α1 的词例的核都在 α1 的头音上，也就是说 α1 本身发音呈下降趋势。这两点足以说明音节长短与语势之间的关系。

开篇提到的"语感"的依据正在这里。"拍数"和"语势"都是语感的来源。进一步讲,"拍数"实质上反映了音节所具有的"语势"大小,两视角之间的关联也值得深思。

四、结语

本论从四字熟语词典中选取了 270 个词例,将声调型的情况绘制成表格加以分析,得出如下结论。

1. 易成为核的顺序:(○ ○)＞(○○ ○)＞(○ ○○)。
2. (○○ ○○)的头音在一定环境下会成为核。
3. 类推在读四字熟语时发挥一定作用。
4. 文语色彩高的词容易读成平板型。
5. 无声化音不能成为核,因此核的位置会出现一定的错位。
6. 音拍长且语势强的熟语容易读成上升趋势的声调。

四字熟语的声调规律并不十分显著,但从音韵角度观察,音拍数的多少必然关系到语势的强弱,势强则易上升,势弱则易下降。在实际遇到四字熟语时,不妨尝试结论 1 所提的顺序。

参考文献:

[1]金田一春彦. 日本語音韻音調史の研究[M]. 東京:吉川弘文館, 2001.

[2]金田一春彦. 日本語音韻の研究[M]. 東京:東京堂, 1967.

[3]佐藤大和. 複合語におけるアクセント規則と連濁規則[C]. 杉藤美代子編. 講座日本語と日本語教育 2 巻音声・音韻. 東京:明治書院, 1989:233～264.

[4]真藤建志郎. 日本語に喝!を入れる「四字熟語」[M]. 東京:廣済堂, 2002.

[5]真藤建志郎. 「四字熟語」博覧辞典[M]. 東京:厚徳社, 1986.

[6]村松暎. 日本語かをつける「四字熟語」の本[M]. 文香社, 2002.

[7]鶴冈昭夫. 複合名詞のアクセント——四拍名詞どうし複合

の場合 [J].「日本語学」特集テーマ別ファイル3・語彙1. 2005 (6):285～294.

中国学习者对日语终助词"ね"的误用案例分析
——以天津外国语大学日语本科生为对象

2015级　日语口译　杨楠

摘　要：本文对天津外国语大学日语本科生使用终助词"ね"的误用特点以及如何管理误用情况进行了分析。误用特点主要有三：第一，在表达上，实际的发话意图与听者之间存在偏差；第二，过多的使用终助词"ね"；第三，该使用的时候却不使用终助词"ね"。因此，适当地调整使用终助词"ね"是很必要的。另外，应该在考虑整体说话情况的同时，进行适当的调整。

关键词：终助词"ね"；误用；本科生；语言管理

一、引言

在日语会话中，终助词"ね"对语言交流有着很重要的作用，弄清终助词"ね"的深层次含义对语言管理[①]和避免语言问题至关重要。为了提高天津外国语大学的日语教学水平和日语专业本科生的日语实际使用能力。本文将着眼于对天外本科生日语学习者对终助词"ね"的误用实例进行研究。

二、先行研究及问题提起

以中国日语学习者使用终助词"ね"的情况为对象进行的研究目

[①] 柴原（2002）提出了一个语言学用语"语言管理"。它分为可调整与不可调整两部分。柴原（2002）将"语言管理"定义为让语言问题表面化的方法。

前有以下代表成果。张（2005），杨（2008）以中高级水平的中国日语学习者为对象，对终助词"ね"的使用进行了研究。他们认为：与日语母语话者相比，中国日语学习者使用终助词"ね"的时候，很少以终助词"ね"作为应和进行发话。何（2008）通过使用 KY 语料库数据，对初、中、高级的中国日语学习者的终助词"ね"的使用情况进行了分析。调查结果表明：日语水平的越高，终助词"ね"的使用机能越广泛。柴原（2002）对中国日语学习者终助词"ね"的语言习得进行了阐述：中国日语学习者终助词"ね"的使用问题，不单单是形式上的问题，更是形成过程和语言调整上的问题，从这两方面全面把握终助词"ね"是极其必要的。根据柴原（2002）的看法，语言管理主要有五步：从规范到脱离语言本身，留心关注语言，评估语言，计划调整，实施调整。通过研究前人在特定对象下对"ね"使用情况的研究成果，可以对天津外国语大学本科生的误用分析有很大启示。

那么天外本科生对终助词"ね"的使用上，出现了什么样的语言错误呢？这些语言错误是由什么因素导致的呢？老师和学生各方应如何管理这些误用问题呢？本文将通过实例化研究，对天津外国语大学本科生"ね"的误用进行探讨。并进一步结合柴原（2002）所提出的"语言管理"，在分析误用原因的基础上，对如何解决"ね"的误用进行探讨。

三、对天津外国语大学日语专业本科生"ね"的调查

（一）调查对象

本研究以天津外国语大学日语专业本科生和日本留学生为调查对象。其中天津外国语大学日语专业本科生（以下简称"天外生"）均为在学的天津外国语大学日语专业中高级水平的本科生，日语学习年限在 4 到 10 年。调查对象中的日本留学生（以下简称"留学生"）均为在天津外国语大学留学的日本留学生。被调查者的年龄均在 20～30 之间[①]。被调查者详细情况[②]如表 1。

[①] 本次会话调查仅参照高定民（2003）在研究非母语者对助词"が"的语言习得时，所使用的会话研究方法。
[②] 为考虑调查质量，选取的调查对象为：大学入学前没有日语学习经历的本科大四生；大学入学前曾有日语学习经历的本科生。

表 1 被调查者详细情况

会话号	被调查者	年龄（岁）	日语学习年限（年）
1	天外生 1	22	4
	留学生 1	23	
2	天外生 2	22	4
	留学生 2	24	
3	天外生 3	23	4
	留学生 3	26	
4	天外生 4	22	10
	留学生 4	21	
5	天外生 5	20	8
	留学生 5	21	
6	天外生 6	22	10
	留学生 6	24	
7	天外生 7	22	4
	留学生 7	22	
8	天外生 8	21	9
	留学生 8	20	

（二）调查方法

为了更好地收集"ね"的使用情况，设定了以下两点：第一，尽可能多地让留学生提问，天外生更多地发言。第二，让被调查者自由交谈。交谈过程中出现话题中断的情况时，调查者用事先准备好的话题给予提示。每段会话 15 分钟。会话完成后，将录制的音频全部文字化，同时标记声调。最后，完成会话中"ね"的抽出工作。

四、对天外生的"ね"使用情况的分析

本节将以天外生的"ね"的会话实例为基础，并进一步结合"语

言管理过程"[1],论述对天外生"ね"的语言管理。

(一)从发话状况看"ね"的使用情况

以会话 1 为例,天外生在句末使用"ね"。比如"天外生 1"说的"『研究生』(中国語で)はだいたい大学院生、大学院生なんですね(↓)。"中,可以从发言情况看出,"天外生 1"一遍遍的强调自己的话,并用降调"ね"在句末强调自己的观点。此处在事后对"留学生 1"的采访表明:他认为"天外生 1"在此处使用"ね"目的就是为了强调自己的观点。但是,在对"天外生 1"进行的事后调查中了解到:"天外生 1"是为了缓和自己的发言和观点,才使用了"ね"。分析会话 1 中的另一处误用情况。"中国で、上海は一番賑やかな都市なんですね(↑)"这句话中,"天外生 1"此处使用"ね"的升调表达。在对"留学生 1"的事后采访中了解到:他认为"天外生 1"此处使用"ね"是为了确认信息是否准确。但是在对"天外生 1"的事后采访中发现:当时是为了缓和自己的发言,才使用了"ね"。

从这同一会话中的两个误用实例可以看出:在"ね"的使用中,发话人实际的发话意图与听者之间有偏差。将各会话中出现的发话人发话意图与听者之间存在偏差的地方选取出来,如表 2。

表 2 听者认为的发话意图与实际的发话意图比较

听者的观点	发话人实际意图	所在会话编号
强调自己的观点	缓和观点	1,3,8
向对方确认信息	缓和观点	1,7
表示疑问	确认信息	2,4
表达感动,感叹	缓和观点	1,6,7
自己对信息的确认	表示疑问	5,8
缓和观点	表达感动,感叹	4,5

通过表 2,可以看出每段对话中都存在着:"ね"的实际发话意图

---

[1] "语言管理过程"一词是柴原(2002)提出的一个语言学用语。它是使语言问题简单化的一个重要方法。它主要分为从规范到偏离,留意,评判,计划调整,调整实施的五个阶段。通过语言管理过程,可以更深层次地分析语言问题和进行语言管理。

与听者之间存在偏差的情况。

"ね"在学生所使用的日语参考书上,常翻译成"啊""吧"等。在汉语中"啊""吧"等词,有"缓和观点""表示疑问""感叹感动"的作用。因此,在母语差异化因素的影响下,学生很容易觉得"ね"只有这些功用。故在实际会话中,很容易出现偏离自己意图的表达形式,而使听者不解。

因此,教师应该在深刻理解其误用情况的基础上,使发话意图表层化,并进行规范管理。

(二)从使用频率看"ね"的使用情况

1. 过剩使用

对会话2中天外生和留学生对"ね"的使用情况实例进行了总结,如表3所示。

表3 "天外生2"和"留学生2"对"ね"的使用情况比较

"天外生"		"留学生"	
使用实例	使用次数	使用实例	使用次数
あのね	1	そうですね	1
なんかね	1	なるほどね	1
来週はね	2	私はね	1
そうですね	1		
えーとね	1		
明後日はね	1		
ええーとね	1		
名前はねー	2		
大丈夫ですね	1		
場所はねー	1		
总计	12	总计	3

在对"留学生2"的事后采访中了解到,"天外生2"过多地使用"ね"给"留学生2"带来一种很不礼貌的感觉。"天外生2"在句末使用"ね"的次数为2次,句中使用10次。而"留学生2"在句中仅使用1次。结合会话2的分析方法,将各段会话中的"天外生"和"留

学生"对"ね"的使用次数进行比较。如表4。

表4 "天外生"和"留学生"使用次数比较

会话号	"天外生"使用次数（次）	"留学生"使用次数（次）
1	14	3
2	12	3
3	29	5
4	9	6
5	11	3
6	10	6
7	20	8
8	11	4

通过比较，天外生对"ね"的使用次数远远多于留学生。因此，可以看出：天外生在"ね"的使用中，存在过剩使用的现象。

进一步分析数据可以发现：在天外生对"ね"的使用次数中，会话4，5，6，8组使用次数略低于其他组。对比日语学习年限可以发现，这四组远远高于其他组。因此，可以推断："ね"误用与日语学习年限这一因素有一定的关系。

因此，在语言交流中，考虑语言整体环境的基础上对其进行语言调整是很必要的。学生不仅仅要考虑自己所要表达的感情，更应该时常以自己的每一个用词会给对方带来什么印象，用词准不准确，合不合适为准绳，如此便会渐渐地解决"ね"过剩使用的问题。同时，教师对学生发言内容的生成习惯的管理也是很必要的。

2. 过少使用

以会话3为例，"留学生3"在事后采访中，标注出因"天外生3"未使用"ね"而感觉不自然的地方。共标记出5处"日本語ができなければ、日本でバイトを探しにくい（ね）""特にないです（ね）。""あんまり好きではないです（ね）""綺麗です（ね）""さすが小池さんです（ね）"。

参照会话3的分析方法，将各会话中，留学生觉得应该使用"ね"

的次数（以下简称"A"）进行数据统计，并将标注的地方与天外生实际使用的"ね"的次数（以下简称"B"）进行比较。结果如表5所示。

表5 "A"与"B"的比较

会话号	A(次)	B(次)	A与B的大小	A与B的偏差值
1	7	2	A＞B	5
2	11	5	A＞B	6
3	5	0	A＞B	5
4	7	5	A＞B	2
5	6	3	A＞B	3
6	9	7	A＞B	2
7	11	3	A＞B	7
8	4	1	A＞B	3

通过分析表5，可以很清楚地看出A和B之间存在的数据差。可见，天外生在"ね"的使用中，很明显出现了过少使用的误用现象。

同时对数据作进一步分析，可以从偏差值中看出：会话4，5，6，8组的偏差值明显小于其他组。对比学习年限，他们远远高于其他组。因此，可以说日语学习年限这一因素对"ね"的误用有一定的影响。

对于天外生而言，受汉语使用习惯影响，当表达一些否定含义时，一般不怎么使用表示缓和语气意味的终助词。因此，学生自身应该对"ね"的使用习惯进行必要的留意，并在表达方式和选择上进行语言调整。

五、结语

通过调查发现：在学生中间，一直存在着在用书本的条条框框和不加筛选的模仿日本人使用"ね"的情况。同时，在调查中还发现：日语学习年限对"ね"在使用频率上出现的误用有一定的影响。

（1）"ね"的误用表现

①由于日语教育，母语差异的因素，天外生在"ね"发话情况上，存在误用。

②由于语言使用习惯，母语差异以及学习年限的原因，天外生在"ね"使用频率上，存在误用。

(2) 对"ね"误用表现的管理

①教师在教学中，要善于对学生使用"ね"的发话意图进行把握，同时应该对学生"ね"的误用表现进行规范化教育。

②天外生自身应留意"ね"在实际使用中的表达方式和选择调整。

当然，为了天外本科生更加贴切地使用"ね"，将语言规范知识加入日语本科教学中是很必要的。因此对如何更加灵活地将这些知识运用到日语教学中去这一问题将是今后要研究的课题。

参考文献：

[1]柴原智代. 終助詞『ね』の習得 2000-2001OPI 長期研修データ分析[J]. 国際交流基金日本国際センター紀要，2002，(12)：19~24.

[2]高民定. 接触場面における助詞の習得に関する研究——非母語話者の助詞「が」の使用を中心に[J].言語生成と言語管理の学際的研究，2003，(9)：11.

[3]何桂花. 日本語教育における終助詞「ね」の習得の特徴——インタビュー一形式の会話における中国人を母語とする学習者を中心に[J]. 日本語日本文化研究，2008，(18)：54.

[4]楊虹 (2008). 中国人日本語学習者の終助詞の使用に関する一考察[J]. お茶の水女子大学人文科学研究，2008，(6)：168.

[5]張竹. 中国人日本語学習者の終助詞『ね』の使用——コミュニケーション機能を中心に[J]. 言語情報学研究報告，2005，(6)：281.

试析日语"动+动"复合动词前后项构成要素的关系

2015级　日语语言文学　刘易

摘　要：复合动词的表现形式丰富多彩，是日本人生活中不可或缺的用语。从其构造看来，同类复合动词区别不大，但从其前后项词义关系来看，结合方式却是多种多样。本论文主要是以"动+动"复合动词为研究对象，对日语复合动词前后项构成要素的词法关系、句法关系、限制条件进行分析归纳，帮助学习者进一步掌握日语复合动词。

关键词：定义；词法关系；句法关系；限制条件

一、引言

日本人的日常生活离不开复合动词的使用，日语中复合动词占有很大的比例。据森田（1978）的调查，《例解国语辞典》中收录的动词总数约为 4622 个，其中复合动词就有 1817 个，约占动词总数的 39.29%。到目前为止，日语界的学者们针对复合动词的结合条件以及分类也进行了大量的研究。寺村（1969）提出了从前后项动词构成复合动词时是否保持原有的词义这一观点，并从此观点出发将复合动词分为四类；长岛（1976）从构成复合动词前后项要素的修饰与被修饰关系将复合动词分为两类；山本（1984）从构成复合动词时的格成分与前后项动词的对应关系将复合动词分为四类；影山（1989）从概念语义论的语义结构观点出发，将复合动词分为词汇复合动词与统语复合动词。本论文是以上述学者的研究为基础，对"动+动"复合动词前后项构成要素的词法关系和句法关系，以及构成复合动词时受到的限制条件进行分析归纳。

二、复合动词的定义

从语构成论来看，词汇分为单纯词与合成词，合成词又由派生词与复合词构成。据《三省堂 日语新辞林》，复合动词是由两个或两个以上具有独立语义与词形的词结合而成。据《日本国语大辞典》，动词或其他品词与动词相结合形成复合动词。但有关复合动词的定义日语界却没有统一的定论。被广泛认知的是复合动词分为广义与狭义两类。广义复合动词具有构成复合动词的两个最小实质意义的词素均是动词，或只有后项词素是动词，结合形成的复合词整体是一个动词的语法特征。而狭义复合动词就是动词与动词结合形成的词。

三、"动＋动"复合动词前后项构成要素间的词法关系

（一）并列关系

表示并列关系的复合动词由两个词义相同或相近的动词结合而成，形成复合动词的这两个要素均保持原有的词义，不存在前后顺序的区别，表示为"V1[①]したり、V2 したりする"。这类复合动词的自他性与构成要素的动词的自他性一致。

例如：

（1）曲がる（自）＋くねる（自）→曲がりくねる（自）（蜿蜒曲折）

川が曲がりくねて流れている。→川が曲がったり、くねたりして、流れている。（河流蜿蜒曲折。）

（2）見る（他）＋守る（他）→見守る（他）（照料、关怀）

お父さんは子供の成長を見守る。→お父さんは子供の成長を見たり、守ったりしている。（父亲关怀孩子的成长。）

[①] V1、V2 表示动词。

（二）转意关系

转意关系表示作为复合动词构造要素的两个动词均具有独立词义，并且结合产生的复合动词的词义与它们的词义无关，无法从两者推断出来。这类复合动词又叫做"熟合复合动词"。例如：在《大辞林》中收录的"痛み入る"表示"相手の親切、好意に恐縮する。""相手の厚かましさにあきれる"（不敢当，诚惶诚恐。对对方的深情厚意感到十分惶恐。）的意思，但均与"痛む""入る"的词义无关。同类复合动词还有"突き止める"（查明）、"食い下がる"（咬住不放、不肯罢休）、"切り回す"（掌握、操持）等。这类复合动词基本上都是通过文章和谈话的语境和文脉来判断其词义。

（三）因果关系

构成复合动词的前后项要素是因果关系，即前项动词表示的动作是起因，后项动词表示的动作、作用是前项动词形成的结果。表示"V1 することで V2 となる""V1 するため、V2 する"。例如："知り悩む"表示"知るために悩むようになった。"（因为知道而烦恼）同类复合动词还有"泣き濡れる"（涕泪沾襟）、"降り積もる"（雪下得积起来）、"言い当てる"（言中、猜中）等。

（四）修饰限定关系

构成复合动词前后项要素表示修饰限定关系。即前项动词是后项动词所表示动作的手段、方法、状态、对象等。这类复合动词的词义一般取决于后项动词。例如，"切り倒す"（砍倒）的前项动词"切る"作为连用修饰语，表示后项动词"倒す"的方法。

四、"动+动"复合动词前后项构成要素间的句法关系

（一）主谓、补足关系

表示主谓、补足关系的复合动词，其构成要素的前后项动词各自具有独立词义，表示为主语与谓语或宾语与谓语的关系。通常，后项动词是自动词时，表示为"V1 することが V2 だ""V1 することに V2 だ"；后项动词是他动词时，表示为"V1 することを V2 だ"。后项动词是对前项动词所表示的动作、行为、性质、状态、对象等的说

明。这类复合动词的后项动词基本是自动词,且自他性由后项动词决定。

例如:

(1) 吹く(自)+荒れる(自)→吹き荒れる(自)(狂风大作)
嵐が吹き荒れる(吹くことが荒れる)(暴风雨很猛烈。)

(2) 見る(他)+飽きる(自)→見飽きる(自)(看够、看厌)
奇麗な風景に見飽きる(見ることに飽きる)(看腻了漂亮的风景。)

(3) 書く(他)+間違える(他)→書き間違える(他)(写错)
文章を書き間違える(書くことを間違える)(写错文章)

(二)动宾关系

动宾关系表示复合动词构成要素的前后项动词是宾语与谓语的关系,前项动词所表示的动作、作用是后项动词的对象。形成这类复合动词的后项动词一般是他动词,但也有例外。复合动词的自他性由后项动词决定。

例如:

(1) 仕込む(他)+始める(他)→仕込始める(他)(开始教授技艺)
昨日から犬に芸を仕込み始めた。(从昨天开始驯狗。)

(2) 食べる(他)+終わる(自)→食べ終わる(自)(吃完)
カレライスが食べ終わる。(吃完咖喱饭。)

(三)补述关系

补述关系表示复合动词构成要素的前后项动词是补语与谓语的关系。后项动词作为从属词,对前项动词所表示的状态进行修饰、说明与补充,前项动词是构成复合动词的中心词。这类复合动词的自他性与前后项动词相对应,一般由被修饰或被补充的动词所决定。

例如:

(1) 言う(他)+過ぎる(自)→言い過ぎる(他)(言过,说过头)
怒りで、彼に言い過ぎた。(由于生气,说他说得有些过火了。)

（2）座る（自）+直す（他）→座り直す（自）（换座位）

彼は先生に注意されて、座り直した。（他被老师说了，所以换了座位坐。）

（3）思う（他）+起こす（他）→思い起こす（他）（想起）

学生時代を思い起こす。（想起学生时代）

（4）飛ぶ（自）+付く（自）→飛び付く（自）（扑过去，一时被吸引）

彼は流行に飛び付く。（他一时为流行所吸引。）

（四）主从关系

表示主从关系的复合动词的前后项构成要素是修饰与被修饰的关系。后项动词是这类复合动词的主体，前项动词从属于后项动词，作为主体部分的后项动词表示实质，作为从属部分的前项动词表示特征。复合动词的自他性与补述复合动词相同。

例如：

（1）降る（自）+積もる（他）→降り積もる（自）

雪がたくさん降り積もった。（积了很厚的雪。）

（2）見る（他）+慣れる（自）→見慣れる（自）（看惯）

風景は見慣れている。（看惯了风景。）

（3）書く（他）+送る（他）→書き送る（他）（写给，写信告知）

お父さんに手紙を書き送った。（写信给父亲。）

（4）飛ぶ（自）+離れる（自）→飛び離れる（自）（飞身离去）

急いで、私のそばから飛び離れた。（赶快从我身边离开。）

五、构成"动+动"复合动词的限制条件

（一）造词力的限制

在构成复合动词时，作为构成要素的动词有的既可以做前项动词，又可以做后项动词；有的只能做后项动词。这取决于动词的词义。例如"切る"，它既可以做前项动词也可以做后项动词。"切り落とす"（切掉）、"切り殺す"（斩杀）、"切り裂く"（劈开）、"切り取る"（截取，切下）等词都是"切る"做前项动词；"噛み切る"（咬断）、"叩き切る"（猛砍）、"ねじり切る"（拧断）、"焼き切る"（烧断）等词都是"切る"做后项动词，前项动词表示后项动词的方法和手段，是这类复合动词的词义重点。但是，像"倒す""崩す""こわす"等词，因为它们的实体意义较强，只能做后项动词，是复合动词词义结构的主要成分。

（二）词义的限制

作为构成要素的两个动词结合形成复合动词时，根据其词义结合规律，对构成复合动词产生了一定的限制。一般根据动词的词义结合规律，能把复合动词分为5类。

（1）同义（类义）结合

例如：差し入れる（插入）、飲み込む（吞下）

（2）反义结合

例如：出入る（出入）、追いすがる（紧追不放）

（3）相关意义结合

例如：打ち切る（中止）、買い取る（买下）

（4）互补结合

例如：出かける（外出）、受け取る（理解）

（5）远义结合

例如：滑り落ちる（滑落）、考えすぎる（考虑过多）

此外还有一种情况，同一个后项动词与某一类动词结合能构成复合动词，但并不意味着能与属于那一类的所有动词相结合，能否结合主要还是取决于前项动词的词义特征是否与后项动词相适应。例如："しみる"（渗）与"にじむ"（渗）都属于瞬间动词，但只有"しみる"能与"こむ"相结合构成"しみこむ"（渗入）。其原因是因为"こむ"具有"中に入る、また中に入れる"（进入其中，放入中间）的意思，"しみる"表示"物がそのものを通して内部に及んでいく"（液体进入物体内部并逐渐扩散），而"にじむ"表示"物の内部から表面に湧き出す"（液体由内部涌出表面）。要与"こむ"相结合构成复合动词这两个动词的意思必须相对应，都表示由外到里，因此"にじむ"不能与"こむ"相结合。

六、结语

本论文以"动+动"复合动词为焦点考察了构成复合动词的前后项要素间的关系（词法关系、句法关系、限制条件）。通过分析可以看出，构成复合动词的前后项要素间存在着4种词法关系（构成并列关系复合动词的两个动词词义相同或相近；转意关系复合动词词义与构成要素的动词无关；因果关系和修饰限定关系复合动词的前项动词表示后项动词的原因、手段、方法、状态、对象，前后项动词是修饰与被修饰的关系。）和4种句法关系（主谓补足关系与主从关系复合动词是后项动词决定复合动词所表示的动作和作用，而动宾关系与补述关系复合动词的前项动词是复合动词的中心词。）。另外通过列举具体的例子，证明了能否结合形成复合动词受到作为构成要素的动词的造词能力与词义的限制。

对于日语复合动词的研究，还有许多未涉及未解决的问题，笔者准备将其作为今后的研究课题进行深一步的探讨。

参考文献：

[1]李钟善. 日语复合动词的构词特征[J]. 长春师范学院学报，2009，（28）：115～120.

[2]刘艳萍. 试论日语复合动词形成的制约条件[J]. 天津外国语学院学报，1995，（3）：71～79.

[3]刘云. 日语复合动词前后项的结合条件[J]. 日语学习与研究，2008，（5）：33～39.

[4]松村明. 三省堂 日语新辞林[K]. 北京：北京出版社，2002：1622.

[5]吴丹红. 日语复合动词构词规律试析[J]. 日语学习与研究，2011：25～30.

[6]影山太郎. 形態論・語形成論[C]//講座日本語と日本語教育11. 明治書院，1989：60～92.

[7]田中衛子．類義複合動詞の用法一考—日本語教育の視点から—[C]．愛知大学言語と文化，2003：63～79．

[8]寺村秀夫．活用語尾・助動詞・補助動詞とアスペクト—その一［C］//日本語・日本文化1．大阪外国語大学研究留学生別科，1969：32～48．

[9]長嶋善郎．複合動詞の構造［C］//鈴木孝夫．日本語講座4 日本語の語彙と表現．大修館，1976：63～104．

[10]日本大辞典刊行会．日本国語大辞典［K］．東京：小学館，1974：318．

[11]森田良行．日本語の複合動詞について[C]//講座日本語14．早稲田大学語学研究所，1978：69～86．

[12]山本清隆．複合動詞の格支配［C］//都大論究21，東京都立大学，1984：32～49．

文学研究部分

文國發展史

由《孤独的迷宫》看墨西哥的民族性

2014 级　西班牙语语言文学　陈婉玉

摘　要：《孤独的迷宫》是奥克塔维奥·帕斯思想比较成熟、有代表性的散文作品。该作品的诞生与帕斯的生平经历和他的思想变化有直接关系，是作者对墨西哥民族特点进行反思的结果。本文将通过分析《孤独的迷宫》来看墨西哥的民族性。

关键词：孤独的迷宫；墨西哥；民族性；孤独感

奥克塔维奥·帕斯（Octavio Paz），墨西哥诗人、散文家、文学艺术批评家和外交家。他一生博览群书，知识渊博，才华横溢，在当代拉美和世界文坛享有盛誉，被认为是 20 世纪最具影响力的作家之一。1950 年帕斯发表了作品《孤独的迷宫》，随即在墨西哥国内外引起了强烈的反响。这部历经六年创作的作品是帕斯的忧国忧民之作，是他对自己的民族进行反复思考的结果。作者从墨西哥的人民、文化、历史和现实方面向我们展现了一个真实的墨西哥。

一、奥克塔维奥·帕斯的创造目的

《孤独的迷宫》酝酿、创作于 20 世纪 40 年代。它的诞生与帕斯早年的思想变化以及生活经历息息相关，尤其与他在美国的生活有着直接的联系。北美之旅使他经受了心灵的震撼，他进入一个与他祖国截然不同的国家。美国的文明与西语美洲文明的猛烈撞击唤醒了帕斯的民族意识。他发现了墨西哥民族（甚至是拉美民族）与欧美民族的巨大差异，他用客观冷静地眼光审视自己的民族，进行反思。帕斯站在历史的高度剖析墨西哥民族的特点,努力发掘出被历史和现实所掩盖的墨西哥人民内心的孤独世界。

帕斯曾对朋友提到:"当我在美国的洛杉矶时开始产生这种想法。我在他们中认识了自我。我对自己说'我也是他们中的一个,我们怎么了?我的国家发生了什么?在现代社会中墨西哥又发生了什么?因为他们所经历的所有人都在经历。'这是一种深刻的同一性。"(Héctor Taponar,1984:3)帕斯在美国期间开始构思此书,并于巴黎完成,前后共花费六年时间。在长时间的思考后,帕斯完成了这部著作,并称它为"我的一本关于墨西哥的书"。

《孤独的迷宫》的诞生不是作者突然迸发的灵感,而是他经过长期思考以及对人生经历汇总的结果。此书完成于法国,而当时的法国众多艺术思潮汇集,超现实主义在战后盛行,帕斯也受到了法国超现实主义和存在主义的影响。另外,除了以上提及的思潮外,《孤独的迷宫》主要是受到萨穆埃尔·拉莫斯(Samuel Ramos)的作品《人的轮廓与墨西哥文化》一书的影响。帕斯曾说:"所有人都知道,这是我的写作来源。他的作品非常优秀,为我指引开路。他的影响,准确说是他的这种激励具有决定性的作用。没有萨穆埃尔的作品,或许就没有我的这部作品,或者说这部作品会是另外一种不同的作品。"(Héctor Taponar,1984:564)

二、面具下的墨西哥人

《孤独的迷宫》中帕斯从历史、宗教、文化及心理等诸多角度深刻而独到地分析了墨西哥民族与众不同的情感表达方式,他们对待节日、死亡的态度以及墨西哥民族的性格特点。其目的是揭示墨西哥人的性格特点,使其重新认识自我,寻找民族身份和自我价值,探索其未来。该书共八章和一个附录,前四章作者剖析了墨西哥人的民族性格,后四章探讨了从阿兹特克时期至今的历史,追溯墨西哥人民性格的历史根源,其目的是通过墨西哥的历史来揭示墨西哥的国民性。所谓墨西哥的国民性主要是指墨西哥人民通常以"面具"示人,他们保守、敏感、多疑,钟爱"形式",有自卑情结等等。这些特点则是造成他们孤独的主要原因。活在"面具"下的墨西哥人民在他们筑造的迷宫中享受孤独,在城墙中保护自我,拒绝与他人交流。这种孤独根深蒂固地隐藏在墨西哥人民的内心深处,影响了墨西哥人民的性格形成。

墨西哥人钟爱"形式","土著的和西班牙的双重影响结合在一起,使得我们对礼仪、制式、等级有着特别的偏爱。"(Octavio Paz,1997:11)从墨西哥国家的形式主义、官僚机制的繁文缛节都能反映出这种倾向。墨西哥人习惯生活于条条框框中,因为"形式包含并且封锁着内心的情感,阻止它的过激行动,克制它的爆发,将它隔离,使它孤立,并将它保护起来"。(Octavio Paz,1997:11)但是,有时候形式也会令他们窒息。19世纪,自由党徒劳的想使国家的现实置于1857年宪法的束缚下,结果却导致了波菲利奥·迪亚斯的独裁和1910年的革命。

另外,帕斯在文中多次用"掩饰"一词来形容面具下的墨西哥人。"墨西哥人非常害怕外表,就像害怕他们的政客和领袖们给他们的爱一样。所以,他们掩饰自己的存在直至跟周围的事物融为一体"。(Octavio Paz,1997:15)他们在令人窒息的孤独中掩饰自己,躲在面具下,拒绝与他人沟通。在孤独中保持沉默,隐忍,彬彬有礼又拒人于千里之外,自我保护意识强烈。"他们在现实和个人之间建立起一道感觉不到遥远的墙,不仅看不见,更难以逾越。墨西哥人一向站得远远的,远离世界,远离他人,同样,也远离他们自己。"(Octavio Paz,1997:16)

三、孤独的墨西哥人

帕斯在《孤独的迷宫》中提到了"玛林契情结",指出了墨西哥人不接受自己的"双亲"——西班牙父亲和印第安母亲。"玛林契"代表了被西班牙人迷惑、引诱的印第安妇女。她的后代耻于承认自己是"玛林契的孩子"。在墨西哥"钦加达(Chingada)的儿子"是对人最大的侮辱,这句国骂表明墨西哥人对自己"不光彩"的出身感到极大的耻辱,认为自己是不该出生的人。"自从我们从母亲腹中生出的那一天起,孤独就已经开始了,我们跌入了一个陌生、充满敌意的世界。我们跌落下来,这一跌落,对这一跌落的领悟,使我们觉得自己有过错。有什么过错呢?一种无名的错误,就因为我们出生了。"(Octavio Paz, 1997: 11) 墨西哥人既鄙视自己的母亲——印第安人,又仇视自己的父亲——西班牙人,如孤儿一般的"飘荡",孤独感油然而生。

此外,帕斯在书的开篇描写的"帕丘科"现象便是孤独的墨西哥人的真实写照。"帕丘科"是指生活在美国西南部城镇的墨西哥移民的后代。他们丧失了墨西哥的遗产:宗教、习俗、信仰、语言,但他们并没能也不愿融入美国文化。"帕丘科"不能融入一个文明,此外这个文明还排斥他们。他们就像没有灵魂的空壳飘荡在两种文明之外,既排斥自己的墨裔血统,又没有勇气融入美国社会。他们如没有自我价值的孤儿开始否定自我。"帕丘科"通常借助一些极端行为,如打架斗殴、聚众闹事等暴力行为来吸引美国社会的注意。只有当他们犯下罪,做了丑事,成了牺牲品,美国社会才会承认他们的身份。"帕丘科"因此摆脱"孤儿"身份,找到了新的父母。

虽然墨西哥人躲在"面具"下,不以真面目示人,从不向外展现自己的内心世界,生活在自己建立的孤独的迷宫中,但是有时候他们也用自己的方式超越自我,排遣孤独。漂泊的"帕丘科"以引人注意的方式排遣孤独,固守家园的墨西哥人则通过节日来释放自我。"在这些活动中,无论是全国的、地区的、行业的,还是家庭的节日,墨西哥人可以向外界敞开自己的心怀。节日为他们提供了表达情感,与上帝、祖国、亲朋好友交流思想的机会。"(Octavio Paz, 1997: 24) 在节日中他们打破束缚,冲破"孤独的面具",疯狂尽兴。"如果没有节日,我们墨西哥人将无法生活下去。它们把我们从埋葬在内心世界的各种无处发泄的冲动和烦躁不安的情绪中暂时解脱出来。"(Octavio Paz, 1997: 24) 但是,热闹太短暂,在短暂的释放之后,他们又再次坠入孤独的深渊,狂欢之后是更沉的孤独。

孤独感人皆有之,然而,墨西哥人的孤独感似乎和其他民族不尽相同。帕斯认为:"我们的孤独感是一种寻不到根的表现。我们仿佛隐隐约约地感到我们直接来自宇宙"。(Octavio Paz, 1997: 5) 墨西哥人的漂浮不定，无根无基，"仿佛悬挂在天地之间，在不同的势力和力量之间摇摆"的孤独感与墨西哥民族诞生的历史和社会发展进程有着直接的关系。毫无疑问，墨西哥的历史是墨西哥每个人的历史。

西班牙殖民者的入侵是墨西哥保守、封闭的性格特点形成的根源，而独立之后，这种奴役心理也随之加强。他们茫然，看不到未来，随后在一次次模仿别人的路程中败下阵来。"墨西哥人出生于庞大的权利社会之下：征服和混血人种，这就是他们自卑心理的原因"。（张珍珍，2004：32）由于复杂的历史原因，墨西哥人产生自卑心理和孤独感，而这种心理让他们带上"面具"保护自己，在不知不觉中筑建起了孤独的迷宫。

16世纪初西班牙强行征服了庞大的阿兹特克帝国，辉煌的印第安文化被毁灭了，随即一个新的民族诞生——墨西哥。在阿兹特克帝国没落后，印第安人感到恐惧不安，不知所措，因为他们认为神抛弃了他们。他们的神庙倒塌，失去了信仰，孤独感油然而生。西班牙殖民者残暴的侵略对墨西哥人精神上造成了很大的伤害，对他们性格的形成产生了直接的影响。"殖民时期的奴役对墨西哥人的心理造成很大的伤害，直到现在仍然可以察觉到这种轻视"。（张珍珍，2004：32）

另一方面，16世纪到20世纪的墨西哥一直都是一个封闭、保守、压抑的民族。从殖民时期侵略者的压迫到独立后的考迪罗主义，他们一直活在动荡和独裁专制中。广大民众被愚民政策压迫，在这种社会环境下，人的天性毫无疑问受到摧残，慢慢丧失了独立思考和自由表达思想的能力。久而久之，只能躲藏在自我封闭的世界，害怕与外界交流，孤独感越来越重。

脱离宗主国后，墨西哥像一个迷失的孩子不知道如何前进也看不到未来。他们独自面对未知的未来，效仿其他国家，重建祖国。在之后的一百多年里，墨西哥不停地盲目效仿欧美国家，寻求发展的道路。在一次次失败中，自由派开始寻求新的道路，他们以乌托邦式的理想主义企图建立政治体制，并没有结合本国的现状和实现的可能性。至此以后，他们开始了改革，正如帕斯所说："改革实现了独立，并赋予它真正的意义，并对墨西哥社会提出了考验，而这个考验却在三个否定中结束：印第安遗产，西班牙遗产和天主教遗产。"（Octavio Paz，1997：55）一方面，改革至关重要。另一方面，它脱离了群众，脱离了墨西哥具体的现实情况，随之而来的则是波菲利奥·迪亚斯的独裁和 1910 年的革命。一次次的失败打击了墨西哥人民的信心，失败越多，失望越多。在茫然和失望中，墨西哥人民的自卑心理也随之加剧。对于如何解决墨西哥的问题，帕斯态度消极，他认为："现在，我们突然走到了尽头，在若干年内我们已经尝试了欧洲所有的历史发展模式，在理性与信仰，上帝与乌托邦全面崩溃之后，再也建立不起任何思想体系（无论新的还是旧的），来安抚我们的痛苦和无望，平息我们的迷茫和失措。在我们面前什么都没有。"（Octavio Paz，1997：55）

从《孤独的迷宫》中我们可以得出结论：墨西哥人民的性格形成绝不是偶然，也不是一日促成，而是墨西哥的历史发展和社会现状影响的结果。自卑心理和孤独感是他们"面具心理"的主要原因。同样的，面具下封闭的性格也加剧了这种自卑心理和孤独感。

帕斯通过《孤独的迷宫》来揭示墨西哥的真实面目和他们的孤独感。墨西哥的问题同样是整个拉丁美洲问题的缩影。20 世纪加西亚·马尔克斯发表的著作《百年孤独》轰动世界。他让我们看到了一个孤独、落后、封闭、保守的社会。马尔克斯曾说过："对我来说，孤独的反义是团结。"（Gabriel García Márquez，1993：53）面对一个动荡、混乱的社会，不管是马尔克斯还是帕斯我们都能从其作品中看到他们对自己国家的反思和担忧。

这部作品，虽已问世大半个世纪之久，但对我们仍有现实意义和明鉴作用。中国伟大文学家、思想家鲁迅曾多次在其作品中揭示我们中国的民族特点。我们应该面向历史，不断审视自己，找到我们的问题和缺点并完善自我。

参考文献：

[1]张珍珍. 由《孤独的迷宫》看墨西哥民族特征 [D]. 上海：上海外国语大学硕士论文，2004：32～35.

[2]Gabriel García Márquez. *El Olor de La Guayaba* [M]. Editorial

Sudamericana, Buenos Aires, Tercera edición. 1993: 53.

[3] Héctor Taponar. *Conversaciones con Octavio Paz* [M]. ed. México, D. F., Televisa. 1984: 3.

[4] Octavio Paz. *El laberinto de la soledad* [M]. edición de Enrico Mario Santí, Ediciones Cátedra, S.A. 1997: 5-55.

刍议《大和物语》中的《姨舍》
——以"月"为中心

2014 级　日语语言文学　宋丹丹

摘　要：自古以来月亮在文学作品中是一个不可或缺的意象。有关于月亮的文学作品不在少数。《大和物语》也不例外，《姨舍》（第 156 段）中的和歌中就出现了月亮这一意象。众所周知，这一段的主题是敬老（孝）。那么敬老和月亮之间有怎样的联系，本文试着从月亮的意象这一角度重新诠释敬老（孝）的内涵。

关键词：月；敬老；净化；月轮观

一、先行研究与问题所在

据推测《大和物语》是在天历五年（951 年）左右完成。是以当时贵族社会为中心的歌物语。为了方便读者阅读，后人通常把内容划分为 173 段。在这 173 段中有 300 首和歌，每段都是围绕和歌展开的。有关于《大和物语》的先行研究基本上是从《大和物语》的成立、构成、各段的分析以及作者等方面进行探讨的。

在这些先行研究中，围绕第 156 段也就是《姨舍》的先行研究大体分为两个方面。一方面是对第 156 段的解释研究。比如，《大和物语一五六の一解釈——助詞'のみ'を中心に》（山根木忠胜）。另一方面是有关于弃老的研究。例如，日本方面的《棄老伝説——姨捨山の伝承と民衆思想》（冢田美雪）和《新・姨捨山考》（市川千惠子）讨论了日本弃老传说的发展、演变以及弃老背后的民众思想；中国有关于弃老的研究，《弃老传说在中国和日本的流传及演变》（张达）、《试论日本孝养观的历史演变——以〈楢山节考〉为视角》（李贵鑫），论述了日本弃老传说与孝道的关系。

此外，《大和物语》与《伊势物语》是学习和歌的必修书目，而且《大和物语》每段都是围绕和歌展开的故事。因此可以说，每一段的核心就是和歌。那么第 156 段也不例外。第 156 段的和歌如下所示：

わが心なぐさめかねつさらしなやをばすて山照る月を見て（我的心难以平静　眼看着更级的弃老山　在月色笼罩之下）[①]

在这里，笔者比较感兴趣的是"月"。众所周知，"花鸟风月"是在和歌中经常被使用的意象。从《万叶集》到八代集[②]中有关于"月"的和歌比重是呈上升趋势的[③]。在汪南的《古代和歌における'月'の美意識の研究—〈小倉百人一首〉を中心に》中，月亮代表着"不能相见的恋人""神圣的事物""别离""寒冷孤寂的感觉"等，文章还深入分析了月亮的本质和代表的意象。陶毅的《〈源氏物語〉須磨卷の和歌における月のイメージ》，从和歌的传统、汉诗的影响等方面探讨了月亮的意象。林少华在《一轮明月　几多情怀——中日古代咏月诗异同管窥》中指出，月亮在和歌中频繁被引用表现了大和民族的美意识即物哀。那么，在《大和物语》的第 156 段中"月"又有什么样的意象呢？为什么文中男主人公望见月亮悔恨之情就溢于言表呢？对于平安中期的人们来说月亮有怎样的内涵呢？虽然有关于"月"的研究以及弃老的研究有很多，但是针对《大和物语》的第 156 段中"月"的研究几乎没有。本文在先行研究的基础上，以"月"为着眼点重新探讨《大和物语》的第 156 段的敬老意识。

二、望月沉思之前

从原文中"この妻の心憂きことおほくて""つねに憎みつつ"

---

① 刘芹. 从《楢山小调考》谈古日本的"弃老". 华夏文化，2014（3）.
② 八代集，日本平安前期至镰仓初期 8 种敕撰和歌集的总称.
③ 林少华. 一轮明月　几多情怀——中日古代咏月诗异同管窥. 解放军外国语学报，1992（6）.

"今まで死なぬことと思ひて"等用词中可以看出，男主人公的妻子对于年老无用的老人厌恶至极，甚至盼着老人死。从"さしてむと思ひなりぬ"中可知男主人公听了妻子的话对待老人也不似从前。随着老人的年龄越来越大，终于妻子提出把老人丢弃在深山中的主意。男主人公的妻子能够自然地想到弃老，那么当时一定有弃老的先例。根据穗积陈重的《隐居论》可知，丢弃老人的主要因为粮食匮乏、战争等。但是本文中并没有交代弃老的原因，仅仅描写了其妻子对于年老无用的老人的厌恶。而这个年老无用的老人恰恰是像父母一样将男主人公从小养大的亲人。男主人公听信妻子的谗言，最终在一个月光皎洁的夜晚，以听法会的名义把老人骗走丢弃在更级山的深处。而这一点，为后来男主人公的悔悟埋下了伏笔。

三、弃老归来望月

从"逃げて家に来て思ひをるに""月もいとかぎりなくあかくいでたるを眺めて、夜ひと夜、いも寝られず、悲しうおぼえければ、かくよみたりける"可知男主人公丢弃了老人之后逃回到家中，望着更级山上明亮的月亮，不禁地心生悲伤。男主人公为什么会情不自禁地悲伤呢？明亮的月亮发挥了怎样的作用让男主人公悲伤不已呢？我认为有三个原因。

首先，男主人公望着更级山上的月亮，想起了被自己丢弃在山里的老人。"年ごろ親のごと養ひつつあひ添ひにければ、いと悲しくおぼえけり"男主人公想到老人在自己双亲双亡时能够像父母一样含辛茹苦把他养大成人，想到了老人以前为了自己操劳的场景，而自己却因为妻子的厌恶之语丢弃了老人，怎能不伤心不已呢？同样，我们可以从《大和物语》的第97段中"かくれにし月はめぐりていでくれど影にも人は見えずぞありける"知道，藤原忠平也是通过月亮抒发了对亡妻的思念之情。因此，月亮有着思念亲人的寓意。本段男主人公望着明亮的月亮想起老人的过往，不禁悲伤之情溢于言表。

其次，从"我が心なぐさめかねつ"（难抚我心）可以知道，男主人公的意识开始变化，转变过程为：弃老—反省—孝。"孝"的观念

在5世纪左右随着儒教一起传入了日本。但是并没有在日本迅速地传播开来。从《古事记》[①]中可以看到很多不孝的例子。从奈良时代开始，随着日本对中国文化的学习，"孝"的观念开始慢慢普及。像《大宝律令》《养老律令》中都有关于奖励"孝"的条文。虽说如此，直到平安时代后的中世"孝"才被全面普及。在平安时代，能够接受儒家教育的仅限于贵族，一般平民百姓是无法接触到儒教文化的。因此可以说文中男主人公有关于"孝"的观念是模糊的。但是当男主人公望着月亮时，有着强烈的自责之情，说明月亮起了很重要的作用——教育净化。除此之外，在第141段中月亮也是起了教育净化的作用。第141段围绕"夜はにいでて月だに見ずはあふことを知らずがほにもいはましものを"这首和歌展开，讲述了一个丈夫外出的女子私会其他男性的事情。和歌的大意是：也许别人不知道，但是月亮是看得一清二楚的。由此可见这两首和歌中的月亮都起着教育净化的作用。

最后，在《大和物语》中，有关于月的和歌一共有七首。读完这七首和歌，会发现有六首和歌对于月亮的描写是相同的，即明亮美丽。那么，可以说描写的月亮是满月。提起满月就会联想到密教的"月轮观"（把月亮看作自己的心的一种冥想法）。原文中写道，"嫗ども、いざたまへ。寺にたうときわざすなる、みせたてまつらむ"，即男主人公骗老人说在寺院中有法会，老人听了之后甚是欢喜，就让男主人公背自己去听法会。在平安时代，贵族通过建造佛堂佛像，抄写经书或者参加惯例、临时法会的形式，将佛教融入其生活中。后来，讲会（讲经）的流行，使得佛教走出贵族，渗透到一般的民众当中。从原文中老人对于听法会的欣喜可以看出，法会已经在庶民中很受欢迎了。那么，男主人公对于"月轮观"多少是了解的。看见更级山上明亮的月亮，男主人公看到了自己的内心。眺望着明亮的月亮，男主人公反省自责，最后看到了自己的本心。即使月亮再怎么明亮美丽，也难以抚慰自己丢弃老人的自责之心。在看到自己的本心之后，男主人公奔向了更级山。

[①] 李贵鑫.试论日本孝养观的历史演变——以《楢山节考》为视角.学术交流，2011（9）.

综上而述，月亮的作用是：望月思亲—教育净化—发现本心。文中男主人公通过月亮认识到敬老即孝的重要性。

四、结语

月亮是歌人们爱用的意象，常见文学作品中歌人们借助月亮抒发胸臆。本段也不例外，男主人公借着月亮表达了自己的悲伤以及悔恨之情。而且，通过明亮的月亮也明白了自己的内心。那么可以这样说，本段的构成是弃老—望月—敬老。

西泽茂二郎在《姨捨山——故実と文学》中，针对弃老山传说的真实性做了探讨，认为信浓的这一做法一直持续到了近世。柳田国男在《親棄山》中也对弃老传说陈述了自己的观点，即要规劝人们尊老敬老。虽然现代社会中敬老、养老问题已被广泛重视，中日两国也都有自己的敬老日，但是有关于"弃老"的传说中仍然隐藏着老人无用论的意识。对于已步入老龄化社会的日本与中国来说，敬老依然是个值得重视的话题。

参考文献：

[1]李贵鑫. 试论日本孝养观的历史演变——以《楢山节考》为视角[J]. 学术交流, 2011（9）：55~58.

[2]林少华. 一轮明月 几多情怀——中日古代咏月诗异同管窥[J].解放军外国语院报, 1992（6）：61~69.

[3]张达. 弃老传说在中国的流传及演变[J]. 日语学习与研究, 2014（5）：108~113.

[4]今井卓爾. 物語文学史の研究 前期物語[M]. 東京：早稲田大学出版部, 1973.

[5]一助治子等. 日本古典文学全集8·竹取物語 伊勢物語 大和物語 平中物語[M]. 東京：小学館, 1978.

围绕风景诗学的中法对话

2014级　法语语言文学　豆萌萌

摘　要：山水田园诗在中国古代诗歌史上占据着重要地位。从20世纪下半叶起，中国古诗的审美意境和其相关的道家与禅宗思想为一些法国当代诗人所借鉴和吸收。本文旨在从中法诗人对人与自然关系的认识，对存在的哲学思考以及美学特征等方面入手，结合诗歌文本的研读，探究与揭示中法两国不同时代的诗人们所持有的不同的风景诗学观。

关键词：中法对比；风景诗学；雅各泰

一、风景涵义的中法溯源

"风景"一词相传最早出自于陶渊明的诗词《和郭主簿二首（其二）》："露凝无游氛，天高风景澈"。这两句大意是：秋天的早晨白露凝结，无风无雾，天高气爽，风景十分清新。

在此之前，风、景二字都是单用，未曾组合过。在《古代汉语词典》中，"风"字有多层解释，与本语域有关的含义有三：

（1）流传于世的社会风尚、习俗、道德等。《孟子·公孙丑上》："其故家遗俗，流风善政，犹有存者。"

（2）风俗，民情。《左传·昭公二十一年》："天子省风以作乐。"（杜预注："省风俗，作乐以移之。"）

（3）教化，影响。《史记·平淮书》："是时富豪皆争匿财，唯式尤欲输之助费。天子于是以式终长者，故尊显以风百姓。"

通过这几点我们可以总结出，"风"字在古代除了自然之风的本意以外，其引申义多指社会方面的抽象意义，与切实可看见触摸到的景色相差甚远。至于它是怎样和"景"字组合，用来指风光景色之意，我们要先来探讨一下"景"字的古文用法：

　　（1）阳光。范仲淹《岳阳楼记》："至若春和景明，波澜不惊。"

　　（2）景物，景象。谢灵运《拟魏太子邺中集诗序》："天下良辰美景，赏心乐事，四者难并。"

　　（3）Yǐng，即"影"的古字，影子。《管子·宙合》："景不为曲物直，响不为恶声美。"此外，"景"还有一个引申义，指测定日影。《诗经·大雅·公刘》："笃公刘，既溥既长，既景廼冈，相其阴阳。"

　　通过这有代表性的三个释义，和"风"的意义进行对比，很容易就得到这样一个结论："景"在古代已有景物，景象之意，代表实际存在的具体之物，"风"则更多的表达抽象的社会层面意义。二者一实一虚，陶渊明结合地很是巧妙。一实一虚便是整个宇宙，风是看不见的，但是能看见树上叶子的摆动；景是看得见的，但是肉眼看不到它背后的哲学。中国山水画喜欢"留白"大抵如此，给纸上油墨留点空白，更能显出深远意境。陶渊明把自己全部交给脚下的土地、头上的天空、入世之后的出世，孕育了"采菊东篱下，悠然见南山"这样绝美的诗句。从中不难读出人类的渺小，人只是大自然的欣赏者，感叹它给了我们花，给了我们树，给了我们山川和河流。待到真正达到物我相融的境界，便分不清是我不远万里来找南山，还是南山突然出现，早已在将我等候。

　　而法国学者为了研究中国诗歌的风景美学，把汉语的"风景"二字译为"vent-lumière"，即"风—光"。用日光，光线这样无形之物来代指可观可感的有形景色，从中可见法国人看待自然风景的思维方式，他们认为风景是无法把握的，每种事物都有其独特的美，而每个人从不同视角看去，世界都是不同的。

　　然而，风景在法语里对应的单词是"paysage"。从词源学上讲，"paysage"一词原指脸部的线条轮廓，有限空间的形状，或是一个国家的风貌。它以水平或垂直视角呈现在观察者眼前，因此，它本身就带有关于观察视角的问题。谈到观察角度,也就是视角,西方人看世界历来是主观为上,描述的都是带人的风景,人是主体,景物仅仅是作为背景渲染,退为第二位。但是雅各泰一反常态,他著有一本散文集《具象缺失的风景》①,颇有中国美学色彩。其核心理论即作为观物者的人不再是主体,退到第二位。每一种事物的美都有其独特性,人只是这个世界的过客,文艺作品也只是对世界的记录,重在得意,不要执念于词②。他批判超现实主义者诗歌中都是虚无缥缈的东西,以及他们滥用意象的现象。他所探求的是事物之间隐秘的东西,这一点也是对超现实主义者单独、孤立看待事物的有力回击。

二、两国风景诗的历史成因和特色

为何中西方诗歌史上会出现山水诗这一题材,而且占有着举足轻重的地位?其追随者之众,作品之多,并不是偶然,而是一件值得关注的文学现象。

中国的山水诗往往由"隐逸"而起,多是迁客骚人仕途上不得志而归居田园之作。如果不是家门士族衰落,恐怕谢灵运也不会寄情于自然,成为山水诗的开创者。如若陶渊明肯为五斗米折腰,屈就彭泽令,他也无法和自然打成一片,把田园诗推向前所未有的高度。然而这"退"和"隐"也是无奈的。在中国的封建社会,知识分子被框在"学而优则仕"的规则中求生,"仕"是唯一出路,然这条路狭窄而艰难,多数人不得不粗衣陋室,了了一生。谢灵运曾有言:"山水含清晖""清晖能娱人",这大抵是文人雅士普遍认同的观点,他们因此只能寄情于山水,暂时搁置一下政治理想,在自然中涤荡身心,启迪灵魂。然而他们并未完全忘掉官场与功名,只是不得已把兴趣转向更纯净简单的自然界罢了。不管是陶渊明笔下优美宁静的田篱南山,王孟笔下恬淡清幽的朝霞夕霏,还是杜甫笔下壮阔雄劲的山岳长河,对政治的热爱有多深,给予自然的感情就有多热烈。

---

① Jaccottet Philippe. *Paysages avec figures absentes*. Paris: Gaillimard, 1970.
② Jaccottet Philippe. *Paysages avec figures absentes*. Paris: Gaillimard, 1970: 10 文中凡未指明译者的译文,皆为笔者自译。

"采菊东篱下，悠然见南山"这是千年以来脍炙人口的名句，所谓观诗如画，吟诵这句诗，画面已映入眼帘：陶渊明仕途坎坷，舍政投耕，日日与自然为伴，三两杯小酒过后漫步庭院，心底澄净，无物纷扰，赏赏花，看看鸟，怡然自得，一副物我相融的化境；李白在政治上遭受挫折后，愤怨郁结于怀，所以写出了"且放白鹿青崖间，须行即骑访名山。安能摧眉折腰事权贵，使我不得开心颜！"这般豪迈的诗句；王维《鸟鸣涧》中的"人闲桂花落，夜静春山空"，则体现出诗人的心境和春山的环境气氛的互相契合，还能让人感受到盛唐时代和平安定的社会气氛。而这是和西方的自然诗人大不相同的。

然而，中国就没有纯粹的写景之作了吗？还是有的。杜甫的《江畔独步寻花七绝句（其六）》就是其中一首："黄四娘家花满蹊，千朵万朵压枝低。留连戏蝶时时舞，自在娇莺恰恰啼"。整首诗以浓烈的色彩描绘了一幅乡下人家花开烂漫的景象，毫无言外之意。王维后期的山水诗代表作《鹿柴》同样也如此，描绘了鹿柴附近的空山深林在傍晚时分的幽静景色："空山不见人，但闻人语响。返景入深林，复照青苔上"。两首绝句都是诗、画、乐的结合，生动表现了大自然两种不同的美。

与中国相同，风景诗在西方诗歌史上也是后起之秀。西方的诗早期也偏重于人和事物，景物描写只是作为背景。18世纪，法国浪漫主义运动兴起，大思想家和文学家卢梭对感情抒发尤为崇尚，他提出的"回到自然去"的口号得到认可和热烈响应，自然诗歌才得以发展，其情形蔚为壮观。但是，西方的回归自然自始至终都与"归隐""仕途""衰落"这类政治因素无关，这一点就决定了它与中国山水诗的区别。就如法国诗人菲利普·雅各泰，在第二次世界大战后西方文明的废墟上，他摒弃了马拉美对"纯诗"的绝对追求，走上了一条与中国诗人相同而又不同的路。相同之处即他结婚后也隐居在法国南方一个小村庄里，也借鉴和吸收了中国古诗的审美意境和相关的禅宗与道家思想，得以为自己的创作寻求到新思路。在他的作品中，风景作为诗学的核心无处不在。然而不同的是，雅各泰与西方其他诗人的"回归自然"并不是指退隐，而是指那个时代千疮百孔的文明使人们不断远离自然，为了更好地生活，必须到自然中去寻求更合适的生活方式，去寻求能够拯救破碎文明的力量。因而带有更加庄严，神圣的意味甚至宗教的意思。

对于雅各泰来说，他不是借花鸟鱼虫去治愈自己郁结的心绪，不是凭山岳流水来隔绝掉在世的纷扰。他亲近自然的本意就是去欣赏唧唧虫鸣、瑟瑟风声、潺潺水响；去在大自然中重新审视自己的内心与灵魂，重新构建诗歌中的因素，获得生命的和谐。这种转变，何尝不是浪漫的。读他的散文《树木和麦子》，其中有一处描写相当有田园乐趣："一艘深色的船载满了一捆捆成熟的麦子，我上船，躺在麦捆上，纵身滑下，像是处于一条隐形的河流！而那一满仓的麦垛在水面上慢慢晃动"[①]。这不禁让人忆起童年时代在草垛上滑滑梯的场景，作为诗人，雅各泰仍保留着这份难得的童心，怡然自得，用善于发现美的眼睛挖掘了无数细小的美和诗意，颇有随波逐流的悠然之感。他能听到自然的召唤，从中国的禅宗思想中获得顿悟，然而他并未脱离诗歌，始终未忘记对诗歌对文学的思考，才不断有了新发现新收获。他还指出，诗歌的任务在于"建立起两种事物的联系[②]"。这又是一个值得探讨的文学论题，在此不做赘述。

雅各泰追求明澈的诗风，这多少也与他的画家妻子有些联系。他的文学创作与他夫人以自然、简朴的风格见长的绘画创作相呼应。他从中国唐诗和日本俳句中受到启发，推崇东方诗学的"透明"，以改变西方传统抒情诗的繁杂沉重之气。这一观念引领着他的诗歌创作走向了"明澈性"的探寻和构建。

三、诗歌创新需对话

然而，不管是中国还是法国的诗歌都是在不断发展变化的。中国的风景诗将和"归隐"脱钩，因为在经济高速发展的今天，隐逸之士

[①] Une barque sombre, chargée dune cargaison de blé. Que j'y monte, que je me mêle aux gerbes et qu'elle me fasse descendre l'obscure fleuve! Grange qui bouge sur les eaux'. in Paysages avec figures absente, p. 48.

[②] La tâche poétique serait donc, moins, ici, d'établir un rapport entre deux objets. in Paysages avec figures absente, p. 66.

不复存在。法国的现代风景诗人借鉴了中国古诗的因素而有了新的发展，那么中国的风景诗想要有新的突破和新的层次，必定需要从他国诗歌中汲取养分，通过对话寻求灵感，开辟可供中国山水诗发展的新天地。

参考文献：

［1］姜丹丹. 他者形象的理想化与艺术的理想：法国当代诗歌中的中国形象［J］. 中国比较文学，2015，（1）：156～167.

［2］姜丹丹. 走向明澈之境——论雅各泰的诗歌美学［J］. 法国研究，2006，（3）：1～9.

［3］赵夫青. 中西山水诗歌比较［J］. 山东师大学报（社会科学版），1999，（4）：44～47.

［4］Jaccottet Philippe. *Paysages avec figures ansentes* ［M］. Paris: Gaillimard, 1970.

从菅原道真的汉诗看作者的忠君性

2014 级　日语语言文学　冯奇罕

摘　要：菅原道真是日本平安时期伟大的诗人、政治家。他出生于儒学世家，青壮年时期仕宦显达，中年却遭遇离间，曾被贬到遥远的赞州；四年后官满回京，得到提拔，升为右大臣；位极人臣后，突然遭遇政治变故，被流放到更远的太宰府，最后客死他乡。一生创作了数量丰富的汉诗多收录在《菅家文草·后集》中，作品中毫无掩饰的表达自己的忠君情怀，在当时具有典型意义。

关键词：菅原道真；汉诗；忠君

菅原道真 845 年出生于文章博士[①]世家，5 岁就能咏和歌，10 岁起开始作汉诗，从幼年起被称为神童。32 岁任式部少辅，成为文章博士。曾受到宇多天皇的宠爱，作为儒学者、政治家在政治上发挥了极大的作用。50 岁的时候被任命为遣唐使，但因为当时唐朝政治混乱和文化衰退等原因，所以提议停止派遣遣唐使，主张发扬本国文化。55 岁时升为右大臣，文学上也达到了巅峰。不过因为藤原时平的离间，被左迁到太宰府，903 年失意至极离开人世。道真所在的年代是日本的平安时期，也是日本文学从汉文学到和文学转变的历史时期。当时，嵯峨天皇援引魏文帝《典论》的"文章经国"思想，主张"文章乃经国之大业，不朽之盛事"，并且把汉文水平作为考核官吏的标准。菅原道真具备很高的汉文学素养，兼具政治家和文学家的双重身份，作为

[①] 文章博士。日本律令制下在大学寮讲解诗文与历史的教官。

一个政治家,他主张学习汉学的同时也积极发展本国的民族特色文化,他的汉诗作品中多体现着忠君性。菅原道真一生创作了数量丰富的汉诗,不仅题材多样,而且兼备各体,多收录在《菅家文草·后集》[1]中,在整个平安时代甚至是日本汉诗史上都独领风骚。

道真的政治生涯直接影响了他的汉诗创作,正像肖瑞峰[2]说的"深厚的家学渊源、神睿的汉诗天赋和勤勉的实践精神,这是道真得以成为诗坛巨匠的三个不可或缺的条件。但重要的条件还是其曲折、坎坷的生活历程和创作历程。"菅原道真的仕途通达和左迁失意共分为以下四个阶段。

一、少年时代至成为文章博士时期

这一时期是指菅原道真从 18 岁开始汉诗写作(862 年)及第成为文章生至他被贬为赞岐守的前一年(885 年)。早年的菅原道真仕途通达,18 岁考取了文章生,22 岁被选为文章得业生,从当初的少内记、兵部少辅、民部少辅,到文章博士、加贺权守等职,清和天皇和阳成天皇将其视为心腹重臣。菅原道真卓越的汉文素养和汉诗才学,加之早年仕途上的一帆风顺,使其早期的汉诗作品中大多表现出踌躇满志、敢为天下先的壮烈豪情。比如,《菅家文草》卷一第 30 首汉诗《戊子之岁,八月十五日夜,陪站台,各分一字探得登》道:"诗人遇境感何胜,秋气风情一种凝。明月孤轮家万户,此间台上是先登。"按照公历推算,戊子年为公元 868 年,菅原道真时年 24 岁,刚刚成为文章得业生,正六位下,叙任下野权少掾之位。诗文中洋溢着希冀登上三宫台辅之位的满腔热情和迫切。再如,《残菊诗》中"已谢陶家酒,将随郦水流。爱看寒晷急,乘烛岂春游。"表达了作者不饮隐逸之酒,决意要像郦道元一样,为了国家的统一大业鞠躬尽瘁、死而后已的鸿鹄之志。从这些诗句中可以读出菅原道真对天皇的忠心以及对国家的希冀之情。

---

[1] 川口久雄. 日本古典文学大系 72 菅家文草·菅家後集[M].東京: 岩波書店, 1966.
[2] 肖瑞峰. 闪耀在浊世中的思想火花——三论菅原道真的汉诗创作. 唐都学刊, 2003, 19(4): 20~25.

二、赞岐守时期

仁和二年（886年），刚即位的光孝天皇因听信小人的谗言，一怒之下将菅原道真贬为赞岐守。菅原道真从此离开京都，远赴赞岐开始接下来为期四年的谪居生涯。《菅家文草》卷三和卷四，总共167首作品就是这个阶段所作。其中包含大量的咏物诗、讽喻诗等。在《春日独游三首》中，寄望回归京城、报效国家的满腔豪情表现得尤为明显。以第三首为例："日长不得久眠居，出引诸儿且读书。适遇多情垂钓叟，各言其志不言鱼。"虽然被贬偏地，但是经过长时间的黯然独处和内心休整，菅原道真很快从起初的消极状态中摆脱出来，和一般的迁客谪臣迥然相异的是，虽然时而突有隐遁之想法，但是实际上菅原道真并没有忘却世俗、没有抛弃自己的爱国理想。"出引诸儿且读书"表达了他时刻鞭策子女们读书上进，为国奉献的情怀。"各言其志不言鱼"表明了他心系朝廷，效忠天皇的心情。虽然谪居期间，诗人的心境大多是忧伤抑郁的，但是菅原道真并没有因此绝望，作为一位尽职尽责的官员，道真很快便适应了赞岐守的角色。这次贬谪使他有了从上层社会步入下层民众生活的机会，使他更真实地接触到了有关生命的挣扎与抗争。这些对于菅原道真来说触动是极大的，他在赞岐为官的这几年，走访民众，将其全部的热忱释放出来，并依旧保有着最初的忠君爱国理想。

三、从京官至右大臣时期

宽平三年（891年），菅原道真谪守任满，返回京城。那时的在位者为宇多天皇，菅原道真很快时来运转，补任为藏人头，之后擢升至参议、式部大辅、中纳言、权大纳言、右大臣，成为朝廷重臣，可谓扶摇直上。这个时期的诗中主格调变为开朗、乐观，饱含精忠报国之志向。比如：卷五的《游龙门寺》表达了作者的这种心声："随分香花意未曾，绿萝松下白眉僧。人如鸟路穿云出，地是龙门趁水登。桥老往还谁鹤驾，阁寒生灭几风灯。樵翁莫笑归家客，王事营营罢不能。"在明确表达"王事营营罢不能"，自己不能去过"鹤驾""风灯"的隐逸生活的同时，也很清楚地表明了诗人对于隐遁的态度，那就是不再留恋远离尘嚣、独善其身的生活方式，自己要好好把握机会，大展宏图。从这也可以看出，此时道真对于隐逸的看法已然回归到统治阶级的立场上了。这一时期的汉诗作品大多歌颂天皇的恩宠和作为人臣的荣耀。

四、太宰府谪居时期

菅原道真日益权重位高，官职显赫，于是其政敌藤原时平向醍醐天皇诬告菅原道真意欲谋权夺位，有"存废立之志"[①]。延喜元年（901年），菅原道真二次被贬，左迁太宰权师，贬至九州岛。菅原道真在生命最后的几年里，在太宰府潜心于汉诗写作，以求排解心中抑郁之感。这一时期的汉诗有46首，全部收录于《菅家后集》。他开始在"叶落梧桐两打时……饮酒听琴又咏诗"（《九日后朝，同赋秋思》），如果说此时道真还有二返朝廷，为天皇效力之祈望的话，那么最后，傍晚远眺东山寺，在暮风晚钟之中，似乎获得了某种精神的解脱。也有"佛无来去无前后，唯愿拔除我障难"（《晚望东山远寺》）的诗句来表达他的个人情怀，此时的菅原道真一心向佛，盼望如来佛祖来挽救精神极度困顿的自己。但更能表达他自己的是《九月十日》中的"去年今夜侍清凉，秋思诗篇独断肠。恩赐御衣今在此，捧持每日拜余香"。时至最后，谪守异地、人生悲凉的菅原道真仍未完全放弃回归官宦的人生追逐，不断期待着奇迹发生，日日不忘的是昔日天皇对自己的恩情。虽然时隔一年，但是依旧把天皇的香气留在心里，日日膜拜。尽管在太宰府的日子充满了心酸和无奈，以及对小人的愤恨，但是46首诗的字里行间没有表达一丝对天皇的不满和怨恨。《谪居春雪》中"雁足黏将疑系帛，乌头点着思归家"表达出的更是一种老骥伏枥志在千里的心境，虽然年迈，但依旧对京城抱有深深的思念之情，可惜在现实中诗人虽怀有报效天皇的鸿鹄大志，却并不能改变自己最终客死异地的命运。

---

① 天満宮．菅原道真と大宰府天満宮下．吉川弘文館．1975．

五、结语

综上，本文从菅原道真的从少年至成为文章博士时期、赞岐守时期、京官至右大臣时期和太宰府谪居时期，四个政治阶段浅析了他的忠君情怀。菅原道真的汉诗源于他的生活和亲身经历以及在那时候的所思所想。不管是在扶摇直上被恩宠的辉煌时期还是被小人离间贬谪异乡的时期，菅原道真对天皇和对国家的忠贞从未改变。命运对于才华横溢之人往往是严苛的，它以悲痛与困境，以失落与艰辛为礼物，毫无暗示与征兆，往往让人措手不及。菅原道真的一生充满了戏剧色彩，他体会了命运的豪赠、误解、污蔑、忧惧与痛苦，他从高点落至谷底，再重回辉煌，以为手握希望之时却又被再次打落。但是命运的安排总归是公平的，《菅家文草·后集》共收录作者500余首汉诗，是时代的不朽之作，也是日本汉诗的杰出代表作。正是这种跌宕起伏的人生才给道真的汉诗创作提供了素材，正是这样起伏的情绪和极致的人生悲喜，让道真得以从深处发掘出属于自己的心灵家园，在汉诗创作的道路上攀上时代的顶峰。

参考文献：

[1]川口久雄. 日本古典文学大系 72 菅家文草·菅家後集[M]. 東京：岩波書店，1966.

[2]天満宮. 菅原道真と大宰府天満宮 下[C]. 東京：吉川弘文館. 1975.

[3]肖瑞峰. 论菅原道真的汉诗艺术[J]. 杭州大学学报，1973（3）：33～39.

[4]肖瑞峰. 从「诗臣」到「诗人」的蜕变——论菅原道真的汉诗创作历程[J]. 吉林大学社会科学学报，1998（5）：76～82.

[5]肖瑞峰. 闪耀在浊世中的思想火花——三论菅原道真的汉诗创作[J]. 唐都学刊，2003，19（4）：20～25.

[6]高文汉. 论平安诗人菅原道真[J]. 日语学习与研究，2002（4）：61～67.

论杰伊·盖茨比的悲剧根源

2014 级　英语语言文学　黄梦鸾

摘　要： 本文主要从价值观、小说人物性格和社会的冷酷三个方面分析《了不起的盖茨比》中盖茨比的悲剧根源。盖茨比代表着 20 世纪的多数人，他的悲惨结局也反映出整个国家美国梦的衰落，由此提醒人们应该明确正确的人生观、价值观，树立适当理想，并为之奋斗。

关键词： 美国梦；盖茨比；爱情；悲剧

菲茨杰拉德是 20 世纪最优秀的美国作家之一，著名的桂冠诗人。人们认为他是当之无愧的爵士时代的领导人，也有人称他是"迷惘的一代"的代表人物。菲茨杰拉德一生完成多部作品，其中《了不起的盖茨比》是反映美国梦幻灭的代表作。这部小说反映了爵士时代美国社会的动荡与衰落，人们的生活过于理想化、拒绝进步等主题，它是整个美国社会的缩影，是提醒人们重新审视美国梦的警示箴言。

本文从三个方面分析盖茨比的悲剧根源。首先，腐朽的价值观促使着盖茨比不断追求金钱与成功。他认为只要有钱就可以得到他想要的一切，尤其是他最爱的黛西，为了赚钱他不择手段，完全不管是否合法。另一个导致他悲剧人生的原因是他自己和黛西的性格。他们二人本就不是一路人，他所追求的根本配不上他的付出。当然，20 世纪 20 年代的社会背景对于盖茨比的悲剧人生也起着不容小觑的作用。他和黛西分别属于不同的社会阶级，冷酷的阶级观念是横亘在二人之间不可逾越的鸿沟。这些因素共同导致了盖茨比最后的悲惨结局。

一、腐朽的价值观

20 世纪 20 年代，美国梦在一定程度上发生了改变，这使人们的价值观也变得与之前大不相同。盖茨比的悲剧正说明了美国社会腐朽的价值观对个人毁灭性的影响，他本人对成功与爱情的误解也导致了其自身的悲剧。

（一）美国社会腐朽的价值观

20 世纪 20 年代见证了美国梦的变化，与此同时人们的价值观也随之改变，本篇小说中盖茨比对于金钱与成功的不断追求便是深受其影响。最初的美国梦是指打造自由、民主、平等的理想和谐国家，人们相信在美国这片热土，只要肯付出，他们都会成功。遍地是机会的美国成功吸引了许多渴望成功的人。最早到美国的大都是清教徒，这里正是他们寻找了很久的理想之地，这些清教徒大力宣扬美国梦的核心精神：智慧与勇敢。而后的淘金热促进了美国的西进运动及领土的扩张，西进运动改变了美国人对财富及权力的态度。内战快结束时，美国经济飞速发展，这标志着美国进入了一个新的历史纪元。

经济的繁荣并无法掩盖人们对现实的焦虑，第一次世界大战使人们意识到战争只能给人们带来损失和灾难，人们不再相信政府但又找不到可靠的精神支持，虽然美国的经济快速发展，社会精神文化却停滞不前，美国梦失去了其原有内涵，变得支离破碎。人们不再相信通过努力可以获得成功，他们认为成功就是拥有大量财富，就是拥有高人一等的社会地位。没有人想再奋斗，为了达到目的他们不择手段。所有的改变都使美国梦成为了不复存在的幻影。

（二）盖茨比腐朽的价值观

盖茨比是爵士时代典型的代表人物，他对于生命与成功的曲解和他的生活经历有很密切的关系。盖茨比出生于一个卑微又贫穷的家庭，从小就立志要通过自己的努力改变命运，但他的家庭背景使他总感觉低人一等。除此之外，他看不起家里的其他人，尤其是他粗鄙的父亲，他认为他与这个家格格不入。无论条件多么艰苦，盖茨比从未放弃过他的梦想，并为之努力，他以富兰克林的 13 项美德为基础，严格要求自己。17岁时他把自己的名字改为杰伊·盖茨比，听起来好像是"耶稣，上帝的孩子"，然而不到一年的光景，他便失去了生活的目标。

幸运的是他遇到了改变他命运的人——丹·科迪。丹·科迪不断鼓励他要追求自己的美国梦，给予了他很多帮助。盖茨比非常敬重这位老师，视他为父亲一般，把他当作美国梦的鲜活例子，这也解释了为什么盖茨比在自己"宫殿"的墙上挂有一幅丹·科迪的画像。由于丹·科迪没有子女，盖茨比继承了他所有的财产。丹·科迪的人生经历对盖茨比有很大影响，他变得越来越没有节制。从某种程度上讲，盖茨比是20世纪20年代成功的丹·科迪，但他是现实生活中一个彻底的失败者。盖茨比的人生经历促进了他腐朽的价值观的形成，尽管拥有了他想要的金钱、社会地位，他的美国梦亦不过是幻影。

二、主人公的性格缺陷

盖茨比是理想主义者，而黛西是金钱与贪婪的化身，二者的关系其实是精神与物质层面的冲突。盖茨比的盲目性和黛西的贪婪也是他悲剧的根源之一。

（一）盖茨比盲目的爱

文学作品中，爱情是人类永恒的主题。人们总是会为男女主人公纯洁的爱感动，然而最动人心弦的是死亡与爱情并存的悲剧结局。

黛西是盖茨比执着以求的梦，为了赢回心爱的女子，出身卑微的盖茨比不得不付出更多的努力来完善自己。成功之后他急切地想见黛西，除了求助于尼克他别无他法。盖茨比对尼克说"I'm going to fix everything just the way it was before,""She'll see." 由此可见盖茨比的盲目性，他认为他可以找回辉煌的过去和心爱的女子，而这个今非昔比的女孩，她的冷酷无情，她的唯利是图，把盖茨比一步步推向死亡。盖茨比在黛西家的对面买了一座房子，定期举办奢华的派对，只为有一天魂牵梦绕的心上人会闻声而来。他想要黛西看到他的成功，但现实总是残酷的，他被抛弃了，黛西已为人妻。他能接受这个事实吗？当然不，无论现实如何，为了心爱的女子，他依旧在努力，然而此时此刻，他并没有意识到他已陷入盲目之中。车祸之后，他一直守在外面，直到看到黛西卧室的灯熄灭了他才回家。由于汤姆的设计，盖茨比死于枪杀，在生命的最后一刻他还在等黛西的电话。如果盖茨比放弃黛西自行离开，结局就不会是这样了，但他根本不会这样做。黛西对于他，就是小说中多次提到的"绿光"，盖茨比渴望再次得到她，但却永远不能。盖茨比的悲剧不在于他对现实浑然不知，而在于他那执着的幻想。

（二）黛西的贪婪与虚荣

黛西是一个很自负的女人，充满了幻想。当她在盖茨比的家里看到了各式的衬衫，她表现得像一个小女孩，与今日的盖茨比相比，汤姆没有能力满足她的需要。其实黛西就是一个没有长大的孩子，总是抱着一系列不切实际的幻想。她甚至不知道生命的意义到底是什么，她的一生不过是一场空虚的梦境。她想要的一切，如金钱、权利、社会地位等都是毫无意义的身外之物。盖茨比参军期间，她嫁给了富有的汤姆，这就给了盖茨比错误的引导——钱、权可以换来一切。自此他开始为之努力，成功之后夜夜笙歌，只为引来旧情人。二人终有机会再次聚首，得知盖茨比的现状后黛西终与他在一起，与汤姆的这场爱情竞争，盖茨比似乎是最大的赢家。

但黛西是真的爱他吗？小说的开始，当乔丹不经意间谈起盖茨比时，黛西显得很陌生，盖茨比在她心里丝毫没有地位，她爱的只是钱。车祸之后盖茨比执着地等着黛西的电话，而他心心念念的心上人，早就和自己的丈夫离开了。黛西的贪婪与虚荣对盖茨比的悲惨结局有很大的影响。

三、社会的冷酷

爵士时代经济飞速发展，贫富差距严重分化，人们只能通过攀比金钱与社会地位来掩盖内心的萎靡与空虚，这些都决定着盖茨比和黛西属于不同的阶级，他们无法跨越这个鸿沟，从而导致盖茨比的悲剧结局。

（一）不可逾越的阶级差异

盖茨比认为黛西是完美的化身，而他自己仅仅是一个没有受过教育的下里巴人。他对黛西一见钟情，黛西却和富有的汤姆结了婚，这使盖茨比认为只要有钱就可以得到他想要的一切，但是在那个年代，即使人们很努力，也难以获得社会的认可。为了展示他的成功，盖茨比每周举行奢华的派对来吸引所谓的上层社会的富人。

事实上，20 世纪 20 年代的美国梦已不同于往日，阶级意识早已代替了昔日宣扬的自由、民主、平等。盖茨比、默特尔和威尔逊都为爱而死。盖茨比对黛西执着的爱使他误入歧途，不停地想办法赚钱；默特尔临死之际还抱着最后一丝希望，想要见到她的情人汤姆；至于威尔逊，他的愚蠢和盲目导致了盖茨比和他自己的死亡。可笑的是，他们一直都不明白谁才是真正爱他们的人，他们的不幸没有对他们心中的爱人造成任何影响。这充分说明穷人根本没有机会跻身上层社会，尽管盖茨比已经成为亿万富翁，他也不可能像那些上层社会的人那样冷血无情。个人对于社会就像大海里的一滴水，人们的命运与整个社会息息相关。盖茨比的悲惨结局也要归咎于处于爵士时代，社会阶级可以说明一切的美国社会。盖茨比想要逾越二者之间的鸿沟无异于痴人说梦。

（二）人们的萎靡与精神空虚

20 年代的人们忙于淘金赚钱，直接导致整个社会成为了精神荒原。20 年代，这既是一个浮华享乐的年代，又是人们尤其是年轻人普遍感到迷惘失落的年代。和盖茨比每周举办的派对一样，爵士时代是一个物欲横流的时期，参加派对的那些富人过着盲目空虚、毫无目的的生活，狂欢是一群人的孤单，这些派对正诠释了孤独究竟为何物。

当时的社会加速了美国梦的幻灭。盖茨比活在美国社会发生巨变的时期，人们精神层面的空虚导致其生命的无意义。除了享受奢华的生活之外，他们找不到任何出路。

四、小结

盖茨比怀有浪漫的理想，深信他与黛西纯洁的爱情，然而事实残酷，无论过去的美国梦有多么美好，在 20 世纪 20 年代，尤其是对于盖茨比来说，它永远都不会实现。盖茨比宁为理想放弃现实，犹如飞蛾扑火般义无反顾,一切的一切都注定了盖茨比的悲惨结局。

参考文献:

[1]琚磊.《了不起的盖茨比》为何"了不起"[J].读写与杂志,2009,6(3):34~36.

[2]万连增.《了不起的盖茨比》的文化分析[J].黄冈师范学院学报,2011,31(5):106~108.

[3]王志慧.论《伟大的盖茨比》中美国梦的破灭[J].辽宁工学院学报,2007,9(2):54~56.

[4]Fitzgerald, F. Scott. The Great Gatsby[M]. Hertfordshire: Wordsworth Editions Ltd. Cumberland House, 1991.

法比恩·马索笔下的巴黎郊区

2013 级　法语语言文学　胡秀蓉

摘　要：法比恩·马索（Fabien Marsaud）是法国诗喃[①]（slam）风格的代表人物，其至今一共出了四张个人诗歌专辑，四张专辑中有三首诗歌与他的家乡——位于巴黎郊区的圣德尼密切相关，通过研究其诗歌可了解诗人眼中的巴黎郊区以及诗人对家乡的深厚感情。

关键词：法比恩·马索；巴黎郊区；诗歌；圣德尼

一、法比恩·马索其人

法比恩·马索，艺名"高大病体"（Grand corps malade），是法国诗喃风格的领军人物，被誉为"城市诗人"和"现代诗人"。他年轻时因一次跳水事故落下残疾，又因身高194厘米，所以取了"高大病体"这一艺名。他的口语诗押韵整齐，节奏感强，文字优美而又贴近法国日常生活，体现了诗人对法国社会的关注和思考。因其口语诗极具语言魅力及现实性，他的诗歌被选入法国中学语文课本，其诗歌在法语国家也都深受欢迎。

二、诗人眼中的巴黎郊区

法比恩·马索描写巴黎郊区的三首诗歌分别是《圣德尼》（Saint-Denis）、《我来自那里》（Je viens de là）和《国家教育》（Éducation

---

[①] Slam，音译为"诗喃"，是一项诗人朗诵或背诵原创诗歌的比赛，由现场观众给参赛者打分。Slam 兴起于1984年的芝加哥，90年代传入法国，如今已扩展到世界各地并深受大众喜爱。

nationale），前两首是直接献给他的家乡巴黎郊区圣德尼的，最后一首则是间接地反映了"巴黎郊区"所遭遇的不公正待遇。

长久以来，"巴黎郊区"这个词在法国人的印象中就是"混乱""失业""移民"和"暴力"的代名词。这些印象的形成并非没有原因，法国作为移民国家，首都巴黎的移民人口比例比其他地区都要高，这些移民的大多数也都聚集到地价较为低廉的郊区。移民难以融入主流社会及失业等问题使得巴黎郊区问题重重。在法比恩·马索——土生土长的郊区居民的眼中，在其客观细腻的笔下，巴黎郊区与印象中的郊区会有什么不同呢？

（一）各民族汇聚的大舞台

郊区是移民的汇聚地，如同一个巨大的熔炉，各种肤色的人们以及各种不同的文化在这个熔炉中交织混杂。

> Si t'aimes voyager, prends le tramway et va au marché. En une heure, tu traverseras Alger et Tanger/Tu verras des Yougos et des Roms, et puis j't'emmènerais à Lisbonne/Et à 2 pas de New-Deli et de Karashi (t'as vu j'ai révisé ma géographie), j't'emmènerai bouffer du Mafé à Bamako et à Yamoussoukro.
>
> 《Saint-Denis》

在这首直接以诗人的家乡"圣德尼"命名的诗歌中，通过上述短短三句，诗人带我们漫步圣德尼集市，在那里我们看到来自北非、南欧及亚洲的面孔。回顾法国接纳移民的历史，两次世界大战期间，法国缺乏青壮年劳动力，从意大利、葡萄牙、西班牙、希腊等国招进劳动移民，二战后法国经历了高速发展的"光辉三十年"，法国大量从黑非洲前殖民地国家吸收劳动移民。为安置这些移民，法国政府安排专门资金为他们在城市的郊区建立了一些简易房屋、廉租房屋和公共设施，逐渐形成了移民安置区。这就解释了上述一节诗中写到的巴黎郊区圣德尼各种肤色的人来来往往这一画面出现的原因。

不同民族汇聚一堂自然产生文化交融，文化交融给郊区带来生气勃勃丰富多彩的面貌。

> Je viens de là où le langage est en permanente évolution/Verlan, rebeu, argot, gros processus de création/Chez nous, les chercheurs, les linguistes viennent prendre des rendez-vous/On n'a pas tout le temps le même dictionnaire mais on a plus de mots que vous
> 《Je viens de là》

不同于主流文化对郊区的排斥，在《我来自那里》一诗中，法比恩·马索向读者描绘了他眼中郊区活力生动的一面：不同文化的相遇给法语带来了活力和发展，音节颠倒和行话的使用在郊区非常普遍和流行，尽管有一些语言纯洁主义者批评音节颠倒和行话的使用破坏法语的优美，然而某一类语言现象的流行往往反映了其背后的社会现象，音节颠倒和行话在郊区的流行反映了郊区青年的自我认同、自我保护的需要和创新的一面。在诗人的笔下，音节颠倒和行话的使用使得法语更为丰富更有创造性，以至于研究员和语言学家都被吸引到郊区做调查。郊区语言的丰富性是一个事实同时也是一个隐喻，诗人借此更想表达的是各民族文化的融合使得郊区的面貌更为多彩，同时郊区也变得更为多元、开放和包容。

（二）混乱和奋斗交织的地方

法比恩·马索成长于巴黎郊区，自然对郊区存在的种种消极方面十分了解，郊区的暴力、混乱和犯罪在他的诗中均被提及。

> Je viens de là où la violence est une voisine bien familière/Un mec qui saigne dans la cour d'école, c'est une image hebdomadaire/Je viens de là où trop souvent un paquet de sales gamins/Trouvent leur argent de poche en arrachant des sacs à main
> 《Je viens de là》

法比恩·马索的家乡是 2005 年"城郊骚乱"的发生地圣德尼，"危险郊区"的典型代表，上述一节诗讲到郊区混乱的一面：街头巷尾的非法交易和明争暗斗，流血暴力是家常便饭，不良青年偷盗抢劫的事件时常发生。这样的环境下，人们从小就受到各种诱惑，青少年十分容易误入歧途。法比恩·马索把"郊区暴力"比作"一个熟悉的邻居"，戏谑调侃的口吻下透露出他对郊区问题的深深忧虑。可是，不要以为郊区只有混乱和暴力，生活在这里的人们也有理想有奋斗：

> Je viens de là où on devient sportif, artiste, chanteur/Mais aussi avocat, fonctionnaire ou cadre supérieur/Surtout te trompe pas, j'ai encore plein de métiers sur ma liste/Évite les idées toutes faites et les clichés de journalistes
>
> 《Je viens de là》

在客观地叙述完郊区的阴暗面后，法比恩·马索将笔触转向生活并奋斗在郊区的人们，2015年的调查数据显示巴黎郊区青年的失业率一直在25%徘徊，法国近年来经济的不景气导致就业机会的减少，许多生活在郊区的移民后代在应聘时亦受到种族歧视，尽管如此，郊区人民依然通过不懈的努力跻身到社会精英行列，人们对生活有渴望，希望做出成绩，希望成为栋梁之才，正是这份渴望推动着每个人去努力去进取，每一个人的努力又给郊区注入了无限的发展活力。法比恩·马索成长于郊区，因此深深地理解生活在那里的人们的辛苦和努力。

（三）遭遇不公平待遇的郊区

一直以来，郊区远离媒体的焦点大众的视野，中心城市优先占据了各种资源，预留给郊区的资源不断被压缩。

> J'm'appelle Moussa, j'ai 10 ans, j'suis en CM2 à Epinay/Ville du 93 où j'ai grandi et où j'suis né/Mon école elle est mignonne même si les murs sont pas tous neufs/Dans chaque salle ya plein de bruit moi dans ma classe on est 29
>
> 《Éducation nationale》

巴黎大区包括巴黎市和郊区两部分，二者泾渭分明，政治、经济和文化的中心向来都聚集在巴黎市，优质的学校和师资也集中到巴黎市，而郊区往往作为附属一向都被忽视。这首《国家教育》全诗主旨是批评政府对教育投入的不足以及教育资源分配的不均衡，诗人借一个巴黎 93 省（即巴黎郊区）10 岁小孩 Moussa（穆萨）的口吻，说到郊区学校硬件设施不够，师资不够，导致班级人数太多影响教学质量，最终影响到郊区学生的高考情况、接受高等教育的情况及郊区学生的未来。法比恩·马索由此呼吁政府调整基础教育资源配置，对教育薄弱的郊区增拨教育经费，改善郊区学校的教育环境和教学设备，增派教师，实现教育资源的平等分配。

除却资源分配的不平等，在日常生活中，郊区居民也往往遭受到他人的轻视和鄙夷。

> Je viens de là où on est un peu méfiant et trop souvent parano/On croit souvent qu'on nous aime pas mais c'est p't-être pas complètement faux/Il faut voir à la télé comment on parle de là où je viens/Si jamais j'connaissais pas, j'y emmènerais même pas mon chien !
>
> 《Je viens de là》

巴黎郊区人口密度高，移民众多，失业率高，移民在就业、置业、机会上经常受到排斥，在上述一节诗中，法比恩·马索提到媒体对郊区带有偏见性的报道诱导了整个社会对郊区的敌意和歧视，自 2005 年"城郊骚乱"之后，巴黎郊区就成为媒体的敏感点，发生在郊区的犯罪事件被大量地报道出来，郊区在大量负面的报道下渐渐被"妖魔化"，对郊区的歧视进一步加剧。对媒体从业者而言，报道须真实反映现实，同时需要时刻保持客观冷静的态度，不刻意去煽风点火、激化社会矛盾。读者也需要在新闻大爆炸的环境中保持客观，抛弃偏见和刻板印象，不被新闻舆论所摆布。

三、诗人对郊区深厚的感情

和任何一个普通人一样,法比恩对自己的家乡——巴黎郊区怀着深深的感情,在其朴实直白的诗句中,我们可以感受到他对郊区的那份深情。

> J'voudrais faire un slam pour une grande dame que j'connais depuis tout petit/J'voudrais faire un slam pour celle qui voit ma vieille canne du lundi au samedi/J'voudrais faire un slam pour une vieille femme dans laquelle j'ai grandi/J'voudrais faire un slam pour cette banlieue nord de Paname qu'on appelle Saint-Denis.
>
> 《Saint-Denis》

以上诗句为《圣德尼》一诗的结尾,法比恩·马索连用4个排比句表达自己为家乡写诗的冲动,诗人通过拟人的修辞手法将家乡比作一位伟大的女性、一位年老的妇女,家乡是诗人心中的"母亲",是诗人情之所依、心之所系,诗歌的最后一句点明了家乡的名字——圣德尼,与诗歌的题目对应,排比与拟人手法的运用强烈而生动地表达了诗人对郊区热烈而深沉的感情。而在《我来自那里》一诗中,最后一句则是"我来自郊区",看似简单直白的诗句蕴含的意味却很多,是诗人的一种宣告,宣告自己来自郊区并且为来自郊区而骄傲,同时亦是对所有歧视郊区的人的一种反击。

四、结论

家乡是所有人心里的一块柔软的地方,法比恩·马索用直白浅显的诗句为我们描述了他的家乡——巴黎郊区,那里有混乱不堪的一面,也有生机勃勃、积极向上的一面,法比恩·马索心系家乡,关注郊区的教育,关注郊区的未来,忧心着郊区存在的问题,同时也默默地爱着在郊区努力生活着的人们。通过他的诗歌,我们看到了诗人眼中独特的生气勃勃的郊区,也深深地被诗人对家乡的深厚感情所打动。

参考文献：

[1] Grand corps malade. Éducation nationale [Z/OL]. (2010-10-18) [2015-12-08]. http://www.paroles-musique.com/paroles-Grand_Corps_Malade-Education_Nationale-lyrics, p67851.

[2] Grand corps malade. Je viens de là[Z/OL]. (2008-03-31) [2015-12-08]. http://www.rap2france.com/paroles-grand-corps-malade-je-viens-de-la.php.

[3] Grand corps malade. Saint-denis [Z/ OL]. (2006-03-27) [2015-12-08]. http://musique.ados.fr/Grand-Corps-Malade/Saint-Denis-t77356.html.

[4] La rédaction de rtl. Grand corps malade fait un slam pour Saint-Denis[Z/ OL]. (2015-08-17)[2015-12-08]. http://www.rtl.fr/culture/tendances/grand-corps-malade-fait-un-slam-pour-saint-denis-7779413161.

[5] Nathalie Bléser POTELLE. Un grand corps malade qui soigne si bien ses mots[Z/ OL]. (2006-02)[2015-12-08]. http://grupoinveshum733.ugr.es/pages/logosphere/numeros/logos2/logosphre-n2/nathalie-blser/!.

论陶渊明的外倾直觉与华兹华斯的内倾感觉

2015级　英语语言文学　刘瑞爽

摘　要：陶渊明和威廉·华兹华斯分别是中英两国诗坛伟大的诗人。前者是中国的田园诗的鼻祖；后者是西方重要的湖畔诗人之一。在二者的诗中，都体现出了对自然风光、田园生活的沉醉和热爱。二人的诗歌中既有通性，又有差异性。本文通过对两位诗人笔下的意象——"菊花"和"水仙花"的分析，运用荣格的心理类型理论来剖析两位诗人内心深处的情感。

关键词：陶渊明；华兹华斯；心理类型

一、引言

在荣格的心理类型理论中，按照类型功能来区分，心理功能又可以被分成感觉、思维、情感和直觉。再进一步按照个体对待现实的态度来区分，心理功能又可以分为外倾和内倾。外倾的人更注重外部的客观事件，而内倾的人重视内部的主观事件。从理论上讲，可以把这两种态度类型和四种功能类型任意组合，形成八种不同的心理类型。它们分别是：外倾感觉型、内倾感觉型、外倾思维型、内倾思维型、外倾情感型、内倾情感型、外倾直觉型和内倾直觉型。陶渊明和威廉·华兹华斯分别在《和郭主簿》（其二）和《咏水仙》这两首诗中映射出的心理类型分别为外倾直觉型和内倾感觉型。

二、陶渊明的外倾直觉型心理

就荣格（Jung，1971）看来，外倾型心理表现为主体的注意力和精力指向于客体，从而会在外部世界中获得支持并依赖于外在环境中发生的信息。陶渊明生活的外部世界有两种：一是上层统治阶级内部的肮脏污浊、社会时局的动荡不安以及百姓生活的艰难困苦，使秉性真淳的陶渊明难以忍受，必须转移注意力的客体；二是他归隐后借以安抚心灵的田园风光，以菊花为代表，是他获得精神升华的媒介。在田园中，菊花以其迎寒盛放的美丽引起了陶渊明的注意与共鸣。"芳菊开林耀，青松冠岩列。怀此贞秀姿，卓为霜下杰。"陶渊明寄情于菊花，将主体意识转移到菊花这个客体上，诗人在凌寒独开、不慕虚荣、铮铮傲骨的菊花这一外在媒介上寄托自身刚烈不屈的精神。在诗句中，诗人赋予菊花人格，将自己的性格品质——宁静旷达、坚贞不屈寄托在菊花上，并将其充分诠释。菊花没有其他花朵的艳丽，却选择了在众花凋零的秋季开放，一个"耀"字表现出了菊花独有一份从容、淡然和希望，这正是诗人的真实写照。虽然诗人选择了归隐，但是他的抱负并未全部归隐。"检素不获展，厌厌竟良月"这两句表现了诗人在写诗寄情山水之余，内心深处还是怀有想要大济苍生的一分希望。而陶渊明不仅仅表现出外倾型，而且还表现出荣格心理类型中的直觉型心理。

荣格（Jung，1971）认为，直觉并不仅仅是直觉或幻象，而是一个积极的、创造的过程，这个过程对客体的投入和它从客体中获得的同样多。从这点来说，赋予菊花新的内涵就是陶渊明的创造过程。在天高气爽的秋日，诗人看到了林中的菊花，将菊花与青松相比，首次赋予了菊花傲然超脱的隐士标格，从而以菊花自喻，表达出自己的隐士风骨。诗人在观赏菊花的时候，自然而然地赋予它与远处松树一样的品格。这个时候，诗人并未想到像前人那样把菊花作为象征长寿的方式，而是根据自己的第一眼的感觉把菊花带给他的内心共鸣通过诗歌表达出来。在当时社会黑暗的背景之下，陶渊明心情烦躁苦闷，选择归隐于田园世界后，将烦躁苦闷的心情投入菊花这种客体中，并从中获得了同样多的慰藉。陶渊明为菊花这个意象创造了灵魂，使它成为自己田园生活的象征和淡泊心境的写照，也通过菊花把自我与自然融为一体。

对于外倾直觉型的人来说，他们习惯于使用直觉来应对外部现实。在《和郭主簿》（其二）中，短短几句诗将陶渊明塑造成一个"筑室松下，脱帽看诗"的自由形象。陶渊明有着崇尚自然的本性，所以在面对官场的腐朽之时，他毫不犹豫地选择了田园生活。在凉秋清晨，诗人远足观景，看着林中满地怒放的菊花和远处的松树，挥笔写下"芳菊开林耀，青松冠岩列。怀此贞秀姿，卓为霜下杰"这四句诗。菊花在肃杀的秋季遍地开放，这种迎寒吐芳的静美正如诗人舍弃名利，回归田园的淡泊。在陶渊明生活的东晋时期，统治阶级内部争斗不停，政权更迭频繁，这种动荡不安的社会环境让他很自觉地想去躲避，因为他深知自己无力改变现实。诗人跟随内心的呼唤，归隐田园，在秋游赏花之际，用菊花反映出自己清高贞洁的人格形象，而在诗的末位，又以"衔觞念幽人，千载抚尔诀"这两句表明自己敬重之前的贤人隐士，进一步向世人展示他不慕名利，飘然出尘的隐士品性。

三、华兹华斯的内倾感觉型心理

与陶渊明不同的是，华兹华斯在《咏水仙》中表现出的心理类型为内倾感觉型。

感觉型的人对客观事物有着十分明显的兴趣，他们的感觉功能占优势，易被外界客观事物吸引。全诗一开篇，诗人将自身比作一朵流云，漫无目的地飘荡在山谷之上，这时金色的水仙花映入眼帘，吸引了诗人的注意。与长满青苔的岩石点缀在一起，伴随着从水面上吹来的微风而摇曳摆动的水仙花，仿佛在迎着风欢笑。这成片郁郁葱葱的花丛在诗人面前呈现出了千姿百态、光彩夺目的样子，与波光粼粼的湍急湖水构建出一幅生机盎然的动态风景画。眼前的画面使诗人产生一丝喜悦之情，顿时觉得豁然开朗，抛开忧愁沉浸在大自然的美景之中的同时也产生了创作的灵感。

另外，内倾型的人常把外界事物引起的情感用于内在情感中，且深受自己心理状态的影响。史蒂文斯（2007：266，270）曾在书中提到："任一情境中的每一细节都被注意到，而且能随时被回忆起来。这样的人对情境、色彩、书中的段落、声音、谈话、气味、味道、触觉等等都有着鲜明的记忆。"繁密的水仙花丛带给了华兹华斯视觉和感受上的强烈冲击："连绵密布，似繁星万点 在银河上下闪烁明灭，这一片水仙，沿着湖湾排成延续无尽的行列；一眼便瞥见万多千株，摇颤着花冠，轻盈飘舞。"于是，这幅美丽的画面给诗人留下了深刻的印象和难以磨灭的记忆。正如诗中"从此，每当我倚榻而卧，或情怀抑郁，或心境茫然，水仙呵，便在心目中闪烁——那是我孤寂时分的乐园；我的心灵便欢情洋溢，和水仙一道舞踊不息"所表述的那样，水仙花在华兹华斯孤寂的生活中添了一抹亮色，当他孤独寂寞的时候，脑海中都会浮现水仙花的场景，都会清晰地记起那暖金色调的画面，寂寥的内心也因当时明快且活泼的画面而得到些许安慰。

史蒂文斯（2007）这样概括荣格的观点：相对于外倾感觉型为客观影响的强度所引导，内倾感觉型为由客观刺激所引起的主观感觉的强度所引导。这一点与华兹华斯非常贴切，他原本受到法国大革命热情的鼓舞，对革命抱着一丝期待。然而当革命失败时，华兹华斯又对革命的幻想破灭，经历了从拥护大革命到对革命失望的过程后，他在一次偶然的散步中看到了盛开的水仙花。他发觉，这生机勃勃的自然活力，可以愉悦自己充满痛苦和失望情绪的内心，与自然的接触使自己的内心恬静、宁和。华兹华斯对于水仙花的讴歌与赞美仅仅是由于单纯的第一印象的直观感受而致，并不是被水仙花的内在含义与高洁品行所吸引，水仙也不是诗人因为内心苦闷寂寥而刻意寻找的寄托对象，反而，诗人将身心投入在眼前的景物之中，使得精神通过自然得到升华，整体看来，内倾感觉类的人对于事物的感情激活是由外部事件引起的。

四、结语

两首诗都是以花为抒发诗人情感的着手点，结合自身不同的人生经历，陶渊明以物言情、托物言志，借此表达对当朝政治斗争和资本主义社会的不满和愤懑；而华兹华斯则是被水仙花的美丽外表所吸引，进而留下深刻印象，使他在内心苦闷时候才会回忆起明快的画面，得以安慰。通过荣格心理分析理论，结合这两首诗歌的共性、异性和意象，从而看出山水田园诗人——陶渊明和湖畔派诗人——威廉·华兹华斯的心理类型是相反的。华兹华斯更沉醉于自身的内心感受和思想，情感受客观物体影响；而陶渊明则把直觉指向外部世界，探求性地寻找属于自己的客体。虽然二人的心理类型不同，但最终都在大自然中找到归属，使自身与自然融为一体，心灵得到宽慰。

诗歌本身的特点就是灵动简单而又蕴意深刻，因此，很多学派对于诗歌的分析过程难免有主观色彩，误解诗歌真意或对其浅尝辄止，正所谓"一千个读者眼中有一千个哈姆雷特"，量化诗意并不是一件简单的事情。但是，运用荣格的心理类型理论分析法可以很好地改善这一问题。荣格作为心理学大家，他所写下的一切都"和历史上所有时代的人们共享着一种密切的关系"。这就表明，每个人的心理类型都可以通过荣格透彻、深远和全面的心理分析理论来定义并剖析。在分析诗歌作品时，运用心理类型理论可以为分析诗人的内心感情提供稳固的理论支撑，从心理角度强调诗歌中意象描述以及语言描绘所反映出的诗人真实诉求，将诗人内心最深处的情感可靠且有依据地呈现出来。

参考文献：

[1]陶渊明. 陶渊明集[M]. 北京：中华书局，2007.

[2]史蒂文斯. 简析荣格. 杨韶刚译. 北京：外语教学与研究出版社，2007.

[3]威廉·华兹华斯. 华兹华斯诗选[M]. 杨德豫译. 桂林：广西师范大学出版社，2009.

[4]Jung, C.G. *Collected Works of C. G. Jung*[M], Vol. 6. Princeton: Princeton University Press, 1971.

浪漫主义与现代主义对穆旦爱情诗创作的影响

2014级 现当代文学 穆春蕾

摘 要：穆旦（1918—1977，原名查良铮）17岁以优异的成绩考取清华大学，就读于外文系。在抗日战争时期随校南迁，受教于叶公超、吴宓以及威廉·燕卜荪等名师。他很早就开始接触西方思想和诗歌创作的思想。西方浪漫主义、现实主义诗歌创作理论直接影响了穆旦的诗歌创作。在穆旦的爱情诗中，不同的年龄阶段体现了不同时期的穆旦诗歌理论的侧重点和倾向性。

关键词：穆旦；浪漫主义；爱情诗；理论

一、浪漫主义的影响

穆旦接触浪漫主义诗歌开始于高中时期，那时英国的浪漫主义诗人经过鲁迅、郭沫若、徐志摩等人的介绍进入人们的视野。进入大学以后尤其是在西南联大，作为外语系的学生，穆旦在叶功荪、吴宓以及英国诗人威廉燕卜荪等老师的引导下，直接阅读浪漫主义诗人创作的诗歌原作，从中汲取了大量营养并在他的诗歌创作中有明显的体现。穆旦喜欢的浪漫主义诗人名单主要包括了雪莱、拜伦、惠特曼、布莱克等诗人，他们对于穆旦的影响各有侧重。在抒情为主的爱情诗的领域中，抒情性是雪莱诗歌的最大特色。在他的诗作里弥漫着浓厚的抒情气息，在雪莱抒情诗选里，穆旦就曾指出在抒情诗的领域里，雪莱一直被公认是英国最伟大的抒情诗人之一。穆旦早年的诗歌创作就已经体现出了雪莱影响的痕迹，比如在《园》这首诗中诗歌的前两节以及细腻的笔触描绘的花园景色："从温馨的泥土里伸出来的/以嫩枝举在高空中的树丛/沐浴着移转的金色的阳光/水彩未干的深蓝的天穹/紧接着蔓绿的低矮的石墙/静静兜住了一个凉夏的清晨。"（查良铮，2005：68）在名词前增加大量的修饰语有助于加强诗歌的主观色彩，这是雪莱诗歌的一个重要特点，也是后来意象派诗歌反对的。意象派诗歌针对浪漫主义诗歌中大量运用修辞性的词，提出要运用日常会话的语言以及精确的词语来表现事物，穆旦早年在诗歌中大量运用这种修辞性成分，这无疑是接受了雪莱的影响。

穆旦成长于1919年五四运动以后，是满腔热血、崇尚进步，鞭挞一切陈旧古典文艺，积极接受西方先进思想，大声疾呼斩断与中国旧文学纽带的新青年。他从小接触的外国文学书籍比中国古典文学多，听到的西方言论思想更是远远多过了中国的理论。这样的生长环境铸就了他诗歌创作中"非中国化"的特质。穆旦在诗歌《春底降临》中写道，他们只相会于较高的自己/在该幻灭的地方痛楚地分离/但是初生的爱情更浓于理想/再一次相会他们怎能不奇异。他运用了大量的连词，句子之间有着紧密的连续性，读者随着跟诗人的情绪跌宕起伏。这种严密的逻辑性，情节上的曲折，体现了惠特曼自由体诗歌的特点，在文学形式上，采用了长短句行，散文具有节奏感，但又不同于传统诗歌的格律。赵端蕻在《南岳山中·蒙自湖畔》一文中，曾回忆穆旦当时除了喜欢《见闻录》外，还十分热爱惠特曼，爱《草叶集》甚至到了一种发疯的地步，时常大声朗读其中的诗作，惠特曼对穆旦的影响就主要表现在诗歌情绪的节奏方面。

二、现代主义的影响

艾略特是20世纪英国现代主义诗歌发展史上最重要的一位诗人，是现在主义诗派的代表人物。谈到西方现代主义诗歌几乎无法越过艾略特。在40年代的西南联大，穆旦的许多老师本身就是艾略特重要的传播者，在他们当中叶公超、卞之琳以及外教哈罗德艾克顿、温德、燕卜荪等，都曾介绍和评述过艾略特的诗作及文论，这就为穆旦和艾略特的接触提供了直接条件，穆旦在西南联大就读时对艾略特十分倾慕和崇拜，他系统地研究过艾略特的作品和文论。到了1942年穆旦24岁，参加中国远征队出征缅甸后，他的诗歌越来越成熟，诗歌创作进入高峰期，开始体现了出许多艾略特式的诗歌痕迹。穆旦出色的爱情诗作大都完成于这个时期，如《春底降临》《春》，还有著名的《诗八首》等。它们都与青春和生命有关，与青春的困惑和迷茫有关。在《诗八首》里，穆旦把爱情的中风花雪月和无病呻吟剔除，打破语言虚伪的外壳，还原了生命的本质意义。他在句式和用词上也与众不同，改变了汉语流畅的习惯，或者司空见惯的修辞和句式。这首诗混合了艾略特许多的理论观点。在艾略特看来，人不可能单独地具有意义，作为一个整体中的一员，人应该把此刻的自己不断地交给某件更有价值的东西。通过媒介许多经验和相，许多印象和经验用奇特的和意想不到的方式结合起来，诗人本身在他的个性上只起了一个无足轻重的作用。从穆旦的诗学观来看，1940年4月，他在书评《〈慰劳信集〉——从〈鱼目集〉说起》中提出了新的抒情的诗学主张。在穆旦看来，新的抒情应该遵守的是生活所给的范围，他可以应用任何他熟悉的事物。风暴，远路，寂寞的夜晚；丢失，记忆，永续的时间；所有科学不能祛除的恐惧；让我在你底怀里得到安憩……这些同类的意象有机地累积起来创造了一种累加的艺术手法。他用意象编织诗意，跳出诗人的个人情感，罗织能够体现氛围和情绪的印象和经验的组合体。

　　在春天的花和青春的女孩儿身上，艾略特寄托了人的生命最初始的活力。美国文学评论家麦西逊同样谈到艾略特如何使用春天的花和理想化的青春少女的美的意象来刺激欲望。在穆旦的诗歌中，春季的大自然、春花和青春女孩的印象是很多的，他们承担了同样的功能。在《春》中，"绿色的火焰在草上摇曳，他渴求着拥抱你，花朵"（查良铮，2005：215）像刚刚点燃的火苗在春的世界里跳跃着萌发着，它渴望拥抱花朵，拥抱着绿的大自然。这是蓬勃的青春的象征，那摇曳着的分明是一个不安分的灵魂，它在用内心的力量呼唤着外面的世界。穆旦运用了象征、比喻、暗示等多种手法写出了青春的感官的狂欢。

　　"不管是显在层面词汇、意象、句式的移植，还是思想层面'荒原'意识的渗透，一个诗人对另一诗人的影响最终都要归结到诗歌技巧的借鉴上。"（穆旦，2005：6）穆旦对艾略特诗歌技巧的借鉴首先表现在寻找客观对应物上，所谓客观对应物是艾略特在《哈姆雷特》一文中提出的诗学理论，同时也是一种重要的诗歌技巧。在这篇文章中艾略特认为用艺术形式表现情感的唯一方法，"是寻找一个'客观对应物'；换一句话说，是用一系列实物、场景，一连串事件来表现某种特定的情感；要做到最终形式必然是感觉经验的外部事实一旦出现，便能立刻唤起那种情感"（穆旦，2005：215），其实，穆旦对客观对应物理论是十分熟悉的，晚年他在与诗友通信时曾说："你看如果要形容一个久病将亡的人是用'我难受呵''我快死啦'这样的句子，可以使人体会到他的苦境呢，还是说：他身边没有一个亲友，需要的药已没钱去买，吃的东西也已经光了，房子很破旧，冷风吹着房梁上的灰尘，医生很多天都不来……你说这两种写法，哪一种能使你体会到一点悲惨的境况呢？"（郭保卫，1987：170）穆旦的这段话显然是对艾略特客观对应物理论的形象解说。《玫瑰之歌》中有这样的诗句："谁说这儿是真实的/你带我在你的梳妆室里旋转/告诉我这一样是爱情，这一样是希望，这一样是悲伤/无尽的涡流飘荡你，你让我躺在你的胸怀/当黄昏溶进了夜雾，吞蚀的黑影悄悄地爬来。爱情无尽的漩涡裹挟了爱情中的人，四处激荡没有方向，满目进食对未来的迷茫和悲伤。"（穆旦，2005：28）在迷宫中，在漩涡中，爱情中的人不能自救，无法自拔。

　　对生命的思考与探索也艾略特诗歌的一个重要内容。生命死亡以及生与死的辩证关系都是艾略特特别关注的主题，不过艾略特主要是从宗教的角度对生与死进行解说，人在试图赋予生命以意义时必须首先结束生与死，在穆旦诗歌中抒情主人公同样面临生与死的考验。《诗八首》中写道："等季候一到就要各自飘落/而赐生我们的巨树永青/它对我们的不仁的嘲弄（和哭泣）在合一的老根里化为平静。"（穆旦，2005：77）诗人用生命体验和认识唱出来对于人类爱情的永恒的赞歌，诠释了爱情游戏最崇高的意义："等季候一到就要各自飘落，而赐生我们的巨树永青，它对我们的不仁的嘲弄（和哭泣）在合一的老根里化为平静。"（查良铮，2005：77）人的生命会结束，但是命运赐给我们的爱情永远不会衰老。到了这个时候，创造了人和万物的大自然的嘲弄和痛苦，也将和我们和在一起，一同化为一片平静。人类的爱情进入之间相信即将消失有永恒的时间的关节点上。《老年的梦呓》中写道："生命短促得像朝露/你的笑脸，他的愤怒/还有她那少女的妩媚/张眼竟被阳光燃成灰/不，它们还活在我的心上、等着我的心慢慢遗忘埋葬。"（查良铮，2005：103）人随着时间流逝在爱情的生活中积累起来的感情在这个时候达到了最大值，恋人之间有了互相深刻的理解和爱，他们之间就融合为一了。"再没有更近的接近，所有的偶然在我们间定型，"（查良铮，2005：104）命运让"你我"在千万种际遇中走到一起，完成了在这个空间维度中的唯一的一种爱情的可能。《智慧之歌》中写道："有一种欢喜是青春的爱情/那时遥远天边的灿烂的流星/有的不知去向，永远消逝了/有的落在脚前，冰冷而僵硬。"（穆旦，2005：318）穆旦描绘了很多种爱情胎死腹中的景象，所以在人的生命即将走到最后时还坚持下来的爱情就是值得得歌颂的，人类最真挚的爱情。穆旦的冷酷中永远还会存留着人类美好的希望。

穆旦的爱情诗歌中既追求热血的激荡，同样也加入理性的思考。这使他不同于徐志摩轻柔、略显单纯的热烈，有异于戴望舒蔓延无尽、缠绵不休的哀愁与阴柔。穆旦的爱情诗融合了西方浪漫主义和现代主义诗歌的特质，在学习前人的基础上不拘泥仿效，而是推陈出新，形成了"穆旦特色"：在理性冷酷地观察爱情、缜密地分析两性在爱情中的复杂而微妙的心理变化、透彻体察爱情在人生中的地位和价值，又心怀最美好的向往。

参考文献：

[1] 艾略特. 艾略特诗学文集[M]. 北京：国际文化出版社，1989.

[2] 高秀芹，徐立钱. 苦难与忧思铸就的诗魂[M]. 北京：北京出版社，2007.

[3] 郭保卫. 书信今犹在，诗人何处寻[M]. 南京：江苏人民出版社，1987.

[4] 查良铮. 穆旦诗文集[M]. 北京：人民文学出版社，2005.

《艰难时世》中的改良主义

2014 级　英语语言文学　马力

摘　要：本篇论文主要分析了《艰难时世》中西斯[①]这个人物和她对其他人物的影响，西斯在小说中感化老葛雷硬，感动露易莎，安慰葛雷硬夫人，挽救汤姆，实在是葛雷硬一家的福音，透过她与小说中人物的互动，我们不难看出作家狄更斯的改良主义精神。

关键词：西斯；《艰难时世》；改良主义

一、引言

《艰难时世》是狄更斯的一部名作，国内外学者对它的研究也很多，有从新历史主义角度展开研究，也有从精神分析角度研究艰难时世中家庭的矛盾。哈罗德·布鲁姆联系狄更斯的成长教育背景对小说中的教育体系展开研究。相比之下，国内对狄更斯的研究虽没有国外研究的广度和深度，也有很多创新。例如，有学者用精神分析法分析露易莎和弟弟汤姆之间的乱伦。更有学者通过研究狄更斯的婚姻，找出了与文中斯蒂芬不幸婚姻的相似之处。于兰透过不同视角解读狄更斯作品中的改良主义。但是他们没有就西斯这个人物和她对书中其他人的影响看狄更斯的改良主义思想。本文将把西斯看成一个切入点，看狄更斯如何运用这个小女孩和其他人物的相互作用表现其改良主义思想。

[①] 国内对 Sissy 的译名有好几种，如西斯、西丝。最常见的是第一种，本文作者采用西斯译名。

《艰难时世》（狄更斯，2008：143）①中的父亲葛雷硬一味强调事实教育，剥夺了子女儿童时期本能的好奇和本应该有的快乐童年，没有温情的家庭氛围还体现在葛雷硬夫人常年不见好的身体状态，在如此的家庭中成长的姐姐露易莎冷漠、深沉；弟弟小汤姆自私，还沾染上赌博、欺骗等恶习。

小说中的丈夫庞得贝更是鼓吹资本主义的个人主义精神，不会表达感情，更不屑于表达感情，在这样的婚姻生活中，妻子露易莎饱受折磨，差一点与公子哥詹姆斯私奔。斯蒂芬是个老实本分的工人，却因付不起官司的费用，不能和心爱的人长相厮守，饱经人生的苦难，却到头来落上盗窃这莫须有的罪名。尽管小说中刻画了很多扭曲的人物形象，读者仍旧可以很欣慰地盼到西斯的出场，作者企图希望用西斯这一人物扭转小说情节走向，感化、改变主人公思维方式，这本身就能表现出狄更斯的改良主义思想。

二、西斯的形象

功利主义和曼彻斯特经济学家的理论对"人"暗含这样的判断：人是物质的东西，是经济的动物，是赚钱的机器，是追求自利的生产力，用一些数据和几张表格，就足以说明一个社会的一切问题。这是作者狄更斯万万不能赞同的，在小说的字里行间，我们可以看见狄更斯对感情的关注。丹纳曾经评论说，在狄更斯那里"人的全部就是感情"。感情的流入正是对资本主义个人主义思潮的反抗，也恰恰能反映出狄更斯的改良主义思想。小说中西斯的感情最为丰富，她的胆怯、她的哭泣、她的惊惶等等，都标明她内心中强烈而本真的感情（尹德翔，1999：75）。

西斯是马戏团小丑的女儿，一开始是课堂里最不受葛雷硬欢迎的二十号女学生，后来她感化葛雷硬，安慰葛雷硬太太，收留露易莎，挽救汤姆，成为葛雷硬一家的小圣母。不仅这些情节反映了狄更斯的改良主义，西斯的善良、热情、乐观也为后续的文章起到铺垫作用。

---

① 下文所引原文均出于此，兹不赘述。

当得知父亲离家出走后，西斯寄宿在葛雷硬家，虽然周围有些人指责她的父亲抛弃她离家出走，但她一直坚信父亲会回来，总是不断地询问有没有给她的来信。和事实教育所提倡的不同，她总是心存父亲有一天会回来找她的幻想，所以西斯一直保留着原本打算给父亲用来涂抹伤患处的九合油。不仅如此，她相信父亲的出走是为了给自己寻得一条更好的出路，这也是她答应跟葛雷硬走的原因。在和露易莎的对话中，西斯提到：可怜的爸爸，他是为了我的缘故跑开而另寻出路去了，我要把九合油收起来等他回来，因为我知道他会回来的（狄更斯，2008：133）。寥寥几笔，一个乐观、善良、热爱生活的女孩形象跃然纸上。西丝在课堂上遇到的苦恼，实际上是她身上的感情习惯与"事实哲学"的较量，她在学习上的失败，实际是她的感情的胜利。葛雷硬无可奈何地对她说："你是一个年轻热情的，真诚的好女人——这也就行了。"这标志着她最先挫败了葛雷硬身上坚硬的理性。

三、西斯对露易莎的影响

露易莎和弟弟汤姆生长在没有点滴想象和丝毫幻想的纯现实环境中，从小就被父亲教育"除了事实，其他一切都不需要"，还因为偷看马戏团表演，而受到父亲的严厉训斥。在这样的成长环境中，露易莎抑制自己的天性，变成了一个对生活冷漠且毫无热情的女人。詹姆斯第一次见到露易莎的时候，就感觉到了她的不一样，她虽然五官端正，但面部的自然活动却像是受到了某种压抑和束缚，让人无法猜透她真正的面部表情。矜持、冷静、高不可攀却又处处留心，而且家里没有任何女性化的美丽灵巧的小摆设、小玩意儿，这让人感到凄凉、孤寂。

相比之下，西斯，一位马戏团小丑的女儿，虽然小时候成绩一般，没有出众的才华，因父亲离家出走，被葛雷硬一家收养，但却始终善良、热情，对生活充满热爱。

当得知露易莎受到詹姆斯的欺骗时，西斯挺身而出，表现出异常的机智和勇气。詹姆斯如此形容她：穿得朴朴素素，非常地文静，非常地标致。仔细借着烛光打量她，要比第一印象更加漂亮，她的脸又天真又显得年轻，表情非常可爱。在与詹姆斯的对话中，西斯镇定果断，非常明确地说出了她此行的两个目的，并成功地劝服詹姆斯离开，当詹姆斯得知西斯仅仅是一个被露易莎家收留的江湖卖艺人的孩子时，感到既惊讶又无可奈何。西斯"救世主"形象跃然纸上。

四、西斯对葛雷硬的影响

不同于《艰难时世》中十足的恶人庞得贝，葛雷硬在小说中是一个悔过者的形象。通常悔过者分为两类，一是能明辨是非与善恶的悔过者，他们承认自己的恶行与堕落，善乃根本，占主导地位，但因身处恶境或险境且意志力薄弱等因素而沉沦，惯常地维持恶的现状，一旦受到善的感化，他们极易回归潜在的爱与善的本性；另一类悔过者往往是铁石心肠的反面人物，其本性中善恶交织，善却为恶所压制甚至蒙蔽，是非善恶难辨。在他人的感化和引领下，他们才能彻底驱除内心的魔障，如投胎转世；经历反复周折和漫长的过程，他们才能真心悔过，人性复苏，获得重生（汪凡凡，2012：67）。

首先，葛雷硬本性善良，本非无情之人，在贫富差距悬殊，阶级矛盾尖锐的时候，他能收养马戏团之女西斯，就足以表明他的善心。这也是狄更斯改良主义的基础。

其次，西斯寄宿在葛雷硬家，她的善良、热心，对于家人的关爱一定会让葛雷硬重新对这个在学校里表现平平的女孩重新审视打量，也一定会让他对于自己的事实教育重新定义。通过露易莎之口，读者看到西斯和家中的小女儿相处融洽，露易莎的妹妹一刻也离不开她，西斯就是她的全部。受事实教育的毒害，葛雷硬家人之间不会也无法做到相互表达关心和爱意，但是西斯的出现让整个家庭氛围都变得温情，连露易莎都承认西斯与母亲相处的比自己和母亲相处的更加融洽。

葛雷硬的问题主要是，他的理性暂时压制了他的天性，影响了他的感觉，使他变得麻木。当女儿的命运的真实情形暴露在他的面前，当西斯在关键时候挺身而出，挽救露易莎于痛苦之中，葛雷硬一向的信念倒塌了，紧跟着，他自己也发生了微妙的改变。他变老了，同时也变得温柔和谦卑。经历了痛苦，他逐渐变成能够感受和理解的人。

在潜意识中，他找到了问题的关键，他对露易莎说："有些人讲，有头脑的智慧，也有心的智慧，我一直不以为然。可是，像我说过的，我现在怀疑我自己了。我曾以为光有头脑这就足够了，看起来也许还不够……"他不再拿理论生搬硬套，学会了用直觉和感受看问题。比如，关于斯蒂芬会不会是盗窃银行的人，他问露易莎："他的外表和样子，是不是很诚实呢？"小说到这里，葛雷硬已经违背了自己起初宣扬的事实论（尹德翔，1999：77）。

小说结尾，葛雷硬为了拯救儿子汤姆而苦求毕采，问他："你难道没长着颗心吗？"毕采回答说："没有心血液循环怎么能进行？"（狄更斯，2008：446）这个时候葛雷硬试图用感情和良知来打动毕采，他已经彻底站在了他主张的事实教育的相对面。葛雷硬在这一桩又一桩的事件中，逐渐褪去自己所坚持的事实哲学的坚硬外壳，转变立场，成为议会中力主改良的代表人物，从而迷途知返，最终走上了获得幸福的道路，这是狄更斯改良人道主义的一个典型表现。

五、结论

小说通过构建西斯与葛雷硬两个截然不同的人物，刻画出西斯是事实教育哲学的反叛者形象。狄更斯这种似抑实扬，反衬对比的写作手法，将西斯的淳朴与善良同葛雷硬的理性僵化做出鲜明对比，褒扬了西斯这个人物身上所代表的正面光辉，小说最后葛雷硬思想的转变，尽管有复杂的社会因素和自身原因，但不得不说西斯才是促使葛雷硬发生转变的最大契机，正是这个从未领教过事实教育，但却比葛雷硬一双儿女更善良、淳朴、热情、勇敢的女孩，最终敲开了葛雷硬的坚硬外壳，使这个人物最终选择了代表改良人道主义的议会立场，在议会中坚持通过改良的方式解决问题。

在狄更斯的笔下，不仅是路易莎和葛雷硬受到西斯的影响而发生改变，其他一些人物也都直接或间接地因为他所塑造的"小圣母"西斯获得救赎，书中形形色色的人物都不同程度地昭示了改变他们选择和立场的隐喻。这些本性善良的人和马戏团里对生命充满热爱，具有仁爱之心，与人为善的人是改良主义的社会基础。

狄更斯塑造西斯这个人物形象，就是要表现出一种人道的，博爱的情怀。通过小说中的人物冲突，作者想要说明个人的、爱情的、家庭的矛盾都可以通过妥协、退让、回避得到解决，那么在现实生活的劳资双方、阶级、社会乃至国家之间的矛盾也可以用同样的方法得到解决（贺润东，2008：39）。相互妥协，相互让步，避免冲突，避免流血，在谈判中解决矛盾，狄更斯所提倡的也就是以改良主义方式解决社会问题的方法。

参考文献：

[1] 狄更斯. 艰难时世[M]. 全增嘏、胡文淑译. 上海：上海译文出版社，2008.

[2] 贺润东. 从《艰难时世》中西丝的人物刻画看狄更斯的改良主义思想[J]. 长春工程学院学报，2008，9（4）：39.

[3] 汪凡凡. 解读《艰难时世》中的人道主义思想[J]. 宿州教育学院学报，2012，15（4）：67.

[4] 尹德翔. 宣扬人性精神的持久艺术——重读狄更斯的《艰难时世》[J]. 国外文学，1999，4：75～79.

鲁迅和纳娃勒·赛阿达维作品对比研究
——以妇女解放问题为视角

2014级　阿拉伯语语言文学　马鑫

摘　要：本文立足于鲁迅的《祝福》和纳娃勒·赛阿达维的《天堂里没有她的位置》两部作品，从父权制度下女性悲惨境遇的背景出发，通过对两位作家两部作品的研究，探讨他们分别对中国和阿拉伯国家妇女解放问题的忧思。研究显示妇女问题不仅局限于中国和阿拉伯国家，而是在人类社会发展过程中就一直存在的。因而，妇女解放问题迫在眉睫。

关键词：鲁迅；纳娃勒·赛阿达维；中国和阿拉伯女性；妇女解放问题

一、鲁迅和纳娃勒·赛阿达维的相同点

埃及医生、作家、女性主义领军人物纳娃勒·赛阿达维是任何研究阿拉伯女性问题的学者都不能忽视的重要对象，也是世界范围内最具知名度、读者最多的阿拉伯作家之一，多位中国文学评论家将她与鲁迅先生相提并论，称其为"埃及鲁迅"，因为她与鲁迅先生有着几乎相同的人生经历。在中国被称为"东亚病夫"的黑暗年代，鲁迅抱着医学救国的热情东渡日本留学。当他从电影中看到中国人被日寇砍头示众；周围却挤满了看到同胞被害而麻木不仁的人，他内心受到极大的震动，觉得"凡是愚弱的国民，即使体格如何健全，如何茁壮，也只能做毫无意义的示众材料和看客，病死多少也不必以为不幸的"。（鲁

迅：1979：2~3）他毅然弃医从文，立志用手中的笔来唤醒沉睡的中国民众的灵魂。纳娃勒·赛阿达维1955年获开罗大学医学博士学位，1966年获美国哥伦比亚大学公共卫生学硕士学位。除了从事临床医学，她还先后在埃及卫生部担任公职，是一位拥有十余年临床医学实践经验的医学博士。但赛阿达维的第一部专著——医疗卫生科普书籍《妇女与性》(المرأة والجنس，1971）曾引起轩然大波，导致她被埃及卫生部革职，她因此把文学创作当作生活的主要内容。而针对传统陋习，如中国古代女子的裹脚、中东与非洲等二十九个国家仍盛行的女性"割礼"，鲁迅和赛阿达维都做出了批判[1]。鲁迅和赛阿达维所处的社会都带有奴隶制的思想残余，男人成为传统文化的主体，而女人的地位卑贱低下，无主动权、无话语权。在这些封建礼教的桎梏下，女性处于失语状态，女性被抽象为"荣誉"、物化为肉体和工具，却始终不能成为真正的自己，不能站出来为自己做主。基于以上女性的生存状况，鲁迅和赛阿达维都意识到妇女解放的迫切性。

二、作品简介

《祝福》是鲁迅小说代表作之一，它是鲁迅第二个小说集《彷徨》中的第一篇，写于1924年。20世纪20年代的中国，封建社会的基础并没有被彻底摧毁，中国民众，日益贫困化。尤其是农村妇女，忍受着物质和精神上的双重压迫。宗法观念、封建礼教仍然是压在人民头上的精神枷锁。《祝福》这篇小说中，鲁迅所塑造的祥林嫂这一人物形象，也反映了当时封建礼教和封建迷信压迫下的被践踏、遭迫害、受歧视的旧中国劳动妇女的形象。

《天堂里没有她的位置》是埃及女作家纳娃勒·赛阿达维的一篇短篇小说，讲述的是一位普通淳朴的女性，女主人公泽娜布在丈夫死后，几次错过男人的求婚，与幸福擦肩而过，同时忍受着其父母、家人和社会带来的不公和凌辱，仅仅为了在她死后能够"进入天堂"与她的丈夫相遇。而在她忍受着痛苦和悲哀死去后，真正的上了天堂，

---

[1] 鲁迅在《由中国女人的脚，推定中国人之非中庸，又由此推定孔夫子有胃病》中对中国女子缠足有所批判。

却发现她的丈夫已经在天堂得到两个美艳绝伦的"天堂处女"的陪伴,早已将她抛于脑后。

三、通过作品解读对妇女解放问题的思考

(一)"祥林嫂"和"泽娜布"——分别身受"礼教"和"宗教"的残酷压迫

如果我们仔细研读《祝福》里的"祥林嫂"和《天堂里没有她的位置》里的"泽娜布",会发现两位女主人公有着有着近乎相同的遭遇和命运。"祥林嫂"在经济上一无所有,政治上毫无权利,而且失去了起码的人身自由。她和旧社会千千万万劳动妇女的悲惨遭遇一样,嫁给了一个比他小十岁的丈夫。祥林嫂当然不会满足于这桩婚姻,却又不可能摆脱不幸的命运。不久,小丈夫去世,为避免婆婆把她卖到深山里,她跑到鲁四老爷家做工。而祥林嫂的婆婆为了给小叔子结婚筹备彩礼,又强行带走了祥林嫂,把她嫁到了山里,嫁给了第二个丈夫贺老六。在封建社会里,因为她死过两个丈夫,又死了一个儿子,她反而成了罪人,要下地狱;越是不幸,就越是有罪:"你想,你将来到阴司去,那两个死鬼的男人还要争,你给了谁好呢?阎罗大王只好把你锯开来,分给他们。"(鲁迅,1973:17)这是封建礼教强加给祥林嫂的精神虐杀。泽娜布一辈子都听从父母、丈夫的命令,会说的只有"遵命"一句话。在她的丈夫死后,她为丈夫服了三年的丧。之后她先后遇到两个男人的求婚,而且其中一个男人还愿意收养先夫的子女。但泽娜布的母亲却骂她"不要脸""一个当了妈、守了寡的女人,难道对今世还有其他念想吗!"(纳娃勒·赛阿达维,2014:71)为了能够在死后顺利的"进入天堂",泽娜布穿着丧服,为先夫守着寡,直到死去。她的母亲曾经对她说过,女人进入天堂后不会看到除了自己丈夫之外的其他男人。在宗教里的"天堂",女人只有丈夫,而丈夫却能拥有无数的"白皮肤的天堂处女"。那么对于女性来说,"天堂"又有什么意义呢?

我们可以看到社会对妇女的不公平、压迫和摧残是在旧社会的中国和阿拉伯社会共同存在的。而祥林嫂和泽娜布都是淳朴、单纯、无

辜的劳动妇女，她们所遭受的屈辱、打压是莫须有的，她们也正是被封建礼教和宗教意识"绞死"的全世界女性的代表。

（二）对妇女解放问题的思考

"在任何社会中，妇女解放的程度是衡量普遍解放的天然尺度。"（鲁迅，1973：11）鲁迅一生都在追寻实现人的觉醒和解放，这里的人，当然包括女性。而纳娃勒·赛阿达维1931年出生于尼罗河三角洲的塔赫拉村，作为身受女性割礼的受害者之一，她对埃及乡村的愚昧和闭塞痛心疾首。同时，作为一位医学博士，她在行医过程中发现了很多打着宗教的幌子来残害女性身心健康的情况。而真正实现妇女解放，无论是在旧社会的中国，还是在当代的阿拉伯社会，必须提升女性本身的思想境界和树立独立意识。

鲁迅笔下的"祥林嫂"和纳娃勒·赛阿达维笔下的"泽娜布"都具有相同的人物特点，她们一辈子听从家人、丈夫、社会的摆布，没有自己的思想和主张。祥林嫂在被迫改嫁时曾大哭大闹，"她就一头撞在香案角上，头上碰了一个大窟窿，鲜血直流"（鲁迅，1973：3）。她之所以反抗如此强烈，并不是为了维护她的妇女地位，却是为了维护"好女不嫁二夫"的封建道德观。少女时期的泽娜布即使有过和邻居的儿子哈赛宁手拉手坐在树荫下的想法，却因为母亲的一句呵斥，就再也没有过其他的想法，一辈子只想着她的丈夫，而她的丈夫却从未拉过她的手，哪怕他们已经有了八个儿女。鲁迅和赛阿达维都同情他们笔下的这些女性们，希望她们能够获得真正意义上的自由和解放。但是，这些女性都缺乏自主意识，面对不公与压迫，宁愿唯唯诺诺、顺从地度过一生，也不会站起来为自己的幸福进行抗争。所谓"哀其不幸，怒其不争"，她们安于自己的奴隶地位，封建礼教和宗教传统"催眠"了她们脑中的独立意识。那么，要实现妇女解放的首要工作就是唤醒她们脑中的独立意识。如果女性自己不觉悟，妇女解放也只会成为空谈。

在两部作品中，我们能够找到一个相似的地方，就是都存在女人残害女人的现象。祥林嫂的婆婆为了筹备小叔子结婚的彩礼，不惜将她卖到深山里去。在第二任丈夫和儿子阿毛死后，重新回到鲁四老爷家做工的祥林嫂遇到了以"好心人"的姿态来劝告祥林嫂摆脱苦难的"柳妈",而实际上正是柳妈把祥林嫂往死路上用力地推了一把。泽娜布的母亲虽然同为女性,对自己的亲生女儿的遭遇却无半点同情之心。泽娜布丈夫死后,先后来了两个向她求婚的男人,她的母亲都痛斥她,禁止她有任何"不忠"的念头。"越是在强权者面前唯唯诺诺,越是要通过折磨弱小者取得自己心理的平衡。"(鲁迅,1973:3)所以,女性要解放,除了要冲破父权制度下的女性束缚,更要解放自己的精神,设立独立意识观念。

四、结语

纳娃勒·赛阿达维"对女性的压迫,女性所承受的剥削和社会压迫,绝不是阿拉伯、中东、或是所谓'第三世界国家'的专利。这些现象扎根于盛行在全世界大多数国家和地区的政治、经济、文化制度之中,无论是在已经作古的封建社会,还是经过科技革命影响后、焕然一新的现代工业社会。"(Saadawi,1997:i)赛阿达维所批判的父权社会价值观和鲁迅所批判的"男尊女卑"的封建传统观念,不仅仅存在于第三世界,而且影响着世界上大多数国家。虽然当今中国社会已经不同于鲁迅所处的社会,中国妇女的权益受到法律的保护,但是在世界上的其他国家,尤其是第三世界国家,以阿拉伯国家为例,很多阿拉伯女性仍处在父权观念统治之下。例如,没有男性陪伴不能随意单独外出、女性受教育率和就业率极其低下,甚至在沙特女性是禁止开车的,更不要提参政议政和参与社会文化活动了。因此,女性解放问题是全世界的问题,迫在眉睫。实现女性解放是实现全人类解放的一个必要组成部分。我们在批判父权文化和社会诟病的同时,应该认识到,提升女性自身力量也是极为重要的,如提高女性受教育的机会,帮助其树立独立意识,摆脱依附男性的观念,使女性能够积极参与社会文化生活与实践,提高个人价值。我们最终所追求的,并不是男性和女性二元对立,而是平等。

参考文献：

[1] 曹建玲. 鲁迅对于妇女解放问题的思考[J]. 鲁迅研究月刊，2004，(5)：52~56.

[2] 鲁迅. 呐喊[M]. 北京：人民文学出版社，1979.

[3] 鲁迅. 彷徨[M]. 北京：人民文学出版社，1973.

[4] 纳娃勒·赛阿达维. 天堂里没有她的位置[J]. 牛子牧译. 世界文学，2014，(4)：71.

[5] 孙晓娅，王琦. 无法告别的末路骊歌——评纳娃勒·赛阿达维《周而复始的歌》[J]. 海南师范大学学报（社会科学版），2014，(11).

[6] 牛子牧. 笔与手术刀——记埃及医生、作家纳娃勒·赛阿达维[J]. 世界文学，2014，(4)：78~87.

[7] Saadawi, Nawal El. *The Hidden Face of Eve: Women in the Arab World* [M]. Sherif Hetata Trans. & ed. London and New York: Zed Books Ltd, Tenth Impression, 1997.

曼斯菲尔德《布里尔小姐》中的印象主义

2014 级　英语语言文学　茹璐璐

摘　要：《布里尔小姐》是英国小说家凯瑟琳·曼斯菲尔的一篇短篇小说，讲述了生活窘迫、孤身一人的布里尔小姐在一个星期天的所见所感。文中作者所使用的语言和手法都是具有开创意义的。其中最显著的是其成功运用了法国印象主义画派的理念。本文通过分析印象主义在本篇短篇小说创作中的运用来揭示作品的视觉艺术美感。

关键词：凯瑟琳·曼斯菲尔；《布里尔小姐》；印象主义；视觉美感；孤独

一、引言

凯瑟琳·曼斯菲尔德（1888—1923）是 20 世纪早期活跃于英国文坛的女作家，与乔伊斯、伍尔夫同时代，均为现代派文学的先驱。曼斯菲尔德在文学创作技巧上的创新为英国的短篇小说的发展开辟了新道路，被公认为英国文学史上最优秀的短篇小说家之一。她善于将意识流、象征主义、印象主义等手法运用到创作中去。这篇文章将以短篇小说《布里尔小姐》为例来探讨曼斯菲尔德如何将印象主义运用到文学创作中。安东尼·阿尔伯思在他的书《凯瑟琳·曼斯菲尔德的一生》中写道，"凯瑟琳·曼斯菲尔德的写作风格对读者来说是清新的，因为她从艺术流派中吸收了各种概念与观点，其中法国的印象主义给了她很大启发"（1980：34）。

印象主义起源于 19 世纪后期的法国，最初表现在绘画方面。克劳德·莫奈、爱杜尔·马奈、卡米耶·毕沙罗等代表人物构成了印象主义的核心。这些艺术家不满于当时的学术派艺术的墨守成规，反对陈旧的古典画派和沉湎在中世纪骑士文学而陷入矫揉造作的浪漫主义，试图以一种全新的理念去创作。他们通过强调与错误的再现对立的主观现实主义，奋力去重新定义人的感知能力和艺术再现。因此，这些画家试图去绘画他们亲眼所见之物，去呈现一个独立画家在特定时间、特定地点所体验到的即刻的感官印象。印象派画家于1874年在巴黎的闹市区举办了震惊画坛的"无名艺术家、油画家、雕塑家、版画家协会"展览。在这次画展中展出莫奈的一幅风景画，题名《印象·日出》。评论家勒罗瓦发表了一篇讥讽小品文评论这次展览，题为"一次印象主义的展览"。"印象主义"由此而得名。从1886年开始兴起了后印象主义，比如保罗·塞尚、保罗·高更和文森特·梵高就是这个时期的代表人物。早期的印象派画家以光和色作为认识世界的中心，再现个人瞬间视觉印象，强调绘画的审美功能，而后印象主义重视个体主观感受，追求主观世界的表现。

本文将从三个方面探讨曼斯菲尔德是如何将印象主义运用到《布里尔小姐》的创作中的。

二、光与色——认识世界的中心

曼斯菲尔德吸取并运用了印象派画家关于在光和颜色方面的观点。印象主义中最显著的特点就是对光和颜色的独特运用。印象派画家以光和色作为认识世界的中心，他们的画作可以让欣赏者马上领悟到由光和色形成的弥漫于整个画面的基调，而且很难分辨出作品中具体的事物。画家向欣赏者呈现的是由色彩关系和极具画家个性特征的笔触、构图构成的丰富生动的视觉印象。在《布里尔小姐》中，场景描写充满了各种各样的颜色，呈现出一种视觉艺术感。徐晗教授在她的著作《凯瑟琳·曼斯菲尔德：短篇小说现代主义特征研究》中谈论到"曼斯菲尔德甚至比一位画家对光和颜色应用得更好"（2007：338）。以《布里尔小姐》第一段天气的描写为例。"虽然天气那么晴朗——湛蓝的天空涂抹了大片大片的金光，就象公园里溅遍了白酒，布里尔小姐还是庆幸自己决定了围上毛皮围领"(方平,1983:240)。就在一个句子当中,作者使用了三个颜色词去描绘当时的天空和天气。这三种颜色分别为"蓝色""金光"和"白色",它们都是非常鲜艳明亮的颜色。动词"抹了"和"溅遍"运用得恰如其分,就像是作画时的动作。因为"大片大片的金光"即光线的投射,天空不仅有冷色调的蓝也有暖色调的金。这束光线使整个场景变得明亮温暖。读者一下子就捕捉到了那天布里尔小姐对外界的印象和整个故事的基调。本文的主人公布里尔小姐在文章的一开始是心情不错的。曼斯菲尔德借助于光和色另故事中的场景闪着光芒,而且甜蜜愉快的感情也流露于纸面。印象派画家画布上的色彩绝非简单的外在景色的单调模仿,而是在色彩的浓淡冷暖、色调的强烈和柔和之中抒发画家个人的情感,表现主题。曼斯菲尔德笔下的色彩虽不似画家的那般直观,但同样具有某种潜在的生命力,产生的效果亦毫不逊色。

三、稍纵即逝的印象

在文中曼斯菲尔德善于捕捉和传达主人公瞬间的印象。印象派画家的作品是表达一个艺术家观察到的直接、瞬间的印象。他们强调艺术应该抒发画家的主观感受、感情和情绪,主张艺术意象要有别于生活意象,主张用艺术家的主观感情去改造客观意象,他们想表现的是主观化了的客观。结果就如同塞尚所说,风景变成了人,变成了其内在的一个有思想有生命的东西,他同他的作品融成一体了。这些特点都在曼斯菲尔德的小说《布里尔小姐》中得到了充分的展示。比如,小说中的乐队随着布里尔小姐的思绪不断变换音调。可以说,乐队不是在演奏它原有的乐谱,而是在演奏布里尔小姐的思绪。这就是印象派画家所说的主观化了的客观。乐队的音调在变,意味着布里尔小姐的瞬间印象与思绪就一直在变。她快速地捕捉周围意象,而且这些意象留给她的印象是不同也是短暂的。当她坐在长凳上时,"现在长笛奏出柔和而清澈的一小段,非常优美动人!是一小串晶莹剔透的水珠。她肯定这一段还会重复。果然。她抬起头,微微笑了"(方平,1983:241)。一段轻柔欢快的音乐表达出了布里尔小姐刚来到公园里时对这个公园的第一印象还是很好的。她凝视着充满活力与欢声笑语的草坪，看着来来往往的人们，她开始思绪万千。乐队吹奏出一串音符"哒—哒—哒，的的哒！的的哒！哒—的的哒的哒的哒！"（方平，1983：242）。这一串拟声词的使用表达了她对此刻场景的印象是：生活是色彩斑斓的、可爱的，犹如一段美妙的旋律。她对这个社会、这个世界是充满希望的。接着布里尔小姐看到了一位戴着貂皮帽的女士被一位绅士无情地拒绝了，她听到了旋律变得悲伤了。"但是连乐队看上去都明白她这时的心情，他们演奏得柔和些亲切些了，鼓声一遍又一遍敲出'狠心的人！狠心的人'！"（方平，1983：243）在布里尔小姐的眼里，似乎音乐都为这位无助的女士悲叹，谴责那位绅士的冷酷。很明显她把音乐主观化了。她同情那位女士，但她的同情是错误的，因为她没有看清这位女士其实是一个正在招揽客人的娼妓。从这个娼妓的外表不难看出她生活窘迫，并走向衰老，这些都与布里尔小姐有相似之处。所以，布里尔小姐对她产生怜悯之心而毫无觉察出她的身份。然而，布里尔小姐的注意力从这个不愉快的场景迅速转到了周边愉快的场景。布里尔小姐深深地被周围所吸引、所感染，以至于她意识到自己就是这个生活大舞台的一员，就在这时乐队音乐又响起了，"乐队刚才休息了一下，现在又开始演奏了，曲子是热烈的、明快的，然后这里面有那么一种淡淡的凄凉——是什么呢？不是忧伤，不，不是忧伤，这是一种使你引吭而歌的东西。曲调升高，升高，灯亮了。布里尔小姐觉得再过一分钟，他们所有的人，这出戏里所有的角色，都要开始唱起来了"（方平，1983：244）。这段旋律就是布里尔此时内心的真实写照：这个世界是宽容的、真诚的、和谐的。这些印象都是不同的、稍纵即逝的，我们通过布里尔小姐的视觉印象来看待和了解她周围的世界。

四、时空交错的叙事

印象主义对曼斯菲尔德文学创作的另外一个影响是时空交错的叙事方式。如莱辛所言，文学是"时间的艺术"，绘画是"空间的艺术"，它们是两种不同的艺术形式。印象派画家竭力捕捉空间里的瞬间，即时间上的片刻凝固，通过并置的不同色彩的颤动、物体的运动以及构图的突然形成，将空间转变为时间。时间顺序成为传统小说建构作品最基本的逻辑形式。在《布里尔小姐》中，没有跌宕起伏的情节、没有激烈的矛盾冲突和戏剧性场面，只是这样一件简单事情：在一个星期天的上午布里尔小姐坐在公园里的一个长凳上，观察着周围来来往往的人和事。摒弃传统的以时间为顺序的叙事结构，曼斯菲尔德把过去与现在混合起来。叙述在不同的时间与空间转换。一开始，两位老夫妇默默地坐在布里尔小姐的身旁，没有言语。布里尔小姐想到"他们缄默着，这真令人失望，因为布里尔小姐总是盼望别人交谈"（方平，1983：241）。她瞅了他们一眼，想着他们很快就会走了吧。布里尔小姐突然想到了上周日出现在公园里的那位英国老人和他的一直在絮絮叨叨的妻子。当时她"真想狠狠地摇晃她几下"（方平，1983：241），有人陪伴还抱怨，而布里尔小姐是多么渴望有人陪伴呀。一个短暂的对上周日的一对老夫妇的回忆后布里尔小姐的思绪又回到了当下。"老夫妇坐在长凳上，雕像般全然不动。没关系，总有人群可供观察"（方平，1983：241）。再到故事的后边，布里尔小姐被周围美好的场景所感动，感到生活这部戏剧是多么精彩，而她自己也是其中的一个演员。演员……她突然回想起来有人说过她是一位演员。她的思绪又转到另一个空间里。她想起了与那位卧病在床的老人的对话，他告诉她她就是一位女演员。她每周为这位老人读四次报纸。当时布里尔小姐轻柔地回答道，"是的，我已经当了很长时间的女演员了"（方平，1983：244）。"从小说开头到结尾的前一个段落，布里尔小姐一直就静静地坐在公园的长凳上，没有任何动作，但是，她的意识却跃前跳后，随着周围的情景，人们的谈话，思绪纷繁错综，脑海里演绎、幻想着不同的人生故事"（傅似逸，2001：53）。曼斯菲尔德在描绘不同时间内发生的事件时，采取印象派画家们常用的并置手法，将几个画面放置在一起穿插叙述，使叙述的画布上充满了成千上万的即刻性笔触，在一系列流动的印象中捕捉小说的深层意蕴（王烨，2006：50）。

五、结语

通过对光和色、瞬间印象的别致应用,并以时空交错的叙述方法使场景并置,曼斯菲尔德使她的短篇小说《布里尔小姐》充满了画面艺术感。印象主义的表现手法能够让读者以布里尔小姐的方式感悟。读完全文我们深深地感到了她的艰难、孤独以及她对陪伴的渴望。除了印象主义,她的短篇小说还开创了许多其他文学创作手法,为英国短篇小说的创新做出巨大贡献。凯瑟琳·曼斯菲尔德不愧是"短篇小说的大师"。

参考文献:

[1] 傅似逸. 曼斯菲尔德短篇小说的创新艺术——析白丽尔小姐[J]. 外国文学研究, 2001, (2): 52~54.

[2] 王烨. 曼斯菲尔德作品中的印象主义手法[J]. 黄冈师范学院学报, 2006, (1): 47~51.

[3] 徐晗. 凯瑟琳·曼斯菲尔德: 短篇小说现代主义特征研究[M]. 昆明: 云南大学出版社, 2007.

[4] 方平. 曼斯菲尔德短篇小说选. 上海: 上海译文出版社, 1983.

[5] Alpers, Antony. *The Life of Katherine Mansfield*[M]. London: Jonathan Cape, 1980.

20 世纪 90 年代辞赋研究简析

2014 级　中国古代文学　任恣娴

摘　要：20 世纪 90 年代的辞赋研究，在汉赋研究的广度上有所拓展，在研究深度上更加深入。对汉赋的分期分类、探讨更加细致，对汉赋的形成及其流变作了大量的研究。大部分的文章都秉承一种新的思维视角，能够理智地分析过去那种简单否定汉赋价值和意义的情况；并对汉赋的艺术特色和其在中国文学史上的地位、作用和影响，作了深入探讨。

关键词：辞赋；研究；汉大赋

不管是古代还是现当代，对于辞赋的研究，一直没有停滞。然而，对于辞赋的研究却受到特定社会环境和学术氛围的制约。进入 20 世纪 90 年代后，汉赋研究的论文和论著，显著增加。这些文章对各朝代辞赋家及其作品进行了深入分析，对汉赋的分期分类、探讨更加细致，对汉赋的形成及其流变作了大量的研究。大部分的文章都秉承一种新的思维视角，能够理智的分析过去那种偏颇的而且简单否定汉赋价值和意义的情况。它们对汉赋的艺术特色和其在中国文学史上的地位、作用和影响，作了深入探讨。

一、关于辞赋作家作品的分析研究

初期的汉赋研究风潮中，大多注重主要朝代的辞赋的几个主要作家及其作品。而本阶段的汉赋作家作品研究，在广度和深度上都有了较大发展。以往研究多关注司马相如、杨雄、班固、张衡等重要汉赋作家，本时期在继续深入相关研究的基础上，关注点增多。

高光复的《论四杰辞赋与唐初文风》(《齐齐哈尔师范学院学报（哲学社会科学版）》，1990年第6期)就关注到了初唐时期四杰辞赋的特色，并发现了四杰创作对以赋为诗、以赋为文的进一步推进。吕美勤的《试论曹植的辞赋》(《中国韵文学刊》，1990年第1期)，对于历来人们只关注曹植诗歌，而忽略甚至贬低曹植辞赋的做法，提出了批评，并详述了曹植辞赋创作在他整个文学活动中的重要地位，及其在辞赋创作的成就。顾易生、孙克强的《试谈李东阳的辞赋》(《文史哲》，1990年第5期)则详细论述了李东阳的辞赋创作，并给予其高度评价。龚克昌关注到诗词文等文学大家的辞赋创作，其在《略论韩愈辞赋》(《文史哲》，1992年第3期)中将韩愈的辞赋创作分为前后两个时期进行比较。除此之外，宋玉、贾谊、王褒等辞赋作家均受到重视。相关论文有：顾绍炯的《托古喻今 寄意深远——蔡邕〈述行赋〉初探》(《贵州大学学报（社会科学版）》，1990年第2期)；何念龙的《继承、发展、开拓——论宋玉在辞赋发展上的地位》(《荆州师专学报》，1991年第6期)；袁行霈的《陶渊明的〈闲情赋〉与辞赋中的爱情闲情主题》(《北京大学学报（哲学社会科学版）》，1991年第6期)；郭建勋的《论贾谊的辞赋及其意义》(《求索》，1993年第4期)；徐宗文的《论王褒赋的特点及贡献》(《社会科学战线》，1993年第3期)等。

相关的研究辞赋作家的著作有：龚克昌，苏瑞隆著《司马相如》(春风文艺出版社，1999年1月)，许结的《张衡评传》(南京大学出版社，1999年1月)，吴广平的《宋玉集》(岳麓书社，2001年1月)等。

二、对于辞赋分期分类的研究

本阶段相比之前的研究阶段，对于辞赋的分类更加详细，分期研究更加深入。之前的研究大多注重汉赋的作家作品，经常以一个或几个作家及其作品代表汉赋历史。而本阶段纠正这种偏颇，把辞赋发展的历史进行分期，从时期的广阔视角上进行汉赋的总结和研究。同时更加注重辞赋的分类整理，将辞赋按题材分开研究。

在将辞赋分期研究方面，毕万忱的《三国赋的题材分类及其特征》《社会科学战线》，1993年第3期），将三国时期的辞赋从题材分类、题材丰富性和社会化趋向方面进行了梳理。张可礼的《东晋辞赋概说》（《文史哲》，1990年第5期）将东晋一百多年的辞赋分为前、中、后三个阶段，对不同阶段的作家作品进行了概说。曹道衡的《略论北朝辞赋及其与南朝辞赋的异同》（《文史哲》，1991年第6期）将北朝与南朝两个时期的辞赋进行比较，探讨了北朝辞赋受南朝文风的影响。在辞赋的分类上，许结更是在《说〈浑天〉、谈〈海潮〉——兼论唐代科技赋的创作与成就》（《南京大学学报（哲学·人文科学·社会科学版）》，1999年第1期）中，关注到了唐人科技赋的价值，尤其难能可贵。在辞赋分期分类研究的著作方面，有王巍的《建安文学概论》（辽宁教育出版社，1991年12月）；俞纪东的《汉唐赋浅说》（东方出版中心，1999年1月）等。

三、对于汉赋形成及其流变研究

赋随着历朝历代的发展和演化，增添了许多新的因素，在不同的时期有不同的特色。许结的《中国辞赋流变全程考察》（《学术月刊》，1994年4月）立足文体"流变"，全程考察中国辞赋文学二千余年历史，以明辨其兴于诗而亡于诗的盛衰嬗递。在演变过程中，"以诗为赋"和"以文为赋"创作现象的交叉出现，构成辞赋艺术发展史的一条重要线索。

汉赋在各个朝代的流变，也有详细的论述。池万兴在《汉末建安赋风转变原因初探》（《运城高专学报》，1990年2月）中，从汉末文人个人意识的觉醒、文人审美情趣的变化、文学自身发展、赋家创作环境等方面，探索了汉末建安辞赋创作潮流转变的原因。许结的《仿古与趋新——明清辞赋艺术流变论》（《江汉论坛》，1993年6月）探讨了明清辞赋的流变，许杰说：明清辞赋延承前人而亦诗亦文的创作现象，与当时"古、律之辨""巨、细之分"的审美风格均有密切联系。俞士玲在《论清代辞赋的变革》中提到：清代辞赋体式变化虽已穷尽，但辞赋堪称中兴。清人主要从三个方面进行了变革：一是在辞赋史内部，兼容历代赋艺，提倡以古赋为律赋；二是在辞赋史与学术史结合的层面，辞赋面向学术，以清代学术入赋，使辞赋具有现实性；三是在辞赋史与文学史关系的层面，提倡以秦汉之文、韩柳之骨为赋，清代的股文也使清赋具有新特色。

四、对于汉赋文体性质的研究

赋作为一种独特的文体，其与诗词、辞、散文等有着明显的区别。本时期也着重探讨赋所特有的文体性质，高光复的《以颂扬为宗，以宏丽为美——论汉赋的特质》（《齐齐哈尔师范学院学报（哲学社会科学版）》，1990年12月）认为：无论与同时代的其他文学样式还是与其他时代的文学相比，它都显示出一个最突出最鲜明的特点：以颂扬为宗，以宏丽为美。此外，关于赋的文学特质，还通过与其他文学体裁的对比来显示。王晓鹂的《从篇章结构看先秦辞赋与诗的关系》说在："骚"首先突破了如《诗经》十五国风重章叠句的特征而继承了"诗"副歌体的形式；其次是"赋"发展了"诗"独章的颂体式又借用了"骚"的结构；最后"赋"又吸收了问对散文结构特征与"诗""骚"画境，从而形成了其后的散体"赋"与先前辞赋的区别。何涛，张桂萍的《"辞""赋"与乐府》（《西南民族学院学报（哲学社会科学版）》，2001年3月）将辞、赋与乐府的关系进行了详细的探讨。

五、国际、中国赋学研讨会

除了关于赋的论文与著作外，本时期关于辞赋最重要的活动就是国际赋学研讨会。国际赋学研讨会在济南（1990.10）、香港（1992.10）、台北（1996.12）、南京（1998.10）、漳州（2001.11）召开了五次，每次都有大量的汉赋论文发表。此外，山东大学创立了国内第一个赋学博士点，为汉赋的研究增添了力量。子恒1990年5月在《文史哲》上发表了《山东大学的辞赋研究》。

本阶段研究的主要创新和突破之处，主要有以下几个方面：首先，研究者超越了传统的思想观念和方法模式的束缚，从过度的颂扬或贬斥汉赋，走向冷静、客观的分析研究。前代论者往往停留在汉大赋"劝百讽一",以颂扬为主的作品中,并且往往从社会功用的角度去看汉大赋的思想价值,且大多是持否定态度。而本阶段的一些研究者,针对前代对以颂扬为主的汉赋的这一否定态度,相反地提出了汉赋是切合于时代的看方法。

体现这种创新的代表性成果是高光复的《以颂扬为宗,以宏丽为美——论汉赋的特质》:"对于讽颂并存,以颂为主的汉赋,我们则应当既看到它们对社会矛盾作了一定的反映,又应当看到它们对中华民族发展历史上辉煌的一页曾经予以热情的歌颂,表现出中华民族发达时期的时代精神。"(1990:55)

其次,从偏执的价值判断与庸俗社会学的批评方式转向对汉赋审美特征与文学本性的把握。本阶段对于汉赋的研究出现了一个新的趋势,研究者常结合一定的美学、心理学、社会学、修辞学知识来对汉赋的艺术形式和表现手法进行研究。

体现这种创新的代表性成果有:韦磐石在《论枚乘〈七发〉中的心理学思想》中运用了心理学知识,"当然在《七发》这篇虚构的文学作品中,其心理治疗的方法还较粗浅。不过我们研究它是重视早在二千多年前就形象地表现出的有关客观作用于心理、心理与生理相互作用等心理学思想"(1991:2)关于社会学在辞赋研究上的应用,有黄仁生的《论元代科举与辞赋》(《文学评论》,1995年第3期)和俞士玲的《论清代科举中辞赋的地位与作用》(《学术月刊》,2000年第3期)。

当然,本阶段的研究也存在许多问题。例如:汉赋研究的内容局限于汉大赋,其他赋研究相对薄弱;对于汉赋渊源的研究不够深入、广泛,思考不全面;在汉赋的研究方法上,新因素的介入力度不大;汉赋研究的基础工作比较薄弱,表现在汉赋作品集和汉赋评论集方面;汉赋的概念模糊,区分不清;汉赋研究没有形成系统的体系,研究过于分散;等等。

参考文献:

[1]俞士玲. 论清代辞赋的变革[J]. 南京大学学报,2000,37(1):

112.

[2] 王晓鹂. 从篇章结构看先秦辞赋与诗的关系[J]. 西北师大学报（社会科学版），1998，35（6）：15.

[3] 高光复. 以颂扬为宗，以宏丽为美——论汉赋的特质[J]. 齐齐哈尔师范学院学报（哲学社会科学版），1990，(6)：55.

[4] 韦磐石. 论枚乘《七发》中的心理学思想[J]. 心理学探新，1991，(2)：2.

樱花树下有什么
——关于《盛开的樱花树下》中樱花树意向的分析

2014 级　日本语言文学　吴琼

摘　要：1947 年 6 月，日本"无赖派"文学的代表作家坂口安吾发表了小说《盛开的樱花树下》。文中不仅将山贼与女人童话般的爱情故事演绎成了一段残忍血腥的杀人事件，甚至，还将美丽的樱花林描写成了人们"宁愿绕道走其他山路"，也要避开的可怕地带。可见，樱花树在文中具有特殊的含义。本文旨在探讨这一含义。

关键词：樱花林；山贼；女人；觉醒

一、引言

在全文的前半部分，作者除描写了一个存在于铃鹿崖樱花树下的怪现象。那就是：在樱花盛开的时节，如果两人同行，经过这片樱花林，则"之前两人融洽的关系便会破裂，变得再也不相信彼此的友情"。之所以会演变成这样的结果，是因为进入樱花林后，走得较慢，落在后面的人即便是拼命呼喊自己的朋友，朋友也不会停下脚步等待，反而会加快速度，独自逃离樱花林。可见两人虽然将彼此视为朋友，但他们内心对于樱花林的恐惧，以及"一心只想着要尽快从花下逃走"的欲望，会使他们抛弃同伴，背叛友情。此时的樱花林如同一位考官，考验着同行的人之间的友情。这种考验使人们看清楚了彼此友情中的虚假成分。同样，一向杀人越货，不可一世的山贼却惧怕一片盛开的樱花林。这本身就是一个奇妙的设定。这也使它具有了特殊的内涵。

要说明这一内涵,就不得不提到故事的两位主人公——山贼和女子。

二、女人与山贼——压迫者与被压迫者

在文中,这个像樱花树一般美丽动人的女子,其内心却相当可怖。首先,女子与山贼第一次相遇就表现出了超乎常人的镇定与大胆。在目击了山贼杀死自己丈夫的整个过程之后,她未表现出任何恐惧。她只是"怔怔地望着他,仿佛她也未曾想到一般"[①]。而当山贼提出要将她掳走,做妻子时,她竟然又提出要杀害自己丈夫的凶手背着她上山。在去往山贼家的路上,她更是肆无忌惮地讽刺山贼是个靠不住的"脓包"。总之,在返回山贼家的整个过程里,女子没有表现出哪怕是一丁点儿目睹血淋淋的杀人事件后的恐惧,以及身负杀夫之仇的仇恨感。这与其说是女子有别于常人的地方,倒不如说是一种毫不在意自己丈夫的生死、异乎寻常的冷酷性格。这种冷酷无情在接下来好怂恿山贼屠杀七位前妻,以及为她的人头游戏搜集活人头颅等情节中,得到了淋漓尽致地体现。

女人在到达山贼家后做的第一件事就是命令山贼杀死自己的七位妻子。她先是怂恿山贼杀死所有长相好看,会对自己的地位构成威胁的妻子,只留下七个老婆中长相最丑、瘸腿的女子,也就是不足以对女人在家中的地位构成任何威胁的女人。在这之后的日子里,山贼的每一天也是在女子的颐指气使中度过的。尤其是搬到都市里以后,山贼还要在女子的命令下不断地杀人,取得头颅。而这一切只是为了女子自编自导的一系列人头游戏。这些内容都使女子的恐怖形象不断充实。最终,文章成功地刻画出了一个残忍冷酷又善于利用他人为自己做事的毒妇形象。笔者认为,这一角色正是第二次世界大战期间的日本军国主义统治者的象征。众所周知,战争期间,日本军国主义势力掌握实权。他们对内推行军国主义政策,排除异己,对外发动侵略战争,掠夺别国资源。在国内,为了煽动民众,尤其是青年人参加战争,他们动用大量手段宣传和美化战争。为此他们还将许多文学界人

[①] 文中原文部分均引自:坂口安吾著、袁斌译《盛开的樱花树下》,吉林出版集团有限责任公司,2010年10月版。

士纳入御用写手的行列,使其成为鼓吹日本帝国主义国家意识、宣传军国主义思想的工具。其结果是,大量的青年人在这样的煽动下舍弃了自己的大好青春,拿起了枪械,加入到了屠杀他国民众的侵略军当中。女人为了达到自己的目的,命令山贼替她杀人的行为同战争日本军国主义统治者的行径如出一辙。而山贼则充当了在现实社会被煽动,受压迫的日本民众的代表。文中的山贼在无休止地杀戮后终于厌倦了。而这种厌倦其实也反映出了战争结束后初期,面对民不聊生的现状,日本民众尤其是文学界的众多人士开始厌倦战争,同时也开始对战争进行反思的现实。作家宫本百合子就曾在其作品《播州平原》中,借用主人公石田寻子的视角,描述第二次世界大战后日本遍地废墟,处处断壁残垣的残败景象,并表达了对法西斯当局以及战争的痛恨。

三、盛开的樱花树下——觉醒之地

真相是无法掩盖的。第二次世界大战后,越来越多的日本民众开始认清战争的实质,并对此进行反思。在《盛开的樱花树下》一文中,坂口安吾则以描写山贼内心活动的形式,生动地描述了这种"逐渐觉醒"的过程。而且,每当山贼的行动与樱花树相连的时候,这种觉醒的意识就会变得更为强烈。这种联接在全文中共有四次。

第一次发生在对山贼其他几房老婆的屠杀结束之后。那时,疲惫不堪的山贼再一次想到了樱花林的恐怖。于是,他想到要狠下心来,走进樱花的花海里去,甚至还想要坐在樱花树下。但当他开始考虑要和女人一起去樱花林的时候,"心中涌起一种不祥的预感"。这种预感继而让他产生了"不知为何,一种若让这女人知道自己内心所想之事就会大事不妙的想法"。命令山贼杀死自己的前妻——这可以说是女子第一次在山贼面前暴露了自己残忍本性的事件。山贼心中涌起的"不祥的预感",这既是山贼第一次意识到女子美丽的外表之下所隐藏的恐怖内心,也是作者对于山贼在此后的日子里逐步成为女人杀人工具的预示。

第二次是在出发去都城之前。山贼独自一人踏入樱花林中时,回想起了女子的"苦笑",并且觉得女子的苦笑如利刃一般,"刺割着他的脑海"。在樱花林下，山贼还觉得自己的身体被樱花树下吹来的风所笼罩，觉得自己变得透明。而当他在慌乱中逃离樱花林以后，却"隐隐然竟有种如梦初醒之感"。山贼之所以觉得自己在风中变得透明，是因为在樱花树下，通过回想女人的苦笑，他终于发现，女人的外表美丽动人，她的苦笑和内心却惹人厌恶。这是山贼开始觉醒的写照。然而，此时的山贼还没有彻底摆脱女子控制的勇气和觉悟，所以，他逃离了樱花林。但这种觉醒已经开始。即便是逃离了樱花林，回避了现实，已经觉醒了的意识依然印刻在山贼的脑海里。这也就是山贼逃离了樱花林，却仍然有"如梦初醒之感"的原因。第三次与樱花林的相遇则是在山贼和女子搬到都城以后。当山贼厌倦了都市生活以及女子对人头没有止境的欲望，以至于不敢回家，在山中徘徊的时候，他再一次与樱花树不期而遇。这一次樱花树唤起了他对大山的怀念，让他"仿佛噩梦初醒"。于是山贼决定回到大山中去。这里出现的虽然是樱花树，不是之前的那片樱花林，但是却让山贼联想到了铃鹿崖的樱花林。可见，不管是樱花林还是樱花树，它们都是一体的，都发挥了一个共同的作用。那就是：为正处于迷茫徘徊中的山贼指明了道路；即，回到山里去，回到最初的那片自由天地中去。可以说，在樱花树下，山贼再一次认清了眼前的事实。与之前的情况不同的是，这一次他找到了结束这一切的出路。

最后，坂口安吾还通过描写山贼从女子的控制中彻底觉醒的形式，设想了日本国民从军国主义思想控制下彻底觉醒时的情形，即山贼杀死女子的情节。山贼在背着女子经过那片自己从来不敢走入的樱花林时，"已经明白了过来，女人其实是个恶魔"。于是，山贼毫不犹豫地杀死了女子。这一次是山贼彻底看清女子真面目，认识到事实真相的时刻，也是他反抗女子的控制，获得自由的时刻。而这样一个发现真相的特殊场景又一次发生在美丽的樱花树下。由此可见，樱花树下有真理。在文中，樱花树之所以会带给人们恐怖的感觉是因为她是一个可以让人们看到真相，认清事实的场所。但在《盛开的樱花树下》一文中，不论是路人还是登场的主人公山贼都惧怕这些隐藏在美好表象之下的真相，不愿意面对这些事实。所以，路人和山贼都选择了逃避这片真相之地。

四、结语

坂口安吾是日本无赖派的代表作家。他的代表作《盛开的樱花树下》创作于第二次世界大战结束后初期，日本民不聊生的时候。在这一时期，美国作为战胜国进驻日本，并对日本的政治、经济等多方面进行了改革。这些改革，加上战争后日本国内物资极端匮乏，国民生活贫困不堪的现状，都使日本国民尤其是文学界的人士逐渐认清了极端国家主义、军国主义的真面目。于是，许多反思战争，呼吁日本国民认清现实的文学作品出现了。坂口安吾的《日本文化私观》《堕落论》《战争论》等著作就是这类作品的代表。而《盛开的樱花树下》则可以说是坂口安吾在发表了《堕落论》之后，其思想在小说中的具体实践。文中的女子是日本军国主义统治者及其思想的象征；受到女人的控制，变成杀人工具的山贼则象征着长期受到极端国家主义、军国主义思想桎梏的日本国民。文中多次登场的樱花树象征着死亡，但同时又是真理出现的地方。或者说，樱花树之所以会带来死亡是因为真相的出现。发展是新事物的产生和旧事物的灭亡。正如故事中描述的，山贼最终会看清女子的真面目杀死女子一样，在战争期间由军国主义统治者推行的极端国家主义、军国主义的思想会随着国民开始认清事实而走向灭亡。而樱花树则是作者坂口安吾在故事中为这一灭亡的到来设置的契机。这表现出了坂口安吾对现实中这一契机到来的渴望。但是，当旧的东西死亡以后，新的出路又在何方。山贼杀死女子后情感上的崩溃以及觉得自己"想就这样永远坐下去。因为他已经再无一处可以回去的地方了"的孤独、虚空之感，都表现出了不知何去何从的茫然和惆怅。这也正是当时日本社会的现状。

参考文献：

[1]坂口安吾. 盛开的樱花树下[M]. 袁斌译. 长春：吉林出版集团有限责任公司，2010.

[2]舒方鸿. 日本樱花象征意义的考察[J]. 日本学刊，2009，（2）.

[3]叶渭渠.略论无赖派的本质[J].日本学刊,1988,(3).
[4]神谷忠孝.坂口安吾[M].東京:角川書店,1981.
[5]杉森久英.小説坂口安吾[M].東京:河出書房新社,1984.

《黑猫》的生态女性主义解读

2015级　英语语言文学　王歆瑞

摘　要： 生态女性主义是女权运动和生态运动相结合的产物。本文将从生态女性主义角度解读埃德加·爱伦·坡的短篇小说《黑猫》。《黑猫》是埃德加·爱伦·坡最佳的短篇小说之一，本文通过对其中女性和自然、女性和男性、男性和自然关系的解读，分析出《黑猫》中蕴含的生态女性主义思想，从而为读者提供一个全新的理解视角，帮助读者重新审视人类与自然的关系。

关键词：《黑猫》；生态女性主义；女性；自然；父权制

一、引言

埃德加·爱伦·坡是美国19世纪著名的小说家、诗人、评论家。作为小说家，他是恐怖小说大师，并且开辟了侦探小说的先河。《黑猫》是爱伦·坡创作的最佳恐怖小说之一，主要以第一人称讲述了"我"因为酗酒从善良、热爱动物到邪恶残忍的转变，先杀死了第一只黑猫普鲁托，然后又残忍的杀害了自己的妻子，企图将妻子的尸体藏在墙中，最后却因为第二只黑猫而失败，最终受到应有的惩罚。国内对《黑猫》的研究主要集中在对其所体现的哥特风格的研究，运用精神分析原理解读文本，或者是从叙事学角度剖析，而从生态女性主义角度对其进行解读的较少。本文将运用生态女性主义文学批评的相关理论来解读《黑猫》，挖掘小说中所体现的生态女性主义相关要素，揭示出生态女性主义视角下自然与女性、女性与男性、自然与男性之间复杂的关系，帮助读者重新审视人类与自然的关系。

二、生态女性主义的概述

女性主义批评出现在第二次世界大战之后，颠覆了以往以男性为中心，并以此作为文学批评的标准。与此同时，多种形式的女性主义理论开始涌现，生态女性主义就是其中一种。生态女性主义使女性主义者的关注点转移到了女性和自然的关系上来。

生态女性主义是西方社会中女权运动和生态运动相结合的产物，这一名词最先由法国女性主义批评学者弗朗索瓦·德·奥波尼于1974年在她的书中提出。她把女性主义思想和生态主义思想结合起来，揭示出女性和自然之间的相似性，认为女性在父权制社会中受到的控制和压迫与人类尤其指男性对自然的破坏剥削和滥用相对应。她反对传统的人类中心论和男性中心主义，反对各种形式的统治和压迫。除此之外，她还提出解放自然与将女性从社会的压迫中解放出来对于女性主义者来说是同等重要的，并且宣称真正的解放只有在两者都实现的条件下才会发生。她号召妇女起来领导这场生态革命，并且预言这场革命将形成人与自然新的关系。她赞扬女性与自然的亲近、与自然的和谐相处，反对父权制社会下男性对女性和自然的压迫，主张人与自然、男性与女性的平等。

三、女性和自然的融合与和谐关系

女性和自然的联系在很多方面都有体现。例如，自然和女性都处于弱势地位。女性比男性弱小，再加上女性的生育行为促使她们不会伤害动物。并且，他们都被社会和男性所忽视。人们通常只关心男性的感觉和利益而忽视女性和自然尤其指动物的存在和需求。

然而，最能显现女性与自然之间密切联系的就是他们在生育、繁殖方面的共同特性。中华传统文化中就有女娲神母育人的传说。我们很自然地就会将自然和女性联系在一起，比如，我们将大地或者地球称作母亲。自然被认为是地球上生命的创造者和守护者，是一位母亲的形象。总之，女性和自然能够从彼此身上找到自己的影子并且相互依存。

女性和自然有着天然的亲近感，她们愿意给予自然仁慈和母性的爱。

女性与自然的关系可以通过《黑猫》中妻子和猫的关系来进行诠释。

小说中的妻子温柔善良、富有同情心和酗酒之前的主人公志趣相投，十分喜爱小动物。主人公将家养黑猫普鲁托残害致死之后，又遇到另一只与普鲁托相貌相似的黑猫并且将它带回了家。"这猫一到我家马上很乖，一下子博得我妻子的欢心。"①妻子给予它母亲般的关爱和细致入微的照顾。自然赋予的一切事物都让妻子忍不住去亲近。同时，这只猫也给予了妻子温暖和快乐。然而，这种快乐并没有持续很长时间。有一天，这猫跟着"我"下楼梯差点害"我"摔了跟头。在主人公抡起斧头想要杀死这只猫的时候，妻子伸出手来阻拦，以至于妻子遭遇不幸，死于非命。妻子奋不顾身地保护黑猫正说明了妻子对自然的捍卫。妻子对自然有着深切的同情和关怀。然而，"至于我自己，不久就对这猫厌恶起来了"。"我"尽可能避开远离这只黑猫，而妻子则与这只黑猫亲近，在发现它的眼珠也被挖掉一个时则格外喜欢它了。黑猫是自然界中的生灵，象征着自然。黑猫遭受虐待，眼珠都被挖掉了一只和妻子遭受丈夫的虐待十分相似，可以说妻子和黑猫都处于被统治的弱势地位，她们同病相怜、惺惺相惜。由此可见妻子和自然有着天然的亲近感，相互依存。

四、父权制（男性）对女性和自然的压迫

父权制是指男人掌握主要权利，在政治方面占主导地位，占据道德权威、社会特权及财产控制权的制度。在父权制社会中，女性和自然通常处于被统治的不平等地位。男性认为他们拥有的权力是理所应当的，而女性也在潜意识中接受了这种不平等。

《黑猫》于1843年第一次公开发表在《美国星期六邮报》上。当时，正是资本主义发展的早期阶段。随着新的生产关系的发展，男性的特权变得越来越明显。在《黑猫》中，我们可以明显地看到叙述者"我"相对于女性和自然的优越性。就"我"和妻子的关系来说，"我"

---

① 文中原文部分均引自：埃德加·爱伦·坡著、周宝国译《爱伦·坡侦探小说集》，北京：新世界出版社，2002。

对妻子的统治就是压迫性的等级关系的一个很好的范例。

"我"的脾气秉性在酗酒之后发生了巨大的转变。"我一天比一天喜怒无常，动不动就使性子，不顾人家感受如何。"他对待他的妻子就像对待奴隶似的，甚至认为她还不如动物。他任意的辱骂他的妻子甚至对她拳打脚踢。然而，妻子总是那么的顺从，逆来顺受并且毫无怨言。除此之外，我们都知道名字对于人的重要性，而文中并没有提及妻子的名字，可见女性在父权制社会中是被忽视的。在这篇小说的最后，当妻子试图阻止"我"将斧头砍向黑猫，"我"十分愤怒最终拿起斧头砍向妻子。为什么妻子的阻拦会使"我"如此愤怒？因为"我"认为妻子的行为是对"我"的挑战，是对父权制社会规则的挑战。对于妻子的死，"我"没有表现出任何怜悯、悲伤和遗憾。"我"只关心自己的利益。

接着，我们可以通过小说中"我"与黑猫的关系来看父权制社会对自然的压迫。生态女性主义从来不否认人类的进步归功于科学技术的进步，但是这是基于对自然生态系统的破坏。随着人类与自然关系的发展，男性更倾向于控制自然，驯服自然中的所有生灵来为自己的利益服务。

黑猫是自然中的生灵，象征着自然。它个头很大而且十分漂亮。然而，"我"总是有一种虐待甚至谋杀它的冲动。"我从背心口袋里掏出一把小刀，打开刀子，掐住那可怜畜生的喉咙，居心不良地把它眼珠剜了出来。"这是一种非常残忍的暴行。"我"想要杀死黑猫的趋向就表现出"我"想要控制自然的企图和征服自然的欲望。除此之外，与女性和自然亲近的关系相比，"我"更倾向于远离自然。例如，当我将普鲁托迫害致死，"我"又从酒吧发现一只黑猫并将它带回了家。但是，"我"并不喜欢它甚至有些憎恨它，总是想要"毁灭"它。这也表现出他控制自然的企图以及征服自然的欲望。

五、女性和自然的反抗

通读全文，我们不难发现妻子懦弱、无能，几乎找不到对"我"的任何违抗。但是，在故事的最后我们可以找到妻子反抗意识的蛛丝马迹。当"我"拿起斧头砍向黑猫时，妻子试图阻止"我"却把自己引向了死亡。这是文中的妻子或者可以说是女性对父权制社会的一种温和的抵抗。然而，女性同男性进行的每一步斗争都要付出很大的代价甚至是自己的性命。虽然妻子最终并没有摆脱悲惨的命运，但是她最终展现出了女性的自我意识和对抗父权制社会的意识。此外，藏在墙内的黑猫的连续不断的叫声吸引了警察的注意，从而将"我"送进监狱接受应有的惩罚。它的悲鸣、哀嚎似乎是对父权制社会的抱怨和反抗。这些反抗的蛛丝马迹给了生态女性主义者一丝对未来的希望。

六、总结

埃德加·爱伦·坡是美国文学史上非常重要的人物，《黑猫》是他最佳的短篇小说之一，值得我们进行细致深入的学习和研究。本文试图运用生态女性主义的理论来分析《黑猫》。生态女性主义认为自然和女性有很多相似之处。男性对女性的统治对应男性对自然的剥削。这种歧视和压迫归根结底在于父权制的社会系统。除此之外，我们也能在文中找到一丝女性和自然反抗精神的蛛丝马迹。本文通过分析"我"、妻子和自然三者之间的关系，试图帮助读者重新审视人类与自然的关系，表明建立平等的和谐社会的美好愿望。

参考文献：

[1]埃德加·爱伦·坡. 爱伦·坡侦探小说集[M]. 周国宝译. 北京：新世界出版社，2002.

[2]付玉群，李成坚. 生态女性主义文学批评及国内研究述评[J]. 西南科技大学学报，2009，26（3）：82～87.

[3]孙刚.《喜福会》的生态女性主义解读[J]. 湖北社会科学，2010，（11）：138～141.

[4]王育烽，陈智淦. 生态女性主义概述[J]. 哈尔滨学院学报，2009，30（5）：66～70.

[5]郑湘萍. 生态女性主义视野中的女性和自然[J]. 华南师范大学学报，2005，（6）：39～45.

路伊吉·皮兰德娄的创作思想简析

2013 级　意大利语语言文学　许金然

摘　要：路伊吉·皮兰德娄是意大利剧作家、小说家，1934 年获诺贝尔文学奖。皮兰德娄一生的创作极为丰富，有短篇小说三百余篇、长篇小说七部、剧本四十多部，以及诗集七卷。在 20 世纪初期他的小说使他蜚声文坛。本文将简析皮兰德娄文学作品中意识与潜意识的关系。

关键词：皮兰德娄；意识；潜意识；相对主义

一、路伊吉·皮兰德娄的人生概述

（一）真诚的年轻人

1867 年 6 月 28 日，伟大的小说家、剧作家路伊吉·皮兰德娄出生在意大利西西里岛美丽的小城阿格里琴托。他的作品具有心理分析的深度与哲理内涵。皮兰德娄一生的创作极为丰富：短篇小说三百余篇，长篇小说七部，剧本四十多部，诗集七卷。皮兰德娄于 1934 年获得诺贝尔文学奖，这项殊荣是为了赞扬并感谢他复兴了戏剧和舞台的艺术。我在上学期间翻译过他的一篇短篇小说《月亮上的马》（un cavallo sulla luna），也看过一些他其他的短篇小说，读过感到很难过。作品揭露了很多人性上的东西，苦涩又残酷，会让人思考很多平常不会去想的事情。我总是对作者赋予故事的内涵似懂非懂，而看到某个能引起内心共鸣的句子或段落就会默默赞同。我认为，这是一位非常勇敢、真实，保持着真诚的作家。

皮兰德娄生于富贾之家，父亲是加里波第派爱国志士，后来经营一座硫矿。皮兰德娄上中学前始终接受私塾教育，他的父亲希望他能子承父业，根据父亲的意愿，皮兰德娄最初进入当地的技术学校读书，后来到西西里首府巴勒莫念高级中学，并在 1886 年到他父亲的硫矿短暂工作了一段时间，这使他对下层社会阶级的生活有所了解，但他内心对文学的热爱却从未减弱。同年，皮兰德娄到罗马大学文学系学习，与校长发生矛盾后，他于 1888 年前往德国波恩大学深造并获语言学博士学位。幸运的是，波恩当时是欧洲的文化中心之一，在这里他接触到很多有名的学者，这对他的学识和创作无疑产生了很大的影响。毕业之后他便留在波恩大学教授意大利语。皮兰德娄于 1892 年回到意大利，结识了真实主义流派的理论家、作家卡普安纳[①]，他在同文艺界人士广泛交游的同时，也在罗马高等师范学校教授修辞学和美学。1894 年，皮兰德娄与美丽的西西里姑娘结婚，但幸福美满的生活仅仅持续了三年。1897 年，他父亲的硫矿被洪水淹没，再加上给矿工的赔偿，这个富裕的家庭一夜之间一贫如洗，而他的妻子因为遭受了这样的打击，患上了精神病，无端的猜忌、妄想，不断地指责丈夫另结新欢。皮兰德娄为此做出种种努力，向她表明这些怀疑都是没有根据的，自己是深爱她的，但都徒劳无益，这使他深感悲哀，他明明深爱着妻子。那时，皮兰德娄便察觉到，对于同一件事情，每个人对它的看法及反应是完全不同的。从他早期的作品中可以看出受到了以卡普安纳为代表的真实主义的影响，作品涉及 19 世纪与 20 世纪之交的意大利真实的社会状貌，揭露了当时资产阶级与黑暗宗教势力对人的压迫，歌颂了下层劳动女性善良淳朴的品质。

　　（二）戏剧之子与混乱之子
　　皮兰德娄的创作倾向慢慢发生变化，开始逐渐脱离现实主义。他发觉客观现实并不是单纯如一的，而是不可认识、变幻莫测的，艺术已经无法立足于真实地描摹现实。故此，皮兰德娄尝试探索另一条创作道路。他的笔下开始出现了对于荒诞的世界与充满矛盾的人的内心

---

① 意大利作家、真实主义理论家，著有《意大利文学研究》。

世界的描绘。

在皮兰德娄近五十岁时，他在文坛已颇具名气。战争带来的灾难，个人生活的不幸使他毅然转向了戏剧创作。他感到戏剧是一种最为直接的艺术表达，能够直接地向人们倾诉出他从个人生活中得到的痛苦和感悟。皮兰德娄的很多剧本都是由他自己的小说改编而成的，笔下的主人公大多是平凡的普通人，在生活的痛苦中挣扎着，故事大多是悲剧结尾。悲剧总是让人唏嘘，让人更深刻的思考，同时又让人难以忘怀。在我看来他的作品都是很有心理深度的，读完之后总会让我反思一些事情。这些事往往就存在于我们生活之中，但因为本性太过软弱又或许是沉迷于美好的表面，我们会回避，会将它们埋在心底，而他的作品就是这样残酷、毫不留情地戳破梦幻的泡沫，虽然苦涩心酸，但让人知道那就是现实。

皮兰德娄的一生本身就是一部充满悲情的戏剧，皮兰德娄自称为"混乱之子"。在那样混乱的时代背景下，这位巨匠创作出了在任何时代都震撼人心的作品。1936年冬季，皮兰德娄因肺炎医治无效于十二月十日去世。他的葬礼极其朴素，没有悼词，没有蜡烛，没有鲜花，一条素白床单裹着光裸的尸体，他由一辆最简陋的马车载着，在阴霾凄凉的早上，告别了他笔下的悲情世界。

二、从意识与潜意识的角度分析皮兰德娄的创作思想

（一）弗洛伊德的"意识"与"潜意识"

美国著名的戏剧评论家诺里斯·霍顿在评价 20 世纪的戏剧创作时说，皮兰德娄代表了20世纪20年代思考的一代，不仅是他本国的，而且是整个西方世界思考的一代，这一代是受弗洛伊德影响的第一代人，是开始重新估价现代环境中的个性之谜的一代人（吴正仪编，2009）。"我认为弗洛伊德[①]关于心理的分析学说对皮兰德娄的艺术创作还是产生了不小的影响。两人处于同一个时期，当时盛行的一些学说或是思想多少都会相互影响。皮兰德娄就是从艺术的角度来剖析人

---

① 奥地利精神病医师、心理学家、精神分析学派创始人。

的心理。在皮兰德娄的创作中，人的意识分层和自我分裂与弗洛伊德的心理学说有相同之处。

弗洛伊德认为人的心理有三个层次，分别是意识、前意识及潜意识。简单来说，意识就是我们现在感受到的、最为直接的心理状态；前意识是现在没有感受到但可以想起来的部分，可以被追回，可以回忆起来；而潜意识是我们意识不到的，它经常与欲望、人类原始的本能相关。这些邪恶的潜意识因为道德和法律的约束被我们压抑在内心深处，挣扎着得不到满足。如果比喻一下，那就把我们的心理想象成一座冰山，意识和前意识是露出海面的那一小部分，而潜意识是海水下隐藏的巨大山体。弗洛伊德认为，对人类行为起支配作用的实际上是潜意识。潜意识因为受到压抑而藏于内心深处，使得平时我们自己都意识不到，但他们在特定时刻，比如命悬一线或是嫉妒心作祟时才会显现巨大的威力。皮兰德娄的许多"假面戏剧"恰是表现这种潜意识的巧妙形式。当主人公戴上假面后，他便能抛开理性、道德的羁绊，能够让潜意识指导行为，尽情诉说潜意识被压抑的欲望，赤裸裸地展示内心的疯狂和精神世界的创伤。每读到这样的片段，读者会觉得畅快淋漓，恨不能和主人公一道大哭一场。事实上，这说明主人公展现出的潜意识和我们的潜意识有重叠的地方，就像我们都会被误解，会感到委屈一样。

（二）《亨利四世》

《亨利四世》描写了一位只能隐身于一个历史假面后的现代青年的灵魂悲剧。剧作中主人公有这样一句话让人印象深刻：只是在有一天，我清醒过来以后，突然发现的。我吓了一跳，因为我立刻明白，不单单是头发变灰了，对于我来说，一切都已蒙上了灰色，一切都崩溃了，一切都完结了！我犹如一个饿狼般饥肠辘辘的人，赴了一个已经散席的丰盛的宴会（吴正仪编，2009）。读到最后一句时，我体会到主人公是有多么的绝望！一位青年在化装游行中扮演中世纪皇帝亨利四世，被情敌暗算从马背上跌落，摔坏了脑袋造成精神失常，在这期间他认为自己就是亨利四世，身边的家人朋友也都配合着精神失常的他，把他的房子装饰成宫殿的模样。十二年后，他清醒了过来，痛苦地发现心爱的姑娘已和当年暗算他的情敌在一起了,身边的每个人都认为他是真正的疯子。

面对支离破碎的现实,人们努力使变幻莫测的现实固定下来,赋予它一定的形式,在生活中寻找自己的一席之地,但这个形式是我们自己强加给自我的,是人为制造的虚假的现实,是一具"假面",一旦与现实相接触,必然会发生冲突,悲剧就此形成。亨利四世的假面是他自愿戴上的,他借此来摆脱污浊不堪的现实。这张假面又是现实强行给他戴上的,而且只承认这张假面下的他,戴上假面后他便被生生排除在现实生活之外,这又使得他痛苦不堪,内心受到难耐的煎熬。在这部作品中,主人公真正疯狂的十二年被一笔带过,集中描写了他清醒后却不得不戴着假面生活的八年。这个故事的结尾同莎士比亚的悲剧相似,年轻人最终杀死了陷害自己的情敌,继续戴着亨利四世的面具疯狂地度过余生。吕同六老师评论道,如果说哈姆雷特[①]是资产阶级上升时期一个富有热情、理想的人文主义者的形象,那么亨利四世则是资产主义走向没落,人的价值与英雄主义的热情、理想黯然失色的时代里的一个'反英雄'(2000)。

弗洛伊德把人格也分为三种,分别是"本我""自我""超我"。可以这样说,"本我"受潜意识支配,它是随心所欲的,不受任何道德和法律的控制,无条件地满足所有的欲望。"自我"是理智的,它由意识支配,在现实允许的条件下满足本我的需要。"超我"则一切以道德和法律的准则来支配行为,是理想的完美的无私的个体。这三种人格经常发生矛盾,所以我们常常会有纠结的情绪。在皮兰德娄笔下,"戴上面具的人才是真实的",只有那时他才可尽情抛弃自己虚伪的外壳,脸是真正的伪装,而面具背后隐藏着一个纯粹的自我。他戏剧中假面与自我的交替,把潜意识与意识的矛盾展现出来,一旦主人公戴上假面,便能把压抑许久的受潜意识支配的内心世界宣泄出来。人的意识被压制,意识的各个组成部分关系就不会协调,从而导致人格分裂。

[①] 《哈姆雷特(Hamlet)》是由威廉·莎士比亚创作于 1599 年至 1602 年间的一部悲剧作品。戏剧讲述了叔叔克劳狄斯谋害了哈姆雷特的父亲,篡取了王位,并娶了国王的遗孀乔特鲁德,哈姆雷特王子因此为父王向叔叔复仇。

亨利四世就是一个人格分裂的人物。他遭人算计，失去理智，过着不正常的生活，但佯装疯狂却可以让他自由地表达他在理智正常的情况下无法表达的东西，毫无顾忌地去抨击当时的社会和对他施毒手的仇敌。这种分裂的人格的构成与弗洛伊德关于人的精神生活具有互相矛盾的倾向，自我分裂的理论是吻合的。

参考文献：

[1]路伊吉·皮兰德娄. 皮兰德娄戏剧二种[M]. 吴正仪译. 北京：人民文学出版社，1984.

[2]陆国俊. 永远的吕同六：中意文化交流的使者[M]. 合肥：安徽文艺出版社，2008.

[3]吕同六编. 皮兰德娄精选集[M]. 济南：山东文艺出版社，2000.

[4]沈萼梅，刘锡荣. 意大利当代文学史[M]. 北京：外语教学与研究出版社，2006.

[5]吴正仪编. 皮兰德娄中篇小说选[M]. 北京：中国文联出版社，2009.

后印象主义下《到灯塔去》的光线和色彩

2014 级 英语语言文学 杨宇佳

摘 要： 弗吉尼亚·伍尔夫是意识流派的代表人物，她的作品不仅温婉细腻，而且具备后印象主义的特征，即注重光线和色彩对主题的体现。本文就《到灯塔去》的光线和色彩研究伍尔夫作品中的后印象主义特征，以此反映出《到灯塔去》的光彩之美，并体现出各领域艺术的相互影响，共同发展。

关键词： 意识流；《到灯塔去》；后印象主义；光线；色彩

一、后印象主义介绍

后印象主义作为现代艺术运动之一，首先兴起于法国，随后蔓延到了整个欧洲。罗格·弗雷（1866—1934），英国 19 世纪后期的批评家和画家，首先提出了"后印象主义"这一术语。后印象派画家关注的不仅是瞬间的光线，更是关注事物的内在本质。他们通常会使用不同的颜色和坚固的结构去进行大胆的实验。刚开始的时候，"后印象主义"只是活跃于绘画领域，随后它的影响力有了很大提升，甚至波及了文学。据我们所知，弗吉尼亚·伍尔夫的许多作品都充满了美丽的意象以及对色彩和光线绝妙的描写。她之所以形成这样的风格是由于以下几个原因：首先，1904 年，一些作家、艺术家和批评家组成了"布鲁姆斯伯里组织"，他们每周四晚上举行研讨，互相交流有关绘画的想法与思考。著名的有莫尔和麦卡锡，还有年轻的"剑桥学者"林顿、伍尔夫以及西德尼等。这些观点逐渐影响到了弗吉尼亚·伍尔夫。其中，罗杰和莫尔对她的影响最为深远。在莫尔的帮助下，伍尔夫了解了美学，进入了一片崭新的天地。伍尔夫在 1908 年 8 月 19 日写给贝尔的一封信中提到，他自从了解美学之后，每晚都有股思想的波澜搅动在内心。除此之外，罗杰不仅给她介绍了美学理论还为她引荐了一些后印象主义画家，比如梵高等。罗杰曾强调说，"一幅好的作品是想象力下生活的再现而不是对真实生活的简单复制"（Fry, 1920：20）。伍尔夫也曾说过，"罗杰对我的影响很大……他的情感对我影响很深……当然，这是很卓越的艺术"（Penelope, 1999：78~95）。这两位学者都教会她艺术的本质是发现其内在之美。就像画家作画一样，作家需要不停地实验，寻求最恰当的形式和色彩，以此创造出伟大的作品。在他们的帮助下，伍尔夫开始了艰苦卓绝的写作试验，她将绘画理论应用到了文学创作中来，用自己的笔勾勒出一幅幅有独特色彩和光线的作品，用以表现画面的平衡和人物的性格。

二、后印象主义中光线的含义

光线在绘画中一直占有重要的地位。有了光线就有了形状、色彩和体积。对艺术家而言，光线作为表达他们内心情感的媒介，是值得毕生追求的艺术境界。甚至于在 19 世纪时，后印象派发起了"弃形求光"的革命，足见光线在艺术创造中的重要作用。

在《到灯塔去》中，弗吉尼亚·伍尔夫不遗余力的描写了近十次光线，其中包括日光、月光、星光、烛光、水波、火柴光、灯光以及灯塔之光。每一种光线都有不同的隐含意义，即使是同一种光线在不同的情况下也具有不同的含义。所有的描述都基于作者敏感而细致的观察，正是这些细致入微的隐含意义才使得作品大放光彩。

在小说的第一部分，有一处关于烛光的描述。拉姆西夫人不仅为客人精心准备法式焖牛肉等可口的晚餐，而且在用餐的过程中对每一位客人都照顾得当。一切仿佛都很美好。但是，班克先生一直坐在餐桌角落里沉默不语；查尔斯一直想着自己是否会因为莉莉和拉姆西先生的忽视而低人一等；保尔因为一些琐事没能按时用餐。可见，在座的所有人都各有心思，都沉浸在自己的世界里，十分孤独。为了缓和氛围，拉姆西夫人让艾伦点了八支蜡烛。"现在沿着桌子放上了八根蜡烛，火苗开始低摇了一下，然后便伸直，照亮了整张桌子，以及餐桌正中一盘黄色和紫色的水果"（Woolf，2013：89）。拉姆西夫人希望烛光可以吸引大家的注意力，形成温馨的用餐氛围。

的确，当蜡烛被点亮的时候，所有的人都变得很平和。他们开始和周围的人交流思想和经历。拉姆西夫人还鼓励班克先生加入谈话，安慰了她沮丧的丈夫，最后还鼓励保尔向敏特求婚。她竭尽全力发起谈话，希望可以把大家融合在一起。在晚餐快结束的时候，拉姆西夫人觉得"什么也不用说，什么都不能说。它就在那里，充斥在它们周围……于是今晚她再次产生了今天已经有过了一次的那种感觉，一种平静、安宁的感觉。她想，就是这样的时刻构成了永恒。这一刻也会成为永恒的"（Woolf，2013：97）。

由此可见，这里点亮的烛光不仅象征着拉姆西夫人对别人的爱和包容，而且意味着永恒的和谐与秩序。除此之外，对莉莉而言，烛光也意味着启迪。莉莉一直孜孜不倦地追求艺术的真理以及生活的意义，拉姆西夫人点亮的烛光给予了她明亮的启示。

用餐之后有一段对星光的描述。结束用餐之后，拉姆西夫人觉得自己拉近了所有人的心灵距离，赢得了一段静谧且美好的时光，"风很大，摇曳的树叶间不时露出颗颗星星，而星星本身似乎也在摇动投射出光芒，拼命要在树叶的缝隙间闪现。'是的，那么这件事情已经成了，完成了；并且和所有已经完成的事情一样，变得庄严起来'"（Woolf，2013：105）。在拉姆西夫人的鼓励下，莉莉心中结婚的想法就强烈了起来，就像一团红色的火焰直冲进她的脑中。

保尔在晚餐当晚也察觉到了灯光的魔力。晚餐前，他邀请敏特到户外散步。"当他们来到山顶时看到了山下小镇的灯光，灯光突然这样一个接一个地亮了起来，似乎就像他生活中将要发生的事情——他的婚姻，儿女，房子"（Woolf，2013：71）。每一束灯光都代表着他人生中将要经历的一件事情，都是他生命中重要的瞬间，因此，保尔看到的灯光预示着将来与希望。

对不同的人来讲，光具有不同的含义。对拉姆西先生而言，光可以引领他发现内心的爱与温柔；对莉莉而言，光就像瞬息即逝的灵感；对詹姆斯而言，灯塔之光给予了他力量与果敢……每个人都在灯光中找寻到了自己想要的东西。因此，小说中的光代表了希望、安慰、鼓励、力量与永恒的爱。

三、后印象主义中色彩的含义

毋庸置疑，色彩是绘画中另一重要的元素。由于色彩是人可以捕捉到的第一要素，历来画家对其极其重视。后印象派画家更是发觉了色彩和感觉之间微妙的联系。许多作家在作品中运用了色彩的这一特点，创作出了美轮美奂的作品。伍尔夫就是其中一位。她在《到灯塔去》中将这一手法运用得淋漓尽致。小说中包含了诸多颜色，有红色、紫色、绿色、白色、黑色、黄色和蓝色。不同的颜色承载着不一样的含义，也带给读者不同的心理感受。

热情洋溢的红色代表了火焰、欲望和爱。在小说的第一部分，莉莉作为一名老处女，目睹保尔向敏特求婚的场景的时候，心中震颤，就像是心中的火焰冲到了头顶，恐怕此时此刻只有激情的红色才能抒发她内心的情感吧。

众所周知，紫色不易调配，调配时需要借助特殊的材料，所以人们把紫色称为贵族之色。生活中我们也经常用紫色形容高贵典雅的女人。伍尔夫在小说中让拉姆西夫人环绕在紫色之中，她喜欢的花、她的毛衣都是紫色的，就是想体现出拉姆西夫人美丽的外表和高贵的灵魂。同样的，小说中的绿色也是来描绘拉姆西夫人对子女和丈夫的爱的，因而绿色代表了温暖、柔和及安全感。

白色不仅意味着纯洁，也代表着冷酷。班克先生从未结婚，一生致力于自己的事业，可是现实生活中他总是形单影只，好不可怜，白色就可以恰如其分地表现出班克先生的整洁和冷漠。

黑色是夜的颜色，意味着神秘、毁灭、恐惧和死亡。黑色经常指代的是悲伤和否定。在小说的第二部分"岁月流逝"中有一段关于夜晚的空屋子的描写：

随着灯被熄灭、月亮落下、稀疏的雨点敲击着屋顶,无限的黑暗开始涌来。似乎没有什么能抵挡着洪流般的无边无涯的黑暗,它从锁孔和缝隙里钻进来,从遮光帘四周溜进来,进入卧室,在这里吞没一只水罐和脸盆,在那里吞没一盆红色和黄色的大丽花,以及五斗柜鲜明的轮廓和巨大结实的柜体。不仅家具混淆难辨;人的身心也几乎没有留下什么可供辨别,使人能说出"这是他"或"这是她"(Woolf, 2013: 117)。

因为战争的缘由,所有的人离开了家园,留下了空空如也的房子,没有色彩,没有声音,没有一丝生机,这也正是黑色的隐含意义。

黄色代表了智慧,快乐和生命力。当保尔求婚成功时,他首先注意到的是金黄色的月亮,说明黄色带给他的是温暖和甜蜜。

蓝色出现在小说的最后,大海的颜色指代了冷静与平和。莉莉在面对蓝色的大海时,终于落下了画笔,填补了画板上的空缺,也找到了内心缺少的爱与温暖。

四、结语

弗吉尼亚·伍尔夫很好地运用了后印象派对光线和色彩的手法,通过她细致入微的观察和思维的涌动,才创作出了《到灯塔去》如此有魅力的作品。读者仿佛置身于绚烂的画面中,看到了对现实生活生动鲜明的描绘。虽然过程很艰辛,但小说获得了巨大的成功。

参考文献:

[1]冯伟. 生命中的那个美丽瞬间——试析弗吉尼亚·伍尔夫《到灯塔去》中的绘画元素[J]. 国外文学, 2004, (1): 84~88.

[2]万永芳. 光与影的和谐——论绘画手法在伍尔夫小说《到灯塔去》中的运用[J]. 湘潭大学学报, 2005, (3): 106~109.

[3]Fry, Roger. *Vision and Design*[M]. London. Chatto & Windus, 1920.

[4] Penelope, Ingram. *"One Drifts Apart": To the Lighthouse as Art of Response*[M]. Baltimore: Johns Hopkins University Press, 1999.

[5] Woolf, Virginia. *To the Lighthouse*[M]. London: Harper Press, 2013.

道家思想对《文心雕龙》的影响

2014级 古代文学 张丽

摘 要：刘勰的《文心雕龙》是一部理论系统、结构严密、论述细致的文学理论专著。"自然之道""虚静观"和"风骨论"是刘勰《文心雕龙》中重要的文艺观点，将它们与老庄的道家"自然无为""虚静观"和"风骨论"相对比研究，可以看出道家对刘勰创作《文心雕龙》的影响十分巨大，可以鲜明地感受到其中的道家所在。

关键词：刘勰；文心雕龙；自然之道；虚静观；风骨论

刘勰的《文心雕龙》是中国古代文论史上的一部经典。其体系之完整、识见之精深、影响之久远，罕有其匹。鲁迅曾站在世界诗学的高度上将它与亚里士多德的《诗学》相提并论："东则有刘彦和之《文心》，西则有亚里士多德之《诗学》，解析神质，包举洪纤，开源发流，为世楷式。"这样的一部经典之作，在创作当中受道家学说的影响，《文心雕龙》五十篇中，很多篇中都能窥见老庄的道家学说。可见，道家学说对其影响是很重大的。

一、道家自然观对《文心雕龙》的影响

自然之道，是老庄哲学思想的核心，也是其基本观点。道家崇尚自然，在老子看来，在人地天道中，只有贯通自然与社会的道才是至高无上的。老子主张道是自然无为的，无为并非无所作为，而是无意而为，即不带任何意识的目的的为。所谓"道法自然"，是说"道"的本性是"自然"的，离开了"自然"，也就不成其为"道"。自然就是

天然，自成，自然而然。因而"道"之"化生万物"，也就是自然而然，不带任何人为的、功利的痕迹。既然人也是天地自然的产物，那么人之道也应法乎自然，即所谓依天论人，所以《老子》中多次提到合于"自然"的思想和精神，即无为、虚静、贵柔、不争等观念都是道在人生这个层次上的体现。只有合于"自然"，人的内心世界才能不受伪善观念的戕害，归于自然纯朴。

庄子论自然妙道，与老子的观点基本一致，但对自然、人性和自然之美的论述更为充分，庄子认为，"道"之于万物，无所谓爱恨之情，不是有意要做什么，而是自然而然，好像万物本来就是那样的。《庄子》一书中就反复强调了顺应自然、任其自然的观点。从自然之道出发，庄子亦主张人性的自然，而对于人性，庄子认为本真的性情是最好的。对于美，庄子也力主自然。庄子认为在"道"的面前，美丑都是一样的，都是自然的。对于美的存在，庄子是肯定的，但他只是肯定自然之美，而对于做作之美，则极为厌恶。

在老庄看来，"道"与"自然"本为一体，而"道"是产生天地万物的总根源，文学和文论作为一种精神现象，当然也是由"道"（自然）派生出来的。刘勰就是持这种观点的理论批评家之一。他像老庄把"道"作为"天地之母"一样，把文学产生的根源也归之于"道"。刘勰在《原道》篇中谈了"天文""地文""人文"，前二者是"道之文"即自然之文。"人文"也是自然之文。在刘勰看来，人与天地并生，是"五行之秀，天地之心"，"心生而言立，言立而文明"，所以"人文"的产生同样属"自然之道"（范文澜，1958：1~3）。我们从他所谈的人文的产生以及他一再强调的"自然之道"来看，他的美学思想与道家的自然观是相通的，他强调"文源于道"，说明宇宙间的"形文""声文""人文"无一不是自然形成的。他用这一美学思想来反对和矫正齐梁时期文学创作中所表现的淫靡之风和形式主义倾向，从而使文学创作走向健康的发展道路。刘勰的这一动机，在《文心雕龙·序志》篇中说得很明确，即《文心雕龙》的创作是"本乎道"的。这里的"道"，就包含了"自然之道"的因素。由此可见，道家的自然之道，是刘勰认识文学的内在规律的重要指导思想。

二、道家虚静观对《文心雕龙》的影响

刘勰认为,"老子、庄子的虚静观,是悟道的方法和手段"。"虚静"是中国古代审美心理学中一个十分重要的概念,老子最早提出了"虚静"的概念,《老子·十六章》说:"致虚极,守静笃,万物并作,吾以观复。夫物芸芸,各归其根,归根曰静。"(刘笑敢,2006:78)从而,庄子继承了老子的虚静观并进一步将其完善,认为"圣人之静也,非曰静也善,故静也,万物无足以铙心者,故静也。水静则明烛须眉,平中准,大匠取法焉。水静犹明,而况精神!圣人之心静乎!天地之鉴也,万物之镜也。夫虚静,陪淡寂寞无为者,天地之本而道德之至,故帝王圣人休焉"(《庄子·天道》)在这里,无论是老子的"致虚极"还是庄子的"水静犹明","虚静"的最高的境界,即"极端宁静的悟道境界"的哲学观念对中国古代审美心理的发展产生了深远的影响(陈鼓应,1983:337)。

从魏晋开始,庄子的"虚静"说就被广泛地运用到文艺理论和创作实践中了。陆机最早将"虚静"理论运用于文学创作研究中,提出了在艺术构思过程中进入一种虚静凝神的心理状态的观点。刘勰则进一步将"虚静"理论运用于艺术构思心理研究中,《神思篇》中的词语和典故如"疏瀹五脏,澡雪精神""玄解之宰""窥意象而运斤"等,均来源于老庄的典故和传说,这说明刘勰深受庄子思想的影响。

三、道家风骨论对《文心雕龙》的影响

老庄的养生学发展到魏晋时期,则表现为玄学家的风骨论。魏晋之际,儒家的思想统治削弱了,玄学之风兴起,当时思想界的主要倾向是崇尚老庄,高谈玄理,行为放诞,不涉世务。由于受老庄自然生命论和门阀制度的影响,玄谈家以"风骨""神采"等术语,品评一个人的精神风貌。《裴楷传》记载:裴"风神高迈,容仪俊爽";《世说新语·品藻》载:"时人道阮思旷(裕)骨气不及右军(王羲之)";宋书《武帝纪》说刘裕"风骨不恒,盖人杰也"(张万起,刘尚慈,1998:489)。上述这些记载,都是当时在门阀制度下贵族士大夫玄谈清议的

重要内容，他们以"风骨"作为品评人物的重要标准，以显示世族士子的仪采风度。上述的这些品评都是强调骨强筋健、生命力充沛、价值贵族的文化教养，在形体和精神上形成各种不同的风度，这与老庄的生命学说的影响是分不开的。魏晋时期这些对现实生活中人物风格的品评，还没有运用到文学理论批评上去。把"风骨"等哲学概念运用到文学理论批评中的，则是刘勰、钟嵘等理论批评家。

刘勰的思想是复杂的，有儒家的思想，有佛家的思想，也有道家的思想。但是，刘勰在文学艺术的风格问题上则受老子的影响更多、更明显。魏晋玄学家以风骨品评人物的精神风貌则是老庄筋骨强弱说的具体体现，它对刘勰文学理念中的风骨论有着直接的影响。

刘勰的风骨论集中体现在《文心雕龙》的《体性》和《风骨》两篇文章中。《体性》篇是专门论述文章的风格与作家个性的关系的。"体"是指文章的体貌，即文章特定的风格；"性"是指作家独特的个性，这两者是性内而体外。刘勰从创作的原理出发，曾说："夫情动而言形，理发而文见，盖言隐以至显，因内而符外者也。"（范文澜，1958：505）由隐藏在作家内心的情理到表现为明显的外在的语言文字以至文章就是性和体的关系，也就是作家的个性和文学作品的风格的关系。作家不同的个性，决定这作品不同的风格。这就说明，一个作家有什么样的个性特征，他的作品风格也就有什么特点，这是由作家的先天禀赋所决定的。

《风骨》篇是刘勰继《体性》之后专谈作品风格美学要求的，这一审美观念的形成，既受道家思想的影响，也受儒家的思想的影响。

那么，何谓"风骨"？关于风骨的含义，众说纷纭，见仁见智。按照张少康的说法："风，是指作家的思想感情、精神气质在作品中所体现出来的一种气度风貌特征……骨，是指作品的思想内容所显示出来的义理充足、正气凛然的力量。"（张少康、刘三富，1995：245）"风"与"骨"连用，其含义大致就是文章刚健有力。建安诗人的作品一方面反映了动荡不安的社会现实和人民的痛苦，另一方面又表现了诗人慷慨激昂的情志。刘勰曾在《文心雕龙·时序》中作归纳："观其时文，雅好慷慨，良由世积乱离，风衰俗怨，并志深而笔长，故梗概而多气

也。"(范文澜，1958：673～674)

"风骨"这一概念是"风"和"骨"两个概念连缀而成的。关于"风"，刘勰在该篇一开始就写道："《诗》总六义，风冠其首，斯乃化感之本源，志气之符契也。是以怊怅述情，必始乎风。"(范文澜，1958：513)可见，所谓的"风"就是指文章思想感情中所显示的感化人心的一种力量。艺术作品之所以能够动人心魄，就是因为其中体现着作家的情感和意志。这种情感和意志通过语言或其他艺术形式体现出来，就具有强烈的感染力。关于"骨"，刘勰说："沈吟铺辞，莫先于骨……结言端直。则文骨成焉。"(范文澜，1958：513)由此可知，所谓"骨"是就文辞而言的，有赖于作家对文辞的锤炼和技巧的安排，它是由精当而劲健的文辞中所显示出来的一种骨力。

刘勰对于"风"和"骨"的论述，说明了"风"主要取决于作家对外界感受的深刻程度和创作激情的强烈程度；"骨"则主要取决于作家对语言运用和锤炼的精妙程度。所以，我们认为"风""骨"在创作中的有机结合，便构成一篇文章、一部作品特定的风骨。只有具有风骨的作品，才可能动人心弦，产生巨大的感化和教育作用，从而也才可能成为一篇优秀的作品。

刘勰从创作的角度论述了作家的个性气质对文学风格形成的重要意义。他说："是以缀虑裁篇，务盈守气，刚健既实，辉光乃新。"(范文澜，1958：513)这是因为风骨与文气息息相关；而文气与作家的气质密切联系，作家创作时具有刚健充沛之气，写出的作品才会有刚健的风骨，这是刘勰最高美学要求。这一审美思想是对道家的筋骨才性说和养生说的继承和发展，也是魏晋玄学家以风骨品人的做法在文学理论批评上的运用。

四、结语

综上所述，在魏晋时期的时代背景下，道家的自然观、虚静观、风骨论等对刘勰《文心雕龙》的创作起到了十分重要的借鉴和启示作用。

参考文献：

[1]陈鼓应. 庄子今注今译[M]. 北京：商务印书馆，1983.
[2]范文澜注. 文心雕龙注[M]. 北京：人民文学出版社，1958.
[3]刘笑敢. 老子古今[M]. 北京：中国社会科学出版社，2006.
[4]西北大学鲁迅研究室编.《鲁迅研究年刊》（创刊号）. 西安：陕西人民出版社，1974.
[5]张少康，刘三富. 中国文学理论批评发展史[M]，下册. 北京：北京大学出版社，1995.
[6]张万起，刘尚慈译注. 世说新语译注[M]. 北京：中华书局，1998.

"别是一家"与"变俗为雅"
——通过《词论》分析李清照词作风格

2014 级　古代文学　赵君英

摘　要：《词论》是我国古代第一篇系统的词学专论,它充分体现了李清照的词学观,在李清照的词作中,也积极地践行《词论》中的观点。词人南渡之后,随着社会、家庭的重大转变,她的观念发生了相应转变,其创作对自身词学观有一定突破,本文主要从前后期创作与《词论》观点的一致性与突破性两个方面来探讨女词人词作的艺术风格。

关键词：李清照；词论；别是一家；变俗为雅

《词论》是宋代文坛上第一篇较为系统的理论专著,李清照在总结前人的基础上提出了"词别是一家"的理论观点。历代词家对《词论》的论述颇多,见仁见智。词学家缪钺在其作《论李易安词》中评:李易安"评骘诸家,持论甚高……此非好为大言,以自矜重,盖易安孤秀奇芬,卓有见地,故掎摭利病,不假稍借,虽生诸人之后,不肯模拟任何一家"(缪钺,2008：57)。究竟应该如何看待李清照词的风格和独创性,以及她的理论与创作实践之间的关系,正是本文的议题。

李清照"自少年便有诗名,才力华赡"(王灼,1986：88)。其约作于北宋晚期的《词论》被认为是我国古代第一篇较为系统的词学专论,胡仔的《苕溪渔隐丛话》卷三十三最早收录了此篇。《词论》采用史论结合的方法,在对唐五代至北宋著名词家的评点中,总结了词作为文学体裁发展演变的过程。李清照在创作实践中也自觉地践行自己的理论主张，其词作风格婉约，协音律、尚文雅，浑成而善铺叙。词人南渡之后，由于社会环境与自身的生活经历发生了巨大的转变，阅历相对丰富，其创作对她在《词论》中提出的词学观有一定程度的突破，文章主要从其创作与《词论》观点的一致性与突破性两个方面来探讨女词人词作的艺术风格。

一、创作与理论相契合

（一）协音律

《词论》在开头就讲述唐开元、天宝年间，李八郎在曲江歌唱之事，其中还提到了乐府与声诗并著的情况。夏承焘曾一度认为"这段故事跟下文似乎不大联接；后来他悟得，李氏是借这个故事来说明词跟歌唱的密切关系，是拿它来总摄全文的（2008）。"词自诞生以来就与音乐有着千丝万缕的关系。李清照在对晏殊、欧阳修、苏轼等学术大家的批评中提出了自身的认识："盖诗文分平仄，而歌词分五音，又分五声，又分六律，又分清浊轻重。"（王仲闻，2000：195）在她大部分词作中，她也是自觉践行这一原则的。如《醉花阴》：

```
醉花阴 52字    双调         醉花阴
仄仄平平平仄仄              薄雾浓云愁永昼，
仄仄平平仄                  瑞脑销金兽。
仄仄仄平平                  佳节又重阳，
仄仄平平                    玉枕纱橱，
仄仄平平仄                  半夜凉初透。
平平仄仄平平仄              东篱把酒黄昏后，
仄仄平平仄（上一下四）      有暗香盈袖。
仄仄仄平平                  莫道不消魂，
仄仄平平                    帘卷西风，
仄仄平平仄                  人比黄花瘦。（王仲闻，2000：34）
```

这首词也题作"九日"，是作者前期的作品。据说作者把这首词寄给丈夫赵明诚,用以表达相思之苦。关于词的用韵,是有一定规则的,有些词调是一韵到底的,中间不换韵。《醉花阴》即属于这种,一韵到底用仄韵。《醉花阴》为双调小令,仅五十二字,上下片各三仄韵。第三句不入韵,第一、四、五句用韵。上下片第二句为五言句,前人或用上一下四句式,或用上二下三句式,或上下片分别用以上两种不同的句式,说明此句形式较灵活。从以上的用韵分析来看,基本上是严守用韵的规律。句末诸字"昼""兽""透""后""袖""瘦"押"宥"韵,读来是节奏显快,流转如珠,余韵绵长。

(二)尚文雅

在《词论》中李清照提到:"始有柳屯田永者,变旧声作新声,出《乐章集》,大得声称于世;虽协音律,而词语尘下。"(王仲闻,2000:194)这里对柳永"词语尘下"的批评主要针对两个方面,一是词作整体的格调,二是词作的语言。她认为词的语言不同于文与诗,格调要高雅,内容也要不俗。而柳永在这两个方面恰恰是一个反例,王灼也曾批评柳词"惟是浅近卑俗,自成一体,不知书者尤好之"(王仲闻,1986:84)。因此,李清照的词作自觉追求一种不同于柳词的高雅境界。如《念奴娇》上片:

萧条庭院,又斜风细雨,重门须闭。宠柳娇花寒食近,种种恼人天气。险韵诗成,扶头酒醒,别是闲滋味。征鸿过尽,万千心事难寄。(王仲闻,2000:49)

这首词作于词人生活前期,此时丈夫赵明诚还健在,伉俪情深,但赵氏曾"负笈远游",两人有过短暂的分别。当新春已至而良人未归,作者就借这首词来抒发内心婉转的情致。词作感情真挚浓烈而语言清新奇俊,"以故为新,以俗为雅",音韵和谐,铺叙有致,意境浑成。因此,这首词不仅是李清照词作重文雅的有力证明,亦是比较全面体现词"别是一家"的佳作。

(三)善铺叙

在对晏几道、秦观、黄庭坚词作的肯定中,她也指出以上诸人的不足,"晏苦无铺叙",同时道出了她对于词作的要求,即词要有铺叙。铺叙是慢词的表现手法,它的运用始于柳永,以六朝赋笔来填词。李清照回避了晏几道"苦无铺叙"的缺点,同时又借鉴了柳永慢词的铺陈手法,创造出了较柳永更为纯熟的铺叙技巧。她的词作,无论是小令还是慢词,都体现出善铺叙的特质。如长篇《凤凰台上忆吹箫》上片:

> 香冷金猊,被翻红浪,起来慵自梳头,任宝奁尘满,日上帘钩。生怕离怀别苦,多少事、欲说还休。新来瘦,非干病酒,不是悲秋。休休,这回去也,千万遍阳关,也则难留。念武陵人远,烟锁秦楼。惟有楼前流水,应念我、终日凝眸。凝眸处,从今又添,一段新愁。(王仲闻,2000:20)

这首词是作者早期和赵明诚分别时所作。全篇从别前设想到别后,充满了离愁别苦,构思新颖。在具体的描绘中,以女性特有的视角和细腻的感情去体验周围的环境,个性独具。开篇对早晨的闺房进行描绘,抓住几个代表性的事物,从不同的角度进行描写。对于闺房的描绘则倾向于表现"慵"的状态。在《诗经·伯兮》中有一段文字:"自伯之东,首如飞蓬。岂无膏沐?谁适为容?"写丈夫出征后,妻子懒得梳洗打扮。这里指丈夫准备远行,还没有走,她就无心梳洗,比《伯兮》更深一层。但是,她又不直接表述自己的伤心,只是用工笔手法描述,让读者自己领悟。先说"欲说"呼起后文"新来瘦"的原因,再用"还休"领出"非干病酒,不是悲秋"二句,使主人公内心的矛盾,在这几句半吞半吐的情态描绘中表露无遗,主人公那深挚的情感,体贴、温存的性格,被鲜明的展示出来,有如波澜突惊,给人强烈的印象。

(四) 尚故实

尚故实并不是简单地用典,它包括内容和艺术手法两个方面。在内容上,要推陈出新;在艺术手法上,要自出机杼,将典故溶入词中而不使人觉。如果典故用的不恰当,就会出现生硬、晦涩等瑕疵。秦观、黄庭坚即有此疵病。"秦即专主情致，而少故实"，"黄即尚故实而多疵病，譬如良玉有瑕，价自减矣。"（王仲闻，2000：195）在创作中，李清照也在积极地避免这些疵病，她喜欢化用典故，在用典的同时，能把典故融入词作，与词作浑然一体。如其词作《多丽》，充分体现了李清照的词学精神。整首词共用了八个典故，上阕分别用了四个历史人物杨贵妃、孙寿、韩寿、徐娘类比反衬，来说明白菊姿态高雅，不似杨妃之富贵丰腴，不似孙寿之妖娆作态；其香不似韩寿之异香袭人；其色莹不似徐娘之傅粉争妍。细细看来，正如屈原、陶渊明的人格，平淡、自然。下阕用"汉皋解佩"与"秋扇见捐"的典故来表现得而复失、爱而遭弃的失落之情。词人将这种怅惘之情，融入朗月清风，又通过这既清明、又迷惘的境界外化出来。同时，它又暗示菊既不同流俗，就只能孤芳自赏，任芳姿憔悴。情不堪处，词人只从陶渊明那里找到归宿，愿人情久好，泽畔东篱。

整首词用典频繁，但不流于板滞，充满灵动之美，也是李清照前期成就较为突出的一首作品。

二、对《词论》的突破

（一）音律上的突破

李清照在《词论》中写道："柳屯田永者，变旧声作新声，出《乐章集》，大得声称于世；虽协音律，而词语尘下。"在对柳永"词语尘下"的严厉批评当中，也流露出对柳永一定的肯定，即他在音律上做出的一些努力。同时也暗示着在音律方面，李清照会打破常规，做出一些积极地改变。

张端义《贵耳集》对李清照词作评价甚高：且《秋词·声声慢》"寻寻觅觅，冷冷清清，凄凄惨惨戚戚"，此乃公孙大娘舞剑手。后叠又云"梧桐更兼细雨，到黄昏，点点滴滴"，又使叠字，俱无斧凿痕。更有一奇字云："守定窗儿，独自怎生得黑？""黑"字不许第二人押。妇人中有此文笔，殆间气也（1959）。从张端义的褒扬中我们也可见出，李清照后期的词作，已不再简单地以《词论》中的音律观为绳墨，不再严格恪守音律，而是更加注重词自身所表达的情感。又如，《永遇乐》

中的"中州盛日,闺门多暇,记得偏重三五"显然不合音律,却并不妨碍整首词作的表达效果。

(二) 变俗为雅

李清照后期的词作《永遇乐》:

> 落日熔金,暮云合璧,人在何处?染柳烟浓,吹梅笛怨,春意知几许?元宵佳节,融合天气,次第岂无风雨?来相招,香车宝马,谢他酒朋诗侣。中州盛日,闺门多暇,记得偏重三五。铺翠冠儿,捻金雪柳,簇带争济楚。如今憔悴,风鬟雾鬓,怕见夜间出去。不如向、帘儿底下,听人笑语。(王仲闻,2000:53)

张炎《词源》卷下有云:至如李易安《永遇乐》云:"不如向帘儿底下,听人笑语。"此词亦自不恶。而以俚词歌于坐花醉月之际,似乎击缶韶外,良可叹也(1981)。王灼在《碧鸡漫志》中也斥责她:"闾巷荒淫之语,肆意落笔。自古缙绅之家能文妇女,未见如此无顾忌也。"(1986:88)张炎、王灼的评价说明在词人的部分词作中,她也适当地以寻常语、"俗"事度入音律,变俗为雅。宋代是市民阶层逐步崛起的一个时代,普通民众在向词家靠拢的同时,词作家也在一定程度上迎合市民阶层的口味,李清照晚年遭遇国家的离乱、家庭的破碎,在生活发生改变的同时,创作思想也在发生着相应的转变。

总之,李清照的部分词作对于自身的词学观有一定的突破,这无可厚非,随着社会环境的转变,个人的观点确实会发生相应的转变,它并不影响李清照作为女词人难以超越的地位,以及她词作的伟大。

参考文献:

[1]缪钺. 诗词散论[M]. 西安:陕西师范大学出版社,2008.

[2]夏承焘. 大家国学:夏承焘卷[M]. 天津:天津人民出版社,2008.

[3]王仲闻校注. 李清照集校注[M]. 北京:人民文学出版社,2000.

[4]王灼. 碧鸡漫志[A]. 唐圭璋. 词话丛编[C]. 北京：中华书局，1986.

[5]张端义. 贵耳集[M]. 北京：中华书局，1959.

[6]张炎. 词源[M]. 夏承焘注. 北京：人民文学出版社，1981.

列维·斯特劳斯结构主义探析

2014级　外国哲学　张亦冰

摘　要：法国著名的社会人类学家、哲学家，法兰西科学院院士克洛德·列维·斯特劳斯（1908—2009）是结构主义人类学创始人，法国结构主义人文学术思潮的主要创始人。他所建构的结构主义理论不但深深影响人类学，对社会学、哲学、语言学等学科也有深远的作用。

关键词：结构主义；列维·斯特劳斯；科学方法论；新科学；诗性智慧

一、结构主义渊源

从词源学意义上来看，"结构"（英文为 structure）一词的拉丁文是 struere，它源于 structura，指的是一种建筑样式。由此可见，"结构"首先是在建筑学意义上被加以使用的。在十七八世纪，"结构"的涵义开始越出建筑学领域，有把它类比为活的生灵；有人开始把人体视为一种建筑；还有人将语言也视为一种建筑。后来这一术语又被广泛应用于解剖学、心理学、地质学和数学等学科中，主要用来描述具体事物的各个部分在构成该事物时所采取的方式。在此之后，"结构"开始作为一种方法被引进到社会科学领域中，1895 年法国社会学家涂尔干在其《社会学研究方法论》一书中明确使用了"结构"这一术语，这标志着"结构"一词在社会学领域的真正确立。虽然在 1900~1926年间，由"结构"派生出了"结构主义"，但就后来"结构主义"的发展规模及实际影响来看,"结构主义"真正得益于语言学的发展。

就总体趋势而言,结构主义经历了一个由语言学过渡到人类学进而转向文艺理论的演变过程。1916 年索绪尔的《普通语言学教程》出版,在这部书中,虽然索绪尔[①]直接提到"结构"的地方并不多见,大部分时候他以"系统"来代替"结构"概念,但这却构成结构主义语言学发展的滥觞。在此之后,随着布拉格学派、哥本哈根学派及美国描写语言学派三大结构主义语言学派的诞生及其在人类学和文艺理论领域所产生的广泛影响,结构主义真正迎来了它的黄金时代。以列维·斯特劳斯结构人类学的诞生为契机,一时之间产生了形形色色的结构主义,如阿尔都塞[②]的马克思主义的结构主义、福柯[③]的思想史研究的结构主义、拉康[④]的精神分析的结构主义等等。从此"此一术语在所有社会科学领域都带来了真正的革命,并成为 20 世纪的核心。各门社会科学都相继承认,它们受到了科学的洗礼"(徐杰舜,2010:12)。

二、列维·斯特劳斯结构主义

(一)诗性智慧反应

作为一种思维方式或研究方法的"结构"。"结构"在这一层面上的涵义由来已久,这从前面对"结构"一词的词源学梳理可见一斑。列维·斯特劳斯在《神话与意义》一书中也明确地指出了这一点。在一般人看来,以列维·斯特劳斯等人为代表的"结构"的研究方法具有极大的创新性和革命性,列维·斯特劳斯并不赞同这一看法。他认为,作为一种科学方法论的结构研究法事实上早已经存在,在科学领域中它主要同简约法(reductionist)相对,简约法指的是将在一个层次上看起来相对复杂的现象在另一个层次上加以简单化的方法,通过

[①] 费尔迪南·德·索绪尔(Ferdinand de Saussure, 1857—1913):瑞士语言学家,现代语言学理论的奠基者,现代语言学之父。

[②] 路易·皮埃尔·阿尔都塞(Louis Pierre Althusser, 1918. 10. 16—1990. 10. 23),出生于阿尔及利亚,马克思主义哲学家。

[③] 米歇尔·福柯(Michel Foucault, 1926. 10. 15—1984. 6. 25),法国哲学家、社会思想家。他对文学评论及其理论、哲学批评理论、历史学、科学史、批评教育学和知识社会学有很大的影响。

[④] 拉康·雅克(Lacan Jacaueo, 1901. 04. 13—1981. 09. 09)法国心理学家。第二次世界大战后最具独立见解而又是最有争议的欧洲精神分析学家,被称为"法国的弗洛伊德"。

这种方法只能从一个侧面对具体事物有所了解而不能认识到它的全部。当所认识的对象过于复杂时，简约法就难以奏效了，我们只能从整体上观察构成该对象的各个要素之间的具体联系，具体研究它们所以 18 世纪意大利历史哲学派的代表人物维柯为例，他在《新科学》一书中从共同人性论的立场出发着力探求不同民族在历史发展进程中表现出的共同规律性，这由这本书的全名即可看出，《新科学》的全名是《关于各民族的共同性质的新科学的原则》，维柯着力构造的实际上是一门关于人类社会的共同的科学，亦即一门"人的物理学"。在他看来，原始人对世界的反映并不是野蛮无知的，而是富有诗意的，他们具有一种"诗性的智慧"。当原始人无法理解事物时，他们就采取一种以己度物的隐喻方式，将自己的本性加到所要认识的事物上，"把自己当作衡量宇宙的标准"。

就此而言，神话的产生实际上也是原始人"诗性智慧"的反映，它遵循一种"真实，事实"的原则。当原始人感知世界时，他实际上是将自己对世界的感知形式强加到具体事物之上并以之作为具体事物的本来面貌。"诗性智慧"实际上就是一种结构的智慧，维柯的论述可看作是对原始人思维"结构"的探求，这深刻地启发了后世学者的结构研究，霍克斯将结构主义视为一种思维方式，这一观点的得出同维柯的影响不无关联。结构作为一种科学研究方法被广泛应用于自然科学和人文社会科学的各个领域。例如，在数学领域由于数群结构的发现及结构方法的引进，数学成了以群结构为基础的结构系统，它可以归结为以群为原型的代数结构、研究关系的次序结构及建立在邻接性、连续性和界限概念上的拓扑学结构三类母结构；在物理学领域，无论是牛顿的经典物理学还是现代物理学里的计量理论都有结构的存在；在生物学领域，现代生物学结构主义的出现极大地推动了生物学的进一步发展；在心理学领域，格式塔理论学说的出现使结构的观念深入人心。

（二）特点意义

作为一种哲学思潮的"结构主义"。哲学上的结构主义思潮或运动直接导源于结构方法在人文社会科学领域的广泛应用。列维·斯特劳斯的结构人类学在其中扮演了开拓者的角色。尽管列维·斯特劳斯一再强调他的结构主义主要是一种方法论，同哲学并无什么关联，但不可否认的是他的结构主义主张确实在结构主义运动中起到了推波助澜的作用。也正是在这个意义上，有些论者把列维·斯特劳斯的结构人类学称为哲学结构主义。例如，周昌忠先生认为，如果《野性的思维》一书的出版标志着列维·斯特劳斯身份由文化人类学家向哲学家过渡的开始，那么四卷本《神话学》的出版则标志着列维·斯特劳斯哲学家身份和哲学结构主义的真正确立。

概括而言，列维·斯特劳斯的结构有以下特点：非经验现实；可以通过形式化模型呈现结构；可以对经验现实做出解释（某种程度上还是演绎性的）；外在于个别主体；结构自成一系统。它不同于结构功能主义者所说的结构：在结构功能主义者那里，结构被看作社会关系的网络模式，功能则表明了这些内在网络模式的实际运行。结构在这里基本上只是一个描述性概念，这样的结构是实体性的。而结构主义的结构概念是内在的、隐匿性的或不可直接观察的，也是非实体性的，它指各种文化产品所赖以形成和再生产的人类思想的创造运作模式。

列维·斯特劳斯在无意识层次发现了这样的结构。在此，他对弗洛伊德（S. Freud）的观点产生了进一步理解。在弗洛伊德看来，无意识是本能的作用，意识是理智的作用；意识出于社会道德的理由，对无意识进行压抑；无意识并未因被压抑而消失，只是进入潜伏状态。弗洛伊德一开始用性本能解释无意识，后来使用生存本能、死亡本能、破坏本能。而在斯特劳斯看来，无意识总是虚空的，它外在于意象。无意识是一个具有特殊功能的器官，它仅止于把结构性法则强加给来自别处的无序成分：冲动、情绪、表象、记忆等。归根结底，它实际上是这些法则的总和。在这里，我们更多看到的是康德先验论的影子。

基于这样的无意识结构观，列维·斯特劳斯提出，语言和文化都是一个更带根本性的活动样态，即人类的心智。这样，人类学与语言学的交流不仅是可行的，而且是必然的：两者的研究对象源于同一根本性活动。至此，列维·斯特劳斯找到相关的结构。在他看来，结构研究将把人类学引向科学的坦途。语言学家和人类学家可以携手合作，把激励着人类心智的原动力的奥秘大白于天下。

三、结构主义的深远影响

1945年，法国人类学家斯特劳斯在他的《语言学和人类学中的结构分析》一文中首先提出把音位学中的结构分析法运用到人类学研究中去的观点。该学派的最大特点是运用结构分析法。1950年以后，他的观点得到普遍响应，除法国外，在美、英、联邦德国、意大利、瑞士等国掀起了结构主义热，日本、苏联和一些东欧国家学术界也受到了这种观点的影响。到20世纪70年代初，这股结构主义的思潮不仅在人类学、民族学以及社会学领域盛极一时，而且还冲击了哲学、史学、心理学、文学、艺术、电影、医学等领域，甚至连时装设计、广告、通讯报道等也受到了影响。

结构主义学派的出现，是与西方人类学和民族学走下坡路息息相关的。西方民族学一向是以到往日的殖民地、今日的第三世界国家进行实地调查研究为主的。但是，两次世界大战，特别是第二次世界大战之后，殖民地人民迅速觉醒，纷纷摆脱殖民统治，建立了独立国家。他们反对曾为殖民统治服务过的西方民族学家对他们进行调查，从而迫使西方民族学家把研究的重点转向理论分析。结构主义正是迎合了这种转变的需要而产生，实际上是想在解决西方民族学走下坡路的问题上发挥作用。

结构主义学派虽然形成于第二次世界大战之后，但与战前的老学派特别是法国社会学年刊学派、美国历史学派和英国功能学派有着密切的联系。结构主义的中心课题就是从混乱的社会现象中找出秩序。这种秩序即社会的无意识结构，它们不能从现实社会中被直接观察到，而要人类学家通过建立概念化的模式才能认识。这种通过建立模式来理解社会结构的全部过程，就是结构学派的基本方法。这种方法在亲属关系和神话的研究领域得到了广泛的运用。结构主义者在这两个领域的研究中，提出了许多与以往研究很不相同的观点和结论。

参考文献:

[1] 埃德蒙·利奇. 列维·斯特劳斯[M]. 陈琼译. 北京: 昆仑出版社, 1999.

[2] 弗朗索瓦·多斯. 从结构到解构: 法国 20 世纪思想主潮[M]. 季广茂译. 北京: 中央编译出版社, 2004.

[3] 特伦斯·霍克斯. 结构主义和符号学[M]. 瞿铁鹏译. 上海: 上海译文出版社, 1987.

[4] 徐杰舜. 新乡土中国: 武艺模式的理论分析[M]. 2010.

翻译学研究部分

从赵彦春教授的英译文看翻译新思路

2014级　外国语言学及应用语言学　陈侯垚

摘　要：赵彦春教授的翻译手法独特，敢于挑战各类高难度文本的翻译。本文拟透过赵彦春教授的英译文来提炼翻译新思路，包括翻译原则，如代理原则和逼近原则，以及翻译方法，如善用小句结构、灵活调变语序、再现理据和巧用可拓逻辑。希望这一新思路对于翻译实践有所启示。

关键词：赵彦春；翻译实例；翻译原则；翻译方法

一、引言

不同译者对于同一文本会有不同的译文。译文具有译者独特性，往往展示着译者的翻译倾向、翻译原则、翻译手法等，也可以看成是翻译思路。中文表达简洁凝练，存在很多翻译难点，但赵彦春教授却能在英译时保持形式一致，而且内容准确，体现了一种新的翻译思路，值得分析，值得学习。

二、翻译原则

（一）代理原则

原文和译文是采用不同表征手段的结果。虽然译文尽可能地贴近原文，但译文不可能将原文意思完完全全地表达出来，毕竟言不尽意。代理原则（The Principle of Proxy）体现的就是翻译这样的性质。译文不是原文，但译文总在某种程度上与原文相似。可以说，一篇好的翻译就是一个好的代理。请看下面的三首诗：

(1)
Not concerned, an abandoned wife?
I am more concerned with his life.
I did not into the well spit
When deserted. For I'd used it.
Although from me, he's not afar.
Not together at all we are!

(2)
Does the abandoned have no love?
Intense is the abandoned wife.
Though I'm leaving, I do not spit,
For I once took care of his life.
I gaze afar, he looms so nigh,
But I could not go to him, why?

(3)
谁言去妇薄。
去妇情更重。
千里不唾井。
况乃昔所奉。
远望未为遥。
踟蹰不得共。

以上三篇译文，(1) 和 (2) 是赵教授根据 (3) 创作的两个版本的英译文。译文与原文意思贴近，没有偏离，两篇译文各有千秋，都是好的代理。译文 (1) 是偶韵文，富有节奏美。译文 (2) 既有隔行韵，如"wife"和"life"，又有偶韵，如"nigh"和"why"。而且第二句"the abandoned"的重复正是与原文"去妇"的重复相对应。最后一句"But I could not go to him, why?"更表达了"去妇"那种心中犹疑、要走不走的心境。

（二）逼近原则

根据逼近原则的指导，译文要尽可能地忠实于原文，无论是在形式上还是内容上。《越人歌》的英译文体现了逼近原则的应用。

越人歌

今夕何夕兮，搴舟中流。
今日何日兮，得与王子同舟。
蒙羞被好兮，不訾诟耻。
心几烦而不绝兮，得知王子。
山有木兮木有枝，
心说君兮君不知。

The Yue Folk's Song

O what night is tonight, all through the waves I row.
O what day is today, I share with Your Highness the same canoe
O ashamed, ashamed am I, in status so low
O disturbed, disturbed am I, Your Highness I come to know
O uphill grow trees, on the trees boughs grow
O my heart goes to you, but you don't know.

在形式上，原文是长短句交替出现，错落有致，译文同样如此，做到了形式上的对应。在内容上，原诗歌倾向在前半句末尾加上"兮"字来抒发感情，赵教授英译时巧妙地用了"O"开头来表达情感，而且再现了原诗的节奏美。对比原文和译文，不得不说两者在内容的表达上极其相似，译文高度忠实于原文。我们应记住：直译尽其可能，意译按其所需。穷则变,变则通,通则久。

三、翻译方法

(一) 善用小句结构

我们对于小句结构并不陌生,但却不知它的运用能使译文精炼简洁。赵教授将"妾薄幸"这个题目英译为"Me Alone"。乍一看很奇怪。为什么没有动词?为什么是"me"而不是"I"?"I am Alone"不是更合规范么?其实,格是形态标记,英语中所说的宾格(如 me)实际上是代词的原形。之所以会有"I am alone"这个句子,是因为有屈折变化使得代词原形"me"变成了主格的形式"I"。这个句子是一个陈述句,没带有太多的感情色彩。而"Me Alone"就不同了,是个小句结构,没有屈折变化使它改变形式,读起来更让人体会到那种百思不得其解、郁郁寡欢、纠结的情感。实际上,动词并不是非要不可,像我们平时会说"某某漂亮"。这当中并没有动词,但已成为我们普遍接受的句子。另外,小句结构可以做句子,如"God bless you!"(上帝保佑你!)句中的"bless"没有发生屈折变化,表达的情感更强烈。小句结构还可以做主语或宾语,如"Him in New York is what we should avoid"(他在纽约是我们需要避免的)和"I expect him to win"(我希望他赢)。

我们都知道,汉语诗歌简洁,而翻译又讲究形似,小句结构以其简练成为不错的选择。赵教授将《猛虎行》中"梧桐攀凤翼,云雨散洪池"译为"On the spruce tree phoenixes mate, Clouds and rain dispersed to the pool"。后半部分不存在屈折变化,是小句。它的运用使得整个句子简洁,但也已达意。还有,把"鸳鸯自朋亲,不若比翼连"译为"Mandarin ducks each to each dear, Are not so dear as man and wife"。这当中的"each to each dear"便属于小句结构,使得译文与原文一样仍是一句话,另外,"dear"的复用更好地衔接了语义。

由此,我们在翻译时应有意识地运用小句结构。因为它不仅比陈述句更能表达情感,而且使得译文像原文一样简练,行文自然流畅。

（二）灵活调变语序

无论是原文还是译文，都涉及词语的排列组合，我们应学会灵活调变语序。

根据《道德经》第二章的内容，"有无之相生也，难易之相成也，长短之相刑也，高下之相盈也，音声之相和也，先后之相随，恒也"，我们知道形而上是无所谓前与后的，形而下才有，而且有很多种语序。"S（主语）、V（谓语）、O（宾语）"六种可能的组合方式分别是 SOV、SVO、VOS、OVS、OSV、VSO。值得注意的是，语序不是一成不变的，可根据系统（如韵式）来改变。请看下例：

> 山之高，
> 月出小。
> 月之小，
> 何皎皎！
> 我有所思在远道。
> 一日不见兮，
> 我心悄悄。

> A hill tall,
> The moon small,
> The disc fair
> Does up glare.
> Where are you? Where?
> One day we are apart;
> Down is my heart.

译文的前两句是小句的运用，中间两句做了语序上的变化，使得"fair""glare"和"where"押韵。最后一句也做了语序上的调整，句中的"down"和前面的"up"达到相互照应的效果，将原文中皎洁月光下的情景与心理情境的落差淋漓尽致地表现了出来。

我们可以在平时的翻译练习中尝试调变语序，突破思维定势，让自己译文中词语的组合方式多样，提高自己的翻译质量。

（三）再现理据

理据是得名之所由，和内涵不一样，但不排除从理据推测词内涵的可能性。需注意的是，理据是翻译中的重要因素，我们不能忽略。对于理据，有时候音译是不充分的，比如"舒"和"殊"的读音同为"shū"，"衡"和"恒"的发音同为"héng"，此时音译会使得表义不明确。另外，中华文化博大精深，有些特色字词还真是难以在英语中找到对等词。音译是个办法，但目的语读者不能理解其内涵，不利于文化的传播。因此，在翻译中再现理据是促进信息传递的有效方法，但同时考验着翻译者的文化功底。下面来看赵教授翻译时对于理据的处理。

曰岱华，
嵩恒衡。
此五岳，
山之名。

Arch, Flora, Tower,
Scale, and Ever!
These high mountains,
Are five chieftains.

原文中"岱、华、嵩、恒、衡"分别是五岳的简称。我们翻译时会想采用音译法，将"岱"译为"Mount Tai"，但这样译的话就与原文在形式上不符了，译文显得冗长，而且在译"恒"和"衡"时会出现重叠，使得译语读者迷惑不解。赵教授摆脱了文字的羁绊，另铸新词，将理据这类死喻巧妙地译了出来。"岱"为五岳之首，译成"Arch"形象生动；"华"即"花"，比喻精英、繁盛，译为"Flora"合理；"嵩"为"高耸的峰峦"，译成"Tower"恰当；"衡"译成"Scale"兼顾"权衡"与南岳大帝"鳞甲水族"的神职（鱼鳞的英文是"scale"）；"恒"译成"Ever"，表达了恒久、恒常之意。如此译比单纯的音译好多了，再现了文字的内涵，让译文有意义。

中国在 4000 多年前就有了学校。那时学校的名字叫"庠"。
China began to have its educational institutions 4000 years ago. "Sheep pen" (xiang) was one of the earliest names.

我们重点分析的是对于"庠"字的翻译。"庠"为"培养教化"之所。这个字的结构是"广"字旁下面包着个"羊"字，其对应的译文"sheep pen"很好地体现了这种结构关系，因为"sheep pen"的中文意思是"羊圈"，那么羊圈里自然就有羊了，而且有围栏围着。另外，"pen"除了指"圈"，还代表着文化，属于一语双关。羊和"sheep"分别在中西文化中象征着好的内涵，"sheep pen"也体现了要培养优秀的人。由此看来，这样的翻译是合理的，便于目的语读者理解，而音译可以作为补充。

翻译时再现理据有利于文化的传播，但却不易，需要翻译者学贯中西，思维活跃，能够摆脱文字的羁绊，从而在自己的知识库中搜寻出相应的对等词来进行翻译。

（四）巧用可拓逻辑

赵彦春教授在其文章《可拓逻辑之于翻译》中提到，"可拓逻辑之于翻译学更具有本质意义，因为'译'本身就意味着'易'"。"可拓"即可拓展，是对事物进行处理的动态策略。由于"不可译性"或"可译性限度"等因素，翻译时时需要拓展。它通过手法的"变"来寻求意图的"不变"。巧用可拓逻辑可以将翻译中的"不可能"变成"可能"。赵教授给我们做了很好的示范。

天

普天下

只有一个人
黄帝根

Sky

The single key to why
All in one
Emperor Whone

　　一般情况下，我们只注意到原诗表意的层次，但其实它还有另一个层次，那就是"天"字的构成："一"指天幕，普天下一人也就是说"一"下面有"一人"构成的"大"，这样一来便形成了"天"字。不得不说这首诗很妙。诗的两个层次给英译提出了极大的挑战，因为汉字和英语单词分属于两个不同的表征体系：一个以笔画构成，一个以字母连缀，两者很难相关。这看似不可能完成的任务，赵教授却运用可拓逻辑的思维方式将诗歌翻译了出来。

　　细心一看英译文会发现第二句"single"中的"s""key"中的"k"和"why"中的"y"正好组成了首句的"sky"，这不正是与原文对于"天"字构成的解释相呼应吗？真的是太神奇了。

　　这启示我们在看到原文时，要注意观察原文的特点和体会所表达的内涵时再译，不要着急下笔，遇到翻译理论与实践的死角时应学会运用可拓逻辑的思维方式为自己另辟一条道路。

四、结语

　　赵彦春教授的英译文蕴含了其翻译的新理念，有助于突破翻译中不可逾越的障碍。通过对于新理念的学习，我们可拓展思路，为自己封闭的翻译世界打开一扇窗，见证诸多"不可能"的实现。笔者认为，这对于翻译实践是很有现实意义和指导意义的。

参考文献：

[1]赵彦春. 翻译诗学散论[M]. 青岛：青岛出版社，2007：94~103.

[2]赵彦春. 三字经英译集解[M]. 北京：光明日报出版社，2014：100~102.

[3]赵彦春. 赵彦春的博客[EB/OL]. （2015-04-19）[2015-12-20]. http://blog.sina.com.cn/u/1770030527.

美学视角下《三字经》的三个英译本对比研究

2014 级　英语语言文学　吕丽荣

摘　要：多年来，国内外《三字经》英译本层出不穷。好的译本能够加快我国的文化向外传播，促进文化交流，因此，对于不同译本的对比研究显得极为重要。通过译本对比研究，我们能够从中学习借鉴，去粗取精，这对以后的翻译工作也具有重要的指导意义。本文从美学角度对翟理斯、王宝童和赵彦春的三个译本进行对比分析，分析其美学价值。

关键词：《三字经》英译本；美学；对比研究

一、引言

《三字经》是我国三大国学启蒙读物之一，短小精炼，是中华民族宝贵的文化遗产。《三字经》涵盖了历史、天文、地理、道德以及一些民间传说，哲理深刻，是极具教育意义的文学读物。因具有独特的文学价值，它被翻译成多种语言流传于他国，其中英译本不在少数，但各不相同。本文试图从美学视角入手对翟理斯、王宝童和赵彦春的三个译本进行对比分析，从形式系统上的韵律和节奏美、措辞美以及句子美等方面分析、考量不同英译本的美学价值的体现。

二、中国典籍翻译与美学

中国古代典籍的特点是语言精炼且内涵丰富。作为中华民族宝贵的精神财富，其所蕴含的美学价值是不言而喻的。《三字经》就是中国古籍中绚烂的一笔。它以其独特的诗体形式呈现出三字一句的结构，极易成诵；作为三字韵文，它琅琅上口，耐人寻味。翻译本身就是一种对美的追求，所以，对这样的典籍的翻译进行美学研究是很有意义的。刘宓庆认为，对中国翻译界来说，美学是一项"绕不开"的研究任务，就好像我们的翻译绕不开汉语一样（刘宓庆，2005：361），翻译与美学联姻是翻译理论的重要特色。毛荣贵在《翻译美学》中也全面系统地介绍了翻译美学。他认为翻译理论和美学携手，能给我们启迪，亦能指引我们在英汉对比中去识别各自的妖娆风景（毛荣贵，2005：17）。现在的许多学者也对翻译美学进行了深入的研究，并给出了新的定义，例如，方梦之将翻译美学定义为"揭示译学的美学渊源，探讨美学对译学的特殊意义，用美学的观点来认识翻译的科学性与艺术性，并运用美学的基本原理，提出翻译不同文体的审美标准，分析、阐释和解决语际转换中的美学问题"（方梦之，2004：296）。

《三字经》这样的诗体典籍翻译的艺术性在翻译中是很突出的，但由于诗歌形式特殊，体现其艺术性对于翻译来说难度极大，译界一度出现了诗歌不可译这样的观点。但是，赵彦春在其《翻译学归结论》中明确指出"诗不可译"的观点是对文学翻译的本质与规律缺少辩证认识的结果（赵彦春，2005：256~257），并打破了"诗不可译"的桎梏。美学的产生和发展为文学研究以及文学翻译研究提供了新的视角，中国典籍翻译亦离不开美学。美学标准应该成为评判诗体型典籍翻译优劣的标准。就审美客体而言，刘宓庆将其分为形式系统即审美符号集和非形式系统即审美模糊集两大部分。其中审美符号集包括语音、文字、词语层和句段中的审美信息，而审美模糊集则包括"情"与"志"和"意"与"象"的两部分审美信息（刘宓庆，2005：141）。

三、《三字经》三个英译本对比分析

本文涉及三个英译本的分析，它们分别是翟理斯的阐释性的散体译本、王宝童的诗行词数不定的韵体译本以及赵彦春的三词格偶韵体译本。笔者从韵律和节奏、措辞、句式和"情、志"表达四个方面对其进行对比分析。

(一) 韵律与节奏美

《三字经》的特点之一就是它是三字韵文，琅琅上口，极易成诵。所以，其英译文也应该尽量保持原文的韵律。韵在这样的诗体典籍中是极其重要的美学再现形式。我们以《三字经》第一节为例进行分析。

原文：人之初，性本善。性相近，习相远。

翟理斯译：Man at their birth, are naturally good. Their natures are much the same; their habits become widely different.

王宝童译：At first mankind Is kind at heart, With natures alike But habits apart.

赵彦春译：Man on earth, Good at birth. The same nature Varies on nurture.

翟理斯的译本为阐释性的散体译本，无韵散体与原文的韵文大相径庭，在韵律感上相差甚远。再看王译本，其译文为韵体，"mankind"与"alike"押韵，"heart"与"apart"押韵，符合了原文的押韵这一特点。最后看赵译本，三词对三字，并且 earth 与 birth、nature 与 nurture 均押尾韵，音韵和谐，形式工整。就韵律而言，王宝童和赵彦春的译文明显在美学呈现方面要比翟理斯的译文更胜一筹。

再看节奏问题，原文第一节共12个字，三字一句，节奏感很强。翟理斯的译文长短不齐，多则6个词，少则3个词，且长短交错，毫无规律，节奏感差。王宝童的译文虽为韵体，但每句词数也多少不等，读起来节奏感比翟理斯的要强一些，差强人意。而赵彦春的译文，12个词对12个字，三词一句，节奏感颇强。在节奏感方面的美学呈现，赵译较翟译和王译都要更胜一筹。韵律和节奏的体现依赖的是其形式，由于赵译在形式上与原文保持了高度的一致，所以其译文在韵律和节奏上都明显优于翟译和王译。纽马克（P. Newmark）就在他的译论名著《翻译问题探讨》（*Approaches to Translation*）中就提到了保持原文的形式的重要性，即"译者应注意原文的形式，用格母布里奇的话来说，形式可以改变、提炼、表现思想。如果歪曲了原文的形式，就会在某种程度上歪曲了原文的思想"(Newmark，2001：94～103)。

(二) 措辞美

词	翟译	王译	赵译
习相远	habits	habits	nurture
三才者	the three forces	the three lights	tri-vitals
三光者	the three luminaries	the three brights	tri-lights
三纲者	the three bonds	the three guides	three tenets

词是句子的重要组成部分，也是表意的重要单元，因此词汇的选择对于译文的质量或美学体现来说也是极其重要的。

原文中习相远中的"习"是对人性情的描写，意为"后天的教育或培养不同，性情也就截然不同"。"习"有习惯之意，但是在这里如果将"习"译为"habits"，"习惯"之意就会有些窄化了原文意思，以偏盖全，从而误导读者。而"习"在这里大致相当于英文的"nurture" "performance"，故将"习"译为"nurture"更准确地传达了原文的神韵。

"三才""三光"在英语中没有对应的概念，翟译为"the three forces""the three luminaries"；王译为"the three lights""the three brights"。翟译语义上与原文无偏差，忠实于原文，但稍感直白；王译在语义上却与原文相悖，"才"为"light"，"光"为"brights"，与原文意思大相径庭，这样的措辞不可取。而赵译将其按照英语的造词规律仿拟成"tri-vitals"和"tri-lights"，简明契义。这样的措辞在翻译中是值得提倡和学习的。"三纲"为中国封建社会的伦理准则，翟译将其译为"bonds"，而"bonds"本义为"团契""纽带"，所以语义上偏离了；王译的"guides"语义表述忠实于原文，措辞准确。赵译的"tenets"在语义上也忠实原文，措辞精确。

在比较了三个译本中部分措辞后不难发现，语义的传达，甚至是原文神韵的传达都与措辞有着密切的关系，措辞体现出了语言的美。通过比较分析，我们发现赵译在措辞上要明显优于翟译和王译。

(三) 句子美

《三字经》三字一句,句式铿锵有力。本文涉及的三个译本中,只有赵译为三词一句的短句句式,读来琅琅上口。翟译译文长句居多,且句式不齐,整体感觉拖沓冗长,失掉了原著的许多"神"味。王译较翟译来说句式稍整齐些,但也长短不齐,虽短句居多,但也不是三词对三字,所以整体感觉还是不甚工整。故就句子长短来说,仅赵译体现出了原作的句式之美。以第六节为例:

原文:子不学,非所宜。幼不学,老何为?

翟译:If the child does not learn, This is not as it should be. If he does not learn while young, What will he be when old?

王译:When weary of studies, The kids are to rue: When they are old, What can they do?

赵译:An unschooled child Will grow wild. A young loafer, An old loser!

原文一节 12 个字,翟译却足有 26 词之多,句子多则 7 个词,少亦有 6 个词,句式繁冗。王译句子岁无翟译长,但也每句达到 4 到 5 词,句式上也略显不足。而赵译却是三词一句的句式,短小精炼,将原文的句式美"译展无余"。

句式对仗是《三字经》的另一个突出特点,对仗的句式读起来如音乐般流动,生动明快,极大地体现了语言之美。译文要想将其美传递,也应为对仗句式。如第 39 节:

原文:……君则敬,臣则忠。

翟译:……Respect on the part of the sovereign, Loyalty on the part of the subject.

王译:……Honour to the sovereign, The subject tends:

赵译:……Lords loves subjects, And enjoys respects.

原文中"君"对"臣","敬"对"忠",形成对仗。翟译中"sovereign"对"subject","respect"对"loyalty"也为对仗句式,只是顺序上做了改动。赵译中"lords"对"subjects","loves"对"enjoys",句式上也为对仗,顺序上也稍做了改动。王译中没有体现出对仗的句式,其形式上逊色于另外两个译本。

(四)"情、志"美

《三字经》所要表达的"情、志"是"教育"。译文要体现原文的"情、志"之美就要译出其中蕴含的教育意义。下面以第三节为例:

> 原文:昔孟母,择邻处。子不学,断机杼。
> 翟译:Of old, the mother of Mencius chose a neighborhood; and when her child would not learn, she broke the shuttle from the loom.
> 王译:Mencius' mother Chose her neighbor, And seeing his lax, She stopped her labour.
> 赵译:Then Mencius' mother Chose her neighbor. At Mencius' sloth, She cut th' cloth.

原文中包含"三迁择邻"和"断织劝学"两个典故。翟译将"择邻处"译为"chose a neighborhood","neighborhood"是表示邻居的整体概念,用在这里过于宽泛,不利于其意义的推导,阻碍了教育意义的传递;王译将"断机杼"译为"stopped her labour"陈述了事实,却无法使人联想到其与中断学业的关系,故在意美的呈现上也不到位,而赵译为"At Mencius' sloth""She cut th' cloth",由"sloth"可联想到懒惰弃学,由"cut th'cloth"可联想到断织劝儿,以断织类比废学,将原文的教育意义表达的恰如其分,滴水不漏,可谓是将原文的"情、志"之美完美再现。

四、结语

《三字经》作为中国典籍中的重要组成部分,其美学价值寓于其深刻的哲理之中。翻译这样的典籍,需要尽量体现其美学价值。所以,美学标准对于译本的评价具有重要的指导意义。德国翻译学者凯瑟琳娜·赖斯（Katharina Reiss）早在 1971 年出版的论著《翻译批评：潜力与制约》里就讨论了如何制定可靠的标准以便对译文质量进行系统的评估（Reiss，2001：21）。笔者认为美学标准就是一个很好的尝试。通过以上三个译本的不同方面的分析，笔者认为赵译在音韵、节奏、措辞、句式以及情感的表达上都要优于另外两个版本，其美学价值更高。

参考文献：

[1] 常巍. 雅各布森论诗歌翻译与符号美学[J]. 外语学刊，2014（4）：106～108.

[2] 王金安，张珊. 中国翻译美学刍议[J]. 海外英语，2014，(5)：173～175.

[3] 赵彦春. 英韵三字经[M]. 北京：光明日报出版社，2014.

[4] Newmark, P. Approaches to Translation[M]. Oxford: Pergamon, 2001.

[5] Reiss, Katharina. Translation Criticism—The Potential and Limitations[M]. Shanghai: Shanghai Foreign Language Education Press, 2001.

目的论视角下民俗文化词汇的外宣翻译研究

2013 级 法语笔译 陈秀旗

摘 要：中华文化源远流长，中国人民创造出了丰富多彩的民俗文化词汇。随着中国对外交流的日益频繁，民俗文化外宣翻译也越来越重要。本文以自建的民俗文化语料库为例，从民俗文化词汇的四大分类出发，在目的论的指导下，研究民俗文化词汇的翻译策略，以此来进行民俗文化外宣翻译研究，以实现对外传播真实、地道的中华民俗文化的目的。

关键词：目的论；民俗文化；外宣翻译

一、引言

民俗是文化的一部分，属于人类非物质文化遗产，是人们日常生活在文化层面的反映，因此民俗翻译研究应置于文化翻译的大语境之下。翻译是文化交流的桥梁，民族文化的传播离不开民俗文化词汇的翻译。不同的语言植根于不同的文化土壤，存在较大的差异，在进行中华民俗词汇的外宣翻译时，必然很难在目的语的文化背景中找到对应的文化意象，更难找到已有的表达，因此译者在翻译过程中，要探索民俗文化词汇的翻译原则，运用适当的翻译策略，尽量保留原汁原味的文化元素，促进民族文化的传播与交流。

二、民俗概述

"民俗学"（folklore）一词是 1846 年由英国的威廉·约翰·汤姆

斯首次提出的，但对于"民俗"内涵的理解却一直争论不休。国际上对于民俗概念的定义有广义和狭义之分，广义的定义认为民俗是人类社会的全体民众的一切生活文化。狭义的定义，通常把"民"只看作落后的人群，"俗"则指传统文化的遗留物，或者是民间文学，或者专指民间生活中的相关仪式、民间禁忌和祭祀活动等等。

著名民俗学家钟敬文在其主编的《民俗学概论》中指出："民俗，即民间风俗，指一个国家或民族中广大民众所创造、享用和传承的生活文化。"（1998：2）曾师从钟敬文先生的陈勤建教授，继续发展了钟先生的理论，他认为："所谓民俗，就是社会民众中的传承性生活文化……是一种生活相。也就是生活的样子，一种生活的方式。"（钟敬之，1988：2）本文所提及的民俗，是广义的民俗概念界定下的民俗，包含了生活文化的方方面面。

三、目的论视角下民俗文化词汇的翻译

（一）目的论

弗米尔创立的目的论（skopostheorie）是德国功能翻译理论中的核心理论。Skopos 源于希腊语，通常用来指译文的目的。目的论认为一切活动都带有目的性，活动者根据实际情况选择一种最合适的方式以达到预期目的，在翻译目的的指导下，译者尽量考虑一切可能因素，选择最合适的活动方式。翻译目的是整个翻译过程的决定性因素。译者应该充分考虑译入语环境中的读者是否能够接受其翻译内容，翻译内容能否满足译入语读者的预期（Nord，2001：29）。

功能翻译理论被认为是能有效指导非文学翻译的理论，同样也适合于指导属于非文学翻译的外宣翻译。作为功能翻译理论中的奠基理论，目的论衡量译文的标准不是对等翻译，而是译文是否实现了预期的功能。

（二）民俗文化词汇的翻译

民俗的分类在民俗学界一直存在争论，没有定论，本文采用钟敬文在《民俗学概论》中的分类方法，将民俗分为物质民俗、社会民俗、精神民俗和语言民俗。笔者在翻译汪曾祺的《人间草木》时遇到了大

量的民俗文化词汇。这些民俗文化词汇给笔者的翻译工作带来了很大障碍。于是，笔者试着从民俗文化词汇的四大分类出发，在目的论的指导下，对《人间草木》中的民俗文化词汇进行分类翻译并归纳该类词的一般翻译方法。

1. 物质民俗：指人们在创造和消费物质财富过程中所形成的民俗。主要包括生产民俗、商贸民俗、饮食民俗、服饰民俗、居住民俗、交通民俗，等等。

例1："油面店"，也叫"茶食店"，即卖糕点的铺子，店里所卖糕点也和别的茶食店差不多，无非是：<u>兴化饼子</u>、鸡蛋糕，兴化饼子带椒盐味，大概是从兴化传过来的。(《草巷口》)

Boutique de produits alimentaires, soit une pâtisserie, où vend des pâtisseries similaires commes les autres, rien d'autre que: galette de Xinghua, gâteau aux œufs, cette galette au sel poivré est peut-être répandue de Xinghua. (traduit par l'auteur)

例2：羊枣，也叫<u>京果</u>，分大小两种，小京果即北京的江米条，大京果似北京蓼花而稍小。(《草巷口》)

Dateplum, également appelé Jingguo, marqué par deux genres : petit Jingguo, soit Jiangmitiao à Beijing, une petite baguette en riz glutineux, grand Jingguo, similaire à sucre Liaohua à Beijing. (traduit par l'auteur)

在中国饮食文化中，有很多的食物是根据所在地的"地名＋原料"或者"人名＋原料"而命名的，没有专门的外文可以对应时，可以采用"音译＋直译"的翻译方法进行翻译。例如：例1中的"兴化饼子"，是江苏省兴化市的一种烧饼，可以直接翻译为"galette de Xinghua"，法国的 galette 是最接近兴化饼子这种食物的了，所以借用这个词，能使国外读者一下子就能联想到这种食物。

音译法是用译入语的文字符号来表现原语的发音，从而引入新词的方法。翻译有些具有地方特色的名词，为了保留其特色，翻译时最好使用音译法。对于没有对应词的词语的翻译，源语与目的语之间存在较大差异时，翻译往往无法从语义上入手，而音译法就能解决这种矛盾。例如，例2中的"京果"本来是指清朝时期的一些需要进贡给皇族的地方果品，而后经过时间演变，专指糯米炸制的那种形似花生的糖果点心。译者没法一下子解释这么多，让读者完全理解。他们只需要让读者知道京果是一种糯米制作的糕点就足够了，所以可以直接音译为"Jingguo"，只需在后边稍加解释一下就好了。翻译过程中最重要的就是一方面能将源语语言的文化特色体现出来，另一方面还要做到目的语读者能看懂。

2. 社会民俗：指人们在特定条件下所结成的社会关系的惯制，涉及从个人到家庭、家族、乡里、民族、国家乃至国际社会在结合、交往过程中所使用并传承的集体行为方式。主要包括家庭乡里民俗、人际交往民俗、人生礼仪民俗、岁时节日民俗等等。

例3：让鸟学叫，最直接的办法是听别的鸟叫，因此养鸟的人经常聚会在一起，把他们的鸟揭开罩，挂在相距不远的树上，此起彼歌地赛着叫，这叫做<u>会鸟儿</u>。(《北京人的遛鸟》)

La façon la plus directe de laisser chanter les oiseaux est de les faire imiter les autres, c'est pourquoi les aviculteurs se rassemblent souvent, dévoilent les cages et les accrochent aux arbres pas éloignés les uns des autres. Ces oiseaux commencent à relever les uns sur les autres dans leur désire de chanter, ce qu'on appelle« rencontre des oiseaux». (traduit par l'auteur)

例4：故乡的元宵是并不热闹的。没有<u>狮子</u>、<u>龙灯</u>，没有<u>高跷</u>，没有<u>跑旱船</u>，没有"大头和尚戏柳翠"，没有花担子、茶担子。这些都在七月十五"迎会"——赛城隍时才有，元宵是没有的。(《故乡的元宵》)

La fête des lanternes de mon pays natal n'est pas vraiement animée, pas de danse du Lion ou danse de lanterne en forme de dragon, pas de marche sur des échasses, pas de danse d'imitation de canotage en terre, pas de danse folklorique «moine en grosse tête lutine Liu Cui», pas de palanche de fleur ou thé. Ceux-ci se présentent seulement à la fête de Yinghui le 15 Juillet du calendrier lunaire, une manifestation en portant la statue de Génie protecteur de la ville. (traduit par l'auteur)

奈达曾指出要真正出色地做好翻译工作，掌握两种文化比掌握两种语言甚至更为重要，因为词语只有运用在特定的文化中才具有意义。翻译民俗词汇时不能脱离了原文的文化背景，仅仅在表层结构上进行语言符号的转换，不能算是成功的翻译。中国人看到"会鸟儿""狮子""龙灯""高跷""跑旱船"这些词，自然会产生文化联想，但是外国人却不知其所云。这个时候就不能仅仅停留在文化的表层结构层面，要深入到文化的深层结构意义，来处理民俗文化翻译中语言和文化的矛盾关系。要采用解释性的翻译方法，来处理这些词汇。

3. 精神民俗：指在物质文化与精神文化基础上形成的有关意识形态方面的民俗。主要包括迷信与俗信、巫术、宗教、信仰、仪式等等。

例5：中国的雕塑艺术主要是佛像，罗汉尤为杰出的代表。罗汉表现了较多的生活气息，较多的人性，不像三世佛那样超越了人性，只有佛性。(《罗汉》)

L'art de sculpture de la Chine est principalement représenté par les statues de bouddha, notamment les arhats. Les derniers manifestent plus de goût de la vie, plus humaine, contrairement aux Bouddhas de trois périodes qui est au-delà de nature humaine, rien que nature bouddhiste. (traduit par l'auteur)

例6：里间是佛堂，挂了一幅丁云鹏画的佛像，佛的袈裟是红的。(《寻常茶话》)

La pièce intérieure sert comme une salle destinée au culte du Bouddha, dans laquelle s'accroche un tableau d'image de Bouddha portant une étole rouge, peint par Ding Yunpeng. (traduit par l'auteur)

来自不同文化背景的人有很多相似之处，同样不同文化背景的语言也有相同之处。民俗文化词汇中的源语言和目的语语言表达的方式有一些共同点。因此，可以采用转译的翻译方法，有效借用目的语的表达方式来翻译源语言的词汇。例如，"罗汉""三世佛""袈裟"等词汇，都是借用法语的表达方式来传达源语的文化信息。

4. 语言民俗：指民间传统的文化娱乐活动。主要包括神话、传说、故事、歌谣、谚语、谜语等。

例7：上街去看走马灯。连万顺家的走马灯很大。"<u>乡下人不识走马灯，——又来了</u>。"（《故乡的元宵》）

On va dans les rues pour voir la lanterne tournante, une lanterne ornée d'un cercle tournant de cheval de papier. Les lanternes tournantes chez Lian Wanshun sont très grandes. Comme le dit une phrase à sous-entendu : « les campagnards ne savent pas la lanterne tournante-ils revient encore une fois». (traduit par l'auteur)

乡下人在苏州话里一般都是没见识人的代称。走马灯一圈圈转动时，某个图像会一再出现，第一次见到的人确会备感惊奇。整句话就是想引申出"又来了"这三个字。采用直译法，可以在译文中体现汉语歇后语的词义和语法结构。歇后语中的"走马灯"，译者已在前文做出了详细的解释，因此目的语读者应该会在脑海中呈现出类似的意象，并且歇面和歇底关联性较大，逻辑也比较容易理解，所以采用直译的方式不仅可以保持信息内容的对等，而且能做到形式上的对等。

例8：我的家乡认为客人斟茶斟酒"<u>酒要满，茶要浅</u>"，茶斟得太满是对客人不敬，甚至是骂人。（《寻常茶话》）

Dans mon pays natal, on pense que en servant les invités, il faut emplir le verre de vin mais verser le thé en demi plein, parce que emplir la tasse à thé signifie un irrespect, même une malédiction pour les invités. (traduit par l'auteur)

这是一个在中国民间广泛流传的谚语。采用直译的方法完全保留中国文化内涵。当国外读者读到这句时，他们也许会有点疑惑，但经过仔细思索之后，又可以体会出其中的内涵。通过这个翻译，他们可以更清楚地了解中国的传统礼节。

四、结论

民俗是一部写不完、说不尽的书，是珍藏在民间的一项极其宝贵而丰厚的精神财富，是文化重要的组成部分，具有旺盛的生命力和无限的文化魅力。外宣材料中民俗文化词汇的翻译工作对于推进跨文化交际，推动中国民间艺术的繁荣和丰富世界文化都具有深远意义。此外，未来的外宣材料中民俗文化词汇的翻译研究，还需要在更全面，更系统地收集数据的基础上，得出一个更细致的结论。笔者衷心希望本文能有助于民俗词汇的翻译研究，并将在未来在此领域进行进一步的研究。

参考文献：

[1] 蒋红红. 民俗文化翻译探索[J]. 国外外语教学，2007，(3): 52.

[2] 钟敬之. 民俗学概论. 上海：上海文艺出版社，1988.

[3] 孙欣. 浅析目的论翻译原则[J]. 科技创业家，2014，(6): 36.

[4] 杨东芳. 民俗文化负载词汇翻译探索[J]. 科技创新导报，2009，(14): 220~221.

[5] Nida, Eugene A. Language and Culture: Contexts in translation, Shang hai: Shang hai Foreign Language Education Press, 2001.

借鉴西方翻译理论丰富我国传统译学
——以德国功能派为中心

2015级　朝鲜语口译　程乐

摘　要：近一二十年来，我国的翻译研究虽然取得了重大进展，但现有的翻译理论大部分是西方的翻译理论，中国并未形成自己的成熟的理论体系，中国传统译学理论未有实质性的丰富发展，我们应从西方的翻译理论，特别是德国功能派的翻译理论中汲取营养，通过学习和借鉴国外译学界先进的翻译理论来发展自己。

关键词：翻译理论；传统译学；德国功能派；学习借鉴

一、中国的传统译学

翻译在中国有着悠久的历史。据我国翻译史研究专家马祖毅推测，我国在夏朝就有了翻译活动。在《周礼·秋官》中关于周朝翻译官职象胥的记载更有力地证明了我国翻译活动之长。在中国，对于翻译的认识体系独具特色。陈福康将中国传统译学理论的发展分为古代、晚清、民国、1949年以后，这四个阶段。在漫长的翻译史上我们始终围绕着"怎么译"的问题展开，严复的"信达雅"，后来的"因循本旨，不加文饰"，"五失本""三不译"等都是依据这个问题展开的。可惜的是，这些传统的译学理论都是着眼在微观和具体操作的层面上，并未形成一套成熟的理论体系，当然这些译学理论也并非属于纯理论。

在中国的传统译学中，最具代表性的应属严复的"信达雅"。信即忠于原文，达即译文行文流畅，雅即典雅，有文采。而后又出现了

"神似""化境"等标准,这些翻译标准似乎还是存在着一定的局限性,严复的"信达雅"标准仅限于翻译作品的文学性,不能适用于一切的翻译。现今的中国翻译研究当然不仅专注于文学作品的翻译,其他领域的翻译如科技翻译、翻译批评等都蓬勃发展,因此借鉴西方的翻译理论从交际视角来进行系统的理论研究是很有必要的。西方的翻译研究早已不局限于翻译文本的研究,而是从不同的视角进行深度剖析,如将目光投向译文的发起者、翻译文本的操作者(译者)、接受者。这些无疑是翻译研究的重大进展和深化,特别是德国功能派的理论研究更是拓展了翻译研究和理论的视野。

二、西方的主要翻译理论

在西方译界最具代表性的主要有:尤金·奈达的功能对等翻译学派,彼得·纽马克的语义翻译和交际翻译学派,以及德国功能主义翻译学派。

奈达被誉为西方"现代翻译理论之父",他理论的核心内容是"动态对等"即:词汇对等,句法对等,篇幅对等,文体对等。奈达的理论主要从结构主义的角度出发,将关注的焦点集中在源语文本上,把它作为一个封闭的系统进行研究。

纽马克最著名的翻译理论核心应属语义翻译和交际翻译,二者是交际学和语义学在翻译领域中的运用。他的理论强调语言的共性,突出翻译功能,这比传统的理论更为科学,特别是他提出的"翻译是一种情趣"突出了译员的能动性,允许一个作品有几个译文的存在,打破了"一刀切"的翻译标准,具有重大的意义(陈建勇,1999)。

德国的功能派则与上述的翻译理论截然不同,从解构主义视角提出了著名的翻译理论——翻译目的论。其既继承了传统译论的合理部分又突破了其束缚。该派理论的核心内容为三个部分:翻译的定义和本质,翻译过程中参与者的角色,功能原则的提出。

任何理论的提出都是以理论假设为前提的,用来指导翻译活动。因此,做翻译前,理论学习是必不可少的一部分。理论指导实践,扎实的理论基础,再加上技巧才能更好地进行翻译工作。特别是在 MTI

教学中，这一点常常被忽略，所以更要重视起理论的学习。

三、德国功能派理论简介

（一）翻译的定义与实质

翻译被普遍认为是一种跨语际的实践，两种语言符号之间的转换活动，当然不是两种语言符号简单的、机械的复制。语言是文化的载体，语言的差异性就决定了翻译的存在，所谓无差异无翻译。对于翻译的定义，自人类出现翻译活动以来并没有发生重大的变化，尽管后来各个学派从不同的角度来研究翻译，但关注的焦点依旧是"从一种语言"转化到"另一种语言上"。功能派给出的定义也是如此，但与其他派别不同之处在于，功能派注意区分翻译与翻译行为这两个概念。他们认为，翻译行为是为实现信息的跨文化、跨语言而进行的复杂行为，而翻译只是以原文为基础的一种翻译行为。思考这一概念的视角是也值得我国传统译学进行研究的。

（二）翻译原则与标准

功能派的代表人物威密尔提出"目的论"，这里的目的主要被归为三大类，其中最主要的指译文的交际目的，并且以文本目的为翻译过程的第一准则。功能派注意区分翻译与翻译行为这两个不同概念，解释翻译的定义时指出了翻译具有行为性和文本加工性。这就完全推翻了把译文与原文对等作为翻译第一标准的地位。虽然，他们也承认对等关系的存在，但是只把它看成译文与原文关系中的一种关系。特别是莱斯在《翻译理论基础概述》中指出，译者在整个翻译过程中的参照系不应为"对等"翻译理论所注重的原文及其功能，而应是译文在译语文化环境中所预期的一种或几种交际目的。在功能派看来，翻译原则是分两类的，即普遍原则（目的原则）和特殊原则。虽然还涉及了其他原则，如连贯性原则、忠实性原则等，但它们都是从属于目的原则的。而这里特殊原则的运用则是由译者掌握的，据翻译的特殊情况而定。功能派充分考虑到了译者的主观能动性和对目的的认知，突显了译者的重要性。如果把中国的"信达雅"与功能论相比较的话，"信"忠实于原文，即忠实原则。"达"与连贯性原则有共同之处，它们都要求对读者负责，即译文能为读者理解接受。"雅"的提出则体现出译者翻译目的的明确（钟伟合、钟钰，1999）。尽管有相似之处但中国的"信达雅"较功能派的翻译论还是有所差距，考虑对象的局限性和思路欠缺，中国的传统译学还可以从其他的视角参考功能派理论进行进一步的完善，有进一步提升的空间性。

（三）翻译过程的参与者

功能派在研究翻译过程中参与者的角色问题上，与传统翻译理论认为涉及的三方面参与者不同，加入了翻译的发起者，这是其独特之处，是以往理论未涉及的。功能派认为决定交际目的的不是作者，而是翻译的发起者。同时，他们认为，与发起者相比，原文的生产者并不是很重要，他们只是提供了原文，而翻译的发起者则是需要译文的人，由他构成了翻译要求，从而以此来指导整个翻译过程，发起者起着关键性作用。因此，功能派研究发起者的基础上又提出了"翻译要求"这一核心内容。"翻译要求"说明了所需要的是哪一种类型的翻译。在翻译类型确定的情况下，我们对于直译或意译的选择才会更明确，更清晰。功能派的研究视角借鉴了接受美学等理论，更加注重翻译参与者的作用，已不再将所有的重点归结于"如何译"的问题，而他们所运用的理论也是在我们传统译学观点中未涉猎到的，其理论视角的独到之处恰恰是我国传统译学应思考和学习的地方。

四、学习借鉴之必要性

随着我国对翻译领域研究的重视，近年来国内已有学者注意到我国翻译界在翻译理论认识上的一些不足，并且指出"目前中国的描写性翻译研究缺乏严密的理论体系和令人信服的理论深度和广度，因为经验之谈难以自成体系，尤其是，还有一些学者仍然将理论看做是对语言表层结构转换技巧的研究"（王东风，1997）。能够认识到理论体系的不完善之处是我国翻译研究的一大进步，但是现阶段的研究又常常陷入其他的误区，习惯于强调"中国特色""自成体系"，忽视了理论的共通性，甚至因热衷建立中国特色的理论体系而拒绝、排斥学习西方翻译界先进的翻译理论。这种行为是极其不可取的，真正的中国特色绝不是脱离"共性"的"个性",没有理论的共通性,便没有理论的特色性。

现代西方的翻译理论研究思路和学术视野比中国似乎更显开阔,这一现实我们不能否认。在追求建设中国特色理论体系的同时,要认识到西方翻译理论对于中国的传统译学发展是有积极促进作用的,学习借鉴才是自创理论体系的智举。特别是西方的功能派理论,是值得我们思考、学习的。

德国功能学派理论出现在奈达的对等理论盛行的年代,功能论能摆脱对等理论的束缚,形成自己的理论体系,其勇气可嘉。此外,功能派从解构主义的视角出发来进行翻译研究,这一领域也值得固守结构主义进行研究的我们去探索。它向我们提供了崭新的视角和思路,我们在发展传统译学的过程中,既要不盲从地借鉴优秀理论,又要深度挖掘传统译学的历史价值,在构建共性理论的基础上,实现中国特色。

参考文献:

[1]陈建勇. 关于彼得·纽马克的《翻译教程》[J]. 零陵师范高等专科学校学报, 1999, (2): 80.

[2]刘晓霓. 论西方三大翻译理论流派及其代表人物[J]. 人文高地, 2014, (34): 322.

[3]王东风. 中国译学研究:世纪末的思考[J]. 中国翻译, 1997, (1): 8.

[4]谢天振. 国内翻译界在翻译研究和翻译理论认识上的误区[J]. 中国翻译, 2001, 22, (4): 2, 4.

[5]钟伟合,钟钰. 德国功能派翻译理论[J]. 中国翻译,1999,(3): 47~49.

浅谈合作原则在英汉互译中的应用

2014 级　英语语言文学　高俊培

摘　要： 格莱斯的合作原则是语用学重要的理论之一。与此同时，翻译是一门跨文化交流的学科，架起了源语与目标语之间的桥梁，使得跨文化的交流更方便。合作原则和翻译都是人们的语言交流，因此二者在一定程度上有互通的地方，本文将从英汉互译实例入手，浅谈格莱斯的合作原则在英汉翻译中的应用。

关键词： 语言学；合作原则；英汉互译

一、合作原则及翻译

20 世纪 50 年代，英国牛津大学哲学家格莱斯开始构建合作原则这一理论，但这一理论直到 1967 年才公诸于世，并迅速成为了语用学这一具有强大生命力学科的重要理论之一。格莱斯认为，在日常生活中人们并不总是直白的告诉对方某些事情，而是暗示对方，因此格莱斯试图弄明白人们是怎样传递没有明确说出来的"含义"（implicature）的。于是，格莱斯发现了人们的会话是有规律可循的，他指出："我们的交谈通常不是由一串互不相关的话语组成的，否则就不合情理。他们常常是合作举动，至少在某种程度上；参与者都在某种程度上承认其中一个或一组共同目标，一个彼此都接受的方向。"（Grice, 1975: 45）换句话说，我们好像遵循了这样的原则："使你所说的话，在其所发生的阶段，符合你所参与的交谈的公认目标或方向"，这个原则就是格莱斯提出的合作原则（Cooperative Principle），为了进一步具体说明

合作原则,格莱斯引入了下面四条准则:
(1) 数量准则:使你的话语如(交谈的当前目的)所要求的那样信息充分;不要使你的话语比所要求的信息更充分。
(2) 质量准则:设法使你的话语真实;不要说自知是虚假的话;不要说缺乏足够证据的话。
(3) 关系准则:要有关联。
(4) 方式准则:要清晰;避免含混不清;避免歧义;要简练(避免冗长);要有序。

在人与人的交流中,大多时间说话人和听话之间都遵循合作原则及其四条准则,但是不能否认,正常的交谈中,由于种种原因,说话人或多或少会违反合作原则及其四条准则,因而,"含义"就产生了。

翻译是一门跨语言交际的学科。英汉互译即是译者在英语和汉语文本之间进行语言转换,从而使目标语读者能够与源语言读者有相同的读后感受。作为英汉互译的译者,译者架起了英语文本与汉语文本之间的桥梁,如果用格莱斯的合作原则去看待翻译这一过程,则源语文本即是讲话者,目标语读者即是听话者,在这一组特殊的讲话者和听话者之间,还有一个特殊的角色,就是译者。在翻译过程中,译者不仅要做一个合格的源语听话者,能够完全理解源语文本,还要做一个合格的源语文本的代言人,能够将源语文本的全部内容传达给目标语读者。

二、合作原则的四个准则在英汉互译中的应用

(一) 数量准则在英汉互译中的应用

数量准则要求话语应同所要求的信息一样充分,且不能使自己提供的信息过于充分。这一准则在翻译过程中被体现为翻译时,译者要根据源语文本的内容,为目标语文本提供足够充分必要的信息,检测译本是否提供超出源语文本内容的信息。

由于中英文的差异,二者在表达同一句子时会有不同的方式和结构,因此,在翻译过程中,译者要格外注意去探求源语文本的内容,并如实地表现在译文文本中,在翻译过程中,适当地增减源语文本中的

词语与表达,从而忠实、地道地表达源语作者想要传达给读者的内容。
如以下翻译实例:

Histories make men wise; poets witty; the mathematics subtle; natural philosophy deep; moral grave; logic and rhetoric able to contend.

读书使人明智,读诗使人灵秀,数学使人周密,科学使人深刻,伦理使人庄重,逻辑修辞之学使人善辩。

这一译例中,英文表达除第一句是一个完整的句子外,其余都是成分残缺的句子,这样一个成分残缺的句子在源语言读者看来完全可以接受,而且是非常地道的表达,可如果按照源语结构翻译成中文,虽经揣度亦能知晓作者的意思,但会令中文读者感到不舒服和费解。因此,在处理这句的翻译时,译者将英语中成分残缺的部分用"使人"一词填补上来,使译文能够在准确的传达作者意思的同时又合乎中文的语法,能够使读者忠实的感受原文作者表达的内容。

又如以下译例:

留得青山在,不怕没柴烧。
So long as green hills remain, there will never be a shortage of firewood.

这句谚语对于母语为汉语的人来说耳熟能详,并且没有不妥,但是如果在翻译过程中不把原句隐藏的"只要(留得青山在)"这一意思表达出来,那么英文读者就会感到译文莫名其妙,不知译文所云,在翻译时,译者加上了"so long as",不仅把原文隐藏的两小句的关系翻译了出来,也使译文非常流畅地道,重要的是传达了原文的内容,不会被译文读者所误解。

由此可见,在进行英汉互译时,译者应当根据合作原则的数量准则,牢牢把握原文,忠实传递原文。牢牢把握原文,不是简单地逐字翻译，而是在综合考虑下，把握原文所要传达的意思与内容，从而根据数量准则，忠实的传达给译文读者。

（二）质量准则在英汉互译中的应用

质量准则要求讲话人讲的话语都是真实的，不说自知是虚假的话，不说缺乏证据的话。这一准则在翻译中则体现在译者要根据原文内容，译出恰当的译文，使译文真实可靠，既不能言过其实，亦不能轻描淡写。

如以下译例：

> She is a girl in a million.
> 她是个百里挑一的姑娘。

如果按照字面意思去看，原句的中文意思便是"她是百万里的姑娘"，million 译成"百万"看似同原文一样，均是数字，但是殊不知违反了合作原则的质量准则，原句是在写姑娘长相或能力优秀，是某一方面的佼佼者，而不是突出姑娘来自于"百万"，虽说原文用了"million"，也是一种夸张的手法，而在翻译时，不必理会其确切意思，只要译出真实的内容即可，例中的译文非常好，不仅译出了"佼佼者"的含义，也恰好用了汉语中"百里挑一"这一含有数字的中文词语，可谓恰到好处。

再如下面这个译例：

> 妈妈对小明说："下次你再不及格，看我拧断你的脖子！"
> Mother said to Xiao Ming,"If you should fail again, I would surely teach you a lesson."

在中文中，经常出现很是夸张的语句，比如"恶心死了""难过死了""高兴死了"等等，这是说恶心、难过、高兴到了极致致使人死了么？当然不是，这只是一种中式夸张用法，翻译时要格外注意。原话是典型的中国式父母教育孩子话语，虽说孩子考试不及格家长很是生气，但孩子考试不及格也无需将孩子的脖子拧断，如果真是那样，岂不得不偿失。其实原文要表达的是对孩子下次如果考试不及格的一种警告，并非真正那样去惩罚孩子，如果按照字面去翻译，必将酿成笑话，同时可能会让英语为母语的人们读到译文后对中国"虎爸虎妈"的教育深感害怕，从而再次发起对中国人权的调查。而例中译文对原文的处理恰到好处，可以看出，译者理解原文的内容，并没有干巴巴的翻译原文，从而造成错误，而是用"teach sb a lesson"这一短语来翻译"拧断你的脖子"，译文真实贴切，符合合作原则的质量准则。

由此可见，在翻译时，译者应当遵从质量原则，要将原文真实的意思用目标语表达清楚，切不可乱译，传递假信息，从而使读者曲解原作者的意思，避免闹出笑话或惹出什么相关事故。

（三）关系准则在英汉互译中的应用

关系准则要求说话者所说的内容要与谈话主题相关，这一准则在翻译中则体现为译文应当符合译文所在的语言文化环境，从而产生语用效果。

在汉译英中，常见的就是极具中国传统文化特色的"龙"这一名词的英译。龙是中华民族传说中的一种长身、有鳞、有角的神异动物，能走，能飞，能游泳，能兴云作雨，常做图腾用，是一种虚构出来的生物，现实生活当中并不存在，是虚构的，还是中华民族所特有的，因此翻译这个词就难了。在英语中，有"dragon"，是西方神话中一种强大的生物，外形类似一只长着类似蝙蝠肉翼的蜥蜴。虽说"龙"与"dragon"类似，但是所展现出来的意义却截然相反，在汉语中，龙是吉祥的，积极的，而"dragon"则是邪恶的，消极。起初二者可互译，后来翻译家觉得不妥，应当用"Chinese dragon"来翻译龙，以示区别西方邪恶的"dragon"。

同时汉语有"吃喜糖"一说，即如果询问对方何时结婚，则问"何时吃你的糖"，如果单纯将吃糖译成"eat candy"，那必使英语读者不知所云，此时就有必要在翻译时加少许词汇，以使原作者的意思在译文中更加明晰，如可将"wedding"做定语修饰"candy"。

关系准则在翻译中的准确运用，能够很好地传达原作者的意思，译文也能够很好地融进译入语的大背景下而不显突兀，使译入语读者有好的读后感受。

（四）方式准则在英汉互译中的运用

方式准则是指，说话人所说的话要清晰，没有歧义或含混不清，话语要简练且有秩序，这一原则在翻译当中，则表现为译文要简洁明了，内容清晰。这一原则在商标的英汉互译上极为常见。

"玉兔"这一商标的英译按字面来说应是"Jade Rabbit"，但实际上它的英译是"Moon Rabbit"，这是因为"玉兔"一词是具有中传统文化特色的词汇，作为中国人，大家都知道玉兔是神话中住在月宫上的嫦娥仙子的宠物，提到月兔大家都会想到嫦娥仙子，从而想起嫦娥仙子的住所月亮，因此"玉兔"也是月亮的代称，因而"Moon Rabbit"这一英译便更胜一筹，不仅体现了我国古老文化的风采，读英文也不会让人产生误解（如采用"Jade Rabbit"，有些人就会误认为是玉做的兔子）。

美国的影印机商标为 Rank Xerox，香港音译为"兰克施乐"，让读者读后不知多云，后改为"全录"，便广受欢迎。"Xerox"的中文意思是"用静电印刷术复制"，这与"全录"并非完全一个意思，但二者却有联系，非常的好。该译名不仅简洁，而且也道出了品牌的用途，不失为好的翻译示例。

三、总结

翻译是译者同原文做的一次交流，而后将原文的意思用目标语的形式传达给目标语读者，从本文可以看出，合作原则和翻译不是互相独立的，而且是可以互相借鉴的，运用合作原则及其四个准则，译者可以好好地把握原文意思，从而忠实有效地输出译文，从而使译文读者能够有原文读者同样地读后效果。除了在翻译过程中运用合作原则及其四个准则来完成翻译工作外，合作原则及其四个准则还可以用来评价译文的质量，翻译前和翻译后均使用合作原则，输出的译文必将是高质量、高水准，忠实地传达出原文作者的意思。

参考文献：

[1]胡壮麟. 语言学教程（第三版中文版）[M]. 北京：北京大学出版社，2012.

[2]陈新仁. 新编语用学教程[M]. 北京：外语教学与研究出版社，2009.

[3]刘军平. 西方翻译理论通史[M]. 武汉：武汉大学出版社，2009.

[4]张培基. 英汉翻译教程[M]. 上海：上海外语教育出版社，2009.

[5]Grice, H. P. Logic and Conversation. Cambridge, MA: Harvard University Press, 1975.

[6]Hickey, Leo. The Pragmatics of Translation[M]. Britain: Multilingual Matters Ltd, 2000.

从傅雷的《约翰·克利斯朵夫》译本浅谈翻译的文学性

2014级　法语笔译　黄潇梦

摘　要：本文以文学性的基本理论导入，以傅雷译本的精彩章节为例段，以文本分析为基础，综合运用多种分析方法，立足于法文章节，对傅译《约翰·克利斯朵夫》中具体的文段进行分析解读，还原翻译活动的发生背景、理论支持与翻译特色，运用多种方法对翻译的方法以及过程进行论证，以展示傅雷在法文翻译方面独特的追求与特点。

关键词：翻译；文学性；约翰·克利斯朵夫；傅雷

一、选材中的"时代精神"

文学性是一个比较笼统的概念，体现在翻译中的多方面。它是众多作家和翻译家在作品中孜孜不倦追求的目标。纵观古今中外，涌现出了无数著名的翻译家，而傅雷便是其中一位极为优秀的翻译家，译作《约翰·克利斯朵夫》作为其代表作之一，融合了翻译的文学性，将傅雷翻译理论很好地体现了出来。

傅雷之所以能将原文翻译得如此传神，是因为他选取了符合时代潮流的作品，作品符合中国青年的生活现状。傅译对当时处于迷茫时期的中国青年起到了醍醐灌顶的作用。

二、实现译著文学性的基础

《约翰·克利斯朵夫》第一部开头文字:"Le nouveau-né s'agite dans son berceau. Bien que le vieux ait laissé, pour entrer, ses sabots à la porte, son pas a fait craquer le plancher : l'enfant commence à geindre."[①]译文为:"初生的婴儿在摇篮里扭动。老人进来虽然把木靴脱在门外,走路的时候地板还是格格的响:孩子哼啊嗐的哭了。"[②]傅雷在翻译任何文学作品之前,不精读四五遍决不动笔,因为傅雷认为实现译著翻译文学性应建立于熟读的基础上,只有一遍一遍地去阅读原文,才能将此文段中不同人的具体情态描绘出来,才能更好地传达出译著的文学性。

三、"神似"观在傅雷实现翻译文学性中的应用

法文原文中有一段:"Il regardait la fenêtre... Un de ces beaux jours sans soleil, qui, disait Balzac le vieux, ressemblent à une belle aveugle... Christophe s'absorbait dans la vue passionnée d'une branche d'arbre qui passait devant les carreaux."[③]译文是:"他望着窗子……没有太阳,但天气极好,像一个美丽的瞎子姑娘……克利斯朵夫望着掠在窗上的一根树枝出神。"[④]此段的翻译没有循规蹈矩按照原文的格式来翻译。傅雷"重神似不重形似"。如果单单按照字面意思来翻译,则容易生搬硬套,而在注重神似的时候,则更容易将译著的文学性完善,使之更上一层楼。

由此观之,傅雷翻译理论是实现译著文学性不可或缺的因素,翻译是一个复杂的过程,他运用多种翻译技巧与方法来实现翻译的文学性。

---

① 摘自罗曼·罗兰法文原稿 Jean Christophe PDF 格式,第 10 章第 3 页。
② 摘自傅雷译《约翰·克利斯朵夫》,第 7 页。
③ 摘自 Jean Christophe PDF 格式,第 10 章第 261 页。
④ 摘自《约翰·克利斯朵夫》,第 1301 页。

四、通过几个角度来阐述《约翰·克利斯朵夫》中翻译的文学性

选段 1：

La victoire...l'idée fixe qui ne cesse de le brûler, sans qu'il s'en rende compte, qui le soutient à travers les dégoûts, les fatigues, le marais croupissant de cette vie ! Conscience sourde et puissante de ce qu'il sera plus tard, de ce qu'il est déjà !... Ce qu'il est ? Un enfant maladif et nerveux qui joue du violon à l'orchestre et écrit de médiocres concertos ? – Non. Bien au-delà de cet enfant. Ceci n'est que l'enveloppe, la figure d'un jour. Ceci n'est pas son Être. Il n'y a aucun rapport entre son Être profond et la forme présente de son visage et de sa pensée.[①]

胜利……那个执着的念头老在他胸中燃烧，虽然他并没意识到；而他筋疲力尽，不胜厌恶的在人生的臭沟中挣扎的时候，也老是那个念头在支持他！那是一种渺茫而强烈的感觉，感觉到他将来的成就和现在的成就……现在的成就？难道就是这么一个神经质的，病态的，在乐队里拉着提琴和写些平庸的协奏曲的孩子吗？——不是的。真正的他绝不是这样的一个孩子。那不过是一个外表，是一天的面目，绝不是他的本体。而他的本体，跟他目前的面貌，目前的思想形式，都不想干。[②]

选段 2：

Le fleuve a disparu. Il flotte une atmosphère tendre et crépusculaire. Christophe a le coeur tremblant d'émoi. Que voit-il maintenant ? Oh ! les charmantes figures !... – Une fillette aux

---

① 摘自 Jean Christophe PDF 格式，第 2 章第 59 页。
② 摘自《约翰·克利斯朵夫》，第 119 页。

boucles brunes l'appelle, langoureuse et moqueuse... D'autres sourires, d'autres yeux – des yeux curieux et provocants, dont le regard fait rougir –[①]

　　河流也隐没了。只有一片柔和的，暮霭苍茫的气氛在那里浮动。克利斯朵夫感动得心都颤抖了。那是又看到些什么呢？哦，全是些可爱的脸！……——一个黄发垂髫的小姑娘在叫他，带着慵懒与嘲弄的神气……还有别的笑容别的眼睛，——有的是好奇而乱人心意的眼睛，简直把你瞧得脸红[②]

　　文学性普遍存在于话语在结构、功能、篇章、语句、词汇等方面的升华。傅雷的译文很好地从各个角度体现了这些因素。
　　（一）篇章角度
　　傅雷使用"而""那是""难道"等等词汇将文本进行连接，使得文本浑然一体，一气呵成。文学性第二层次的融合是指整部艺术作品的融合，统一性是文学性的基本概念之一，从思想内容上来看，文段极具感染力，将克利斯朵夫的形象很立体地表现了出来，使得我们深刻地感受到了主人公的精神状态以及人生态度，与原文没有些许出入，这便是译文与原文在主旨上的一致性与统一性。在选段1中，可以看到句式的使用并没有集中于复杂句或者简单句，而是综合运用各种句式，使句法变异，频度不一，从而具有了一种形式美，这样读者不会产生审美疲劳，在阅读时得到喘息的机会，更易于接收语言信息。实现文学性的重点在于对语言本身的变形、强化和歪曲，其实就是对原有语言进行系统破坏。那么，就此来看，我们可以说傅雷的译文实现了文学性[③]。
　　（二）语句角度
　　"Ceci n'est que l'enveloppe, la figure d'un jour"中"ne que"的翻译，没有按照字面意思直接翻译成"只，仅仅"，而是翻译成了更符合

[①] 摘自 Jean Christophe PDF 格式，第3章第68页。
[②] 摘自《约翰·克利斯朵夫》，第215页。
[③] 参见杨矗《文学性新释》，2010年。

我们中国人思维习惯的"不过是",这极大地体现了傅雷的译入语与译出语意识。傅雷从译入语文化的角度出发针对译入语的文化特征及其对翻译策略和译文语言层面的影响,在翻译过程中自觉地认识到文化的差异,充分理解到了文化因素对翻译的巨大影响,并用恰当的翻译策略和方法处理文化与翻译的关系,保持了原著《约翰•克利斯朵夫》的特有语境。换句话说,一旦语言本身已经有了具体可感的质地以及特别的感知预设,读者便从中可以感受到文学性。

对于从"sans qu'il"到"de cette vie！"这一句,傅雷将原文的行文脉络打破,重新组织译文,先翻译主句,再翻译从句,让人阅读起来很自然地知道了是什么在支持着"他"度过生命中的不堪。他的译笔前后衔接得天衣无缝。这样的表达也更符合文学性的表达。傅雷用自己的文学修养,用自己的文学积累,用自己认为最合适的文字来表达,依据原文而又超出原文,青出于蓝而胜于蓝,神、形俱到,神、形俱佳,不失色彩,非常通俗、通畅、大众化,更好地诠释了何为"翻译的文学性"。

(三) 词汇角度

选段 1 中,译者在"念头老在他胸中燃烧""老是那个念头"中用了两个"老"字,而没有使用"总是"或者"一直"这种字眼,因为我们一般人习惯说"老",这样的译法更贴近生活,更贴近老百姓的真实语言表达。在特定的日常语境下,比如说这类生活中常见的语句:你为什么老是这样做呀？！抑或是：老这样热下去,还让不让人活啦！使用"老"这个字,能够使整段文本的风格、意境更为贴切地流露出来。语言的接收者能设身处地感受到对方的所思所想与情感态度,另一方面也能够使对方的表达意图顺利、准确地传达出来。而从读者的角度考虑,原文虽然没有明确字眼需要被翻译成"老"这个含义,但是这种表达方式却更利于接受以及对原文思维脉络的理解,达到事半功倍的效果。而作为语言接收者的我们,在这样的翻译环境中,也变成了自主的语言接受者。从这个角度上看,傅雷很好地实现了译文的文学性。

"渺茫而强烈的感觉",这简短有力的表达,却为读者营造出可以想象的画面。形象思维和文学幻想、多义性和暧昧性是文学性最基本的特征，而在这里，我们大可对这种"渺茫而强烈的感觉"进行体会与感知，这种感觉也变得更加立体与贴近读者，傅雷抑或是原著作者罗曼·罗兰（1866—1944）想要在读者身上实现的"文学幻想"便巧妙地传递了出来。同时，稍加玩味，便又可发现"感觉"二字用"渺茫"来形容的情况在普通人身上出现的几率少之又少，而傅雷却冒险用了这一具有震撼力的词来作为 sourde 的翻译。"provocants"本意为"挑衅的，挑逗的，撩人的"，在译文中作者并没有如此直白地去翻译，而是翻译成了"乱人心意的"，翻译得恰到好处，很有分寸，这样更有利于读者的理解与想象。就整个短语 "des yeux curieux et provocants" 以及下文含有 "des" 的名词短语而言，作者用了几个简单句替换了原本仅有的修饰语和名词，使译文意思的表达更为流畅。译文首句中 "a disparu" 的翻译没有使用"消失"二字，而是使用了"隐没"二字，这使原文更加诗意。既显诗意，那必定不是单调乏味的，文学性的内涵在这里也得到了很好的诠释。

（四）意译角度

"Christophe a le coeur tremblant d'émoi" 一句，如果直接翻译，译文便是：克利斯朵夫有一颗颤动着的激动的心。而傅雷并没有如此生硬地翻译，而是采取了意译的方法，这样更加简洁易懂，简洁明快，这便体现了文学性的第一层次，即把其他言语中没有功能作用的结构或关系融合在一起，调动语言产生思想的功能，通过形式结构，产生语义和题材方面的效果。"Une fillette aux boucles brunes" 翻译成了"黄发垂髫"，而不是"垂下来的头发"。"垂下来的头发"属于欧化的译法，而这样的翻译会使读者读起来不甚顺畅，原文流畅、自然的风格荡然无存，"黄发垂髫"则体现了作者为了达到文学性，运用了形象的语言。"dont le regard fait rougir" 翻译成了"简直把你瞧红"，读完此句，读者似乎从脖子至面颊真的红了，这句翻译极为贴切，将读者置身行文之中，感受作者以及主人公的所思所想与心理状态，译文的文学性在这里展露无遗，鲜明生动、感人心魄，同时又不失准确精炼。读傅雷的译文像是在读中文小说原作。这正是傅雷的成功之处，其译本读起来绝不会像经过翻译似的。傅雷翻译的目标就是使"译文仿佛是原作者的中文写作"。因此，更好的意译使原文具审美性，才是更好地实现文学性的不二选择。

由此观之，这便是傅雷翻译的基本技巧与要求，其在《约翰·克利斯朵夫》的傅译本中得到了很好的运用，近乎完美地为实现译文的文学性服务，可谓译文之妙存乎一笔尖。

参考文献：

[1]罗曼·罗兰. 约翰·克利斯朵夫[M]. 傅雷译. 江苏文艺出版社，1952：1198，215，130，1301，119，7.

[2]Rolland, Romain. Jean Christophe (PDF) [M]. Collection Classiques du 20e siècle.

[3]杨矗. 文学性新释[J]. 上海师范大学学报，2010（2）.

从翻译美学视角
比较分析唐诗《山居秋暝》法译本

2015级　法语笔译　李梦一

摘　要：中国唐诗是我国文学史上永不褪色的瑰宝，让外国读者了解并欣赏我国古代诗歌是众多翻译家们包括国外翻译家毕生追求的目标。在诸多的唐诗中，本文尝试从翻译美学的视角对王维《山居秋暝》的三种译本进行比较分析和翻译批评。

关键词：唐诗翻译；翻译美学；对比研究

一、诗歌翻译美学理论

翻译美学自西方早期、文艺复兴时期，甚至直到20世纪都有着良好的发展势头，以西塞罗、马丁·路德、歌德、亚历山大·泰特勒为代表的西方翻译家和翻译理论家特别关注翻译实践中的审美性或艺术性问题，当代著名语言学派翻译理论家彼得·纽马克和尤金·奈达在讨论翻译现象时同样重视翻译实践中的审美元素。在中国翻译发展史上，翻译中的艺术性和审美性是学界长期讨论的中心话题，甚至可以说中国翻译学发展史就是一部翻译美学发展史。

诗歌是话语在韵律、形态、语义上的最高艺术形式，英国著名诗人雪莱甚至还曾断然否定诗歌的可译性，他说："译诗是徒劳的，把一首诗作从一种语言译成另一种语言，犹如把一束紫罗兰扔进坩埚里，试图由此欣赏到它们原有的色调和芳香来，实属不智也。"但是，这种观点并没有阻挡学者们的尝试，因为诗歌体现出的意美、诗美、韵律之美，是不少学者难以割舍的。对于译作评判的标准，历来都是众说纷纭，从近代严复的"信、达、雅"到20世纪30年代林语堂的"忠实、通顺、美"，再到60年代钱锺书的"化境"说，80年代后受奈达"动态等值"理论影响又出现几家标准，但无论哪一个标准，追求的都是译作与原作"双生"，更何况文学翻译本无统一标准，其最高标准便是最佳相似度（辜正坤，1994：471）。因此，译诗对译者有着特殊的要求，即诗意、诗形、选词、韵律、节奏、押韵、气势和意境等方面都应与原诗相似。

二、法汉诗歌的特点

无论从题材上、形式上，还是审美取向上，法语诗歌与汉语诗歌都存在着极大的差别。法语诗歌多以史诗、抒情诗、叙事诗为主，以主题定格律。汉语诗歌格律是固定的，作者有选择格律的自由，但没有改动格律的权力。格律运用得当，可以有助于主题的发挥，反之则可能成为障碍。诗人抒发感情时可以指点江山，挥洒自如，但诗律格式则是不可逾越的。除此之外，作为载体的语言也是造成法语诗歌与中国诗歌区别的最大原因之一。

就语音而言，法语属于拼音型抽象性文字，拼音文字贵在有一整套完整的形合手段：有词根、词缀、词形、词性。法语诗的节奏单位体现在音节的轻重上，汉语诗的节奏单位则是单个的字，因为汉语一个字就是一个音节。拼音文字的诗强调运用词的"轻重"节奏；中国诗的优秀体现在字的平仄成调上，这些都是言语的特点使然。谈到诗意，法语诗直陈而写实，体现着法兰西民族的思维。汉语诗含蓄而抽象，彰显着汉民族的思维跳跃而连贯。法语诗朴实而无华，汉语诗绚丽而多彩。所以，唐诗的法译深刻考验着译者的文字功底。诗歌有字数的限制，有韵律和行数的要求，有审美与寓意的追求。

三、原诗解析

山居秋暝

空山新雨后，天气晚来秋。

明月松间照，清泉石上流。
竹喧归浣女，莲动下渔舟。
随意春芳歇，王孙自可留。

作者王维（701—761），字摩诘，是盛唐时期著名的诗人，崇信佛教，被后人称为"田园诗人"，这首诗描写了清新、幽静、恬淡、优美的山中秋季的黄昏美景。全诗动静结合，相辅相成，相得益彰。

四、译本的比较分析

译本一：

  Soir d'automne en montagne
  Pluie nouvelle dans la montagne déserte
Air du soir empli de fraîcheur d'automne
Aux rayons de lune s'ouvrent les branches de pin
Une source limpide caresse de blancs rochers
  Frôlant les lotus passent quelques barques de pêcheurs
Rires entre les bambous : c'est le retour des laveuses
Ici et là rôde encore le parfum du printemps
Que ne demeures-tu, toi aussi, noble ami?

译者程抱一，法国著名华裔作家，法兰西学院终身院士，诗人、书法家。

译本二：

  Soir d'automne dans la montagne
  Après une pluie fraîche dans les monts vides
  Au soir, l'air s'imprègne d'automne
  La lune éclaire parmi les pins
  L'eau pure coule sur les pierres

Les bambous bruissent au passage des blanchisseuses
Le lotus s'agite quand se lance le bateau-pêcheur
Les fleurs printanières se fanent à leur gré
Mais vous mon noble ami pouvez rester

译者胡品清,我国现代女诗人,作家,文学翻译家,文学研究家。
译本三：

Un soir d'automne dans le mont
Après une pluie fraîche le mont est vide
L'air au soir s'imprègne d'automne limpide
Au clair de la lune les pins verdoient
Sur les cailloux les eaux pures ondoient
Les bambous réveillés par les blanchisseuses
Les lotus vibrent au passage des pêcheuses
Quoique fanées soient les fleurs de printemps
L'amoureux de beauté pourrait rester pourtant

译者许渊冲,从事文学翻译长达六十余年,被誉为"诗译英法唯一人",翻译家。

三种译本各有千秋。译本一讲究一部分直译法,如把"新雨"译为"pluie nouvelle","春芳"译作"le parfum du printemps",一部分加入自己的审美,如把"空山"译作"la montagne déserte"(荒山),"明月"译作"aux rayons de lune"(月光),还有就是加入修辞手法,把"明月松间照,清泉石上流"拟人化。诗歌的用词并不以雅俗为标准,而是要求能传递诗人的思想与情感。"清泉石上流"的"流"译为"caresse"(抚摸,轻抚),生动地表现了诗人笔下的丰富情感,也是诗歌、诗人和译者的共鸣,所谓译诗如诗,诗人译诗,大概就是译者有诗人般的感情,能够感同身受。再者,译者把颈联的两句诗的顺序颠倒了,这是一种先景物后人像的画面感描写,几只渔船在莲叶间擦过,竹林里有笑声：因为这是浣女回家的路。中文诗讲究意会，往往用词简洁，这时候译者的审美感受难以言传，用语言表达审美感受或多或少存在着意义的丢失或变形，但这种在翻译过程中的变形也可能具有一定审美价值。不过这样难免有些不忠于原诗的疑感。最后，尾联本是陈述句，译者翻译为疑问句，有种西化的意味在里面，好像在与读者交谈：春天的芬芳到处游荡，你不留下来吗，我尊贵的朋友？译文更亲切注重交流感，加强了情感表达，但破坏了原文律诗的格式，这也是诗歌翻译的一大难点。保留形式或保留意境，两者很难兼得，这也正体现了弗罗斯特说的：诗就是在翻译中丧失掉的东西。

　　译本二主要采用解释性译法，与译文一相同的是形式上打破原文框架，完全抛开韵脚，没有遵循原诗的音律感。译诗，实际上是用新的语言重新创作，如果因为被诗歌形式所困，即便最大的近似度上再见了原文的格律，也未必能忠实再现原作的意境和押韵，而只能让译文读者知道原作大致的面貌（许钧，2001：116～118）。解释性翻译让译文在整体上准确反映了原诗的含义。原诗言语简洁，意境悠远，"天气晚来秋"译作"l'air s'imprègne d'automne"是一种意境上的补充，和原文画面相对应；而颔联的翻译也可与原诗完全对应，是一种形式兼内容的直译，词性也可一一相对，简洁明朗。相比之下，颔联稍显冗长，为了补全原句风貌和让译文读者有更好的了解，原诗两个动词，译文三个，结构上有所调整。此外，"浣女"的翻译，无论是译文一中的"laveuses"还是译文二、三的"blanchisseuses"都只是一种意思的填补，失去了原作的意味。这是文化上的缺失所造成的，中西文化迥异，同样是洗衣服的古代女子，在法国人印象中是一种，在中国人眼里又是另一种。原诗中，诗人隐居终南山下的辋川别墅，读诗时仿佛能看到穿着唐朝服饰的女子拿着木桶和捣衣杵穿过竹林的婀娜身姿，秋雨过后山清水秀，让人心旷神怡，诗里动静结合，相得益彰。尾联原诗中没有主语，译者用"vous"作主语，与译文一相似，用第二人称来突出交流性，仿佛正在和读者进行对话。正是因为原诗作者的模糊表达，让译者有了自己的发挥，在汉译法中，译者需要迎合法国人的表达习惯。傅雷曾说：西人重分析、细微、曲折，挖掘唯恐不尽，描写唯恐不周；我人重综合，重归纳，重暗示。这也是诗歌翻译面临的一大难点，中文的留白让人遐想无限，读者可以根据自己的想象营造诗中景象，法文重细节，解释性翻译可以准确反映原诗的含义，重塑原诗呈现的画面，但某些缺失在所难免。

译本三讲求韵律美，重视诗歌形式。译文中，译者根据法文的文学习惯创造韵脚，按照诗歌写作方法构建句子，使译文读起来朗朗上口，句子长度也尽量相似，在形式上力求忠实原文。例如，首联结尾"vide"和"limpide"押韵，颔联结尾"verdoient"和"ondoient"押韵，颈联结尾"blanchisseuses"和"pêcheuses"押韵，尾联结尾"printemps"和"pourtant"押韵，呈 AABBCCDD 的形式，即每两句押同一个韵。这与法国诗歌中的平韵（les rimes plates）相似，这样的翻译让译作像原诗一样具有音乐感和韵律美，让人印象深刻。这也符合译者本人提出的"三美"理论，即"意美，形美，音美"，他在《翻译的艺术》中也曾指出：唐诗的"音美"，首先是押韵。如果没有押韵，也就不可能保存原诗的风格和情趣。除此之外，译者还注意了词性对照，"明月松间照，清泉石上流"一句，译者也同样用了主语、谓语、状语，且两句形式一致，对仗工整，让人看起来赏心悦目；尾联中的"春芳"在译本二和译本三中都被译作春天的花朵，原文是春芳，春天的芳菲，诗人王维在甄词酌句的时候用了"芳"而不是"花"，应该是有自己的意境在其中，所以译者在选词翻译的时候也该仔细斟酌，是摒弃字形取其内容，还是保留字形让读者继续思考，这也算是翻译界亘古不变的争论话题。再有就是最后一句"王孙自可留"，译为"l'amoureux de beauté"主观性太强，诗中"王孙"原指贵族子弟，这里是泛指山居的人，当然包括王维自己在内。刘安《楚辞·招隐士》："王孙兮归来，山中兮不可以久留。"这里的"王孙自可留"是反用其意，表明自己决意归隐山中，译为"美丽的情人"有些歧义，诗人表达的意思很含蓄，让人无限遐想，给读者留下驰骋想象、自己领悟的空间，译者根据自己的判断翻译，难免有失客观。

五、结语

在分析唐诗《山居秋暝》的三种法译版本之后，可以看到三位翻译大师在译文诠释中各有各的优点，同时也存在些许缺憾，诚然，诗歌翻译很难尽善尽美，从另一角度看，不完美的译本有着缺失之美，译者给读者带来的感染力也是不可磨灭的，诗歌翻译值得我们不断探讨、不断深究。

参考文献：

[1]辜正坤. 翻译标准多元互补论[S]. 翻译新论[C]. 湖北：湖北教育出版社，1994.

[2]胡品清. 唐诗三百首[M]. 北京：北京大学出版社，2006.

[3]许渊冲. 中国古诗词选：汉法对照[M]. 北京：海豚出版社，2013.

[4]李智. 当代翻译美学原理[M]. 北京：知识产权出版社，2013.

[5]许渊冲. 文学与翻译[M]. 北京：北京大学出版社，2003.

[6]许钧等. 文学翻译的理论与实践[M]. 北京：北京大学出版社，2001.

浅析俄语政论语体语词特点与翻译技巧
——以俄罗斯社科院季塔连科院士的报告为例

2015级　俄语语言文学　潘晓彤

摘　要：本文着重分析政论语体中词汇的特点，梳理出几点政论语体中词汇的使用特点和翻译技巧，即术语的高频出现、政论语体言语的概括性、专有名词的表达差异、汉语四字格的使用、对词义的正确选择和词汇的搭配、词类转译和加减词等，旨在为从事政论文本翻译的工作者提供一些参考借鉴，希望引起翻译工作者对政论文本进一步的重视。

关键词：政论语体；词汇特点；翻译技巧

一、政论语体的概述

如果说科学文体或公文事务语体着重强调人类的思维智力活动，文学语体多表达人物的情感世界，那么可以说政论语体是它们的结合体——通过理性的思维活动对事件进行报道，表达作者的情感认知或某种意图，同时附带着影响受众群体情感的功能。换句话说，政论文本为我们了解国内外社会热点开启了另一扇门，是我们关注世界政治、经济格局和文化发展的捷径。

二、俄语政论语体的词汇使用特点

著名俄中关系问题研究专家、俄科学院院士季塔连科发表政治报告《现阶段俄中关系：在俄罗斯全球战略中的意义、现状与前景》（下称《报告》)^①，对俄罗斯近五年的政治情况进行了概括，并对国家发展做出了预判。通过翻译其报告，笔者不仅对中俄近年的关系有了较为清晰的了解，同时总结出以下政论文本的用词特点。

（一）政治术语的高频使用

政论语体中作者大量地使用各行业的术语、缩略语或固定搭配，翻译中多用意译，使译文更加专业。我们可以根据各界统一认可的译法或一般原则总结出一些使用频率较高的词汇，以便精准快速地进行翻译：国际组织、国名等缩略语，如 ATP—亚太地区（Азиатско-Тихоокеанский регион）、ЮАР—南非共和国（Южно-Африканская Республика）、АСЕАН—东南亚国家联盟（Ассоциация государств Юго-Восточной Азии）等；某些固定词组或专业术语，如 социализм с китайской спецификой—中国特色社会主义、полное построение среднезажиточного общества—全面建成小康社会、развивающая сястрана—发展中国家、оружие массового поражения—大规模杀伤性武器；等等。正确地翻译政治术语、专有名词等直接影响整个翻译文本的质量，一旦错译，很有可能对读者造成误判。掌握这些高频词组还可帮助我们对当下国际政治热点在小范围内做出预测。

（二）政论语体语言的概括性

政论语体多以书面的形式体现，语言简练是其显著特征。一般多出现复合词、抽象名词等。下面就《报告》中出现的高频词进行一般性归纳总结：

复合词顾名思义是由一些词干复合形成的，其通过最简手段表达最丰富的意义，体现了经济适用原则（Комиссаров, 1990）。《报告》中大量运用了这种词汇，其中 12 个词频较高的复合词组成了 32 种不同的复合词组，鉴于文章篇幅问题，这里笔者仅列出较有代表性的高频复合词（词组）：многозначительный—意义重大的，многоуровневая система—多层体系，торговоэкономическая связь—经贸联系，взаимовыгодная и взаимовыигрышная программа—互利共赢的规划，

---

① 原文参见：http://www.gup.ru/events/news/lections/titarenko-lection-2.php，译文为笔者翻译。

высокотехнологичная сфера — 高科技领域，многостороннее региональное объединение—多边区域组织，межправительственный механизм—政府间机制等。

抽象名词指表示情感思维、行动状态等抽象意义的名词，具有简洁性、抽象性等特点，在政论文章中经常使用。《报告》中共有9个抽象名词高频率重复出现，包括：стабильность — 稳定性，демократизация—民主化，многополярность—多极化，гегемонизм—霸权主义，взаимодополняемость—互补性，модернизация—现代化，рациональность—合理性，динамичность—动态性，прагматизм—实用主义。这些抽象名词的高频出现正说明了政论语体的概括性和内在的抽象性，需要我们在翻译时言简意赅地表达。

三、政论语体中词汇的翻译

（一）专有名词或特殊事物的表达

需要指出的是，由于国家政治体制的差异，在翻译职务名称时需特别注意因国而异（蔡毅、靳慰然等，2006：18~19）。如《报告》中出现的：премьер-министр，它在俄罗斯指"总理"，而在英国则指"首相"；министр 在俄罗斯指"部长"，在英国指"大臣"；Министерство иностранных дел 在俄罗斯指"外交部"，在日本却指"外务省"。又如，文中出现的 начальник 指的是管理局的局长，而不是其他的什么部长、主任。值得注意的还有，一些词汇除了表达本身的意义外，如果附上政治色彩，那么它本身的词汇意义就会发生改变，其译法也就不同。如《报告》末尾出现的"северные территории"，原意"北方领土"，但不同国家对其翻译大不相同：俄罗斯称其"南千岛群岛"（курильские острова），日本却称其"北方四岛"。翻译中必须注意作者是站在哪个国家的立场进行论述。总体上说，政论作品的翻译首先要做到忠实原文，在此基础上还要有极端严谨的翻译态度，这就要求译者有较强的政治责任感。

（二）政论文本中四字格的运用

政论文在从政治角度对当前社会热点和重大事件做出评论，言简意赅、目的明确、概括总结性高（樊明明，2014：396～397）。四字格词是汉民族在高度归纳总结一般事物特征后提炼出的精华，用语精炼，节奏感强。在翻译俄语政论语篇中采用汉语四字格词符合汉民族读者的心理，对丰富翻译用语起到功不可没的作用。翻译本属于跨文化交际的一种，其形式上是对语言文字的转换，而实质上是进行两种或多种文化的交流和传递。所以，四字格词语可以使用，但不能乱造，应在确切表达原文含义的基础上加以丰富，使用时还应注意文化因素的影响，切忌片面追求四字格的形式。

例一：Важно только, чтобы сухие формулировки о совпадении позиций, стратегическом сотрудничестве не стали слишком привычными и не подкрепленными практическими действиями.

译文：重要的是，不要让与立场一致、战略合作相关的字眼变成一纸空文。

формулировки 在这里指签订的合约或计划中的条款，与 сухие 搭配带有一定的情感导向，指生硬的公式化表达，与 привычный 也相呼应——正是因为这是一种模式化的表述，所以很常见，作者后面也列举了"立场一致""战略合作"这种表述为例。не подкрепленными практическими действиями 用五格表行为方式，指没有落实到实践中。"一纸空文"指写在纸上没有兑现或不能兑现的东西，既表达了前面"条款"之意，也指出了其"未实践性"，符合文章表达。

例二：Первые же мероприятия Года России вызвали мощный энтузиазм китайской общественности, продемонстрировавшей желание дополнить утвержденные культурные мероприятия новыми инициативными предложениями.

译文：俄罗斯年的首次活动激起了中国社会的强烈热情，纷纷建言献策充实文化活动。

此处 желание — "意见"和表行为方式的五格 новыми инициативными предложениями "新建议"，二者均表示提出新的倡议，逐字逐句地翻译虽然能保证与原文对应，但是显得呆板、冗余。"建言献策"中的"建言"和"献策"正好体现了意见和建议这两方面，用在这里恰如其分比较合适。

（三）选择词义及词汇搭配

词汇是语言三大要素之一。俄汉语中词义选取范围不同，同一个词与不同的词汇搭配会产生不同的含义（Федоров，1983）[①]。只有全面理解原文的表达方式和思想内容，从语篇整体风格入手、反复推敲，甚至进行一定的逻辑判断，将词义与句义融合，才能用流畅的语言表达原作。以《报告》中的特色词汇为例：

例三：В орбиту этого спора пытаются втянуть и Россию.
译文：（中国）对此类争端在一定程度上试图拉拢俄罗斯。

орбита чего 原指"轨道""轨迹"。完成体动词 втянуть 意为拉进、拖入，接格为 кого во что。втянуть Россию в орбиту 直译指"将俄罗斯拉入轨道"，即站在自己的一方。因原文作者是俄罗斯人，必然会带有一定的民族情感色彩，因此笔者将其进一步意译为"拉拢"也合情合理。

例四：Проведение национального года России в КНР стало ярким событием в двусторонних отношениях.
译文：俄罗斯年在中国的举办成为了双边关系的闪光点。

яркий 指耀眼的、卓越的，后一种解释多形容人，前一种解释多形容物。"耀眼的活动"显然不符合汉语的表达习惯。"闪光"表示"耀眼的"，"点"表示"活动"，符合汉语表达的同时也充分地表达了原意。

---

① Федоров, А.В. [М]. Основы общей теории перевода. Издательский дом "Филология ТРИ", 1983.

（四）词类转译及加减词

汉俄民族的语用习惯差异较大，翻译时不能刻板地对原文进行复制，必要时应当改变原文中词的词类或进行加词，将原文作者的潜在意图表达出来。很多情况下，为了使行文流畅简洁，还会在译文中省略原文个别单词，这非但不会影响原文，相反是为了更好地达意。

例五：...Президент РФ заявил о готовности наращивать межрегиональное взаимодействие, активизировать выполнение программы сотрудничества...

译文：……俄罗斯愿意加强区域间合作，积极地促成合作方案的实施……

此处动词 активизировать（使积极起来）与动名词 выполнение 连用不能说"使促成积极起来"，而是将其转译为副词"积极地"与动词 выполнение 构成名词性词组，使其符合汉语的表述和语法规则。笔者认为，这种词类的转译对翻译人员打开思路具有很好的借鉴意义。

例六：Китай заинтересован в строительстве мощностей по подземному хранению в объеме...для создания такого объема мощностей потребуется на территории Китая до 300 площадок...

译文：中国有意愿建立一个天然气储量为……的地下储气库……建设如此大规模的地下储气库至少占中国 300 个地下管道存放点……

площадка 意为平台、场地、升降台等。对 площадка 的正确翻译应当结合名词 мощность。мощность 指生产设备，文中指的是地下储气设备，那么 площадка 就不应再翻为升降台或现场等。通过常识推理，天然气通过管道运输，所以 площадка 指的是储气管道的埋放场所，此处最好补译为地下管道存放点。可见，翻译是一门多学科知识交汇的产物，要求译者必须掌握一定的相关知识。

例七：Во время визита в КНР Президента РФ...Находясь в Пекине, В. В. Путин заявил, что...

译文：俄罗斯总统普京访华期间……他表示……

此处翻译中省略了对 Находясь в Пекине 的翻译。前句已提到这是俄总统对中国进行国事访问期间发生的事，政论文中经常以一个国家的首都借指该国家以丰富行文，如果再将 Находясь в Пекине 翻译出来未免显得累赘。而 Путин 是 Президент РФ，所以在该句的翻译中，笔者选择将人名前译，借此在句意不变的情况下保证文章的简洁性。

四、结语

从词汇特点看，俄语政论文本中名词多使用政治术语、缩略词或大量的抽象名词、复合名词，非个人情感色彩的词汇较多，对术语的翻译一定力求正确、干净、不拖沓。需要注意的是，固定词组的搭配需要牢记，但使用时不能生搬硬套，应当慎重的选择。勤查无可厚非，但我们要会用字典、慎用字典，切忌对字典过度依赖。选择合适的词汇进行词义搭配是影响翻译整体流畅和通顺性的关键因素，通过词意的转换或汉字四字格结构还可对文章进行润色，但润色不能过度，理解原意是第一步，如果第一步做不好，翻译得再华丽也无法达到交际效果。政论文本的信息量大且内容丰富，翻译此类文本除了应当具备政治领域的相关知识，其他常识也很重要，最主要的是要对各种政策有所了解。翻译政论文本能使我们关注事实、紧跟热点，这对跨文化交际能力和语言素养的培养有举足轻重的作用，应当得到更为广泛的重视。

参考文献：

[1] 蔡毅，靳慰然等. 俄译汉教程（增修本）[M]. 北京：外语教学与研究出版社，2006.

[2] 樊明明. 现代俄语修辞学教程[M]. 北京：外语教学与研究出

版社，2014.

[3]黄忠廉，白文昌. 俄汉双向全译实践教程[M]. 哈尔滨：黑龙江大学出版社，2010.

[4]Комиссаров, В. Н. Теория перевода[M]. Рыночная школа. 1990.

[5]Федоров, А. В. Основы общей теории перевода[M]. 1983.

浅析中日指示词的对译
——以"这"为中心

2014 级　日语语言文学　宋慧娟

摘　要：本文以鲁迅小说《故乡》及其日语译本为材料，调查了汉语指示词"这"与日语指示词"コ""ソ""ア"的实际对译情况。"这"和日语全系列指示词均可对应。对应频率由高到低依次为"这-コ"＞"这-ソ"＞"这-ア"。此外，结合例句分析了汉语指示词"这"与日语指示词能够对译的各种情况，探明了能够对译的背景与原因。

关键词：中日；指示词；这；こそあ

一、引言

指示词是表示概念的代词，用来指示或标识人、事物或状况。中国的指示代词主要有表近称的"这"和表远称的"那"两大项，而日语指示词则分为近称"コ"、中称"ソ"和远称"ア"三大项。中日指示词在体系分类方面是不对称的。目前对于中日指示词的对照研究主要集中在"这"与"コ"相对应，"那"与"ソ"相对应的情况。比如梁（1986）从远近、已知未知的角度对中日指示词对应进行了分析；王（1985）指出"这"和"ア"，"ア"和"这"是不对应的。但实际运用中"这"与"ソ"或"ア"相对应的例子也有很多。比如：

（1）<u>这</u>畜生很伶俐，倒向你奔来，反从胯下窜了。（鲁迅《故乡》，后文同）

あんちくしょう、りこうだから、こっちへ走ってくるよ。そうしてまたをくぐって逃げてしまうよ。(竹内好译，后文同)

（2）"忘了？这真是贵人眼高……"

「忘れたのかい？　なにしろ身分のあるおかたは目が上を向いているからね……。」

（3）这正如地上的路；其实地上本没有路，走的人多了，也便成了路。

それは地上の道のようなものである。もともと地上には道はない。歩く人が多くなれば、それが道になるのだ。

以上的例子可以看出汉语近称指示词"这"既可以与日语近称指示词"コ"相对应，也可以与中称或远称指示词"ソ""ア"相对应。

二、研究方法与资料整理

本文选取中国著名作家鲁迅先生的小说《故乡》加以考察。首先，从原文中收集包含指示代词"这"的例文，并在日语译本中找到与之相对的日语例文。然后，从现场指示和文脉指示两个角度对例文进行分类，接下来从汉语代词"这"与日语指示词"コ""ソ""ア"的对应情况对两类例文进行分组整理，查看日中指示代词的具体对应情况。最后，在先行研究成果的基础上，分析各组例句中中日指示词的具体用法与对应情况，总结和探明中日指示词能够对应和不能够对应的情况的原因与背景。

三、汉语指示词"这"与日语指示词的对译

《故乡》原文中出现"这"系列指示词共计41例。其中现场指示6例，文脉指示35例。与现代汉语指示词"这"对应的日语译法分四种情况，"コ""ソ""ア"以及省略。

表1 现代汉语指示词"这"的实际日译情况表

	コ	ソ	ア	省略	合计
语境指示	12（34.3%）	9（25.7%）	2（5.7%）	12（34.3%）	3（100%）
现场指示	5（83.3%）	0（0%）	0（0%）	1（16.7%）	6（100%）

从表1可以看出，在现场指示中，与汉语指示词"这"相对应的绝大对数都是"コ"系指示词，占总例句的83.3%，还有一小部分被省略，而被翻译成"ソ""ア"的例句则为零。也就是说，现场指示中，现代汉语指示代词只与日语的"コ"系指示代词相对应。语境指示中，与"コ"对应和省略的情况比例相同，都为34.3%，另外与"ソ"对应的情况也不在少数，因此，语境指示中，汉语指示词"这"与日语指示词"コ""ソ""ア"三项都可以对应。

接下来结合表1的具体例句，对现代汉语指示词"这"所对应的"コ""ソ""ア""省略"四种译法进行具体分析，探明中日指示词的对应关系极其背后的原因。

(一) 现场指示

现场指示即指示词的所指物通常出现在对话现场的情况。这种情况下，"这"基本都被译为"コ"。这是因为在现场指示中汉语指示词"这"与日语指示词"コ"所起的作用是一致的。汉语指示词"这"在现场指示中表示所指物与说话人在空间位置关系上距离较近。而日语指示词在现场指示的情况下，表达指示物与说话人在空间上距离近的情况只能用"コ"来表示，所以汉语指示词中表近称的"这"只能与日语指示词中的"コ"相对应。如例（4）和例（5）的所指物器物或人都在说话人的眼前，距离说话人很近，所以与"コ"相对应。

(4)"我并没有阔哩。我须卖了这些，再去……"
ぼくは金持ちじゃないよ。これを売って、その金で……。
(5)"这是第五个孩子，没有见过世面，躲躲闪闪……"
これが五番めの子でございます。世間へ出さぬものですから、おどおどしておりまして……。

(二) 语境指示

语境指示，也叫做文脉指示，是通过语篇的上下文直接或间接找出所指对象的用法。由表1得知，在语境指示中，汉语指示词"这"与日语指示词"コ""ソ""ア"都可以对应。其中与"ア"的对应占绝大部分。

1."这"—"ア"

（6）西瓜有这样危险的经历，我先前单知道他在水果店里出卖罢了。

西瓜には、こんな危険な経歴があるものなのか。

（7）这少年便是闰土。

この少年が閏土である。

首先从意思来看，"这"指代的都是对上文提到的内容的总结或概括。所指代内容与说话人直接相关，说话人对所指内容是积极的、主观的态度。如例（6）"这么危险的经历"指的是西瓜在长熟之前要面临可能被猹破坏掉的风险。西瓜是作者接触到的事物，且在了解以上情况之后，他表达了一种对西瓜重新认识之后的珍惜之情。例（7）的指示物"少年闰土"在年少的时候与作者一起长大，与他有很大的联系，这句表达了对少年也就是闰土的一种亲近之情。因此，这种场合要选择在时间或心理上表示近称的"这"和"コ"系指示词。

2."这"—"ソ"

从表1可以看出"这"与"ソ"相对应的例子也不在少数，接下来，我们根据例文解析"这"能够与"ソ"相对应的规律，并探明"这"与"コ"对应时与"这"与"ソ"对应时在用法上的区别。

（8）这正如地上的路；其实地上本没有路，走的人多了，也便成了路。

それは地上の道のようなものである。もともと地上には道はない。歩く人が多くなれば、それが道になるのだ。

（9）我那时并不知道这所谓猹的是怎么一件东西。
その時わたしは<u>その</u>「チャー」というのがどんなものか、見当もつかなかった。
（10）"那有<u>这</u>事……我……"我惶恐着，站起来说。
「<u>そんな</u>わけじゃないよ……ぼくは……。」わたしはどぎまぎして、立ち上がった。

以上例句的相同之处是，指示代词所指示的内容与说话人没有直接的联系，是客观事实，或是对对方说话内容的引用，说话人对指代内容是一种客观或消极的态度。如例（9）说话人对"猹"并不熟识，是第一次听说，是对方提到的话题。例（10）的"这"也是引用上文对方的说话内容，且对所指内容持有消极否定的态度。

汉语中之所以用"这"来代指，是因为汉语对话习惯中，说话人和听话人是属于同一范围内的，说话人、听话人的角度是相同的，听话人的角度即是说话人的角度，说话人和听话人是相融合的、单向的角度。例句中指示词指代的内容虽然是说话人所不熟悉的，且心理较远的，但是对于对方来讲是熟悉的，是刚刚提到的话题，在时间上是距离说话人和听话人较近的。与此相对，日本人的内外关系分明。日语对话的习惯中，说话人、听话人是站在对立的角度的，时间、空间或心理上距离听话人近则用"コ"，距离听话人近，说话人远的场合则用"ソ"。

3."这"—"ア"
与"ア"相对应的例句的共同点是，说话人了解指示词所指代的内容，但对所指内容持有消极和反感和不认同的态度，且听话人对所指代的内容并不了解。如例（11）是说话人水生向听话人介绍猹这种动物时说的话。猹破坏西瓜地，说话人对其抱有厌恶态度，且听话人是第一次听说这种生物。也就是说，指代内容在心理上距说话人和听话人两者都远，日语中这种场合用远称"ア"比较合适。

（11）<u>这</u>畜生很伶俐，倒向你奔来，反从胯下窜了。

あんちくしょう、りこうだから、こっちへ走ってくるよ。そうしてまたをくぐって逃げてしまうよ。

（12）"这些人又来了。说是买木器，顺手也就随便拿走的，我得去看看。"

「あの連中、また来ている。道具を買うという口実で、その辺にあるものを勝手に持っていくのさ。ちょっと見てくるからね。」

以上从对汉语指示词"这与日语指示词对应情况的分析可以得知，现代汉语指示词"这"既可以和日语近称指示词"コ"相对应，也可以和表中称的"ソ"和表远称的"ア"相对应。

四、总结

现代汉语指示词"这"与日语指示词"コ""ソ""ア"全部系列均可以对应。对应频率由高到低依次为"这-コ"＞"这-ソ"＞"这-ア"。现代汉语指示词"这"和日语指示词的对应分两种情况，现场指示中，"这"只能与"コ"相对应；而语境指示中，当指代内容和说话人直接相关，说话人对指代内容持有积极主观的态度时，"这"与"コ"相对应；当指代内容属于对方范畴，或是对对方话语的直接引用，和说话人没有直接的关联，说话人对指代内容持有消极态度时，"这"与"ソ"相对应；当指代内容和说话人有直接关联，但说话人对指代内容持有厌恶、批判等消极的态度，且听话人对指代内容并不了解的情况下，这与"ア"相对应。

本文仅仅对汉语指示词"这"和日语指示词的对应情况进行了分析，并没有涉及"这"和日语指示词不对应，即"这"被省略的情况。语境指示中，"这"被省略的情况也有很多，占34.3%。这种情况将作为笔者今后的课题继续研究。

参考文献：

[1]王宏.日汉指示词的对应关系[J].日语学习与研究，1985，

（32）：15～21.

[2]胡俊. 文脈指示における日本語と中国語の指示詞にっての対照研究－論説文の場合－[J]. 地域政策科学研究, 2010,（7）: 127～138.

[3]梁慧.「コ・ソ・ア」と「这・那」: 日本語・中国語の比較対照研究[J]. 都立大方方言学会会報, 1986,（116）: 9～18.

[4]今井新悟. 指示詞領域の決定要因[J]. 日本認知言語学会論文集, 2003,（3）: 204～215.

[5]竹内好訳. 阿Q正伝・狂人日記. 魯迅著. 東京: 岩波書店, 1955.

浅谈释意理论下
政府新闻发布会中长句的省略翻译

2015级　英语同传　孙颖哲

摘　要：长句具有成分多、难记忆、翻译所需时间长的特点，是许多译员需要面对的难题。本文以口译中的长句为研究对象，从省略的翻译策略入手，采用案例分析的方法来论证释意理论对其的适用性和指导意义。本文提出长句口译应从语义和语篇两方面着手，采用省略的翻译方法，有效节约译员的时间和精力。

关键词：长句口译；释意理论；省略

一、引言

与普通的翻译活动不同，口译，特别是中英长句口译是十分困难的一项工作。"在会议口译中，译员必须要对口语做出快速反应，这是一种在外语学习中不能获得的技能。"（Gile，2011：4～5）目前该领域越来越为学者们所关注，我们在此方面做了许多研究，但只有少数涉及长句口译或者是在理论下给出解决方案。本文将基于释意理论，给出应对该问题的有效解决方案。

本文一方面可以填补中英口译研究的空白，特别是长句口译研究；另一方面，可以为译员提供一个翻译策略，以便更好地在短时间内解决长句翻译的困难。但是，本篇论文仍有不足，希望能抛砖引玉，吸引更多的相关方面的研究。

二、文献综述

（一）句法分析

有些学者从句法角度进行长句口译研究，并给出了相应的解决方案。

《英汉同声传译中长句口译》作者陈露认为应采用顺译的方法，而英汉两种语言在句式上的差别使得英语长句成为难点，所以应适当断句，然后再连接来解决问题。在论文《英汉交替传译中的英语长句处理》中，作者李若君分析了英汉句式差异和英语长句特点，基于英汉句子差异总结出了包括顺译、倒译等一系列翻译方法。《汉英口译中长句的分析与处理》一文中，作者于丹丹将长句分为几类并分析了长句的特点，提出了长句存在冗余的情况，但是并没有对这种情况提出有效的解决办法。胡勇忠在论文《即席口译中长句的处理》中提出，长句中包含着众多的定语、状语从句以及并列部分，所以有效地变换语序和拆句能够处理这些因素，从而迅速、完整、准确地传达说话人的信息。

以上几篇文章作者从句法角度对英汉长句的翻译进行了一定研究，得出了一些策略，其中包括省略的翻译策略，但是整篇文章只从语法的层面进行了分析，可能有时不能够准确、简练地传达原文的意思。

（二）语篇分析

崔瑾在《释意理论指导下的汉英长句口译策略研究》中，作者认为长句口译必须脱离原语桎梏，不能停留在词句层面，要上升到语篇层面，所以采用了五种策略（句子切分，要点重组，逻辑加工，表情达意和词句增删）来解决长句翻译的困难。而在《浅谈英汉长句翻译技巧》一文中，作者蔡凉冰认为，在英汉长句翻译过程中，句式重构是十分重要的，所以应按照原文结构或叙事习惯，将句子重新组合，摆脱原句的层次和安排。高素芬在《释意派理论指导下的记者招待会口译策略简析》表示，只有语篇层次的口译才能达到交流的目的，口译员要做的就是译出原语的意义，而不仅仅是语法或语言词汇。

以上文章虽然达到了从语篇的层面进行策略研究，但是所得出的翻译方法还是给译员带来大量工作，使得译员在短时间内需要处理的任务更加繁重了。

（三）总结

本文将从释意理论着手，用省略翻译的翻译策略从语义层面处理口译中的长句。传统的长句翻译方法大多以语法分析为基础，通过分析句子各成分来翻译。此法虽对长句各成分的理解有一定帮助，但并不能适用于所有类型的长句。此外，对语法基础不好的译者也具有局限性。中文里很多词汇仔细分析都是冗余，在长句翻译中如果能够迅速分辨出这些冗余并进行省略翻译，便会给译员节省时间，这在即时性很强的口译中尤为重要。

三、理论框架

（一）释意理论

塞莱斯科维奇的一句话很好地解释了什么是释意理论，那就是"进行口译，永远不要忘记其目的是传达意思，永远不要过分迁就原文短语结构和断句字词，不要按照原文字词和结构去翻译，因为字词结构只是些符号，这些符号指明了道路，却不是道路本身"（塞莱斯科维奇，1992：102）。释意理论认为，口译是特定情况下的追求意义对等的交流活动，它又被称为"达意理论"，是20世纪60年代末产生于法国的一个探讨口译与非文学文本笔译原理与教学的理论。根据塞莱斯科维奇的说法，口译分为三个阶段：理解、脱离源语语言外壳以及表达。

（二）释意理论指导长句翻译

1. 长句的定义

韦氏词典对于冗余的解释是"redundancy is the act of using a word, phrase, etc., that repeats something else and is therefore unnecessary"。所以，冗余作为无用信息是可以在口译中省略的。但是要注意的是，删除信息会对句子本身的意思造成影响，所以，我们要选择性地进行省略翻译。

2. 冗余需要省略的原因

译员在听到源语之后要快速进行反应，根据吉尔的认知负荷模型，口译共分为四步：（1）listening and analysis；（2）memory；（3）production；（4）coordination（Gile，2011：197~199）。因此，一旦译员的其中一个负荷减少，译员便有更多时间和精力去完成其他任务。

四、释意理论在翻译中的应用

汉语口语中经常含有一些不必要的词汇和表达，这就使得译员在短时间内需要处理的源语增加了。在英语中，好的写作是简洁的，同样，简洁的口语才可以算得上是好的语言（Pinkham，2000：2）。译员的表达应该最大程度上减少冗余。因此，本章将分析第十一届全国人民代表大会第二次会议第一场新闻发布会的内容，分析释意理论在其中的运用。

（一）同义词省略

汉语中，人们常用同义词，在延长句子的同时也为自己争取时间来思考接下来的讲话内容。但是，译员时间有限，并不能译出所有内容。这种重复符合汉语表达习惯，而且也可以使表述更清晰，甚至可以提供音节的平衡。但是，字面对应的译文并不符合英语表达习惯。

例1：

感谢你提这个问题，使我有机会对你的一些同行、同事在这个问题上散布的一些并不十分确切的消息进行澄清。

Thank you for raising this question that gives me this opportunity to set the record straight, because some of your colleges have spread some untrue information in this regard[①]。

可以看出，这是一个长句，但是并不难译，因为"同行"和"同事"在汉语中所表达的涵义是相同的，这两个词在句中的作用只是补足形式和韵律。中国人可能并不会觉得这两个词听起来有什么不妥，但是如果译员把两个词都翻译出来，外国人可能会感到迷惑。所以，

---

① 所选例文参阅：http://news.cctv.com/china/20090304/104920.shtml，其他例文同此出处，兹不赘述。

根据释意理论，译员并不需要翻译句中的每一个词，他们只需将句义用目标语表达出来即可，所以，在翻译该句时，我们可以省略"同行"或"同事"。

例2：

中国的有关部门正在继续进行调查、侦查，努力在破案。

The relevant Chinese departments are still conducting the investigation and working hard to crack the case.

与例1相似，例2也包括一对近义词。"调查"和"侦查"意思相近，并且表达同一过程。当人们调查一个案件时，实际上也是在探索案件发生的过程，所以这两个词在句中所表达的涵义其实是一样的，因此译员只需根据释意理论的指导，选择一个词翻译即可。

如果汉语中出现意思相近的一组词语，译员必须清楚是否有必要都翻译。所以，译员在翻译前应思考这样一个问题：只翻译一个词是否能将源语意思表达清楚准确？多数情况下答案是肯定的，因此，应对冗余的最好的方法就是省略翻译。

（二）重复内容的省略

重复内容的翻译可能在英语语法上是没有问题的，但是按照简明英语的要求来看却需要改进。重复性的译文不仅充满了不必要的文字，而且也会降低译文质量。

例3：

这次会议共有6项议程：听取和审议政府工作报告、审议和批准计划报告、审议和批准预算报告；听取和审议全国人大常委会工作报告；听取和审议最高人民法院工作报告；听取和审议最高人民检察院工作报告。

There are 6 items on the agenda of this session, deputies will heed and deliberate on the following reports, Report on the Work of the Government, the Work Report of the NPC Standing Committee, the Work Report of the Supreme People's Court, and the Work Report of the Supreme People's Procuratorate, and deliberate and approve the Report on Planning and Report on Budget.

在源语中,"听取和审议"出现了四次,"审议和批准"出现了两次,发生这种情况的原因是因为汉语中的重复可以使句子语气强烈,形式整齐,有感染力。然而在英语中,词语重复是不符合语言表达习惯的,因此,如果我们脱离源语语言外壳,译员只需省略其中一组词语,译语便可以更加简洁。

(三)语篇角度的省略

由于口译是两方人员之间的交流活动,在交流过程中,如果双方都对语篇内容有所了解,或者语篇中的信息在之前提到过,那么该信息就可以被视为翻译中的冗余。

例4:

这一年来,中国的国际地位、作用、影响显著提高,我们为世界和地区的和平、稳定和发展作出了重要贡献。

The international influence, role and standing of China have visibly increased. We have continued to make important contribution toward regional peace, stability and development.

在该例句中,发言人回答问题时提到中国在外交方面的成就,由于在场听众都了解发言人所讲内容中的时间,因此,译员可以在翻译过程中省略时间状语"这一年来",使得译文更加简明,并且也为自己节约了时间。

例5:

大家都很关心今年的中国外交,应该讲现在当今世界正在发生着冷战结束以来最深刻的、最复杂的国际形势变化。

I know you all have a keen interest in China's diplomacy this year. The international situation is undergoing the most profound and complex exchanges since the end of cold war.

汉语中的冗余也包括无意义的语气词，它反映出了发言人的说话习惯。这类的语气词在句子中并没有实际意义，所以在翻译中省略也并无大碍。例如，本句中的"应该讲"就是常见的语气词。可以看到，在省略这个短语之后，句子的意思并没有发生变化，并且也达到了释意理论的要求。总而言之，我们可以忽略发言人的口头禅或是语气词，为译员翻译节省精力。

五、 总结

综上所述，本篇论文介绍了释意理论指导下的长句翻译策略，主要有以下结论：（1）长句翻译中，译员必须对源语有足够的了解，因此，在本文中，译员的汉语语言水平应足够好。（2）释意理论对于长句翻译有指导意义。口译过程中，译员必须摆脱源语语言外壳，真正了解源于的意义，省略无意义的语言并且用另一种方式表达。（3）长句口译必须考虑听众的感受，因此，译员必须了解哪一部分是需要被省略的，这样听众才不会感到困惑或者无聊。

参考文献：

[1]塞莱斯科维奇. 口笔译概论[M]. 北京：北京语言学院出版社，1992.

[2]塞莱斯科维奇. 释意学派口笔译理论[M]. 北京：中国对外翻译出版有限公司，2011.

[3]Gile, Daniel. Basis Concepts and Models for Interpreter and Translator Training (Revised Edition)[M]. Shanghai: Shanghai Foreign Language Education Press, 2011.

[4]Joan, Pinkham. The Translator's Guide to English[M]. 姜桂华校. 北京：北京外语教学与研究出版社，2000.

文化意象再现
——关联理论在《逍遥游》英译中的应用

2015级　英语笔译　田嘉欣

摘　要：从关联理论的视角来看，成功的翻译要在原作者意图和目的语读者之间构建最佳关联。本论文以关联理论为指导解读中国典籍《逍遥游》英译本中文化意象的翻译方法策略，即直译意译法以及归化、异化策略。由此得出结论，应用意译法比直译法更容易达到最佳关联性；采取异化翻译策略比归化更容易达到最佳关联性。

关键词：关联理论；文化意象；归化；异化

一、关联理论

斯珀伯（Sperber）和威尔逊（Wilson）在20世纪80年代提出的关联理论属于认知语用学的范畴。关联理论视交际为认知行为，提出明示—推理模式，交际的发起者通过给接收者一个明示刺激显明他/她的意图，后者通过整合语境效果与明示刺激推断出发起者的交际意图。为了交际的成功，交际发起者有责任准确判断接收者的认知语境，并保证交际意图符合其期待。理论指出，每一种明示的交际行为都以这个交际行为具备最佳关联性为前提。关联性受两个因素，即语境效果和推理所付出的努力的影响，获得的语境效果越大，关联性越大；处理努力越小，关联性越强。1991年，格特（Gutt）在《翻译与关联：认知与语境》中将关联理论应用于翻译研究，指出翻译是一种跨语际交际行为，涉及两个明示—推理交际过程。首先，译者根据源语语篇语境信息和语言信息推理出原作者的交际意图；然后，译者通过对译入语语境和译文读者的期待做出清楚的认识后，采取具体的手段（包括直译、意译、归化、异化等），做出恰当的翻译，把原作者交际意图传递给译文读者。

二、文化意象

《庄子》是中国道家哲学经典，已翻译成多种语言，并有多种英文版本。《庄子·逍遥游》中有着丰富的意象表达。谢天振在《译介学》中首次提出，文化意象实际上就是凝聚着各个民族智慧和历史文化的一种文化符号（1999）。文化意象是《逍遥游》的点睛之笔，成功翻译文化意象是翻译《逍遥游》的关键之处。笔者将从关联理论的角度，探讨翻译文化意象所采取的方法策略，以期译入语读者获得最佳关联，以助其更好地理解《逍遥游》。

三、归化异化

翻译理论学家劳伦斯韦努蒂于 1995 年在《译者的隐身》中提出归化和异化这对翻译策略。归化以目的语和目的语读者为中心，采取其所熟悉的表达方式来传达原作者的意图。异化以原语言文化为中心，保存了异国情调。

四、对比评析文化意象英译本

（一）标题的翻译

例1 齐谐（原文）
The Universal Harmony records various wonders（译本 1）
The (book called) Qi Xie, a record of marvels（译本 2）

"齐谐"属于记载奇闻逸事的志怪书籍。一种传统而独特的中国文学作品，不为英语读者熟知。在第一个译本中，译者将"齐谐"译成"Universal Harmony"然后进行解释。这种归化的翻译策略超出了目标读者的认知环境和理解能力。换句话说，目标读者并不能通过"Universal Harmony"来推理到一本志怪书籍。它甚至会导致读者为了找到"Universal Harmony"和释义"records various wonders"之间的关联而付出不必要的处理努力。因此，它不能达到最佳关联。在另一版本中，译者使用"齐谐"的音译，并解释它。异化的策略对于英语读者可能很陌生，但是它最大程度上保留了中国文化，继而吸引译文读者的注意力，使之以此为契机来了解中国文化。从关联理论的角度看，译者希望目的语读者付出更多的处理努力来获得更多的语境效果，以此来达到最佳关联性。总之，运用归化的第一个版本未能获得最佳关联，而运用异化的第二个版本成功传递了原作者意图，满足了译入语读者的期待，同时传播了中华文化。

（二）地理位置的翻译

例2 北冥（原文）
The Northern Darkness（译本 1）
The Northern Ocean（译本 2）

据新华字典（第10版）定义，"冥"为黑暗而幽深之意。在逍遥游的注释中，"北冥"指的是位于古代中国北方的海洋——北海。正是这片幽深的海洋为鲲提供了足够的生存空间和生命补给，以便其为伟大征程做准备。在第一个译本中，译者掌握了原作者的意图，并希望通过"Darkness"一词把北海的幽暗深邃表达出来。然而，直译"北冥"恐怕难以满足英语读者的期待，因为他们并不熟悉"The Northern Darkness"这一搭配。而且，在其认知环境中，"黑暗"和地理位置并不具有相关性。这一词语搭配超出了他们的认知能力，可能导致目标语读者需要付出过多的处理努力，通过阅读下文才能得到正确的理解。第二版本中，译者采用意译方法，将"北冥"译为"The Northern Ocean"。"The Northern Ocean"这一表达是可以为英语读者所接受的。他们可以很清楚地认识到"鲲"所在的地理位置。译入语读者可以通过"Ocean"一词推断出原作者的意图，即"鲲"生活的地方纵横万里。

综上所述，第一个版本的直译翻译试图表达原作者的意图，但未能满足目标语读者的期待，而第二版本的意译成功地传达了原作者的意图，同时英语读者也可以很容易地理解。值得一提，除了以上提及的两个版本，"北冥"还被译为"The Northern Waters"，"Waters"常被用于表示"幽深的水域"，"The Northern Waters"能够精准地向译语读者表现出"北冥"这一充满神秘感的意向。从关联理论看，在"北冥"这一意象的翻译中，运用意译胜于运用直译。

（三）生物的翻译

例3　鲲（原文）
Leviathan（译本1）
Rukh（译本2）
A fish named Kun（译本3）

"Leviathan"的字面意义是"裂缝"。在《圣经》中，它被描述为一种邪恶的海洋怪物，形似鲸鱼、海豚或者鳄鱼。在《约伯记》中，它被描绘成一只巨大的鳄鱼，身披硬甲，爪牙锋利，口鼻喷火，腹盖荆棘。基督教徒认为，"利维坦"犯下了七宗罪之一的"嫉妒"这一罪恶。在希伯来神话中，它是一个蛇形怪物。它的身体之大，盘踞起来可以将土地覆盖。也有古老的西方神话将它描述成一只邪恶的七头毒蛇。更有说它是一只巨龙。在西方文化中，"利维坦"是一个邪恶的生物，完全不同于中国文化中的"鲲"。译者把"鲲"翻译成"Leviathan"，希望通过这一在西方文化中现有的意象将"鲲"这一意象呈现给译语读者。然而，目的语读者对"利维坦"的印象可能会影响他们对于"鲲"的理解认识。在《逍遥游》中，"鲲"可化而为"鹏"，一跃千里，从"北冥"飞到"南冥"，它象征着对未来的崇高追求，无关邪恶。译者采用归化翻译，"Leviathan"并不能传达原作者的意图，甚至会引起误解，不能获得最佳关联。在第二个译本中，译者借"鲁克"翻译"鲲"。根据13世纪马可波罗的记载，它有形似雄鹰，体型巨大，力大无穷，可以抓起地上的大象，从空中扔到地上，摔得粉碎以便食用。这种凶残的形象显然也不符合原作者的意图。在第三个版本中,译者采用异化策略,将"鲲"音译出来并进行解释。虽然这一表达不为译入语读者所熟知,但是在跨文化交际的过程中,避免了文化的流失,传播中国文化。从关联理论的角度看,译者希望目的语读者可以付出努力寻求更多的语境效果来达到最佳关联性。读者将不仅能正确理解"鲲"而且还了解了中国文化。一言以蔽之,前两个译本运用归化策略对"鲲"进行翻译未能获得最佳关联性,而最后一个译本运用异化达到了最佳关联性。

(四)神话人物的翻译

例 4　神人(原文)
A divine man(译本 1)
A spirit-like man(译本 2)

《逍遥游》中的"神人"是与世隔绝的隐士,无欲无求。在第一个译本中,译者把"神人"直译为"A divine man"。据柯林斯高级英语学习词典,"divine"是一个形容词,用来描述神圣的人或事。然而,原作者庄子笔下的"神人"不受俗世的牵绊,不逐功名利禄,追求精神生活自由无羁,但他未必是神仙。英语读者看到"A divine man"之后容易将"神人"与神仙联系起来,未能正确理解原作者的意图。在第二版本中,译者掌握了原作者意图,"神人"是一种精神存在,不同于凡人有物质需求。他将"神人"意译为"A spirit-like man"。"spirit"在字典中被定义是人的非物质部分。它完全符合"神人"和他的生活状态。他饮食晨露,行走在云雾之间,他有不死之身,世界万物都无法牵绊他。译者通过意译将原作者的意图准确地传达给了译入语读者。总之,第一个版本的直译未能表达作者的意图,不能达到最佳关联;而第二版的意译成功地传达作者的意图,同时译入语读者可以很容易地理解,获得了最佳关联。

五、结论

从关联理论的视角研究中国典籍中隐语、隐喻、绰号、双关语和俚语的英译方法与策略,深深植根于中国的语言和社会文化环境。文化意象在西方文化中的缺失,也给翻译工作带来了巨大挑战。本文以关联理论作为指导,对中国典籍《逍遥游》的文化意象翻译进行比较和评价。为了达到最佳关联性,译者应掌握原作者意图并充分考虑到目标语读者的认知环境和认知能力。本文得出以下结论:一方面,在文化意象的英译中采用意译比采用直译更容易获得最佳关联性。首先,原作者的意图可以很容易地通过意译传达;其次,意译更注重内容传达,大大降低了文化差异所造成的不对等对目的语读者的理解造成的影响。另一方面,在翻译意象中异化策略比归化策略更容易获得最佳关联性。一个陌生的表达会激励目的语读者付出更多的努力,以获得更多语境效果来了解文化意象,理解原作者的意图,并满足他们对中国文化的好奇心。相比之下,归化看似为译入语读者提供了一个本文化中现有的意象,但是这些意象往往与《逍遥游》中的文化意象不符,造成了译入语读者对原文意象的误解。

参考文献:

[1]王建荣. Watson《庄子》英译本评析[J]. 美中外语,2007,5(2):5~9.

[2]谢天振. 译介学[M]. 上海:上海外语教育出版社,1999.

[3]英国柯林斯出版公司. 柯林斯COBUILD高阶英汉双解学习词典[M]. 北京:外语教学与研究出版社,2011.

[4]Alves, F. & Gonçalves, J. A relevance theory approach to the investigation of inferential processes in translation[J]. Benjamins Translation Library, 2003, 45: 3-24.

[5]Gutt, E. A. Pragmatic aspects of translation: Some relevance-theory observations[J]. The Pragmatics of Translation, 1998: 41-53.

外宣翻译：传递中国声音

2014 级　英语语言文学　田韵

摘　要：外宣翻译作为世界认识中国的媒介而变得越来越重要，而由于中英在语言、思想文化、社会背景、政治制度等方面有着巨大差异，外宣翻译不能单纯字字对译，而需要根据译语读者的思维习惯以及实际情况对外宣材料进行适当调整加工，使得外宣翻译内容更具体、集中、精炼，让世界更好地认识中国，了解中国。

关键词：外宣翻译；变通；中国声音

一、外宣翻译存在的问题及发展

近年来，随着中国国际地位的提升，国际影响力不断增强，外宣翻译也变得越来越重要。外宣翻译既要发出中国声音，同时让世界更好地认识中国。作为译者，外宣翻译需要我们坚持不懈的努力，以通过外宣翻译使中国在国际上真正发挥实力大国的影响力、感召力和吸引力，让世界更好地认识中国，消除偏见，使中国和中国文化真正地"走出去"。外宣翻译要将中国声音传达给国外受众，树立中国的正面形象，更好地宣传中国以及中国文化。

外宣翻译领域仍存在诸多问题和挑战。例如，仍有部分译者固守源文本的权威性，认为译者不能大量改动原文信息；也有译者过分强调译者的创造性，忽视译语读者的思维习惯，在翻译过程中缺乏跨文化交际意识。我国的外宣新闻翻译也存在着许多的不足之处，比如生搬硬套、望文生义、繁琐冗余、政治误译、忽视文化差异和翻译腔浓重等问题，翻译水平亟待提高（王仲贻，2011）。

中国翻译协会副会长兼秘书长黄友义曾谈到，所有翻译工作都需要遵循"信""达""雅"标准，外宣翻译更需要熟知并运用"外宣三贴近"，即贴近中国发展的实际，贴近国外受众对中国信息的需求，贴近国外受众的思维习惯（2004：29）。译者需要了解译语文化及思维模式，发现并分析中外文化的特点和差异，外宣翻译不能单纯地按中文语序逐字逐句进行翻译，而是要充分考虑译语文化背景、译语读者的心理预期和思维习惯等种种因素，对中文源文本进行适当的加工处理，有时要增添背景信息，有时要删减源文本内容，有时要将原话直译，有时必须使用间接引语，要根据翻译的源文本做出具体的翻译选择和翻译策略。黄友义先生也指出，在从事外宣翻译的过程中译者必须做到两点：一是充分考虑文化差异，努力跨越文化鸿沟；二是熟知外国语言习俗，防止落入文字陷阱（2004：30）。

具体来说，我国外宣翻译的译文应该尽可能模仿和贴近译语的语言表达方式和风格，借助其新闻表达形式，使用译语读者所熟悉和习惯的词语和说法，从而促进我国对外宣传工作的完善，实现外宣新闻翻译效果的最大化和最佳化。

二、外宣翻译过程中需要注意的问题

中英文在语言以及文化上有着巨大的差异，这也使得外宣翻译不是机械地生搬硬套的翻译，硬译和死译是不可取的，这既违反了语言的使用规律和法则，又违反了翻译的本质，达不到交流的目的，有时甚至会造成误解，达不到积极的宣传效果，反而有损国家或地区的形象。英国当代翻译理论家彼得·纽马克将文本分为三种类型，即表达型、信息型和呼唤型，他指出，在翻译以文学作品等表情达意的表达型文本时，要以原作者为核心，忠实于原作者表达的思想内容和语言形式和风格，而广告、旅游宣传手册等以目的语文化为归宿的信息型和呼唤型文本则更强调文本的真实性，号召读者去行动、思考、感受，并做出反应。外宣文本基本上属于信息型和呼唤型文本，译文更加注重读者的理解和反应，在表达方式上、格式、措辞等方面应尽可能符合该文本在译入语中的习惯,以读者为中心,翻译过程要采取多元的翻译策略。

哈蒂姆和梅森认为,翻译是一种在某个社会语境中发生的交际过程,不只是一种单纯的语际转换活动。翻译不应单单被理解为是一种结果,而是一个过程。具体而言,翻译是一个解码再编码的过程。翻译是信息发出者(即原文作者)、信息传递者(即译者),以及信息接受者(即译文读者),这三者之间对信息进行不断交际的过程。而译者处于动态交际过程的中心,是原文作者和译文读者的直接的协调者。译者不仅需要有双语能力,还需要具备双文化视野(Hatim & Mason, 2001:223)。

语言和文化有着密不可分的联系,任何一种语言都有其独特的文化内涵,译者要将原文所表达的内容尽可能完整、充分、有效地传达给使用另一种语言、处于另一文化语境的读者,以达到相互交流的目的,首先就必须了解两种语言的规律和法则,同时还须了解与语言紧密联系的文化。翻译的过程也是译者对语言和文化进行选择的过程。

(一)翻译译前处理

很多学者都提出,要达到预期的对外宣传效果,必须对中文稿的语言进行"译前处理"。在抓住原文主旨、领会原文精神的前提下,要对原文语言的方方面面进行处理——调整、增删、编辑、加工,从词句到风格,从局部到整体。译者由于自己的翻译能力、翻译经验和个性差异,在翻译的过程中时常带有主观随意性,这会影响外宣材料的翻译效果。所以,译者在翻译前必须要对外宣材料进行译前处理,抓出外宣材料中的主题思想及主要信息。

原文:赵老先生编织的壁毯图案是全新的,但编织的技术仍然是天津最传统的手工工艺。一张毯子从上经线、打底子、过经、砍毯、过纬、砸耙子,到下活、整理、剔刺、平活、片、洗等等,要经过十几道复杂的工序才能完成。

译前处理:赵老先生编织的壁毯图案是全新的,但编织的技术仍然是天津最传统的手工工艺。一张毯子要经过复杂的工序才能完成。

译文：The designs are brand-new, but Zhao adopts the most traditional handicraft while weaving the tapestry. Meticulous about every detail of his work, he strictly follows the most traditional techniques.

在这段翻译材料的译前处理环节，译者将原文中提到的许多编织壁毯的工序步骤删减掉，因为外国读者很难理解复杂的中国壁毯的编织工艺，正是考虑了读者需求和文本的主要信息，译者做出了适当的删减和调整。

（二）翻译中的变通

翻译时，译者要明确翻译要求和目的，关注读者并且发挥主观能动性。译者在翻译的过程中应当扮演一个调解者的角色，在两种不同语言、文化之间搭建桥梁，化解由于文化等因素所带来的理解困难，也要向读者阐释源文本的文化内涵，做文化的传递者。因此，译者在翻译外宣材料的过程中要灵活变通，绝对不能拘泥死板，有时需要进行"编译"或"重写"，以确保译文的可接受性，使译文通俗易懂，用国际化的表达方式，来发出中国声音。外宣翻译应该保证客观真实，适量增加解释和背景介绍，力求表达自然，让译语读者能更好地接受。译文的可接受性的高低直接影响翻译的效果。下面以部分外宣材料为例，来说明译者在翻译的过程中做出的变通。

1. 尽量保持原文的修辞

原文：人情花销高 春节成"春劫"

译文：Spring Festival or Spending Festival

本篇新闻记叙了在春节假期结束后，不少年轻网民在春节期间花销超过5000元，"80后"都对春节开销叫苦不迭，春节变成"春劫"。一句"人情花销高 春节成'春劫'"很好地突出了春节高昂的花销让人吃不消，而且"春节"和"春劫"同音不同义，"spending"表示花销大，又与"spring"押韵，十分巧妙地通过押韵产生诙谐的效果，保留原文中的修辞特点，同时还很好地传达了原文的意思，使译文读者能得到与原文读者相近的阅读感受，可谓是外宣翻译中的佳译。

2. 借用译语的俚语俗语

原文：11年来超千名老人曾到陈塘庄街市民学校学英语——银发英语角 真有国际味
译文：① Silver-haired English Corner in Tianjin
② Never Too Old to Learn

此处展示出两个翻译版本，一个是直译法，首先译者运用"sliver haired"来表达上年纪的老人，符合英语国家的使用方法，而且自然流畅，清楚直接地传递出外宣材料所要表达的主要信息，而且不会给译语读者造成理解困难。第二个译本将原文译为"Never Too Old to Learn"，虽然看似与原标题相距甚远，但是译者借用西方地道俗语和俚语的结构，使译文增色不少，俗语和俚语不仅使译文生动形象，而且易于受众记忆，可谓外宣翻译中的点睛之笔。

3. 注重语境与语调

原文：波音787梦幻抵津城
译文：Tianjin Binhai International Airport welcomes Boeing 787 Dreamliner

本篇新闻主要讲述了天津机场迎来的首架波音787梦幻飞机，宣传天津机场随着硬件设施越来越完备，目前已具备起降世界上最先进客机的保障能力。译者在翻译时将原文中的主语对调，改写成天津滨海机场欢迎波音787，更符合新闻所表达的信息和情感，属于佳译。

原文：再次来到英国，看到耸立的大本钟，看到激湍的泰晤士河，我有一种"不知何处是他乡"的感觉。

译文：Coming back here and seeing the towering Big Ben and rippling River Thames, I feel very much at home.

这段正是习近平主席于 2015 年 10 月出席伦敦金融城市市长晚宴所做演讲中的一句，其中引用的诗句来自李白的《客中作》，李白当时身处他乡，与朋友尽情畅饮兰陵美酒，流连忘返，身在客中，不知是客，身在他乡，不觉他乡，也正是李白放荡不羁性格的写照。然而李白作诗时的语境与现在习近平主席发言的语境背景不同，所以翻译时要格外注意。习近平主席 21 年来重回英国，感觉回到了家乡，有一种亲切的感觉。译文将诗句译为"I feel very much at home"，符合语境。

（三）翻译需要不断地检验

翻译是个不断取舍的过程。做出某个选择之后，译者应有理由、有根据地确信自己所做出的选择是最佳的选择，即能使译文读者获得与原文读者相似的阅读感受。翻译更是富有挑战性和充满意义的工作。但有时难免存在遗憾，需要译者不断提升自己的知识储备，累积翻译经验等，译者要用简洁明了的地道英文表达方式传递"中国声音"。

三、结语

综上所述，外宣翻译应尽量符合译入语的习惯表达方式，译者要设法化解由于思想文化、社会背景、思维习惯等方面存在的巨大差异而带来的理解困难，使译文应该尽可能模仿和贴近译语的语言表达方式和风格，使译文读者能准确无误地了解外宣材料中的主要信息，进而让世界更了解中国，让中国更好地融入世界。外宣翻译是一个很有效的方式，促进跨文化交流，同时为文化交融搭设桥梁。考虑到译语读者的语言文化背景不同，外宣翻译传播"中国声音"需要细水长流，润物细无声。

参考文献：

[1]黄友义. 坚持"外宣三贴近"原则，处理好外宣翻译中的难点问题[J]. 中国翻译，2004，（6）：29～30.

[2]李欣. 外宣翻译中的"译前处理"——天津电视台国际部《中国·天津》的个案分析[J]. 上海科技翻译, 2001, (1): 18~21.

[3]王仲贻. 我国外宣翻译存在的不足和成因[J]. 新闻爱好者, 2011, (19): 26~27.

[4]Hatim, Basil & Ian Mason. Discourse and the Translator[M]. Shanghai: Shanghai Foreign Language Education Press, 2001.

关联理论视角下
《今晚报》中文化负载词英译策略探析

2014 级　英语语言文学　王海珠

摘　要：翻译活动作为一种交际行为，不仅是两种语言的转换，还是两种文化的交流。近年来，文化翻译，尤其是文化负载词的翻译，备受关注。本文试图探讨关联理论视角下《今晚报》中文化负载词的英译策略，得出为了使译语读者花费最少的处理努力得到足够的语境效果，即达到语音和语义上的最佳关联性，译者需采用音译加释义的翻译策略。

关键词：关联翻译理论；《今晚报》；文化负载词；文化负载词翻译；音译加释义翻译策略

一、引言

翻译活动，本质上是一种交际行为，不仅要完成两种语言的转换，也要促进两种文化的交流。中国是文明古国，历史悠久，文化灿烂，因此有许多反映中国灿烂文化的负载词。文化负载词是较多地承载某一民族或地方文化中特定文化内涵的词语，它们的独特性和复杂性给翻译带来诸多困难，因为文化负载词的文化内涵往往是该文化背景中特有的、约定俗成的抽象或具体的概念（李颖玉，2008：64；郭继荣，2008：64）。

《今晚报》行销海外，旨在让世界了解天津，了解中国。《今晚报》中有很多反映中国文化的文化负载词，因此文化负载词的翻译对于

《今晚报》海外版的传播和接受至关重要，这也成为了相关译者的主要任务。

目前国内翻译界对于《今晚报》中文化负载词的翻译策略研究少有关注。本文试图用关联翻译理论解释"音译加释义"的翻译策略应用于《今晚报》中文化负载词翻译的可行性。关联理论可以有效地解释翻译活动（赵彦春，1999：276）。译者翻译《今晚报》上的文化负载词时，采取音译加释义的翻译策略，可以使译语读者不用花费不必要的处理努力便可得到了解中国文化所需要的语境效果，这与关联翻译理论的基本论点不谋而合。

二、关联翻译理论回顾

关联理论（Relevance Theory）于 1986 年由丹·斯珀伯（Dan Sperber）和迪尔德丽·威尔逊（Deirdre Wilson）在《关联：交际与认知》一书中提出。他们的学生恩斯特·奥古斯特·格特（Ernst-August Gutt）将关联理论与翻译结合起来，在 1991 年出版的《翻译与关联：认知与语境》（*Translation and Relevance: Cognition and Context*）一书中，提出关联翻译理论。该理论的基本论点是：人类交际关键在于创造一种对于最佳关联性（optimal relevance）的企望，即读者企望他试图进行的解释能以最低的处理努力（processing efforts）产生足够的语境效果（contextual effects）。（Gutt，1991：30）

关联性是一个相对的概念。关联性的强弱取决于两个因素：处理努力与语境效果。在同等条件下，处理努力越小，则关联性越强；语境效果越大，则关联性越强（林克难，1994：7）。这就要求译者从原文字句中找到交际线索（communicative clues），体会出原文作者的意图，使原文作者的意图（intention）与译语读者的期盼（expectation）相吻合，从而达到最佳关联性。同时，译者还须了解译文读者的认知环境，要了解原文作者企图传达给读者的语境假设在译语读者的潜在语境中是否存在，译语读者要从中调出所需要的语境是否费力，处理努力和语境效果是否相称。

三、音译加释义翻译策略分析

　　为了使译语读者不用花费不必要的努力便可得到了解中国文化所需要的语境效果，使原文作者传播中国文化、天津文化的意图得以实现，译者翻译《今晚报》上的文化负载词时，应该采取"音译加释义"的翻译策略。音译能够让译语读者接触、了解到原文作者想要译语读者了解到的中国文化，使得译文与原文文化负载词获得语音上的关联。释义能够帮助译语读者理解中国文化，获得足够的原文作者想让译语读者得到的语境效果。以下例子均选自《今晚报》的报道文章，译文均采取音译加释义的翻译策略，将会说明这一点。

　　（1）我国共有4449人与奥运"福娃"同名。(《全国3491人取名"奥运"》)。

　　译文：4,449 Chinese share their given names with the Beijing Games' mascots—Fuwa (literally "lucky dolls").

　　（2）"对我们来说，今年的主要开销就是红包。"在天津工作的年轻白领田敏说。(《人情花销高　春节成"春劫"》)

　　译文："Our main expense is giving *Hongbao* ('lucky money' wrapped in red envelopes)," said Tian Min, a young white-collar working in Tianjin.

　　例（1）中，"福娃"是一个文化负载词。如果直接音译成"Fuwa"，不加任何解释，译语读者会感到云里雾里。这里，译者应该注意的是，由于在译语读者的潜在语境中不存在原文作者企图传达给译语读者的语境假设，译语读者要从中调出所需要的语境就十分费力。众所周知，"福娃"类似于译语国家所说的"lucky dolls"。但是，如果翻译成"lucky dolls"的话，就达不到《今晚报》想要宣传中国奥运会吉祥物"福娃"的意图。如果采取音译加释义的翻译策略，将其翻译为"Fuwa (literally 'lucky dolls')"，这个词的隐含意义就会明晰化，译语读者理解起来就不需要付出太多的处理努力，还能获得所需要的语境效果。

例（2）中，如何翻译"红包"这样一个文化负载词，译者需要慎重考虑。"红包"承载着特定的中国文化内涵。在译语国家读者的认知环境中，缺少"红包"所承载的特定文化内涵，因此译者翻译时，使隐含在"红包"里的意义明晰化的同时，还要让译语读者理解到"红包"这个概念背后的文化内涵。因此，音译加释义来翻译"红包"再合适不过了。"红包"翻译为"*Hongbao* ('lucky money' wrapped in red envelopes)"，即"包在红色信封里的压岁钱"。这样一来，译语读者可尽量少地花费不必要的处理努力，就能接收到这篇报道想要达到的语境效果。再来看以下两个译例：

（3）日前，记者见到张喜山时，他正在一片树林里训练一只名为"苍穹"的苍鹰。(《津城古稀驯鹰人》)

译文：When our reporter met Zhang, he was training a falcon named Cangqiong (literally, the sky) in a forest.

（4）三个女孩想消磨一个没意思的下午，决定玩"斗地主"。(《爱尔兰前卫导演打造中国式喜剧》)

译文：Three post-80s girls decide to kill a dull afternoon by playing *Dou Di Zhu*, a card game literally meaning "Fight the Landlord".

例（3）中，"苍穹"是中国文化中对"天空"的称呼，很显然是一个文化负载词。翻译"苍穹"这个文化负载词时，译者既要体会出原文作者的意图，即传播中国文化元素——苍穹，又要了解译文读者的认知环境，帮助译语读者不用花费不必要的处理努力就能理解"苍穹"的意思。试想，如果将"苍穹"翻译成"sky"，译语读者一看就明白，花费的处理努力很少，但却使得原文作者传播中国文化的意图落空。但如果采取音译的策略，将"苍穹"翻译成"Cangqiong"，译语读者花费再大的处理努力也不会达到理想的语境效果，因为他们的认知里没有"Cangqiong"一说。而如果翻译成 Cangqiong (literally, the sky)"，就会兼顾译语读者的期盼和原文读者的意图，让译语读者不必话费不必要的处理努力，还能得到理解"苍穹"这一中国文化元素的语境效果，从而达到最佳关联性。

例（4）中，"斗地主"是一个地地道道的中国词，具有很浓厚的中国文化色彩。将"斗地主"翻译成"*Dou Di Zhu*, a card game literally meaning 'Fight the Landlord'"，译者很明显采取了音译加释义的翻译策略。这样译来，译语读者不用花费不必要的处理努力，就能理解"斗地主"这样一种打牌游戏。这样的翻译也会促进交际的成功，满足读者对于最佳关联性的企望，同时，也满足了原文作者企图向译语读者传达中国文化的意图。

以下两个例子均取自《天津举办复古自行车骑行》一文。

（5）说到中国的复古自行车，当属中国第一辆自行车的制造者——飞鸽。

译文：Speaking of the Chinese vintage bicycle, it must be Feige (literally, "Flying Pigeon")—China's very first bicycle produced in Tianjin.

（6）穿着复古服装，蹬着复古自行车，徜徉在五大道的庭院间，追求的不是竞赛时速，而是简单的生活方式，感受绅士淑女的典雅风格，让我们快生活的模式平缓一下。

译文：For those participants, cycling across Wudadao (Tianjin's most iconic tourist area featuring Western-style architecture) on their beloved vintage bicycles, they will concern nothing about the race at all but focus themselves on the pursuit of life's simple pleasure.

在例（5）中，和上文提到的"福娃""红包""苍穹""斗地主"一样，"飞鸽"也是一个具有中国文化特色的词，承载着特定的中国文化内涵。但是，译者应该意识到，在译语读者的认知环境中，没有"飞鸽"在中国文化中所承载的特定文化内涵。译者翻译时，要注意到由于中国文化和西方国家文化的认知环境不同，英语国家读者缺少原文中"飞鸽"这个概念所承载的信息，因此需要使将"飞鸽"的隐含意义明晰化。同时，许多英语国家的读者对中国文化很感兴趣，想必很多读者都想知道"flying pigeon"是什么，而且《今晚报》的这篇报道旨在让世界了解中国有"飞鸽"这一复古自行车。因此，将"飞鸽"翻译为"Feige (literally, 'Flying Pigeon')"一举两得，既获得了语义（flying pigeon）上的最佳关联，也获得了语音（feige）上的最佳关联。

在例（6）中，"五大道"作为天津最有名的旅游景点之一，为中国人所熟知，但译语读者未必清楚五大道在哪里，有什么特征。因为受认知环境的局限，译语国家的读者缺少对原文中"五大道"这个概念所承载的信息的了解，因此译者翻译时需要使隐含意义明晰化，从而使得译文读者少花费处理努力就能获得足够的语境效果。有的译者将"五大道"翻译成"The fifth Avenue"或者"Five Avenues"，听起来多少像美国的第五大道，但是这样会使译文感到读者困惑，也使得《今晚报》宣传天津五大道的计划落空。也有的译者仅将其音译为"Wudadao"，这样又会使得译文读者读来费劲，不知所云，有的读者干脆跳过、忽略掉此信息，这对于读者、《今晚报》以及译者都是不公平的。而如果采取"音译再加释义"的翻译策略，则一举两得。一来，译文读者很容易了解到五大道是天津的知名景点，以欧式建筑为特色。二来，他们能知道这个有名的景点叫"Wudadao"，这也正是原文作者想要传达给译语读者的意图。关联翻译理论强大的解释力在这里体现得淋漓尽致。

四、结语

《今晚报》海外版旨在让世界了解天津，了解中国，报道中有很多具有中国文化特色的文化负载词。翻译这类文化负载词时，译者要了解译文读者的认知环境，从原文字句中找到交际线索，体会出原文作者的意图，使原文作者的意图与译语读者的期盼相吻合，从而实现最佳关联性。采取"音译加释义"的翻译策略，可以让译语读者不用花费不必要的努力便可得到足够的语境效果，从而达到语音和语义上的最佳关联。

参考文献：

[1] 李颖玉，郭继荣. 试论方言文化负载词的翻译[J]. 中国翻译，2008，(3)：64~67.

[2] 林克难. 关联翻译理论简介[J]. 中国翻译，1994，(4)：6~9.

[3] 赵彦春. 关联理论对翻译的解释力[J]. 现代外语，1999，(3)：276~294.

[4] Gutt, Ersnst-August. *Translation and Relevance: Cognition and Context*[M]. Oxford: Basil Blaekwell, 1991.

女权主义翻译路在何方
——文化学派视角下的女权主义翻译理论研究

2014 级　英语语言文学　王伟浩

摘　要：本文通过对文化学派视角下的女权主义翻译理论的批判性思考，揭示了女权主义翻译所面临的问题，对女权主义翻译理论的实质、女性与翻译的地位、女权主义翻译研究中的性别歧视语言等问题进行了有益的探讨，提出了使用女性化语言、完善语言内容等建议，为女权主义翻译理论引入了新的研究方向。

关键词：文化学派；女权主义；女性与翻译；女性化语言

一、引言

文化学派翻译理论代表人物巴斯奈特和勒菲弗尔（Bassnett & Lefevere）在《翻译、历史与文化》（*Translation, History and Culture*）一书中提出翻译的"文化转向"（cultural turn）受到学界关注。翻译的文化转向是在解构主义、女权主义和后殖民主义等"后现代"思潮的文化语境中发生的，自然而然就产生了解构主义、女权主义和后殖民主义等后现代主义翻译理论。其中，从 20 世纪 60 年代西方第二次妇女运动浪潮起，女权主义作为犀利的社会文化批评话语崛起在西方世界，并逐渐从边缘走向中心。当代西方女权主义将视野投向文本，希望通过解构传统的男性中心主义话语，重建新型的男女平等关系。从翻译理论研究的发展趋势以及其自身的跨学科性质与翻译和性别的内在联系看，从女权主义出发反思翻译研究似乎成为必然。诚然，女权主义给了翻译研究一个新的视角，但是随着近年来女权主义翻译理论研究的发展，其理论空间的可延展性与实践性似乎受到了诸多限制性因素的困扰。这些困扰大多源于女权主义翻译理论自身的切入视角与终极目标的局限性。

二、翻译即"叛逆"？——女权主义翻译理论的实质

17世纪法国修辞学家梅内称"翻译像女人一样，漂亮的翻译不忠实"。女权主义翻译者从这句话入手，认为发现了潜藏在西方译论中的双重歧视以及文学系统与社会等级体系中翻译与女性的劣等地位。对此，西蒙曾说，"妇女的解放首先是从语言中获得解放"，认为语言是意义争斗的场所，是主体在此证明自我的决斗场。作为一种"解放"女性与译者的话语，女权主义翻译充满了"火药味"。哈伍德曾这样说过："我的翻译实践就是一场政治活动，旨在让语言传达女性的心声。因此，我在译作上署名就意味着：这一译作穷尽各种翻译策略，以达到让女性在语言中得以张扬的目的。"格达德在《女权主义话语与翻译的理论化》一书中则声称："女权主义翻译家通过肯定自身（性别）的差异，在重读与重写中获得快感，张扬其对文本的操纵。"格达德大胆地提出了"womanhandling"这一概念，即女性译者对文本的操纵。她说："女性译者改变过去译者谦卑隐忍、自我隐退的做法，强调在翻译过程中译者对文本的操纵，积极加入意义的创造活动中。"在文化学派提倡的"翻译即改写""翻译即操纵"的指导下，女权主义翻译者的这种翻译策略本无可厚非。但是在接下来的理论发展中，女权主义翻译者一直致力于"找出并评论将女性与翻译置于社会、文学阶梯底部的种种纠缠不清的概念"，认为女性不应该从属于男性，并追根溯源，试图从根本上否定男性作为主导的政治、文学、文化甚至是社会体系，而忽视了对于翻译本体论的认知以及女权主义翻译理论与翻译作品应如何获取更多的读者群以奠定其翻译理论的地位。甚至有的女权主义翻译者提出要创造一种新的语言，认为当今的语言结构体系是父系语言，语言中处处充满了对女性的歧视，要求将所有的名著都应用女权主义者"创造"的语言加以重新翻译，以彰显女性的地位。第二次世

界大战以来，随着妇女地位的提高，现有语言体系架构对于消除语言中的性别歧视做出了很大的贡献，一大批为保障女性权力得以彰显的词汇已经被扩充进去。诚然，"妇女的解放首先是从语言中解放"，但基于此，或许我们要做的是解放现有的语言以促进妇女的解放，而非"杀死"现有的语言体系架构，解构一切，推翻一切。解构主义宗师德里达在谈到翻译与女性译者时这样说道："女性译者不是简单地亦步亦趋。她不是原作者的秘书，而是原作者所眷顾的人。在原作的基础上，有可能进行创作。翻译即写作，不是文字转换意义上的翻译，而是由原作激发的创造性书写。"这样翻译就被赋予了"原创"的意义，因为它给予原作以"来世"。我们暂且不论德里达此番论述是否合理。赵彦春教授在《翻译学归结论》一书中，提出"翻译本体论"这一精到的见解，直面了翻译学最根本的问题，即翻译是什么，翻译存在的本源，翻译具有的本质，我们能否认识它，如果能够又能在多大程度上认识它以及应用或设计什么方法来研究它。如果我们能够弄清楚这些问题，那么关于德里达的解构主义在指导女权主义翻译理论中的诸多不合理性、女权主义翻译者在翻译理论上存在的误区就能够迎刃而解。

对于翻译，"原作者死了"的论断是不符合逻辑的，原作与原作者永存，并指导着译者的翻译思路，脱离原作或者原作者的翻译不能被称之为翻译，译者甚至可以在深谙原作与原作者的基础上"超越"原作，但永远不能脱离原作与原作者进行翻译，那便是胡译、乱译。翻译虽然有其特殊的跨学科属性，这赋予了翻译更广阔的视角，但是翻译终归是翻译，其最本质的核心依然是对语言以及语言结构的把握。

即使是文化学派，也是在针对原作和原作者的基础之上提出了"翻译即改写""翻译即操纵"的翻译思想。即使是像"原创"的译作，也是基于原作所赋予的灵感。因此，女权主义翻译理论所依靠的德里达所言的"翻译即写作"，在其自身的文学翻译系统内部都存在不一致性。

三、女性与翻译的地位

梅内"不忠的美人"的论断也好，斯坦纳《通天塔之后》中的性别歧视也罢,都反映了女性的社会地位问题。其实,通过对"不忠的美人"的论断的深入剖析,抛开梅内为了使这句法语更加押韵,我们不难发现,其实此论断本身就存在问题。"不忠的美人"指"翻译像女人一样,漂亮的翻译不忠实",反之,即"不漂亮的就忠实"。至此,我们一眼便能窥探出其中的逻辑错误:翻译的忠实与否在于原文本,原文本辞藻华丽,如同大不列颠维多利亚式小说一样,那么漂亮的翻译就是忠实的,不漂亮的翻译反而不忠实;原文本用词朴素,如同法兰西蒙田之散文,那么不漂亮(朴素)的翻译就是忠实的,漂亮的翻译反而不忠实。所以,女权主义翻译理论对此的批判并没有抓住翻译的实质。《通天塔之后》将翻译与性放在一起比较看似是对女性的歧视,其实女权主义发展在女性对自身性的自主权方面有很大的体现。由此看来,斯坦纳将翻译与性联系在一起,以女权主义翻译家的视角,反而是抬高了翻译的地位。译作之于原作与男性之于女性是有本质的区别的,译作必然应从属于原作,属于次级地位,这是翻译的本质特性之一。而男性之于女性,如果说历史文化使女性在某些社会或文学中处于从属地位,并受歧视,被压迫,那么我们理应支持妇女的解放运动。但是译作从属于原作是不争的事实,译作是不能被解放的。

四、女权主义翻译研究中的性别歧视语言

女权主义翻译家关注的另一个问题集中在语言上,女权主义翻译者一直想擦去如 woman、female 等词语中的"臭男人"痕迹。但是语言既是历时的,也是共时的,man 与 woman,male 与 female 是二元对立关系,而非从属关系,即使产生的时间早晚不同。况且"共时性"也存在一定的时间区间,在这段区间之内,这种对立词汇的产生很难说明其中存在从属地位或高低贵贱之分。若遵循某些女权主义翻译家之意,创造一种新的语言,比如 man 的对立词语为 apple,其语言的逻辑性便丧失殆尽。语言是自然发生的、约定俗成的,拒斥人为的改变。女权主义翻译理论家乐于重新诠释《圣经》,抹杀其所谓男性化语言。但是,我们认为,不论是亚当,还是以亚当之肋骨创造的夏娃,对于人类社会而言,作为人类的始祖,都缺一不可。笔者曾于南开大

学聆听女权主义翻译理论名家弗洛托的讲座,她称夏娃源于希伯来语,为"生命"的意思,而亚当有"泥土"的含义,从而认为《圣经》中女性的地位高于男性。我们姑且不论《圣经》主要强调男性化语言这一不争的事实,仅仅关注"生命"和"泥土"的类别,是否也可以这样解释:从生物学角度讲,生命的形成是由无机物演变成有机物,再演变成单细胞生物这一过程,那么作为无机物的"泥土",是否比"生命"更加重要呢?因为它是孕育世间万物的基本物质,正如中西方的朴素唯物主义都将"金木水火土"五行之一作为世界本源一样。可见,这种解构现有语言体系架构的做法是不可取的。

五、女权主义翻译路在何方

弗洛托批判继承了女权主义翻译理论的诸多观点,曾提出了一个制约女权主义翻译理论与实践发展的重要因素——一致性(solidarity)。她认为,当今女权主义翻译理论体系内部争论不断,法国女权主义、欧美女权主义与拉美女权主义在某些问题上无法达成一致,严重阻碍了女权主义翻译理论的发展。既然女权主义翻译理论的指导策略阻碍了女权主义翻译的继续发展,那么如何能够为女权主义翻译发展打开一扇新的窗口,使其重获活力呢?笔者认为,应基于赵彦春教授"翻译本体论"的论述,从现有语言体系架构入手,采用女性化的语言来代替政治色彩过于浓重的女权主义的激进语言。对于社会而言,无论男女,都青睐富有女性自然美的语言,而且无论男女都可以使用女性化语言进行创作与翻译,这无疑会加强女性在文化与社会上的地位。李商隐"相见时难别亦难,东风无力百花残"的女性化语言使人难以相信这首诗是出于男诗人之手,而李清照的"生当作人杰,死亦为鬼雄"充斥的男子气概使人不禁赞叹这位女诗人的文采。所以,笔者认为,采用女性化语言,从语言语法角度完善翻译,才是翻译本体论的诉求所在,才是女权主义翻译得以再次充满生机的一剂良药。正如赵彦春教授指出的,我们一直对杨绛先生将《堂吉诃德》译成中文感到无上的敬仰。这说明,无论男性译者还是女性译者,基于原作的优秀的译作才能抬高译者的地位。基于此,女权主义翻译的道路还很长。

参考文献：

[1]谢天振.当代国外翻译理论导读[M].天津：南开大学出版社，2012.

[2]杨柳，王守仁.文化视域中的翻译理论研究[M].北京：人民文学出版社，2012.

[3]赵彦春.翻译学归结论[M].上海：上海外语教育出版社，2009.

关联理论视角下的汉英新闻编译
——以《今晚报》海外版翻译为例

2014 级　英语语言文学　王艳

摘　要：格特的关联理论认为翻译是一种交际，其本质就是人们根据关联原则追求最佳关联性。新闻汉英翻译中，译者的责任就是使原文作者的意图和译文读者的期望相吻合，让受众用最小处理努力获得最大语境效果。采取编译策略是达到最佳关联的一种重要方法，既能保持新闻的真实性和客观性，又能确保其译文受众的最佳接受度。

关键词：关联理论；最佳关联；汉英新闻翻译；编译

一、引言

Sperber 和 Wilson 于 1986 年出版了专著《关联性：交际与认知》，提出了与交际、认知相关的关联理论，Ernst-August Gutt 在此基础上进行了延伸，在其博士论文《翻译与关联：认知与语境》中将关联理论运用到翻译中，提出翻译是一种交际。译者的主要职能就是使原文作者的意图和译文受众的期望得到最好的一致性，而确保交际成功的重要关键点在于译者对受众的认知环境有所了解，并且要提前对译文原文的文化和语言背景有所熟悉。营造译文读者熟悉的认知环境和活动心理，尽可能让译文受众花费最小的处理努力，就能达到最佳的语境效果。

当前，各国信息交换频繁，交流加强，编译（transeditting）能够筛选出译文读者所能接受和所需要的信息点，同时也为信息受众节省宝贵的选择时间。传播信息的新闻媒体必须对要对外报道的新闻消息进行适当的翻译和编辑，编译自然成为保证新闻时效性和可取性的重要方法和途径。根据最佳关联原则，编译可以采取不同形式和手段进行汉语原语编辑和英文翻译，变通外宣，引起受众读者群的情感呼应和感官刺激，吸引更多的国外受众。本文结合今晚报《海外版》汉英翻译的例子，在关联理论的框架下，探讨编译策略在新闻汉英翻译中的应用。

二、汉英新闻编译的特点以及关联理论依据

由于英汉两种语言在思维和表达方式方面存在许多差异，翻译时需考虑的因素很多。在处理汉英翻译时，首先要了解汉语原文新闻的写作特点和思维方式，提取值得进行外宣的信息，然后进行翻译。因此，简单的直译和意译等翻译策略可能使得译文没有那么出彩，达不到最大的效应，呈现不出最佳关联性。鉴于新闻与其他文体不同，需以简明扼要的文字，真实客观、高效及时地传播信息，汉英新闻编译是一种积极的翻译手法，有着其独特的特点。

站在关联翻译理论的角度，编译虽然有很多种方法可以巧妙利用，比如增、删、补、改等，但是新闻翻译整体的效果和目的要合乎其标准。Ernst-August Gutt 在《翻译与关联：认知与语境》中认为，翻译的基本原则就是关联，在这种语际间的阐释活动中，译者具有双重身份。即交际有两个活动层面，在第一个层面，译者是原文语言信息的接受者，原文作者是交际者；在第二个层面，译者转变为交际者，译文语言读者成为信息的接受者。而译者的责任就是使得原文作者的意图和译文受众的期望达到吻合。因此，Gutt 的关联翻译理论主张受众在读到译文时可以花费极小的力气，掉入译者之前设置的假设情境，从而获得最好的语境效果。新闻语体自身有着独特的特点，包含丰富的文化内涵，外宣又是站在国家平台向外国乃至世界传播相关信息，必须谨慎而又符合受众的心理期望，考虑其认知环境。在编译过程中，通过这样的交际线索，努力获得最佳关联，便能取得成功交际。

三、关联理论下编译的应用

随着我国受世界舆论关注程度不断提高，几乎每天都会有大量有关我国政治和外交等方面的报道。因此，在合理处理和翻译有误导意图的消息，积极传播中国声音时，我国的有关新闻媒体就会对原新闻进行增删、压缩、合并，有时甚至是重组写作。编译就成为把正确的导向和准确的事实传达给受众的重要途径和手段。

（一）新闻标题的编译

关联理论认为，翻译可分为描述性和解释性的翻译。Gutt 更支持后者，认为关联翻译理论具有十分广泛而强大的解释力，可以对翻译活动和各种翻译现象进指导和解释。由于原文交际者和译文受体的认知语境不同，译者在第二交际语境中，作为交际者，应该尽可能把需要传达的信息意图和译文受众的认知环境关联起来。

例1：人情花销高　春节成"春劫"
译文1：Huge Expenses for Social Engagement in the Spring Festival
译文2：Spring Festival or "Spending Festival"

新闻写作为了突出简俭性和趣味性，常常会使用一些修辞手法，比如对偶、比喻、谐音、押韵和双关等等，使句子简洁又颇具深意，而这样对于翻译无疑是增加了难度，在内容和形式的对等方面都是不小的挑战。例子中"春节"和"春劫"在汉语中是粘连对举的修辞手法，谐音的两个字正好形成一种意义上的对比，中国过春节本应有的快乐，却被过多的人情开销所累赘，似乎变成了一场劫难。对于英语母语的读者来说，谐音的表达法及其内涵，还有"人情"费用都是难理解的中国特有的语言表述和文化。如果可以，译者应尽最大努力了解受众的心理，他们应该是希望了解中国节日文化习俗的。译文1将原文含义显性化，受众的理解阻力自然比较小，但是可能不能引起众多读者的兴趣，而且 Social Engagement 原本就是来源于英语，主要指

one's participation in the activities of a social group, 与原文本意有所出入，可能会增加受众的误解（misinterpretation），这就没有达到最好的语境效果。译文 2 通过编译基本保留了原文的形式风格，Spring Festival 和 Spending Festival 同样有押韵和对比的效果，or 表示选择，套译 to be or not to be 的表述，创造了译文受众较为熟悉的认知环境。"人情花销高"实际和"春劫"是一个意思，因此省去对其的翻译，这样有趣的题目自然吊起了译文受众的胃口，将作者的意图和受众的心理关联起来。

（二）新闻导语的编译

导语是新闻的开头部分，起着重要的引导作用，好的导语可以吸引读者阅读全文的消息。晋代陆机曾说"立片言以居要"，明代的谢榛也谈到"凡起句当如爆竹"。美国哥伦比亚大学新闻系教授麦尔文·曼切尔"用一半甚至更多时间琢磨导语"，他认为"写好导语等于写好了消息"。英国新闻学家赫伯特·里德甚至强调："导语是新闻的生命所在。"（刘萍，2006）新闻语体要考虑上下文的环境，以及对其中的文化、选词等的影响。

例 2：全国 3491 人取名"奥运"：通过对与奥运会相关的姓名数据进行分析，"北京奥运会"这五个字中的每一个字都是我国的姓氏之一。

译文：Chinese name kids "Olympics": A latest survey has found that a growing number of Chinese parents adopt the words "Aoyun" or "Olympics" into their baby's given names. It well demonstrates the Chinese people's enthusiasm for the 2008 Beijing Olympics, according to the Chinese media.

原文的导语并没有很好地提炼出来中心内容，所以必须经过编译的环节，才能准确精彩地重现导语的风采。首先要考虑语境效果，"姓氏"在汉语中指的就是姓，而中外的命名文化还是不同的，所以译文中要明示出是英语中的 given name, middle name 还是 last name。原文的"奥运"会让人产生不同的语境假设，比如奥运会，或者取的名字仅仅是"奥运"两字等，实际上指的却是与 2008 年"北京奥运会"相关的一系列名字，所以"Aoyun" or "Olympics"除传达原语文化外，也可以使得受众理解译文的处理努力降到最小。译文最后一句显然是增加了内容，解释了取名一事的缘由，获得最佳关联。

（三）新闻正文的编译

关联理论认为，关联是命题和一系列语境之间的关系。语境包括交际时话语的上下文、即时的物质环境和人的知识因素，比如已知的事实、假设和认知能力。由于汉英两种语言的思维差异，在写作方面，句子中心和篇章语序等都会有所不同，常常需要重组和编辑。

例 3：（导语省略）事件经当地媒体报道后引起议论，在岸边看小女孩游泳看得心惊肉跳的市民质疑，这种训练是否妥当。如果孩子体力不支或手脚抽筋，后果会是什么样？

手脚被捆绑的 10 岁女孩叫黄澧。她在本月 1 日下午 12 点 45 分开始接受训练。因为手脚都被绑住，她只能用脚使劲地蹬水游动，而在下水前，她只吃了一碗面。

译文：The girl, who lives in the city of Zhangjiajie in Hunan province, got the idea after seeing something similar on a local television program, he said. Huang starts her training after a bowl of noodles at noon on the first day of this month.

The feat is the latest sporting sensation in China, already in the grip of Olympic fever with less than a year to go before Beijing plays host to the Games next August. Huang's swim also raised eyebrows. Some citizens doubt whether it is appropriate for the father to train this girl in such a way especially after they find her swimming without any safety measures. "What if she becomes physically tired or has cramps?" the report quoted a university student surnamed Gao.

英语新闻的基本结构多呈现出倒金字塔结构，消息的最前部一般都是最重要的信息，而一些相对次要的信息或背景材料都被放在较后的位置。编译者可根据需要依据消息的重要性对原文进行删节（张少伟，2010）。此文导语后直接便是故事发生后的结果，不符合一般的叙事逻辑，这里便需要重组信息，对段落进行重新排列，让重点信息排序在前；同时照顾到目标受众通常读报的认知心理感受。他们对话语的理解会构成交际者认知语境的一连串预定假设，译文所含的刺激信号建立的新信息和在此之前已存在于受众群体认知语境中的旧信息便产生联系，构成了关联性，新信息会产生语境含义。这就不仅仅是直译和意译等翻译方法所能掌控的。编译更能传达原文的信息意图，与受众的关联性更强。

四、结论

新闻英语有着独特的语体特征，汉英新闻编译可以重组信息，结合编辑、写作和翻译等方面，传达关键信息，发挥外宣传播的作用。译者不仅要了解汉英新闻各部分的差异性表达，掌握各自的特点，更要正确体会原文作者营造的隐含意义，运用编译策略进行新闻翻译。在关联翻译理论的指导下，编译融合增译、删减、调整等手段，在汉语原文基础上挑选符合译者意图的信息，置身于英语文化语境中考虑目的受众的认知心理，达到成功交际的目的。关联理论可以引导和解释新闻编译的现象，同时也可以作为翻译评判的标准。译者要衡量目的受众的认知环境，在译入语中再现原文要传达的语境假设，寻求最佳关联。

参考文献：

[1]刘萍. 浅谈新闻导语中的动词巧用[J]. 应用写作，2006，(6)：27～28.

[2]张少伟. 浅谈英语新闻编译的自由度[J]. 中国科技信息，2010，(4)：176～177.

[3]赵彦春. 关联理论对翻译的解释力[J]. 现代外语，1999，(3)：276～295.

[4]朱燕.新闻英语标题汉译的关联理论视角[J].湘潭师范学院学报(社会科学版),2007,(29):117~119.

[5]Ernst-August Gutt. *Translation and Relevance: Cognition and Context* [M]. Oxford: Basil Blackwell, 2004.

释意理论视角下的字幕翻译
——以法国电影《岳父岳母真难当》为例

2014级　法语语言文学　徐晨

摘　要：影视字幕的翻译在跨文化交际中扮演着至关重要的角色，优秀的字幕翻译有助于译语观众理解电影，并为其带来完美的观影体验。鉴于字幕翻译兼具口笔译的特点，本文将以法国释意理论为指导，结合实例，从词汇选择、句法调整以及俗语翻译三个方面探讨电影字幕翻译的方法与策略。

关键词：字幕翻译；释意理论；策略

一、引言

随着社会经济的迅速发展，各国间的文化交流日趋频繁，国外众多优秀的影视剧出现在国内的荧屏上，字幕翻译的需求甚至远超过文学作品的翻译，因此网络上涌现出一批由翻译爱好者组成的字幕翻译组，将国外优秀作品介绍给中国观众，满足大众对异域文化的好奇。由于译者水平的混杂，字幕翻译无法保证较高的质量。近年来，字幕翻译逐渐引起翻译界的重视，众多学者借鉴中西方翻译理论从不同角度探讨字幕翻译的相关策略，如功能对等、目的论、关联理论、接受美学等等。电影字幕既要忠实影片的内容，又要便于译语观众的理解，如何在保留源语言风格的基础上，让译语观众拥有相同的观影感受，是字幕翻译的关键所在。

法国释意学派是以塞莱斯科维奇为代表，在口译实践的观察和分析基础上建立的口译理论，该理论的研究对象不再是语言，而是意义的传递。本文将以法国喜剧电影《岳父岳母真难当》为例，分别从词汇选择、句法调整以及俗语翻译三个方面，就片名和人物对白的翻译进行分析，讨论如何更有效地进行电影字幕翻译。

二、法国释意理论概述

释意理论是由法国著名口译专家塞莱斯科维奇在多年国际会议口译实践的基础上建立的口译理论。1968年，塞莱斯科维奇在博士论文"L'interprète dans les conférences internationales, problème de langue et de communication"中首次提出释意理论；1984年，他与学生勒代雷合著 *Interpréter pour traduire*，结合逻辑学、心理学及语言学的研究成果阐释了翻译过程与翻译理论，对比口笔译的异同点，提出交传与同传的主要策略；1990年，他发表了 *L'étude de la traduction*，借鉴二十多位理论家的著作，对释意理论进行了更加系统全面的阐释，并将其发展应用到多种类型的笔译实践中，如文学翻译、科技翻译等。如今，释意理论仍在不断地发展与完善。

释意学派认为翻译是在理解原文意义的基础上，用符合译语习惯的方式对源语的重新表达，强调翻译的对象是意义而不是语言，语言只是理解意义的条件之一；意义不是简单的字词总和，而是一个有机的整体，是说话者希望表达的意图（vouloir dire）。释意学派对翻译的三个层次赋予了新的解释：词义层次的翻译是逐词翻译（la traduction de mots）；话语层次的翻译是脱离语境的句子翻译（la traduction de phrases hors contexte）；篇章层次的翻译则是结合认知与语言知识的翻译（une traduction interprétative），也是真正意义上的翻译。塞莱斯科维奇将口译过程描述为以下的三角模型：

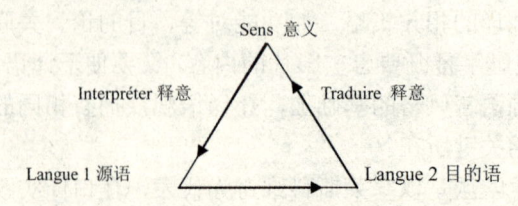

```
                Sens 意义
              /          \
      Interpréter 释意   Traduire 释意
            /                \
     Langue 1 源语 ——————→ Langue 2 目的语
```

根据这一过程，释意学派提出翻译的模式是：理解原文（comprendre）—脱离语言外壳（déverbaliser）—重新表达（réexprimer）。

三、影视字幕的翻译特点

《电影艺术词典》在"翻译片"的条目中指出，在翻译外国影视作品时有两种途径：一是"译配解说"，即配音；二是"译配字幕"（陈青，2008）。从语言学的角度，字幕翻译可分为语内字幕翻译和语际字幕翻译，大部分的观众更倾向于后者，即保留电影原声加以中文字幕的观影模式。任何一种类型的翻译都有一定的约束性，影视字幕的翻译主要受到时空的限制。一方面电影的字幕必须和声音以及画面保持同步，另一方面观众浏览字幕的速度有限，正常人的平均浏览速度在每秒15个单词左右。这些制约因素要求翻译后的字幕必须简洁明了、通俗易懂，能够在有限的时间内准确高效地传递信息。

精练准确的字幕翻译能够帮助译语观众充分地感受影片魅力，增加影片的美学及商业价值，晦涩难懂的字幕翻译则会造成观众的流失。影视语言的通俗性及瞬时性要求译者有机结合电影画面，灵活运用翻译策略，最大程度地传递影片内涵。

四、实例分析

（一）电影介绍

《岳父岳母真难当》是2014年法国电影票房冠军，这部轻喜剧是当下法国社会的缩影，将题材对准了法国日益显现的移民、种族及宗教问题。该片讲述了一个信奉天主教的传统法兰西资产阶级家庭养育了四个貌美如花的女儿，三个大女儿分别嫁给了北非裔的律师、犹太裔的商人、华裔银行家。这对老夫妻被迫持以开放包容的态度，唯一的希望便是盼着小女儿能够嫁给一个信奉天主教的法国白人。然而小女儿未能如他们所愿，爱上了一个非裔黑人。影片整合了全球一体化所带来的文化信仰冲突，笑料不断。老丈人自称是"戴高乐主义"，种族玩笑大多发生在女婿们之间，宗教间的互相嘲弄也是紧扣时代，如伊斯兰教与犹太教的教义冲突、巴以战争、中国商人到处收购、中国人的阿谀奉承、中国足球等。一番吵闹过后，性格迥异的女婿们学会了彼此包容，和谐相处，老丈人也最终接受了来自科特迪瓦的小女婿。影片所宣扬的是自由、平等、博爱的法兰西民族精神，是平等看待每一个公民的普世主义，呼吁人们以一颗包容的心面对不同的文化与信仰。通过一个包容有爱的法国家庭的喜怒哀乐，我们在爆笑的同时也能感受到爱情所带来的温馨与浪漫。

（二）片名的翻译

一部电影的片名大多根据剧情、主题或主人公等确定，片名的好坏直接关系到影片的票房。人们的审美水平随着生活水平的提高而不断提升，好的译名能够引发共鸣。释意理论指出翻译的实质就是两种语言之间意义的转换，反对机械的翻译。对于片名的翻译，最忌讳死译硬译，译者应综合分析影片的剧情风格，对片名进行创造性的加工，采用能够反映原片特点的译名。

该片原名为"Qu'est-ce qu'on a fait au Bon Dieu?"，如果将片名直译为"我们对老天爷做了什么"，既不够简洁又会令观众不知所云，《岳父岳母真难当》则呼应了影片的内容。而相比之下，港版的《非常4女婿》似乎更胜一筹。首先，片名言简意赅，字里行间传递了强烈的信息，观众一看便知影片大概讲述的是一对法国老夫妇如何与四个文化背景迥异的女婿斗智斗勇；其次，"非常"意味着"不寻常""奇葩"，非常贴合该片轻喜剧的风格，足以激发观众的好奇心以及强烈的观影欲望。

（三）人物对白翻译

1. 词汇选择

例 1：Lui n'est qu'un raté qui vit à ses crochets. 他就是一个靠老婆养活的屌丝。

这是在一次家庭聚餐不欢而散后，老丈人对二女婿的评价。二女婿原本是个犹太裔商人，被中国人抢走了食品生意而失业，并在不断地寻找新的投资商，妻子则是法国高薪阶层的牙科医生。"raté"原指

释意理论视角下的字幕翻译——以法国电影《岳父岳母真难当》为例 ·359·

"一事无成的人",将其译为年轻人用以自嘲的流行语"屌丝",既增强了喜剧效果,又完美还原了老丈人鄙夷与厌恶的语气。

例2:Tu ne peut pas changer de <u>disque</u> un peu? 你就不能别再说这些<u>陈词滥调</u>了吗?

"disque"原意为"唱片",按字面直译会给观众造成理解困难。译者结合剧情将其意译为"陈词滥调",有效地传递了人物的说话意图,体现出妻子在丈夫再一次喋喋不休时的不耐烦与无奈。

抽象词语的具体化与本土化利于观众对影片的理解,影片中既"接地气"又准确的翻译还有很多,例如:

例3:Je ne sais même pas ce qui m'a <u>pris</u>. 我都不知道刚刚<u>中了什么邪</u>。

例4:T'a vu la <u>complicité</u> de malade là? 看到那两个人心里的<u>小九九</u>了吗?

例5:C'est-à-dire, on <u>versé</u> des arrhes, c'est embêtant. 我们的订金都<u>打水漂</u>了,这可麻烦了。

例6:Y a des maladies qui <u>cherchent des embrouilles</u>. 有两个神经病<u>来砸场子</u>。

2. 句法调整

释意理论指出翻译所传递的是说话者的思想而非语言层次,因此译语的表达方式也应符合译语观众的语言接受习惯。汉法的表达习惯不同,法语多长句,字幕的瞬时性特点要求译者适当地调整语序。中文四字词的使用会增强影片的观赏性。

例7:Les embrouilles des Juifs et d'Arabes, ça suffit. 吵架的事就此打住。

例8:L'alcool n'a jamais fait mieux pour approcher les peuples.

团结各族人民还得靠酒精。

例9：C'est passé comme une lettre à la poste. 一切都很顺利。

例10：J'ai perdu mon procès mais j'ai gagné ma femme. 输了官司，抱得美人归。

例11：On a fait «frère de sang». 我们歃血为盟，拜了把子。

3. 俗语翻译

电影是各个国家文化习俗、价值观念等诸多方面的反射，喜剧常常有很多的俗语和俚语。为了最大化地保留喜剧效果，在字幕翻译时，译者应立足本国观众，考虑译语观众的语言习惯，选择本民族语言中与源语最贴近、最自然的词语进行归化翻译，便于译语观众更好地理解文化内涵。

例12：ça m'a toujours cherché la petite bête. 总是喜欢鸡蛋里挑骨头。

例13：Les Feujs dans la finance, c'est terminé. C'est nous maintenant les Noich qui ont le vent en poupe. 犹太人驰骋金融业的时代结束了，现在是我们中国人称霸江湖了。

例14：ça pourrait faire un carton en Chine, votre dinde laqué. 您的烤火鸡在中国肯定会大获成功的。

例15：On va arrêter de se voiler la face. 我们就别再兜圈子了。

例16：Leur talon d'Achille, c'est les femmes. 他们的致命弱点就是女人。

例17：C'est le dernier coup de hache qui fait tomber l'arbre. 压死骆驼的最后一根稻草。

五、结语

释意学派将翻译看作交际行为，在自然的交际过程中，语言仅是交流的工具，翻译的对象是话语的交际意义而非语言。译者需借助语言及认知知识正确理解源语内容，不拘泥于源语形式，注重意义的传达，综合考虑各种因素，灵活采取不同的翻译策略，传递源语信息，再现源语内涵。释意理论对影视字幕的翻译具有重要的指导意义，字幕翻译者应不断提升自身的翻译水平，做出优雅、精练、准确的字幕翻译，有效传递影片的语言风格和文化内涵，为译语观众带来完美的观影体验，促进不同文化的交流融合。

参考文献：

[1]陈青. 电影字幕翻译特点及策略分析[J]. 电影文学，2008，(3)：123~124.

[2]程思. 影视字幕翻译策略探究[D]. 上海外国语大学硕士学位论文，2009.

[3]李玉梅. 释意理论在影视作品翻译上的体现——以韩国电视剧的翻译为中心[D]. 对外经济贸易大学硕士学位论文，2009.

[4]Seleskovitch D., Lederer M. *Interpréter pour traduire*[M]. Didier Érudition: Klincksieck, 2001.

从渐变模型的角度看同声传译中的增译
——以美国柏森商学院讲座的同传录音为例

2015级　英语同传　张琪

摘　要：本文用丹尼尔·吉尔的渐变模型理论作为理论框架，分析同声传译中增译现象出现的原因和意义；以美国柏森商学院商业策略讲座中同声传译的录音作为案例，选取其中五个具有代表性的例子进行研究，从渐变模型的角度，探究具体案例中增译现象出现的原因及使用的意义，并分析增译为同声传译的实际工作带来的启示。

关键词：渐变模型；丹尼尔·吉尔；同声传译；增译

一、引言

　　增译是一种口笔译中既实用又常见的策略。本文使用丹尼尔·吉尔提出的翻译的渐变模型，以美国柏森商学院一场为中国企业家讲解商业战略的讲座为案例，分析同声传译中的增译现象出现的原因及其意义。本文分为三个部分：首先，本文为作为分析理论框架的翻译的渐变模型进行简要的介绍。第一部分包括文中涉及的概念的定义以及本文的研究方法说明。在第二部分中，本文从美国柏森商学院的讲座中选取五个具有代表性的增译案例，进行具体的研究。研究分为两个层次：首先，以渐变模型的理论为框架，讨论具体案例中增译现象出现的原因；其次，分析每个具体案例中增译现象的作用和意义。本文的第三部分将根据上述案例及分析给出结论，结论分为两个部分：首先总结增译情况在同声传译中出现的原因及使用的效果，然后介绍增译策略对同声传译工作的启示。

二、理论框架

（一）翻译的渐变模型

翻译的渐变模型由法国巴黎新索邦大学教授、国际口译界专家丹尼尔·吉尔提出。在翻译的渐变模型中，吉尔将翻译的过程分为两个阶段，即"理解阶段"和"重建阶段"，并指出此模型在口译和笔译方面都具有一定的指导意义（Gile，2011：3-4）。在吉尔的《口笔译训练的基本概念与模型》一书中，吉尔（Gile，2011：93-97）提出，在每一个"翻译单元"中，渐变模型可以解释译员的翻译过程。模型分为理解阶段和重建阶段两个部分，在每个部分中，译员会经历两个循环性的过程，即首先对翻译单元的意义提出假设，验证假设，如果假设成立，则进行到下一阶段，如果不成立，则回到最初，提出新的假设；在下一个阶段中，对译入语的重建单位提出假设，验证假设，如果假设成立，则以假设为基础提供译文，如果不成立，则回到最初，提出新的假设（Gile，2011：93-97）。

吉尔还强调，"译者自己的职业生涯中经常会面对无法满意解决的问题"，这时译者必须做出决定，并考虑相关的风险和得失（Gile，2011：100-101）。

在笔译中，渐变模型是不可见的，读者只能看到译文的最终版本而不能看到其过程；而口译则与此不同，特别是同声传译，在特定情况下，通过译员的改口和对译文的优化，听众可以直观地感知渐变模式中两个循环性过程的运作模式。

（二）翻译中的增译现象

增译现象一般被定义为在口译或笔译过程中增添源语中并不存在的特定字、词、分句和句子。增译现象主要可以分为两种类型：原文中已有信息在译文中的重复现象，以及原文中不存在的信息的增译。郭著章和李庆生（1988：52～55）认为，增译法属于翻译的八种基本技巧之一，可以在译文忠实原文的情况下，增加译文在译入语中的可读性和接受度。增译的内容包括三个类别："原文中暗含而无需言明的词语""概括性词语"以及"注释性词语"（吕瑞昌，1983：13～19）。在同声传译中，增译法是一种重建阶段中的常用策略，可以解决翻译中所遇到的特定问题并达到相应的效果。

（三）研究方法

本文采用定性的分析方法，从渐变模型的视角出发，分析增译法的使用在特定情况下出现的原因及达到的效果，包括译员在做出决定的过程中所面对的风险和译文的得失。本文选取美国柏森商学院为中国企业家讲解商业战略的讲座中五个具有代表性的增译案例，并对分别每一案例进行具体分析，通过渐变模型分析其成因及效果。

三、案例分析

例1：

原文：If you have questions as we go along, I want you to stop it and ask me the question. Just raise your hand.

译文：大家有问题的话，在课程过程当中有问题的话，大家都可以随时举起手来问我问题。

画线部分是对于前一分句中内容的重复，属于增译中原文中已有信息在译文中的重复现象。这一增译现象出现的原因在于中英两种语言的结构性区别。在理解阶段的第一个循环过程中，译员将原文开头的"If you have questions"看作一个翻译单元，并给出了相应的翻译。然而，随着发言人讲话的推进，译员对理解阶段翻译单元的划分发生了变化，因而以改口的形式给出了新的翻译假设，即划分新的翻译单元，并在重建阶段给出了新的译文，并调整了译文中状语的位置。

在这一案例中，增补的使用可以带来以下几个方面的好处：首先，译员在做决定的过程中选择了增补的策略，可以保持原文信息的完整性。第二，通过增补的策略，使用重复的方法解决了中英两种语言中，同一句子成分在句中位置不同的结构性差异问题。第三，译文更符合译入语的语言习惯，使听众更易接受。

然而，此例中增补的使用也会产生一些负面的影响：第一，由于语句的重复，译文会显得冗长、啰嗦。第二，重复会占用一定的时间，从而增大译员在时间上所面临的压力，增加翻译过程中的潜在风险。

例 2：

原文：First is you have to harvest the past. You have to keep producing whatever products or services you produce. You have to keep satisfying your current customers. You have to remain profitable. But you have to also be creating the future at the same time.

译文：第一个挑战就是你必须要掌握过去的经验。要继续地生产你们现在现有的产品和服务，要继续地满足现有客户的需求。需要保证盈利，同时也要创造未来，这是另外一方面的内容。因此，要两手要抓，两手要赢。

画线部分属于原文中不存在的信息的增译。此例中增译现象出现的原因出自演讲者及原文。原文句首的"First"引领第一个方面的内容，从而使听众期待第二个方面的内容也由类似词汇引领，然而此类表达并未出现。译员根据背景知识和逻辑思考，通过讲话人所讲内容认识到句中未说明的逻辑关系，并在翻译过程中增补了画线部分内容，以弥补讲话人演讲中所缺少的指示逻辑关系的词汇。

此例中增译的好处包括：第一，使译文在内容和逻辑结构两方面更加清晰易懂。第二，避免了因为原文逻辑结构的部分缺失造成的可能出现的误解。

同时此例中增译也有一些不足之处：译文增译部分内容过于冗长。画线部分第二句在原文中并没有找到与之对应的言明的或暗含的内容。此类增补可能会带来一定风险，比如降低译文的忠实度以及增加译员在时间和处理能力方面的压力。

例 3：

原文：Education happens the way we are doing it right now.
译文：我们都是用这种方式来进行教育的，就是面对面的方式。

例4:

原文: So, again, if I make those plastic cell phone cases, I'm always thinking about the two or three other companies that make those cases.

译文: 比如说,我做一些手机壳的话,我将不停地去想我其他的两三个竞争对手他们做的是什么样子,<u>从而要跟他们不一样</u>。

例3和例4中,画线部分属于注释性词语的增补,是原文中不存在的信息的增译,增译原因是中英语言文化的差异。在英语中,原文内容足以传达讲话者信息,而在汉语中,直接翻译很可能造成语义模糊。译员在理解阶段发现了这一问题,并为了将其解决做出决定,在翻译的重建阶段使用增译的策略,加入注释性的词语。

增译的使用在例3和例4中有很大的积极作用。首先,增译为中英之间的语言文化差异提供了一种解决方案。其次,增译的使用消除了译文可能会带来的误解和模糊的问题。第三,增译为听众提供了更加清晰、更符合中文语言习惯的译文,增进了表达效果。

不过,这一类型的增译同时也会带来一些风险。虽然例3和例4中增译的部分在正确的前提下使得译文更加清晰,但是注释性的增译是建立在译员个人对信息的理解的基础上的,有可能造成误译或降低译文忠实度。因此,这类增补应该慎重选择。

例5:

原文: What happened was, the pharmaceutical companies liked this idea. Because they only have to come up with a small amount of money up front, and they only paid when they used the product.

译文: 那么这里所发生的事情就是这个制药公司非常喜欢这个主意。因为呢,他们每次只需要花一点点钱,<u>而不是一口气花很多钱</u>。他们只有在用这个产品的时候才会花钱,<u>而不是说没用就要花钱</u>。

画线的两个分句属于原文中不存在的信息的增译。译员增译的目的是使译文更加清晰，以增进观众的理解。在理解阶段译员通过讲话的内容和重音认识到原文中需要强调的信息，并在重建阶段对译文做出了调整，增加了双重否定的分句以强调句子的重点。

此案例中增译的积极作用如下：第一，译文完整地表达了原文中暗含而无需言明的词语。第二，通过增译，译文更加清晰易懂。第三，译文避免了观众对信息可能的误解。

同时，此例中的增译也会造成一些风险，例如，增大译员在时间和处理能力方面的压力。然而，发言人语速较慢的特点也可以在一定种程度上降低这种风险。

四、结论

综上所述，本文所给出的五个案例展示了同声传译中增补策略使用的具体情况。作为译员翻译过程中做出选择时的一种策略，增译现象的出现既有理解阶段的因素，又包含重建阶段的因素。增补的策略主要分为两种基本类型，即原文中已有信息在译文中的重复现象，以及原文中不存在的信息的增译。

增译在同传中会带来如下的得失及风险：在重复原文中已有信息的增译类型中，增译的好处包括使译文更加清晰、更符合译入语的语言习惯，增加听众的接受度，使译文更易理解以及避免模糊和误解等等。而增译带来的风险包括增加了译员在时间和处理能力方面的压力，从而可能导致译文信息的丢失。在增加原文中不存在的信息的增译类型中，增译的好处包括增强译文在译入语中语言和文化方面的接受度，增进听众理解，补充说明原文未能言明的意思，以及填补原文的逻辑等等。

译员在选择增译法时，应该不断权衡其所带来的得失和风险。吉尔（Gile，2011：100-101）指出，译员的目的在于"达成得失与风险的最佳平衡"。因此，在考虑了上述的得失与风险后，适当的增译策略可以成为同声传译中的有效工具。

参考文献：

[1]郭著章，李庆生. 汉英互译使用教程[M]. 武汉：武汉大学出版社，1988：52~55.

[2]吕瑞昌. 汉英翻译教程[M]. 西安：陕西人民出版社，1983：13~19.

[3]Gile, Daniel. *Basic Concepts and Models for Interpreter and Translator Training*[M]. Shanghai: Shanghai Foreign Language Education Press, 2011.

[4]Levy, Jiri. Translation as a decision-making process[J]. *To Honour Roman Jakobson*. Vol. 2. The Hague: Mouton, 1967.

《红楼梦》杨宪益夫妇和霍克斯英译本中文化信息的翻译对比研究

2014级 英语语言文学 张伟伟

摘　要：中华文化的博大精深给汉译英的翻译工作带来了巨大挑战，特别是对于《红楼梦》这样一部充满浓郁中国文化特色的古典名著的翻译来说更是艰难。因此，探索如何在翻译中保留文化信息是一件极其重要的工作。而通过对《红楼梦》经典英译本的赏析，可以从中得到一些中国古典文学英译的有益启示。

关键词：红楼梦；文化信息；霍克斯；杨宪益夫妇

一、杨宪益夫妇与霍克斯不同的翻译风格

《红楼梦》是家喻户晓的中国古典四大名著之一，书中描绘了丰富多彩的中国传统文化场景。对于这样一部经典之作，英国汉学家霍克斯和中国著名翻译家杨宪益夫妇所译的两个英译本获得了很高的赞誉。众所周知，中英两种语言的差距很大，因此译者如何传达原文中的文化信息成为翻译过程中的难点。本文通过对《红楼梦》杨宪益夫妇及霍克斯两个英译本中一些典型的文化信息的语句翻译进行比较研究，分析译者的不同翻译风格及其英译的艺术魅力。

美籍意大利裔学者韦努蒂认为，翻译要偏离本土主流价值观，保留原文的语言和文化差异。所以，译者应把原语文化保留在译文之中，将原文中特有的表达方式引入译文之中。杨宪益夫妇的译文充分体现了韦努蒂的翻译思想。

杨宪益夫妇在翻译一些具有中国文化色彩的语句时，为了让读者切身体会到中西方文化的差异，通常会保留原文中的一些特有的词句，这样做能让外国读者真实地了解中国文化和社会习俗，例如将"阿弥陀佛"译成佛教词汇"Amida Buddha"。相比之下，霍克斯用他独有的方式解析原著并忠于原著，其译本备受读者们的青睐。他经常在把握原著关键信息的前提下，为了让读者更透彻地理解原著，会根据读者的思维习惯去合理修改或舍弃原文中的一些内容，这样会使其译文与原著有一定的差异。他的翻译策略包含以下三点：第一，将我国独有的文体形式改译为西方文化常见的体裁，如将中国古典诗词四行诗的形式转化为英语诗体通用的散文诗，脱离了原文本形式的束缚；第二，为了体现西方文化中的主体精神，在诗词翻译中加入人称代词，丰满了诗歌中主人公的情感；第三，当涉及一些宗教文化词语时，通常对其进行合理转化，如将中国佛教文化用语"阿弥陀佛"翻译成西方人容易接受的基督教文化用语"Holy Name"。

二、富含中国文化信息的语句英译

下面将结合实例从以下几方面来对杨宪益夫妇及霍克斯译本中一些典型的中国文化信息的语句翻译进行比较分析。

（一）中西方文化信息的英译

《红楼梦》一书忠实地反映了当时中国封建社会的全貌以及传统文化，因此全书中有很多富含中国文化信息的语句。对此，译者采取了不同的翻译方法。下面摘出人物日常会话中一些富含中国文化信息的语句英译分析。

  1. 王夫人道："阿弥陀佛，没当家花花的！"（第二十八回）
  杨译："Amida Buddha!", cried lady Wang. "The idea!"
  霍译："Blessed name of the lord!", said lady Wang. "What a dreadful idea!"

在中国古代，佛教在人们日常生活中有着很大影响，因此日常语言中出现了很多带有佛教色彩的惯用表达。而在西方世界，却是基督教文化有着极大影响力，各种基督教文化用语丰富了英语语言。在上例中，"阿弥陀佛"是佛教用语，杨译本保留了原作的佛教文化涵义。而霍译本则考虑到英语读者的惯用表达，将之替换为基督教里指代上帝的"lord"，其译文带有明显的基督教文化色彩。由此可以看出，译者考虑到了读者的需求，并以此来决定他的翻译策略。

  2. 宝玉向宝钗道："老太太要抹骨牌，正没人呢，你去抹骨牌罢。"

  这里关于"抹骨牌"的翻译，杨译为"play cards"，而霍译为"play dominoes"。原文中的"抹骨牌"在中国清朝时期的传统文化中是玩纸牌的意思，杨译符合原文的文化色彩。而霍译"dominoes"指的是多米诺骨牌，这是一种西洋骨牌游戏。由此看出，霍译有浓重的西方文化色彩，在习惯用法方面符合西方人的习惯。他之所以这样翻译，正是由于他从英国文化出发，考虑了英语读者的感受。

（二）颜色词翻译时的巧妙转换

  在《红楼梦》全书中，曹雪芹使用了很多颜色词。这些颜色词都有其特定的社会文化内涵，反映出作者附加在人或物上的情感。对于颜色词的不同翻译体现出各民族在审美情趣和文化认知上的差异。众所周知，各个国家的人们对于颜色所产生的联想意义不尽相同，比如白色，英语国家的人们会联想到婚纱和浪漫的婚礼，在其文化中是浪漫、纯洁的象征词；而中国人首先想到的却是丧礼时穿的素服，因此白色意味着悲伤、哀愁。再比如红色，在英语文化中它是残暴、激进、血腥的代名词，有着很强的贬义色彩；而汉语文化中它却频频出现在喜庆热闹的场合，最常见的莫过于婚礼上人们的传统红色礼服以及红色的中国结，这表明中国人对象征吉祥的红色的热爱。这种对于颜色所产生的截然不同的联想和象征意义给汉译英带来了一定的难度。所以，在翻译颜色词时，译者需要了解两种文化的差异来弄清颜色词背后的隐含意义，以确保准确的翻译。

下面举两个详细的例子进一步探讨颜色词的翻译。

1. 后因曹雪芹于悼红轩中批阅十载，增删五次。（第一回）

杨译：Later Cao Xueqin in his Mourning-the-Red Studio pored over the book for ten years and rewrote it five times.

霍译：Cao Xueqin in his Nostalgia Studio worked on it for ten years, in the course of which he rewrote it no less than five times.

两人对原文中的"悼红轩"采取了不同的译法。"悼红"在汉语里的意思是怀念、哀悼过去的人以及美好时光。杨宪益夫妇采取了直译法，译为"Mourning-the-Red Studio"，完全保留了中国文化中红色的寓意和原文的韵味。对于英语文化的读者来说，这样的译文对他们来说难以理解，没有实际的意义。因此，霍克斯的"Nostalgia Studio"准确传达出了原文的内涵，也便于西方读者理解。从这里可以明确看出霍克斯是以译入语读者为出发点来考虑其翻译策略的，因此其译文可读性很高。

2. 台矶之上，坐着几个穿红着绿的丫头。（第三回）

杨译：Several maids dressed in red and green rose from the terrace.

霍译：Some gaily-dressed maids were sitting on the steps of the main building opposite.

"穿红着绿"杨宪益夫妇直译为"dressed in red and green"；霍克斯采用了意译"gaily-dressed"，意为身穿鲜艳服装，他没有直接按原文的红色绿色来翻，但在语义上却做到了达意和等值。

从上述例子可以看出，"红"这个颜色词在《红楼梦》里出现概率极高。杨宪益夫妇和霍克斯在翻译这个字时采取了不同的翻译方法。霍克斯认为在西方文化中，该词不含有原语文化喜庆的意义。考虑到英语读者的感受，他在翻译时尽量避免直译该词，选择其他词来代替。

而杨宪益夫妇为了传达中国的传统文化，让西方读者感悟到中西方文化的差异，因此在翻译该词时直译，忠实地体现出原作的风韵。两位译者从不同的翻译立场做出了不同的翻译选择。

（三）人物对话中的语气与社会交际

处于不同社会阶层的人们，日常对话用语也不尽相同。日常交际用语能反映出人物所处的社会阶级地位。

  1. 凤姐笑道："既这么着，我就叫人带他去了。"
   宝玉道："只管带去。"
 杨译："Do."
 霍译："Please do." said Baoyu.

当凤姐向宝玉要他房里的丫头时，宝玉说"只管带去"。杨译本没有任何礼貌用语，采用的是祈使句用法，语气生硬，而且显示出宝玉回答时不耐烦的神态。霍译本却增加了礼貌词"Please"，这样翻译显示出宝玉对凤姐的尊重，把宝玉这个人物形象刻画得很细腻，性格丰满，一个立体感强的人物跃然纸上。

  2. 只见出来了一个老婆子，焙茗上去说道："宝二爷在书房里等出门的衣裳，你老人家进去带个信。"
 杨译："Master Bao is in the library waiting for his outdoor clothes", he announced. "Do you mind going in to tell them?"
 霍译："Excuse me, Miss", said Tealeaf. "Could you take a message inside to say that he wants them?"

上例是焙茗和老婆子的对话。杨宪益夫妇和霍克斯通过转换句子的语气，将原文的命令语气翻译为疑问句，给人一种亲切自然的感觉，符合对话中人物的身份地位，使英语读者读起来更自然，更易接受。

（四）地点位置的英译

霍译本关于地点位置的英译忠实于原文，对原文中的地理位置和空间位置定位准确，描述具体。

1. 二人正说话，只见丫头来请吃饭，遂都往前头来了。

杨译：They were summoned now to a meal and went over to his mother's apartment.

霍译：A maid came up to ask them both to lunch and the two of them went together out of the Garden and through into the front part of the mansion.

原文中"都往前头来了"的地点描述不详，没有交代出二人现在在哪里，要往哪里去吃饭。霍译文详细描写出二人现在在花园里，从花园出去去前面屋子吃饭的场景，让人看了能一目了然，位置描写具体。而杨译文是按原文直接翻译的，没有霍译文详细具体。

2. 焙茗一直到了二门前等人。

杨译：Beiming went to the second gate.

霍译：Tealeaf went back to the west inner gate.

杨译将"二门前"翻译成第二道门"the second gate"，而霍译为"the west inner gate"，明确地译出是西边的里门，地址位置定位详细准确。原文中下面说焙茗在这边的二门前寻访无果，于是又跑到东边二门前去了，因此从原文中也可以看出这里是指西边的门。然而杨译却并没有把具体的方位译出来，这样会令读者摸不着头脑。

三、结语

从杨宪益夫妇和霍克斯对《红楼梦》原文所呈现出的不同的翻译理念可知，文化差异的制约，如宗教信仰、思维习惯等，使译者在翻译过程中表现出了一定的差异。霍克斯为了使自己的译文便于读者理解，大多采取意译法。杨宪益夫妇为了弘扬中国特色文化，通常采用直译的方式进行翻译。

杨译和霍译之所以采用两种不同的翻译策略，是由于两者的翻译目的不同。霍克斯在翻译时更注重西方读者对其译文的理解程度，他希望能让读者更透彻地理解译文。而杨译则更希望向西方读者展示中国的传统文化，因此译文中保留了原文中的文化信息。二者的文化观也存在差异。霍译体现的是西方文化观，而杨译则更多趋向于中国文化。由此也可以看出，文化差异在翻译中占据主导位置，很大程度上影响着翻译的思维和方法。建议译者可适当地保留原著的文化特色，采用意译法和直译法相结合，既能让读者深刻地理解译文，又在一定程度上保持原作的原汁原味，从而达到中西文化的融会贯通。

参考文献：

[1]曹雪芹. 红楼梦[M]. 北京：人民文学出版社，2010.

[2]张曼. 杨宪益与霍克斯的译者主体性在英译本《红楼梦》中的体现[J]. 四川外语学院学报，2006，(4)：109～113.

[3]Hawkes, David. *The Story of the Stone*[M]. Harmondsworth: Penguin Books, 1977.

[4]Yang Xianyi and Gladys Yang. *A Dream of Red Mansions*[M]. Beijing: Foreign Languages Press, 2004.

回归翻译本体：基于对文化派的反思

2014 级　英语语言文学　张娅娅

摘　要：文化派的翻译观一直在翻译学界发挥着重要的作用。诚然，该学派为翻译研究提供了新的视角，但其理论本身有不可取之处。本文从宏观上揭示了文化派翻译观的本质，指出其忽视了"忠实""对等"的基本翻译原则，而后又重点分析了其对意识形态认识的局限性。通过分析，笔者认为当前必须回归到对翻译本体的研究上来。

关键词：文化派；意识形态；译者；本体

一、引言

不同的学者对翻译有不同的看法。在西方译界，雅各布森认为翻译是语言转换活动，所以语内翻译是翻译；又因为语言是符号，所以符号之间的转换活动也隶属于翻译概念。著名翻译理论家奈达（Nida）认为，翻译是指从语义到文体在译语中用最切近而又最自然的对等语再现原语的信息。斯坦纳在《通天塔》一书中则提出理解本身就是翻译。目前翻译界比较流行的概念则认为：翻译就是跨语言、跨文化的以交流为目的的转换活动（姜艳，2006：12）。抛开各位学者不同的见解，我们发现，翻译始终离不开文本和语言。与此不同，文化派则认为翻译是文化的翻译，比起翻译的本体——文本和语言来，文化派更关注翻译本体的外部因素。本文在对文化派的反思和批判基础上，得出这样的认识：对翻译的研究始终要回到翻译本体上来，在动态中进行翻译研究。

二、文化派概览及批判

(一) 文化派主要论点及评述

1. 对翻译本质的误解

翻译的文化转向萌芽于 20 世纪 70 年代,到了 20 世纪 90 年代巴斯奈特和勒斐维尔 (Bassnett & Lefevere) 出版的《翻译、历史与文化》一书中这种转向正式得到确立。文化派从"操纵"入手,特别强调文化这种外部因素在翻译中的地位,认为翻译的基本单位不是词、句、语篇,而是文化。他们认识到了文化对翻译的制约作用,并提出,翻译的本质就是文化的翻译。(赵彦春,2005:6-14) 文化派极力强调政治、文学、历史、文化等外部因素对翻译的制约作用,认为翻译就是改写,翻译就是操纵,从此翻译研究的重心从语言层面转向了文化层面,从文本内因素研究转向了文本外因素研究,从原作转向了译本,从作者转向了译者,从源语文化转向了译语文化。

从翻译研究的多样性这一角度来说,文化派的做法确实有其可取之处。他们看到了制约翻译的外部因素,为翻译研究打开了一个新的研究视角和研究方向。但文化派致命的弊端在于过分夸大了这种外部因素的决定作用,将翻译直接看成是外部因素作用的结果。内外因辩证原理告诉我们,内因在事物变化发展中起决定作用,是第一位的;外因对事物发展起加速或延缓的作用,是第二位的,外因必须通过内因起作用。我们不能过分强调外因而忽视内因的决定性作用。文化派的错误首先在于没有认清制约翻译的内因(语言转换的基本规律)而错将外因当成内因;其次,文化派一味强调外因(文化等外部因素)对翻译的制约作用,并且忽视了最本质的内因的决定作用。

2. 对"忠实""对等"原则的消解

传统的翻译观认为"忠实""对等"是译者在翻译时必须遵循的两条基本原则,而在文化派看来,因为外部因素的影响以及操纵手段的应用,"忠实""对等"这些原则将不复存在。文化派的代表人物之一赫尔曼就曾质疑过"对等"这一概念,在他看来,翻译中的"对等""等值"具有虚幻性。他说:"等值和透明的翻译思想是完全站不住脚的,尽管这种思想在我们思考和谈论翻译的过程中已经根深蒂固。"(赵彦春,2005:34)假设赫尔曼这一论断正确,那么译文在多大程度上对原文进行"改写""操纵"才能称得上是一篇好的译作?那些遵循了"忠实""对等"的译文是不是就不是好的译文?从另一方面考虑,现存的大量译作中,不乏那些遵循了"忠实""对等"原则的优秀译文。这一方面说明了"忠实""对等"的实存性,另一方面又有力地揭示了文化派的认识局限性。

(二)对影响翻译的制约因素的述评

1. 影响翻译的制约因素及相互关系

文化派认为翻译本质就是文化的翻译,在翻译过程中总会受到外部因素的制约,而这些外部因素主要分为四种:权力关系、赞助人、意识形态和主流诗学。其中,最重要的是意识形态。笔者认为,文化派所说的意识形态指的是马克思所说的第三种,即以历史观为标准加以辨析的狭义的意识形态,这种意识形态是某个阶级为了达到特定目的而向大众灌输的具有引导性的思想、观点等,具有强烈的"阶级性"和"服务性"等特点;它是某个阶级"价值观的理论体系"及"思想的上层建筑"(刘成萍,陈家晃,2015:91)。权力关系中涉及最多的是政治上的权力,掌控权力的那方直接控制社会的主流意识形态。赞助人可以指个人,也可以指各种管理机构,如学术团体、传媒机构、宗教集团、出版社等,赞助者通过是否发行某一译者的译作来控制该译作的意识形态。(赵彦春,2005:21)主流诗学包括两部分:一是文学手段、文学体裁、作品主旨、原型人物与情景、象征等等的总和,二是一种文学观念,即文学在整个社会体系中扮演的角色或应该起到的作用。(Mei Zhang,2012:755)后来,勒斐维尔指出,主流诗学从属于意识形态,受主流意识形态的控制。

2. 意识形态对翻译的制约作用

从以上部分的介绍我们可以看出,意识形态是联系其他三个要素的中心要素。本文重点探讨意识形态对翻译的制约作用以及文化派在此处的认识局限性。在文化派看来,意识形态对翻译的制约主要体现在两方面:影响翻译的选材;影响译者翻译策略的运用。

(1) 对翻译选材的影响

根据文化派的观点，如果一个翻译者的作品迎合了当时社会的文化和主流意识形态，他的作品很容易出版；相反，如果他背离了当时社会的主流文化和意识形态，他的作品很难被出版。(Mei Zhang, 2012: 755) 所以，翻译者们在翻译前一定要仔细选择要翻译的原作。比如，新中国成立之后，我国占主导地位的意识形态是以马列主义为理基础的社会主义政治意识形态，由此引起的直接结果就是大多数译者都积极翻译苏联进步小说和政治作品。

(2) 对翻译策略的影响

为迎合社会主流意识形态，译者在翻译作品时不可避免地要对原作进行一定程度的删减、增添或编辑等，这其中就涉及译者翻译策略的使用。比如，《查特莱夫人的情人》因其道德观念与中国主流意识不同，最初在被引进中国时，其中许多细节都被删去，只有删减版才能在中国发行。此外，在翻译策略方面，有异化和归化之分。辜鸿铭将《中庸》《论语》译给外国读者看时，多采用归化的手法，使译文尽量符合西方人的表达方法和阅读习惯，以迎合西方的主流意识形态；而鲁迅等人将苏联和西方进步书籍传入中国时，则多采取了异化的手法，因为当时西方进步思想盛行，鲁迅等人要使译作保留异域风情和格调。

(3) 文化派的认识局限性

翻译不是在真空中进行的，翻译过程中必然受到诸如意识形态等外部因素的影响，文化派看到了这一点，这是其进步方面。但文化派又有着认识上的局限性，因为其只看到了意识形态对翻译的制约作用，而没有看到翻译对意识形态的反作用。意识形态可分为社会意识形态和个人意识形态。翻译者具有个人意识形态，他们可以发挥主观能动性，在翻译过程中通过个人力量来间接改变社会主流意识形态。如严复翻译《天演论》等西方著作时所奉行的西方先进思想与意识形态就与当时占主导地位的封建意识形态相悖，但他还是克服了种种艰难险阻，传播了进步思想。

三、归结论对翻译本体的回归

文化派站在文化层面从外部因素出发对翻译的界定自然失之偏颇。当今翻译界关于翻译的界定也各有不同。笔者认为,对翻译的界定始终都要回到翻译这一本体上来,从本体论的视角出发在动态中研究翻译。那么,翻译的本体、本质到底是什么?我们如何看待翻译中的"忠实""对等"原则?赵彦春的《翻译学归结论》(以下简称"归结论")对以上问题做了很好的解答。

(一)从本体论视角看翻译

本体论对认识事物有重要的意义,本体论强调从本质上认识事物。翻译的本体属性是翻译所独有的,是与其他事物赖以区别的性质。(赵彦春,2005:9)回归翻译本体首先就要回答翻译究竟是什么这一问题。"归结论"对翻译的定义如下:翻译不是静态的代码转换,而是以关联为准则,以顺应为手段,以意图为归宿,尽量使译文向原文趋同的动态行为。(赵彦春,2005:99)任何好的翻译都建立在对原作的准确理解和译作对原作的准确传达上。"关联"机制下的翻译观准确地满足了上述要求:"关联"的翻译观凸显了原作意图的重要性,同时又强调了译作向原作的动态趋同。

(二)"关联"的翻译观下的"忠实""对等"

"归结论"下的翻译过程是一个动态的翻译过程,"忠实"和"对等"也就有了辩证的含义。"忠实""对等"不再是传统意义上的绝对词、句、篇章、语法结构的对等,也不是完全的语义或文化意蕴的等值。(姜艳,2006:14)在"归结论"看来,翻译在"关联"机制下寻求原作意图,一定情况下,意图可以否决源语语篇的概念或者语义内容。比如刘敏霞将"The sixth sick sheik's sixth sheep's sick"翻译成了"四只狮子私吃四十只涩柿子"。(赵彦春,2005:11)虽然从语义上看译作与原文表达的信息相差很大,但这里原作意在传达绕口令这种形式,因此刘的翻译在这里十分恰当。从这一点可以就可以看出"关联"机制下"对等"的辩证特征。

四、结语

人们关于翻译的看法各有不同。潘卫民在《以史为据,看〈毛泽东选集〉英译策略的调整》[①]一文中指出,对于《毛泽东选集》的翻译最终确定为政治第一的标准。这明显是为了政治目的而服务,受社会主流意识影响下的结果。这种译文必然不能准确传达原文本有的意图,也无法满足人们获得所有信息的需求。因此,对于翻译的研究始终要回到翻译本身上来,从语言本身出发,寻找原作与译作之间的最佳关联。

参考文献:

[1] 刘成萍,陈家晃. 不可译性与意识形态对翻译的操纵[J]. 上海翻译,2015,(3):91~94.

[2] 姜艳. 论翻译的文化转向对翻译本体论的消解[J]. 上海翻译,2006,(3):12~14.

[3] 杨炳钧. 归结与原型:回归翻译本体[J]. 英语研究,2010,8(1):42~50.

[4] 赵彦春. 翻译学归结论[M]. 上海:上海外语教育出版社,2005:1~100.

[5] Mei Zhang. Translation Manipulated by Ideology and Poetics: A Case Study of *The Jade Mountain*[J]. *Theory and Practice in Language Studies*, 2012, 2 (4): 754-758.

[①]《以史为据,看〈毛泽东选集〉英译策略的调整》是潘卫民教授在天津外国语大学讲座时的一篇文章。

浅析"化境"与"三美"之共性
——异曲同工之于美

2014级　英语口译　赵亚星

摘　要：随着翻译实践活动的不断开展，对于怎样才能产出优秀的译作，可谓是仁者见仁智者见智。本文首先阐释了钱锺书的"化境"理论，而后分析了许渊冲的音美、意美、形美三原则，通过比较二人的理论，最后得出二者虽各自专攻于"异曲"，却有追寻美学价值的"同工"之效。

关键词：许渊冲；三美；钱锺书；化境

一、钱锺书"化境"说

以《围城》《人·兽·鬼》《写在人生边上》等著作闻名于世的钱锺书先生，不仅是一位国学大师，而且在翻译理论方面也有独到见解。"化境"一说是钱锺书先生于1964年发表的《林纾的翻译》一文中提出的文学翻译观点，在经历了逾半个世纪的理论化探讨，如今"化境"说作为对中国文学翻译理论一份重大贡献，已被译界在翻译活动和翻译批评讨论中广泛运用。

"化境"说的理论框架由"诱、讹、化[①]"三部分组成。"诱"是指翻译能起到的作用，即确立翻译活动的目标和目的，这是翻译的源头，是社会需求在翻译活动中的体现。"讹"是翻译过程中难以避免的

---

① 诱：指一个诱导读者的问题。讹：指翻译过程中难以避免的毛病。化：指文学翻译的最高境界，即"化境"。

毛病，如对有悖原作本意的增删、篡改或对作者的表达进行必要的补偿，这属于翻译实践及方法范畴。"化"即指翻译成果的评价，属于翻译标准的范畴。

钱锺书先生的"化境"，指的是翻译"所向往的最高境界"。而对于"化"，钱锺书先生又进一步作了较为详尽的论述：文学翻译的最高标准是"化"，把作品从一国文字转换成另一国文字，既能不因语言习惯的差异而露出生硬、牵强的痕迹，又能完全保存原有的风味，那才能说算得上入于"化境"。换言之，译文对原作应该忠实，以至于读起来不像译本，因为原文作品绝不会读起来像是经过翻译似的。

钱锺书先生所指的"化"应包含以下涵义：（1）"化"同时包含改变形式和保留内容或思想与风格。（2）翻译应该"达[①]"，应该和译入语的语法规则保持一致。（3）翻译应该在内容思想风格上忠于原作。在形式转变过程中，译者不得"从心所欲，不逾矩"。（4）"彻底和全部的'化'是不可实现的理想"。作为最高理想和境界的"化境"超越了一切功利性的价值判断与伦理标准，追求的是一种忘我的审美愉悦境界，体现的是一种至高的精神存在。同时，作为最高理想和境界的"化境"也超越了现实世界，进入原作者所描绘的精神世界，透过语言之表，体会象外之象、韵外之致，模仿其神情，效仿其语气，译者与原作融为一体，不知何者为主，何者为客，从而达到"游心化境"。

就该学说的起源而言，有曰"化境"二字见于佛经中的"禅悟化境"，指一种摆脱俗世纷扰、圆融和谐的境界。佛经中的"化境"带有宗教的神秘意味，如《华严经疏六》："十方国土，是佛化境。"指的是"可教化的境域"。《辞海》将"化境"定义为"如来教化所及的境域"。所以，从其起源来说，"化境"一词来自佛教术语，指如来方可达到的境界。中国古典美学最突出的优点在于，它是从个人与社会统一以及人与自然统一的理论角度来考察美和艺术的问题。故而，钱锺书先生深受传统中国美学影响，从其追寻的理想境界可知，是一种忘我的审美愉悦境界，足以可证"化境"理论体现了钱锺书先生对"美"之追寻。

[①] 达：即指著名翻译家严复所提的翻译原则"信、达、雅"之"达"。

二、许渊冲"三美"论

而享有"书销中外六十本,诗译英法唯一人"之美誉的中国当代著名翻译家许渊冲,其许多古典诗词英译作品在英语世界成为了经典,获得了世界知名学者、专家、媒体和大众读者的广泛好评和充分认可,为中国古诗的对外翻译做出了卓越贡献。在长期的诗歌翻译实践过程中,许渊冲先生提出的一个重要的理论就是"三美"原则,即音美、形美、意美。

(一)"三美"之涵义

意美是指传达原文内容,而不误传、省略或添加。许渊冲在《翻译的艺术》一书中陈述道:对于翻译而言,最重要的任务即是再现意美。作为一种交流方式,翻译仅仅是帮助读者获取原文信息,为了达到此目标,译者应透彻理解原文内容和精神。许渊冲先生还指出,意美并不是指表层含义,而是深层含义。中国传统诗歌的一大特点就是:言简意赅,形象密集[1]。许渊冲引用了袁行霈的话来证实自己的观点。袁行霈在《中国诗歌艺术研究》中说到"中国诗歌的经典意象",从字面含义而言,诗是文字的集合;从艺术的思维角度来看,诗是意象的集合。意境是指诗人的主观情意与客观物境互相交融而形成的,足以使读者沉浸其中的想象世界。意境相加则是一种很肤浅的说法,意与境交融之后所生成的这个"意境"是一个新的生命。境生于象而超乎象。

根据许渊冲先生的观点,诗应同时含有韵律和节奏,除了应书写流畅外,其还应具备音韵之美。诗是以节奏的形式写成的,因此韵律和节奏在诗歌中扮演了重要的角色。诗歌和音乐像一对孪生的姐妹,从诞生之日起就紧密地结合在一起,以其特有的声情韵律感染着万千读者,影响着人们的精神世界。

形美指的是字形结构、句式段落的安排(如长短、对仗等)能让人赏心悦目。中国诗歌形美的一大特点就是对偶。许渊冲先生的做法

---

[1] 例如:"枯藤老树昏鸦,小桥流水人家,古道西风瘦马。"——《天净沙·秋思》(马致远)

就是一个中文字大致译成英文两个音节。同样，形美也是服务于内容的。换言之，内容应该通过形式表达出来，否则，原诗的内在美将会破坏。汉语诗歌因其严格的结构，有独特的形美。例如，五言律诗，每句五字，共八句；七言绝句，每句七字，共四句。许渊冲先生认为，译者应传递作品的原始形式之美。

许渊冲先生亦认为："要在传达原文意美的前提下，尽可能传达原文的音美；还要在传达原文意美和音美的前提下，尽可能传达原文的形美，努力做到三美齐备。"根据许渊冲先生对"三美"原则关系的论述，"三美"中意美最重要，音美次之，形美再次之。翻译中诗要尽可能传达原诗的"意美""音美"和"形美"。

（二）译作分析实证

下面就许渊冲先生翻译苏轼《念奴娇·赤壁怀古》的译本进一步进行分析。

大江东去，浪淘尽，千古风流人物。故垒西边，人道是，三国周郎赤壁。乱石穿空，惊涛拍岸，卷起千堆雪。江山如画，一时多少豪杰。

  Charm of a Maiden Singer
  Memories of the Past at Red Cliff
  The endless river eastward flows,
  With its huge waves are gone all those
  Gallant heroes of bygone years.
  West of the ancient fortress appears
  Red Cliff where General Zhou won his early fame
  When the Three Kingdoms were in flame.
  Jagged rocks tower in the air,
  And swashing waves beat on the shore,
  Rolling up a thousand heaps of snow.
  To match the hills and the river so fair,
  How many heroes brave of yore

Made a great show!

原诗 11 行，译成 12 行，平均每行 8 个音节，基本上做到"形美"同时兼有音美，其韵律结构是：aa，bb，cc，def，def。从"意美"角度看，前三句"千古"译成"bygone years"，化具体为抽象。最后两句，为了语义的衔接，用了"to match"一词，将"江山"和"豪杰"有机地联系了起来。把诗作为一个有机的独立整体来读时，诗的每一行之间则有着微妙的关系，形成一种"空间结构"。把这种"空间结构"译出来，不仅做到了"形似"，而且达到了"神似"。该诗的翻译有力地尽显了"三美"论的翻译原则。

许渊冲认为文学翻译是真正的艺术。如果美是艺术的自然属性，如果一件作品是因为有了美才有艺术性，那么文学翻译一定要尽力表现原文的美。翻译属于人类语言之间的转换活动，不是简单的语言符号的复制，而是一种艺术的创造，是再现原文的艺术美。翻译作为一种艺术活动与美学有着不解之缘。无论从理论上还是实践上，翻译活动都将"美"作为一篇好的译作的不懈追求。

三、从审美角度谈翻译

就文学翻译的审美而言，可分为审美主体和审美客体两部分。

审美客体指人的审美行为所及的客观事物。在客观世界中，并非一切事物都是审美客体。它必须是与审美主体相对，处在对立统一的关系中的客观事物。翻译的审美客体就是译者所要翻译加工的原文。同样，并不是任何原文材料都可成为翻译的审美客体，而是指具有审美价值的审美对象，是引起审美心理产生的客观基础。通常指那些能够唤起美的感受和美的体验，满足人们一定的审美需要的事物或现象。

审美主体指对审美客体进行审美活动的人，翻译的审美主体就是翻译者。在一般的含义中，审美主体的审美活动始于审美意识系统中的审美要素，如情趣、意向、情感、意志、观念等所形成的心理反应。对美的认识和鉴赏以及对美的再现和创造成为审美主体进行审美活动的双重任务。而翻译的审美主体的任务也必须是双重的：对原文本的理解和鉴赏以及对原文本的审美信息的再现或创造。

四、小结

作为翻译活动的实践者，钱锺书先生的"化境"理论框架的"诱、讹、化"三个组成部分"诱"即是对"审美客体"的研究，"讹"是在充分发挥审美主体的作用，以实现"审美"的最高境界"化境"；而许渊冲先生的"三美"原则，则是更为具体化了"审美主体"的着眼点，从音美、形美、意美三个具体角度，利用增删押韵、化具体为抽象，追求"余音绕梁，三日而不绝"的超乎时空的震撼之美。

可以说，钱锺书先生和许渊冲先生，一位倡导"化境"之论，而另一位致力于打造诗歌的"三美"，但二人对于文学翻译却有着一大共性，即是不断地追寻新的审美高度。这可谓虽是"异曲"，却有"同工"之效。

可以说，翻译理论和美学有着深刻的历史渊源，二者的结合是译者的一种必然选择。借鉴美学思想并在翻译理论与实践中融合美学思想，这是中国翻译实践中很多翻译家都从未放弃的执着追求，钱锺书先生和许渊冲先生即是如此。美学的核心在于美，创造美的过程，以及达到实现并欣赏美的目标。这也是翻译实践活动不断开展的原因所在，也是译者努力为广大读者提供满意的文化盛宴的动力所在。

参考文献：

[1]廖越英. 审美客体与主体在文学翻译中的体现[J]. 新疆财经大学学报，2011，（2）：46～47.

[2]钱锺书. 钱锺书散文[M]. 杭州：浙江文艺出版社，1997.

[3]许渊冲. 翻译的艺术[M]. 北京：中国对外翻译出版社，1984：52～54.

[4]许渊冲. 宋词三百首中英对照[M]. 北京：中国对外翻译出版公司，2007.

[5]袁行霈. 中国诗歌艺术研究[M]. 北京：北京大学出版社，1996.

文化负载词的英译策略
——以《今晚报》海外版为例

2014 级　英语笔译　周红娟

摘　要：在语言系统中，最能体现语言承载的文化信息并反映人类社会生活的词汇就是文化负载词。译者在翻译文化负载词的过程中要综合考虑各方面的文化因素。本文在对《今晚报》海外版中出现的文化负载词进行梳理总结的基础上，重点探讨文化负载词的翻译策略，旨在为更好地翻译文化负载词提供参考意见。

关键词：文化负载词；文化因素；翻译策略

一、引言

文化负载词是指标志某种文化中特有事物的词、词组和习语。这些词汇反映了特定民族在漫长的历史进程中逐渐积累的、有别于其他民族的、独特的活动方式。因而，在外宣的相关报道中，译者需谨慎处理这类词语，要考虑各种文化因素，要了解原语和目的语的文化差异，还要采用适当的翻译策略，综合运用各种翻译理论，努力将中国传统文化的精髓传至国外并达到沟通交流的目的。《今晚报》海外版对中国传统文化的报道可谓层出不穷，本文正是以此为例对文化负载词及其英译策略进行探讨。

二、文化差异与文化负载词的翻译

所谓"文化差异"，是指人们在不同的生态和社会环境下形成的语言、知识、信仰、人生观、价值观、思维方式、道德风俗习惯等方面的不同。众所周知，不同的国家有不同的文化特征，涉及地理环境、历史进程、风俗习惯、宗教信仰等各个方面。因此，在文化负载词翻译的过程中，译者要综合考虑各方面因素，深入了解中西方文化差异，这样才能有效地翻译文化负载词，促进文化的有效传播。

三、文化负载词的翻译策略

不同的国家有不同的文化焦点，这也对翻译产生了巨大的挑战。正如廖七一教授所言："如果文化间的焦点相似，那么不同语言词汇间语义对应和交叉的情况就很普遍。相反，如果文化间的焦点各异，那么不同语言的词汇间语义冲突甚至空缺的现象就十分突出，翻译的难度自然会大大增加。"他指出："既然在文化差异悬殊的中英两种语言间寻找到完全对应的文化负载词汇几乎是不可能的，那么译者势必采用'直译（音译）+注释''直译+意译'或'意译'等方法来弥补或调整中英两种词汇在文化上的差别。"他表明，这三种翻译方法"效果各有所长，但又相辅相成。它们并不是简单、固定的翻译模式，译者应该在充分理解原作的前提下，根据具体词汇和相关的语境灵活地选择"。他还指出，"文化负载词的英译应遵循以下原则：一是原语词汇意义的再现优于形式的再现；二是选词必须考虑原语词汇所处的语境；三是原语词汇关键的隐含意义，在译文中应转换为非隐含意义"。

文化负载词的翻译是对外宣传和输出文化的重要战略组成部分。其重要性不仅体现在语言内容的选择上，而且还表现在语言形式的确定上。对于语言形式的确定而言，文化负载词的翻译就至关重要了。译者在处理其中的文化负载词时要以沟通交流为主要目的，使目标语读者对中国特色文化有较为全面的了解，从而促进中西方的文化交流，提高中国文化在国际文化中的地位。鉴于中西方文化既有共同之处又充满差异，笔者认为文化负载词的翻译策略也是多种多样的，译者要在直译、音译、意译、移译及其加注释中依据具体的语境选择最合适翻译策略。下面以《今晚报》海外版中出现的文化负载词为例，探讨文化负载词的英译策略。

（一）直译

直译是指既能在形式上力求与原文一致，也能在内容上做到对原文的忠实，还能充分反映原文的风格和意味的译法。直译能够比较完整地保留原语的比喻形象、民族色彩和语言风格。既需要形式对等又不影响功能对等时可以采用直译法。

例（1）：天津"夕阳红骑行队"：一年骑行 4 万多公里，相当于绕地球赤道一周（题目）

译文："Sunset Glow" Cycling Team covers 40,000 kilometers a year

此句中的文化负载词是"夕阳红骑行队"中的"夕阳红"，代指一群平均年龄 60 岁的大爷大娘们，与西方的文化焦点一致，因此采用直译法，翻译为"Sunset Glow" Cycling Team。该译文既实现了形式对等，又达到了功能对等，有效地进行了文化沟通。

例（2）：11 年来超千名老人曾到陈塘庄街市民学校学英语——银发英语角，真有国际味（题目）

译文："Silver-haired" English Corner in Tianjin

此句中的文化负载词是"银发英语角"中的"银发"，代指四十多位学习英语的满头白发的老人，同样与西方的文化焦点一致，因此也可以采用直译法，翻译为"Silver-haired" English Corner。该译文形神兼备，使得文化交流得以顺利进行。

（二）直译＋注释

当直译不能完整地传达原语负载的文化信息时，可以在直译的基础上采用解释性翻译的方法加以阐释，这样不仅能够保留原文形式，达到形式对等，而且能够依靠解释性翻译达到动态对等，使目标语读者读译文时产生同原语读者读原文相同的效果。

例（3）：圆桌又让人想到中国人崇尚的"天圆地方"。

译文：The round table reminds people of "circular heaven and square earth", a Chinese geomancy concept.

此句中的文化负载词是"天圆地方"，如果仅仅直译为"circular heaven and square earth"，目标语读者可能会觉得云里雾里。因而，必要的注释就显得尤为重要了，"a Chinese geomancy concept"这一解释性翻译可以使目标语读者茅塞顿开。

（三）音译＋注释

音译就是照着原文的读音翻译，是把一种语言的词语用另一种语言中跟它发音相同或近似的语音表示出来的翻译方法。凡是有中国特色的、独一无二的东西大多宜采用汉语拼音音译，以最大限度地保留中国传统文化的特色和民族语言的风格。在此基础上，通过解释性翻译将原文的隐含意义转化为非隐含意义，帮助译文读者了解原语的文化特色。

例（4）："对我们来说，今年的主要开销就是红包"，在天津工作的年轻白领田敏说。

译文："Our main expense is giving Hongbao ('lucky money' wrapped in red envelops)," said Tian Min, a young white-collar working in Tianjin.

该句中的文化负载词是"红包"，我们知道红包是中国特有的文化意象，因而为了保留中国特色而采用音译法。为了使目标语读者更好地理解，采用了解释性翻译，翻译为"Hongbao ('lucky money' wrapped in red envelops)"。

例（5）：穿着复古服装、蹬着复古自行车，徜徉在五大道的庭院间，追求的不是竞赛时速，而是简单的生活方式，感受绅士淑女的典雅风格，让我们快生活的模式平缓一下。

译文：For those participants, cycling across Wudadao (Tianjin's most iconic tourist area featuring Western-style architecture) on their beloved vintage bicycles, they will concern nothing about the race at all, but focus on the pursuit of life's simple pleasure.

显而易见，该句中的文化负载词是"五大道"。作为天津的特色旅游胜地，译者有义务为之宣传，因此音译加上解释性翻译是最佳的选择。音译有利于其外宣，解释性翻译将其中的隐含意义外显为非隐含意义——"西式建筑群旅游胜地"，其中的外宣力度可见一斑，因而最终翻译为"Wudadao (Tianjin's most iconic tourist area featuring Western-style architecture)"。

（四）意译

翻译文化负载词要做到"直译尽其所能"，然而有些翻译由于受文化因素的影响，保留原文的字面意义和形象意义会加重读者的阅读负担。这时要做到"意译取其所需"，即采用归化法将原文的形象更换成另一个译文读者所熟悉的形象，从而转达出原文的语用目的。

例（6）：谈起旅游花销，卢桢说："我不是富二代，这5年旅游方面的花销大概有10多万元，都是我的工资和为相关媒体写游记的收入支撑的。"

译文："I wasn't born with a silver spoon in my mouth, and I've spent 100,000 yuan on travel in the past five years. The money came from my salary and pay for writing travelogues," says Lu.

本句中的文化负载词是"富二代"，这是近些年的新兴词汇，具有鲜明的中国特色，而如果直译的话，一方面加重读者负担，另一方面读者也无法很好地理解其中的含义。因此，我们采取意译，将原文的形象归化为另一个译文读者所熟悉的形象，以此来达到交流的目的，即"born with a silver spoon in my mouth"或"silver-spoon generation"。

（五）移译

"移译"指借用目标语中相对应或基本对应的词语转译，也就是采用目标语读者早已欣然接受的表达方式。采用此种翻译方法有利于目标语读者更好地了解文章内容，又不会加重读者的阅读负担。

例（7）：人情花销高　春节成"春劫"（题目）

译文：Spring Festival turns into "Spending Festival"

该句中的"春劫"是"春节"的谐音，一语双关，给翻译造成了很大的挑战。而通过移译法将其译为"Spending Festival"，既保留了原语的语言特色，又不失其所传达的意思，可谓事半功倍。

例（8）："写得很赞""谢谢师哥""学习了"……这本相册上传3天，浏览量就超过百万，引来许多年轻网友点赞。

译文：Since the e-Album was posted online three days ago, it has been viewed over a million times and has received many "likes".

本句中的"点赞"既是文化负载词，又是新兴网络用语，直译、音译和意译都难以传达其中的文化深意，而若采取移译法就再合适不过了。"receive 'likes'"同样是动宾结构，易于理解。

四、结语

21世纪以来，中国的发展受到世界的瞩目，在快速发展经济的同时，中华民族的灿烂文化也日益走出国门。而在中华文化对外传播的过程中，文化负载词的翻译又起着至关重要的作用。本文首先指出了文化负载词的定义和内涵，继而阐明了文化差异对文化负载词翻译的影响，提醒译者在翻译文化负载词的过程中需综合考虑各方面因素，最后重点阐释文化负载词的翻译策略，主要包括直译、直译＋注释、音译＋注释、意译和移译。对于有些文化负载词来说，直译既可以达到形式对等又可以实现功能对等，做到"形""神"兼备；然而，有些文化负载词仅仅直译只能做到形式对等，那么就需要解释性翻译来实现动态对等，使得目标语读者读译文时产生和原语读者读原文时相同的效果；对于颇具中国特色的文化负载词来说，音译保留原语文化特色和语言风格，解释性翻译将隐含意义转化为非隐含意义；还有一些文化负载词采用直译和音译都在目标语读者认知范围时，需要采用意译或归化处理为目标语读者熟悉的文化意象；对于某些特殊的文化负载词，也可以考虑移译法，达到事半功倍的效果。当然，时代在进步，人们的思想水平和认知能力也在不断地发展变化，同样，翻译理论也不会停滞不前。我们必须坚定信念，不断探索，不停推敲，为寻求最适合最可行的翻译方法不懈奋斗，这才是翻译的正道！

参考文献：

[1]方梦之. 译学辞典[M]. 上海：上海外语教育出版社，2004.

[2]金惠康. 跨文化交际翻译[M]. 北京：中国对外翻译出版公司，2003.

[3]廖七一. 当代西方翻译理论探索[M]. 南京：译林出版社，2000.

[4]刘芳，王坤. 多元文化视阈下的汉语文化负载词翻译探微[J]. 外语翻译，2015，(2)：203～204.

[5]唐婷. 从目的论看新闻中文化负载词的翻译[J]. 科技信息，2012，(13)：227.

关于《邓小平文选》日译本的研究

李运博　李钰婧　米原千秋

摘　要：邓小平理论是一套贯通哲学、政治经济学、科学社会主义等领域，涵盖经济、政治、科技、教育、文化、民族、军事、外交、统一战线、党的建设等方面比较完备的科学体系。一经问世，该理论便得到了世界各国的极大关注。因此，邓小平重要思想和理论的对外翻译与传播是我党和我国对外宣传工作的重要组成部分，也是向世界展示中国特有的发展活力、增长潜力和巨大魅力的重要途径。本篇论文以集中体现了邓小平重要思想和理论的《邓小平文选》为研究对象，着重对其主要的日译本进行整理和考察。

关键词：邓小平理论；《邓小平文选》；日译本；中译日

一、引言

据初步调查，《邓小平文选》曾分别被翻译成英文、日文、西班牙文、阿拉伯文、俄文、法文等多国文字，在世界各国得到了广泛的传播。本篇论文作为"党和国家重要文献的翻译与传播研究"课题的一项基础性研究，拟对《邓小平文选》主要的日译本进行比较全面的整体性考察。

二、《邓小平文选》的出版情况

为了保证考察的客观性和全面性，首先需要弄清原著《邓小平文选》的出版发行情况。

《邓小平文选》是人民出版社于 1993～2010 年出版的邓小平著作、讲话选集。该著作由中共中央文献编辑委员会编辑，集中了邓小平在抗日战争时期、解放战争时期、新中国成立初期、"文化大革命"之后的拨乱反正时期、实施"改革开放"政策及其之后一段时期的主要言论，展现了建设有中国特色社会主义理论体系逐步形成的历史全貌，集中体现了当代中国马克思主义的精华。《邓小平文选》共出版了三卷，其中第一、第二卷分别有两个版本，而第三卷则仅有一个版本。另外，为了适应市场的需要，人民出版社还于 1995 年 9 月 1 日出版发行了线装本的《邓小平文选》（全三卷本）。

《邓小平文选》（第一卷）原名为《邓小平文选（1938～1965）》，于 1989 年 8 月 20 日在全国公开发行。此后，经作者同意，人民出版社于 1994 年 10 月出版了第二版，并将书名改为《邓小平文选》（第一卷）（以下简称"第一卷"）。"第一卷"增补了表 1 所示的 4 篇著作，主要是邓小平担任中共中央总书记期间的讲话。"第一卷"共 384 页，收集整理了从 1938 年抗日战争时期开始，到 1965 年"文化大革命"开始之前 28 年中的重要文章、讲话等共 43 篇，其中撰写于抗日战争时期的著作 9 篇、解放战争时期的著作 7 篇、国民经济恢复时期的著作 7 篇、到中央工作后的著作 20 篇。

表 1 《邓小平文选》（第一卷）增补的著作目录

序号	题目	成稿时间
1	《在西南局城市工作会议上的报告提纲》	1950.12.21
2	《办教育一要普及二要提高》	1958.4.7
3	《重要的是做好经常工作》	1961.12.27
4	《立足现实，瞻望前途》	1963.8.20

《邓小平文选》（第二卷）原名为《邓小平文选（1975～1982）》，于 1983 年 7 月 1 日在全国公开发行。此后，经作者同意，人民出版社于 1994 年 10 月出版了第二版，并将书名改为《邓小平文选》（第二卷）（以下简称"第二卷"）。"第二卷"增补了表 2 所示的 14 篇著作，其中绝大部分是第一次公开发表。同时，旧版中收录的《在中国共产党第

十二次全国代表大会开幕式上的讲话》（1982.9.1）移入了《邓小平文选》（第三卷）当中。"第二卷"共446页，收集整理了邓小平在1975～1982年中共十二大以前的讲话、谈话共60篇，其中完成于1975年的著作9篇，粉碎"四人帮"之后两年的著作17篇，十一届三中全会以后的讲话、谈话34篇。

表2 《邓小平文选》（第二卷）增补的著作目录

序号	题目	成稿时间
1	《科研工作要走在前面》	1975.9.26
2	《实现四化，永不称霸》	1978.5.7
3	《用先进技术和管理方法改造企业》	1978.9.18
4	《实行开放政策，学习世界先进科学技术》	1978.10.10
5	《解决台湾问题，完成祖国统一大业提上具体日程》	1979.1.1
6	《搞建设要利用外资和发挥原工商业者的作用》	1979.1.17
7	《民主和法制两手都不能削弱》	1979.6.28
8	《关于经济工作的几点意见》	1979.10.4
9	《各民主党派和工商联是为社会主义服务的政治力量》	1979.10.19
10	《社会主义也可以搞市场经济》	1979.11.26
11	《中国本世纪的目标是实现小康》	1979.12.6
12	《社会主义首先要发展生产力》	1980年4月～5月
13	《发展中美关系的原则立场》	1981.1.4
14	《中国的对外政策》	1982.8.21

另外，从出版和发行的时间上看，人民出版社是先出版的旧版"第二卷"（《邓小平文选（1975～1982）》），后出版的旧版"第一卷"（《邓小平文选（1938～1965）》）。

《邓小平文选》（第三卷）（以下简称"第三卷"）于1993年11月2日在全国公开发行。"第三卷"收集整理了邓小平在1982年9月～1992年2月期间的重要著作，共有讲话、谈话等119篇，其中很大一部分是第一次公开发表。对于曾经在《建设有中国特色的社会主义》（增订本）、《邓小平同志重要谈话（1987年2～7月）》等小册子和报纸上发表过的著作，在编入文选时，又作了文字整理，许多著作根据记录稿增补了重要内容。"第三卷"共418页，收集整理了邓小平改革开放以来的主要言论，反映了他在这个历史时期内对政治、经济、党的建设等方面做出的重要贡献。

从前文的论述当中可以看出，作为新版（第二版）的《邓小平文选》，人民出版社是在出版发行"第三卷"之后，才再版发行"第一卷"和"第二卷"的。

三、《邓小平文选》主要的日译本

如图1、图2、图3和图4所示，经初步调查，目前共发现了《邓小平文选》日译本4部，现将基本情况整理如下。

图1

图2

图 3　　　　　　　　　图 4

　　图 1 所示的《鄧小平文選（1975 年—1982 年）》所使用的原著是人民出版社的《邓小平文选（1975~1982）》（1983.7），发行时间为 1984 年，共 603 页；图 2 所示的《鄧小平文選（1938 年—1965 年）》所使用的原著是人民出版社的《邓小平文选（1938~1965）》（1989.8），发行时间为 1992 年，共 547 页。以上两部译著均由外文出版社出版，委托中国国际图书贸易总公司发行。译者署名为"中共中央 ML（马克思·恩格斯·列宁·斯大林）著作编译局"。或许是由于翻译工作均是由隶属于该国家部委的工作人员集体完成的，书中没有标注承担翻译工作的具体人员名单。

　　图 3 所示的《鄧小平は語る》（全訳·日本語版《鄧小平文選》）所使用的原著是人民出版社的《邓小平文选(1975~1982)》（1983.7），于 1983 年 11 月 1 日由日本风媒社（名古屋市）出版发行。如表 3 所示，参与具体翻译工作的学者多达 9 人，因此一方面在译著的封面将"译者"标记为"中国研究会"，一方面在每篇译文的后面都明确标记出译文作者的名字。另外，日本京都大学人文科学研究所的竹内实和日本佛教大学的吉田富夫两位知名教授担任了译作的监译工作。

表3 《鄧小平は語る》各著作題目及翻译者目录

卷次	序号	题目	原作成稿时间	译者
上卷	1	《军队要整顿》	1975.1.25	竹内实
	2	《全党讲大局，把国民经济搞上去》	1975.3.5	竹内实
	3	《当前钢铁工业必须解决的几个问题》	1975.5.29	竹内实
	4	《加强党的领导，整顿党的作风》	1975.7.4	竹内实
	5	《军队整顿的任务》	1975.7.14	竹内实
	6	《关于国防工业企业的整顿》	1975.8.3	竹内实
	7	《关于发展工业的几点意见》	1975.8.18	竹内实
	8	《各方面都要整顿》	1975.9.27 1975.10.4	竹内实
	9	《"两个凡是"不符合马克思主义》	1977.5.24	竹内实
	10	《尊重知识，尊重人才》	1977.5.24	竹内实
	11	《完整地准确地理解毛泽东思想》	1977.7.21	竹内实
	12	《关于科学与教育工作的几点意见》	1977.8.8	中岛胜住
	13	《军队要把教育训练提高到战略地位》	1977.8.23	中岛胜住
	14	教育战线的拨乱反正问题》	1977.9.19	中岛胜住
	15	《在中央军委全体会议上的讲话》	1977.12.28	中岛胜住
	16	《在全国科学大会开幕式上的讲话》	1978.3.18	中岛胜住
	17	《坚持按劳分配原则》	1978.3.28	吉田富夫
	18	《在全国教育工作会议上的讲话》	1978.4.22	中岛胜住
	19	《在全军政治工作会议上的讲话》	1978.6.2	吉田富夫
	20	《高举毛泽东思想旗帜，坚持实事求是原则》	1978.9.16	竹内实
	21	《工人阶级要为实现四个现代化作出优异贡献》	1978.10.11	竹内实
	22	《解放思想，实事求是，团结一致向前看》	1978.12.13	吉田富夫
	23	《坚持四项基本原则》	1979.3.30	荻野修二
	24	《新时期的统一战线和人民政协的任务》	1979.6.15	荻野修二
	25	《思想路线政治路线的实现要靠组织路线来保证》	1979.7.29	荻野修二
	26	《在中国文学艺术工作者第四次代表大会上的祝词》	1979.10.30	荻野修二
	27	《高级干部要带头发扬党的优良传统》	1979.11.2	小岛朋之

续表

卷次	序号	题目	原作成稿时间	译者
下卷	1	《目前的形势和任务》	1980.1.16	小岛朋之
	2	《坚持党的路线,改进工作方法》	1980.2.29	小岛朋之
	3	《精简军队,提高战斗力》	1980.3.12	狭间直树
	4	《对起草〈关于建国以来党的若干历史问题的决议〉的意见》	1980.3～1981.6	竹内实
	5	《关于农村政策问题》	1980.5.31	狭间直树
	6	《处理兄弟党关系的一条重要原则》	1980.5.31	狭间直树
	7	《党和国家领导制度的改革》	1980.8.18	狭间直树
	8	《答意大利记者奥琳埃娜·法拉奇问》	1980.8.21 1980.8.23	狭间直树
	9	《贯彻调整方针,保证安定团结》	1980.12.25	北村稔
	10	《关于反对错误思想倾向问题》	1981.3.27	北村稔
	11	《在党的十一届六中全会闭幕式上的讲话》	1981.6.29	北村稔
	12	《老干部第一位的任务是选拔中青年干部》	1981.7.2	北村稔
	13	《关于思想战线上的问题的谈话》	1981.7.17	楠原俊代
	14	《建设强大的现代化正规化的革命军队》	1981.9.19	楠原俊代
	15	《精简机构是一场革命》	1982.1.13	楠原俊代
	16	《坚决打击经济犯罪活动》	1982.4.10	楠原俊代
	17	《我国经济建设的历史经验》	1982.5.6	楠原俊代
	18	《在军委座谈会上的讲话》	1982.7.4	楠原俊代
	19	《设顾问委员会是废除领导职务终身制的过渡办法》	1982.7.30	楠原俊代
	20	《在中国共产党第十二次全国代表大会开幕式上的讲话》	1982.9.1	楠原俊代
		注释		德冈仁

《鄧小平は語る》分上、下两卷,其中上卷共 279 页,翻译收录了《军队要整顿》(1975.1.25)至《高级干部要带头发扬党的优良传

统》(1979.11.2)^①等 27 篇文章；下卷共 254 页，翻译收录了《目前的形势和任务》(1980.1.16) 至《在中国共产党第十二次全国代表大会开幕式上的讲话》(1982.9.1) 等 27 篇文章。此外，在下卷的篇尾附录了由日本立命馆大学中国近代史研究专家德冈仁教授翻译的全书注释[②]。

图 4 所示的《鄧小平文選（1982—1992）》所使用的原著为人民出版社的《邓小平文选》（第三卷，1993.10）。或许是为了与图 1、图 2 所示的译著保持标注方面统一的缘故，该译著在日文书名中特意加注了选录著作的具体时期（1982—1992）。该书共 416 页，由日本东和文化研究所和中国外文出版社共同出版发行。根据该译著所标示的信息，该书的发行日期为 1995 年 3 月 25 日，负责具体发行业务的是位于东京千代田区三番町的テン・ブックス株式会社，印刷工作则由大日本印刷株式会社具体承担。关于译者，该书标注为"中共中央编译局＋外文出版社"，经查阅可知，缪光祯、章辉夫、黄幸、陈月霞、陈立权、金智荣、鲁永学、卿学民、李聚新、李琳、郭承敏、金海月等 12 位分属于中共中央编译局和中国外文出版社的专家学者联袂完成了具体的翻译工作。

四、结语

由于条件所限，本篇论文仅对目前出版发行的《邓小平文选》日译本进行了粗略的整理考察。应该强调的是，作为当代中国的马克思理论——邓小平理论必然会通过报纸、杂志、论文、专著等形式或途径得到最广泛的传播，相关的译文、译著也必然会不胜枚举，有必要对邓小平理论的译文、译作（译著）进行更加全面的系统考察。

---

① 关于此原作的发表时间，该译著在上卷中标注正确，但是在下卷的目录（p7）中却错标注为"1979 年 12 月 1 日"。
② 《邓小平文选（1975～1982）》共附录了 126 个"注释"，与此相对，《邓小平文选》（第二卷）附录了 171 个"注释"。

参考文献：

[1]蒋芳婧. 中央文献翻译综述[Z]. 中译外研究，北京：高等教育出版社，2016（4）.

[2]刘国光. 学习《邓小平文选》发展和繁荣社会科学[M]. 北京：中国社会科学出版社，1984.

[3]太田胜洪等编. 中国共产党最新资料集（上卷）[M]. 东京：劲草书房出版社，1985.

[4]巫和雄.《毛泽东选集》英译研究[M]. 北京：中国社会科学出版社，2013.

[5]张弓长，李绍庚.《邓小平文选》研究[M]. 长春：吉林人民出版社，1985.

社会经济文化研究部分

浅析我国进出口额的影响因素
——基于多元线性回归分析

2014 级　世界经济　郭凯頔

摘　要： 随着经济全球化进程的不断加快，我国经济也在不断地发展。进出口总额是反应一国经济与贸易水平的重要指标，因此了解有关进出口总额的影响因素就很有意义。本文采用多元回归分析方法对我国进出口额的影响因素进行分析。结果表明，国内生产总值对进出口总额有着重要影响，汇率对其影响相对较小，而第三产业比重和居民消费价格指数对其基本不存在影响。

关键词： 多元线性回归分析；我国进出口额；国内生产总值

一、引言

20 世纪 80 年代以来，世界经济经历了深刻的变化，经济全球化大潮席卷世界每个角落。我国在经济全球化进程中，做出了改革开放的伟大决策。其中，对外贸易是中国对外开放的主要内容。中国的进出口总额从 1985 年的 9016.0366 亿美元增加到 2014 年的 636463 亿美元，很显然，对外贸易的发展对中国经济发展起到了不可低估的作用。

从理论研究的角度来看，影响我国对外贸易发展的主要因素包括国内生产总值（GDP）、人民币汇率、服务业所占的比重、居民消费价格指数（CPI）及世界市场价格、进出口政策等几个方面。本文将选取几个重要的因素，运用计量经济学多元线性回归模型，对我国进出口总额的影响做出研究。

二、影响对外贸易主要因素的理论分析

（一）国内生产总值

一国进出口贸易的发展程度很大程度上依赖于这个国家的经济发展水平，衡量一个国家经济发展水平最有效的指标就是GDP。国民经济越发达，与国外的联系也会越紧密，从而推动国家进出口贸易的发展。

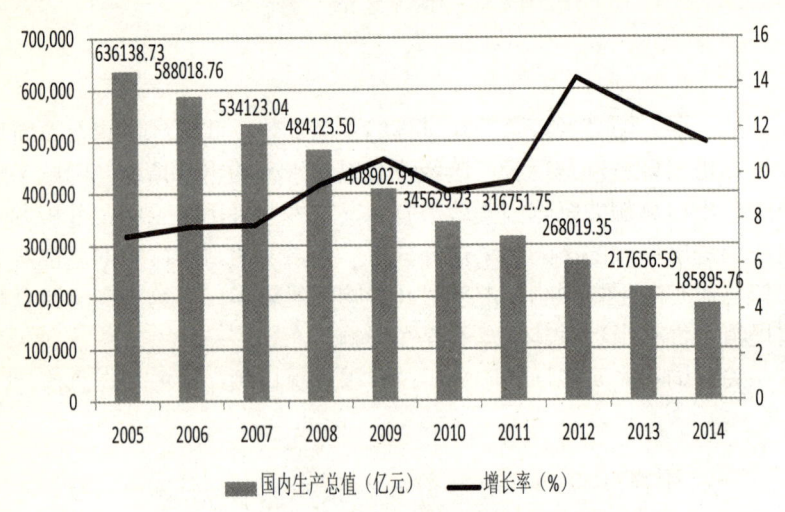

图1　2005~2014年我国国内生产总值

数据来源：根据国家统计局网站（2005~2014）相关数据整理。

如图1所示，从我国2005~2014年国内生产总值数据来看，2009年之前一直呈上升趋势，也表明我国经济一直稳步增长，2011年又有了迅速的爬升。而2012年开始至今，国内生产总值开始呈现缓慢下滑的趋势，这与我国经济的"新常态"有着很大的关系，就是在经济结构对称态下的可持续经济，从粗放型的增长方式到集约型的增长方式。因此，将国内生产总值作为指标之一对我国进出口额进行研究分析是有依据的。

（二）汇率

汇率是两国货币间的一种形式的比价，会随着国际经济状态的变化而发生变化。同时，汇率的变化也会对物价、进出口贸易等环节产生直接和间接的影响。正如我国采用的直接标价法，即如外币汇率下降，本币则相对升值，那么我国出口产品价格会有所上升，因此会削弱出口，有利于进口，从而可能会造成贸易逆差的出现，反之亦然。因此，汇率的变化对一国进出口额的变化有着至关重要的作用，可作为又一指标进行分析。

（三）第三产业比重

第三产业作为一国连接就业和经济发展的重要纽带，对一国经济发展起到了不可或缺的作用，相比于第一产业与第二产业，更有利于社会的全面发展和社会进步，并且可以对人民生活水平起到相当大的帮助。

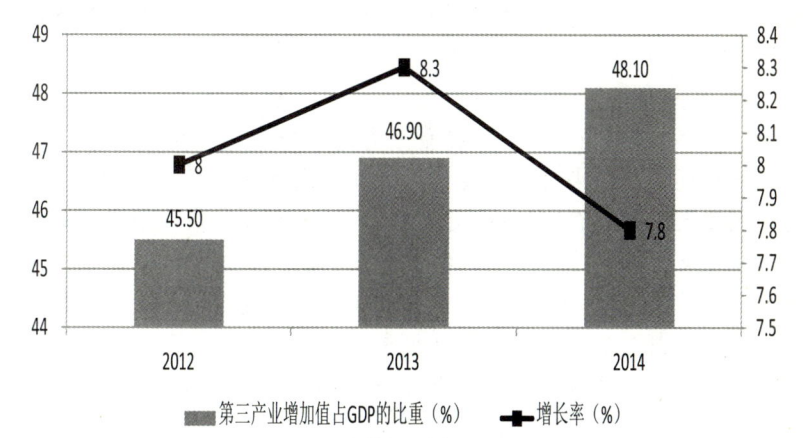

图2　2012～2014年我国第三产业增加值占GDP比重

数据来源：根据国家统计局网站（2012～2014）相关数据整理。

如图2所示，近三年来我国第三产业增加值占GDP的比重呈上升趋势，但增长率有所起伏。一国的产业结构对进出口贸易有着很大的影响，而第三产业中的服务贸易结构较为复杂。我国近年来服务贸易占对外贸易总额的比重不断增加，但逆差不断扩大。因此，第三产业的比重对我国经济结构有着很重要的作用。

（四）居民消费价格指数

与国内生产总值相似，一国的居民消费价格指数也是衡量一国经济和国力的重要指标。当一国居民消费价格指数有所上升时，可能会使得该国通货膨胀率也相应上升，那么该国货币的购买力会随之减弱。根据购买力平价理论，购买力的减弱会带来消费的减少，从而对贸易进出口额造成负面影响。反之，就会有积极影响。

三、多元线性回归概述

（一）多元线性回归模型的概念

一元线性回归，是一个主要影响因素作为自变量来解释因变量的变化。而在现实问题研究中，因变量的变化往往受几个重要因素的影响，此时就需要用两个或两个以上的影响因素作为自变量来解释因变量的变化，这就是多元回归，亦称多重回归。当多个自变量与因变量之间是线性关系时，所进行的回归分析就是多元线性回归。

（二）自变量的选择原则

建立多元线性回归模型之前，对自变量指标的选择是至关重要的，关系到回归结果是否有意义。因此，为保证回归结果的解释能力及预测效果，必须确定指标选择的原则。一方面，自变量必须是对因变量有显著影响的，并能呈现线性相关的指标；与此同时，自变量之间的相关关系不得高于与因变量间的关系，从而保证结果的有效性。另一方面，自变量的统计数据必须是完整且真实的，并且要具有时效性，从而保证统计分析结果的真实可靠。

四、我国进出口总额的实证分析

（一）相关指标及统计数据的选取

1. 相关指标的选取和建立

根据对大量资料的阅读和分析，就我国进出口总额的影响因素来讲，本文分别选择了国内生产总值（GDP）、汇率、第三产业比重以及居民消费价格指数（CPI）这四项指标，分析其中哪些指标与我国进出口总额有关。具体指标和变量的对应如下：

y：进出口总额（万亿：美元）

x1：国内生产总值（亿元）

x2：汇率（人民币/美元）

x3：第三产业比重（%）

x4：居民消费价格指数（%）

2. 统计数据的选择

本文选取了 1985～2014 年我国进出口总额，以及之前选取的四类指标的相关数据，此数据的选取来源于《中国统计年鉴》（1985～2014），具体数据如下：

表 1　1985～2014 年我国进出口总额及影响变量数据资料

年份	进出口总额（万亿：美元）	国内生产总值（亿元）	汇率（人民币/美元）	第三产业比重（%）	居民消费价格指数（%）
1985	696.00	9016.0366	2.937	0.29	109.30
1986	738.50	10275.1792	3.453	0.29	106.50
1987	826.50	12058.6151	3.722	0.30	107.30
1988	1027.90	15042.8230	3.722	0.31	118.80
1989	1116.80	16992.3191	3.765	0.32	118.00
1990	1154.40	18667.8224	4.783	0.32	103.10
1991	1357.00	21781.4994	5.323	0.34	103.40
1992	1655.30	26923.4765	5.515	0.35	106.40
1993	1957.00	35333.9247	5.762	0.34	114.70
1994	2366.20	48197.8564	8.619	0.34	124.10
1995	2808.60	60793.7292	8.351	0.33	117.10
1996	2898.80	71176.5917	8.314	0.33	108.30
1997	3251.60	78973.0350	8.290	0.34	102.80
1998	3239.50	84402.2798	8.279	0.36	99.20
1999	3606.30	89677.0548	8.278	0.38	98.60
2000	4742.90	99214.5543	8.278	0.39	100.40
2001	5096.50	109655.1706	8.277	0.40	100.70

续表

年份	进出口总额（万亿:美元）	国内生产总值（亿元）	汇率（人民币/美元）	第三产业比重（%）	居民消费价格指数（%）
2002	6207.70	120332.6893	8.277	0.41	99.20
2003	8509.88	135822.7561	8.277	0.41	101.20
2004	11545.50	159878.3379	8.276	0.40	103.90
2005	14219.10	183867.8827	8.192	0.41	101.80
2006	17604.40	210870.9949	7.970	0.41	101.50
2007	21765.70	246619.0000	7.604	0.42	104.80
2008	25632.55	314045.0000	6.945	0.42	105.90
2009	22075.35	340903.0000	6.831	0.43	99.30
2010	29739.98	401513.0000	6.770	0.43	103.30
2011	36420.60	458217.5800	6.313	0.43	105.50
2012	38667.60	519322.0000	6.312	0.45	103.60
2013	41600.00	568845.0000	6.290	0.46	103.50
2014	43000.00	636463.0000	6.143	0.48	102.20

数据来源：《中国统计年鉴》（1985～2014）。

3. 多元模型的构建
（1）各解释变量与 y 之间关系的散点图
① x1 与 y

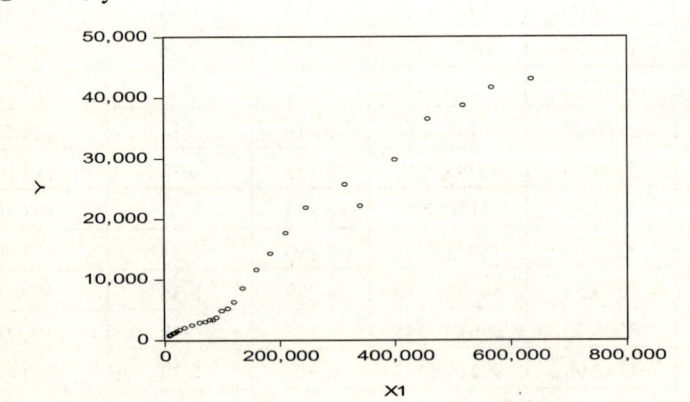

② x2 与 y

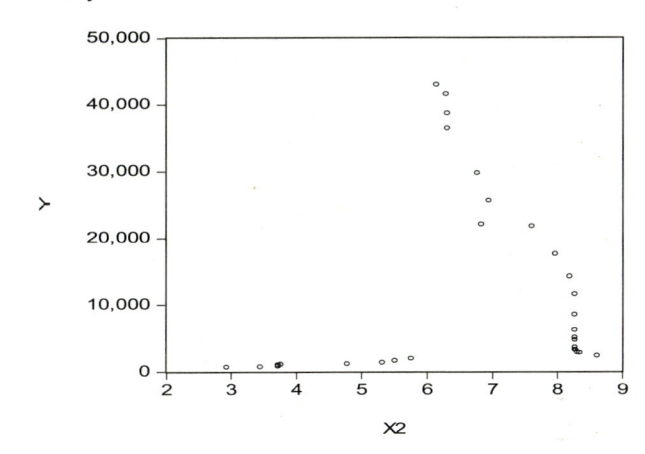

③ x3 与 y

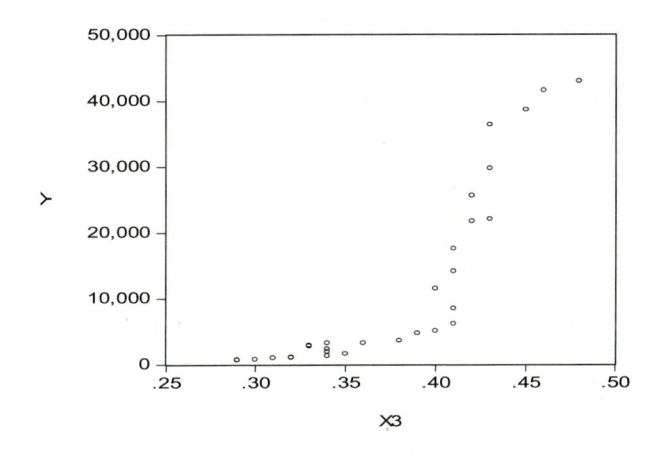

④ x4 与 y

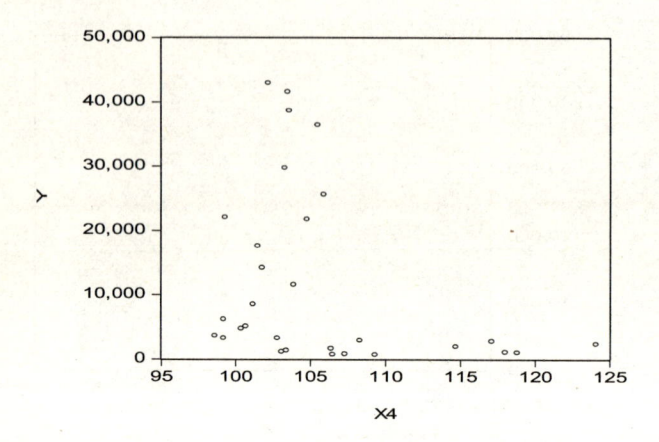

从散点图的分布来看，变量 x1 的相关性比较高，但要确定哪些是影响 y 的因素，还需进一步的检验。

（2）模型的参数估计

对于理论模型运用最小二乘法（OLS）进行参数估计，再用 Eviews 软件进行运算，得到的结果如下：

Dependent Variable: Y
Method: Least Squares
Date: 08/31/15　　Time: 00:10
Sample: 1 30
Included observations: 30

Variable	Coefficient	Std. Error	t-Statistic	Prob.
C	-15304.75	11323.39	-1.351605	0.1886
X1	0.070517	0.005224	13.49786	0.0000
X2	-497.9522	276.5530	-1.800567	0.0838

				续表
X3	24575.94	21367.33	1.150164	0.2610
X4	87.18224	64.99553	1.341358	0.1919

R-squared	0.985190	Mean dependent var	11850.94
Adjusted R-squared	0.982820	S.D. dependent var	13852.63
S.E. of regression	1815.689	Akaike info criterion	17.99733
Sum squared resid	82418168	Schwarz criterion	18.23086
Log likelihood	-264.9599	Hannan-Quinn criter.	18.07204
F-statistic	415.7568	Durbin-Watson stat	0.932209
Prob(F-statistic)	0.000000		

（3）根据软件得出多元回归方程

Estimation Command:

========================

LS Y C X1 X2 X3 X4

Estimation Equation:

========================

Y = C(1) + C(2)*X1 + C(3)*X2 + C(4)*X3 + C(5)*X4

Substituted Coefficients:

========================

Y = -15304.7450435 + 0.0705171145966 * X1 - 497.952235762 * X2 + 24575.9393555 * X3 + 87.182242227 * X4

（二）变量的检验及解释说明

1. 拟合度检验

从表中可看出，C=-15304.75，β_1= 0.070517，β_2= -497.9522，β_3= 24575.94，β_4=87.18224，R2 = 0.985190，$\overline{R^2}$ = 0.982820。

调整的可决系数 R2 可表明模型的拟合优度较高，但还要根据其他的检验进一步说明。

2. 显著性检验

根据表中数据，在 α=0.1 的显著性水平下，对解释变量进行检验：
t 检验：t0.05（25）=1.708

因为：| tc| =| -1.351605| < t0.05（25），所以接受原假设，不通过检验。

因为：| tx1| =| 13.49786| > t0.05（25），所以拒绝原假设，通过检验。

因为：| tx2| =| -1.800567| > t0.05（25），所以拒绝原假设，通过检验。

因为：| tx3| =| 1.150164| < t0.05（25），所以接受原假设，不通过检验。

因为：| tx4| =| 1.341358| < t0.05（25），所以接受原假设，不通过检验。

综上所述，变量 x1 和 x2 通过检验，而 x3、x4 和 C 没有通过检验，所以剔除变量 x3、x4。这表明，国内生产总值（x1）和汇率（x2）对进出口总额（y）有显著的影响。

参数的假设检验用来判别所考察的解释变量是否对被解释变量有显著的线性影响，但并未回答在一次抽样中，所估计的参数值离参数的真实值有多近，所以要进一步通过对参数的置信区间的估计来考察。

3. 参数的置信区间

由于在 1-α 的置信度下 βi 的置信区间是（βi- tα/2*sβi, βi+ tα/2*sβi），

所以 β1 的置信区间

=（0.070517-1.708*0.005224, 0.070517+1.708*0.005224）

=（0.01594408, 0.079439592）

β2 的置信区间

=（-497.9522-1.708*276.5530, -497.9522+1.708*276.5530）

=（-970.304724, -25.599676）

显然，β1 的置信区间比 β2 要小，这意味着在同样的置信度下，β1 的估计结果精度更高一些。从而说明，国内生产总值对进出口总额的影响要比汇率对其影响更大些。

综上所述，可以看出国内生产总值与进出口总额之间存在着显著的正相关关系，因此国内生产总值（x1）对于进出口总额的影响尤为重要。汇率（x2）对进出口总额也有一定的影响。第三产业比重（x3）和居民消费价格指数（x4）对进出口总额的影响并不明显，所以其变化不会对进出口总额造成太大的影响。

五、结论

根据以上的数据及回归分析结果可以看出以下几点结论：

首先，从 1985 年到 2014 年，我国国内生产总值与我国进出口额存在高度密切的正相关关系，可以说国内生产总值对我国进出口额有着相当明显的影响，并有着很强的促进作用。而汇率对进出口总额影响相对较小，第三产业比重和居民消费价格指数对其影响非常小。因此，国内生产总值的变化对我国进出口额有着关键的作用。

其次，国内生产总值被公认为衡量国家经济状况的最佳指标，是一个国家或地区的经济中所生产出的全部最终产品和劳务的价值。因此，国内生产总值的变化，包括进出口额在内，与很多经济指标都存在着很大的相关联系，对其他经济要素都有着不可估量的影响力。因此，我国必须要坚持将国内生产总值放在相当重要的工作位置上，从而促进我国经济的不断发展。

最后，汇率虽然对我国进出口额的影响相对较小，但现实中仍有着不可忽视的重要作用。汇率的变动可以通过对我国进出口额的变化影响到国际收支平衡。重视人民币汇率变动对我国进出口贸易额的影响有利于帮助我国对外贸易企业健康地可持续发展，实现利润稳定增长，并提高国民生活水平，使中国的经济实力继续保持快速增长。

参考文献：

[1]杜江.计量经济学及其应用[M].北京：机械工业出版社，

2010.

　　[2]卢方元，李成任. 外国直接投资、进出口总额和国内生产总值关系的协调分析[J]. 数理统计与管理，2009，（2）：288～290.

　　[3]孙振宇. 多元回归分析与 Logistic 回归分析的应用研究[D]. 南京信息工程大学，2008.

　　[4]国家统计局网站. 中国统计年鉴. http://www.stats.gov.cn/tjsj/ndsj/

天津市百强企业社会责任综合评价

2014级　管理科学与工程　郭秋诗

摘　要：本文以天津市百强企业官方网站公布的 2013～2014 年度报告数据为研究对象,借鉴使用内容分析法设立指标,采用 R 语言,评价天津市百强企业（前三十）的社会责任管理体系建设现状和责任信息披露水平,从企业社会责任角度出发,分析对企业盈利的影响因素。

关键词：百强企业；社会责任；主成分分析；综合评价

一、引言

在建设和谐社会的大背景下,企业作为重要的经济主体,不再一味地谋求股东财富最大化,而是在坚持可持续发展的前提下,主动承担起必要的社会责任,定期自觉地披露与社会责任相关的企业信息,以做到对整个社会的政治、经济、环保发展等各方面负责。这是企业增加公司价值、树立良好形象、减少代理成本的重要途径,同时也是企业合法存在的重要依据。天津市百强企业作为推动区域经济发展的重要支柱,积极履行社会责任对天津市乃至全国的经济发展、社会和谐以及生态保护都具有重要的作用,同时承担必要的社会责任也能够从侧面增加企业盈利与价值。本文通过对天津市 2014 年百强企业中极具代表性的前三十家企业的官方网站信息披露程度的调查,从股东责任、员工责任、消费者责任、环境责任、社区责任和其他责任一共六个主要方面对它们践行社会责任的状况进行评价,同时挖掘出其中最能影响到企业盈利的因素。

二、理论基础

股东至上到利益相关者治理理论的变迁为社会责任信息披露奠定了内部基础,企业可持续发展理论为社会责任信息披露指明了目的。这两个方面之所以为企业社会责任信息披露提供了实质性的理论解释,是因为这两方面同时解释了为什么信息披露必须考虑企业的社会责任业绩而不仅仅是财务业绩。除了这两个方面以外,信息不对称理论又以会计信息的内部属性为出发点,要求社会责任信息的披露必须强制性。但与此同时,代理理论与信号传递理论又使得企业社会责任信息披露存在自愿性的动机。以上两个方面就综合解释了企业社会责任信息披露规范必须是强制性与自愿性相结合的,是一种约束性解释。上述四个方面共同作用,构成了社会责任信息披露的理论基础。

三、样本及数据来源

天津市百强企业（前三十）社会责任的评价对象是由天津市企业联合会、天津企家协会官方网站对外发布的"2014年天津企业100强名单"上的前三十家极具代表性的企业。这类企业营收规模巨大,行业分布广泛,作为天津市经济发展的领军者,在一定程度上代表了天津市企业社会责任履行状况。正是由于它们所具有的代表性和关键性,所以针对其进行以下的社会责任评价,通过找出企业社会责任承担方面的主次关系,进一步帮助企业更好地履行自己所承担的社会责任。

企业社会责任相关信息的数据主要来源于企业在官方网站主动披露的责任信息,以及企业对外发布的企业年报,还有少数企业披露的社会责任报告。

四、指标体系设计

考虑到天津市百强企业多为非上市公司,许多量化指标都没有一个具体渠道获得,因此在企业社会责任履行状况披露水平的测量方法的选取上,主要借鉴了王青云、王建玲的内容分析法,设计一套指标体系，再通过企业官方网站提供的报告等信息，得到企业自愿披露社会责任的现状（表1）。在指标的赋值上，如果公司披露该项指标，则获得1分，否则为0分，获得一个荣誉奖项则额外加1分，存在3分的上限，如果有关于公司的负面报道，则一个负面事件减2分。最后对每个公司的信息披露分值进行加总，即得到天津市百强企业社会责任信息披露指数（CSRI），指数的高低代表了公司社会责任披露的程度。

表1　企业社会责任发展状况指标体系

责任类型	内容	分值
股东责任	法人治理结构	4
	严格履行信息披露义务	
	积极回报股东	
	合规经营	
员工责任	公平雇佣	4
	员工安全及健康	
	员工培训及晋升	
	员工福利待遇	
消费者责任	产品质量保证	3
	提供优质服务	
	维护消费者权益	
环境责任	严格减少环境污染	4
	环保投入	
	节约资源能源	
	节能减排	
社会责任	公益捐赠	3
	福利事业	
	社区参与	
其他责任	积极纳税	2
	债权人利益	
总计		20

五、主成分分析及实证

（一）主成分分析概述

主成分分析就是用较少的几个综合变量来代替原来较多的变量，而这些较少的综合变量既能尽可能多地反映原来变量的有用信息，且相互之间又是无关的，这些综合变量就称为主成分（Principal Components）。

一个研究对象，往往是多要素的复杂系统。变量太多会很大程度上增加分析问题的难度和复杂性，这时若我们利用原变量之间的相关关系，用较少的有代表性的新变量代替原来较多的变量，并使这些少数变量尽可能多地保留原来较多的变量所反映的信息，这样问题就简单化了。

原理：假定有 n 个样本，每个样本共有 p 个变量，构成一个 n×p 阶的数据矩阵：

$$X = \begin{pmatrix} X_{11} & X_{12} & \cdots & X_{1p} \\ X_{21} & X_{22} & \cdots & X_{2p} \\ \cdots \\ X_{n1} & X_{n2} & & X_{np} \end{pmatrix} = (X_1, X_2, \ldots, X_p)$$

$X_i = (x_{1i}, x_{2i}, \ldots, x_{ni})^T$　　$(i=1, 2, \ldots, p)$

主成分分析通常的做法是，寻求原变量 X_1，X_2，…，X_p 的线性组合 F_i，其数学模型是：

$$\begin{cases} p_1 = u_{11}X_1 + u_{12}X_2 + \ldots + u_{1p}X_p \\ p_2 = u_{21}X_1 + u_{22}X_2 + \ldots + u_{2p}X_p \\ \cdots \\ p_p = u_{p1}X_1 + u_{p2}X_2 + \ldots + u_{pp}X_p \end{cases}$$

简写为 $P = u_1X_1 + u_2X_2 + \ldots + u_pX_p = U'X$，式中，$U = (u_1, u_2, \ldots, u_p)'$，$X = (X_1, X_2, \ldots, X_P)'$。

满足如下的条件：

(1) p_i 和 p_j 不相关，即 $Cov(p_i,p_j)=0 (i\neq j, i,j=1,2,...,p)$；

(2) 主成分的方差依次递减，重要性依次递减，即 $D(p_1) \geq D(p_2) \geq ... \geq D(p_p)$，称 p_i 为第 i 主成分（i=1,2,...,p）；

(3) 总方差不变，即 $\sum_{i=1}^{p} D(X_i) = \sum_{i=1}^{p} D(P_i)$；

(4) 每个主成分的系数平方和为 1，即 $u_{i1}^2 + u_{i2}^2 + ... + u_{ip}^2 = 1$。

（二）实证分析

表2 天津市百强企业前三十社会责任分数数据源

	股东责任 x_1	员工责任 x_2	消费者责任 x_3	环境责任 x_4	社会责任 x_5	其他责任 x_6	2013年营业额（万元）
1	1	2	2	3	3	2	33793983
2	0	0	2	1	0	2	29584456
3	1	1	2	4	3	1	22008633
4	1	1	1	2	0	0	18691929
5	0	0	0	0	0	0	9620101
6	0	1	1	2	3	0	8578185
7	2	1	3	4	3	0	8567083
8	0	0	1	0	1	0	7101906
9	2	1	1	0	0	0	6364231
10	2	3	3	3	3	0	5258157
11	0	0	0	0	0	0	5042586
12	0	0	0	0	0	1	5030457
13	0	2	1	0	3	0	4045218
14	0	2	3	3	1	0	3848251
15	1	2	2	1	1	1	3803001
16	0	0	1	0	0	0	3329515
17	1	3	1	1	3	1	3109674
18	2	0	2	0	3	1	3083671
19	2	3	3	3	0	1	3048834

续表

	股东责任 x_1	员工责任 x_2	消费者责任 x_3	环境责任 x_4	社会责任 x_5	其他责任 x_6	2013年营业额（万元）
20	4	3	3	3	3	2	2956142
21	0	0	1	2	0	0	2886323
22	0	0	0	0	0	0	2880707
23	4	3	1	4	2	2	2834328
24	3	4	3	3	2	2	2783907
25	0	2	2	2	1	0	2741100
26	0	0	0	0	0	0	2687488
27	0	0	0	0	0	0	2679511
28	1	0	1	1	3	0	2670332
29	0	2	1	0	0	0	2634049
30	0	0	0	0	0	0	2630000

我们将该模型的解释变量确认为股东责任（x_1）、员工责任（x_2）、消费者责任（x_3）、环境责任（x_4）、社会责任（x_5）、其他责任（x_6）六个变量。在排除缺失值之后，利用R语言将数据源天津百强企业前三十社会责任分数导入。首先进行Bartlett's球状检验，显著性水平取0.01。检验结果显示企业的各个指标之间具有相关关联，然后进行主成分分析，提取主成分结果。

表3　样本prcomp函数处理后summary结果表

	Comp.1	Comp.2	Comp.3	Comp.4	Comp.5	Comp.6
Standard Deviation	2.206	1.085	1.022	0.855	0.6403	0.605
Proportion of Variance	0.566	0.137	0.122	0.085	0.0477	0.0426
Cumulative Proportion	0.566	0.703	0.825	0.91	0.9574	1

表4 主成分对应原始变量系数表

	Comp.1	Comp.2	Comp.3	Comp.4	Comp.5	Comp.6
x_1	−0.448	0.323			0.79	0.254
x_2	−0.432			0.84	−0.295	−0.142
x_3	−0.418	−0.445	0.363	−0.168	−0.239	0.641
x_4	−0.441	−0.304	0.335	−0.28	0.136	−0.71
x_5	−0.362	−0.229	−0.864	−0.248		
x_6	−0.337	0.743		−0.346	−0.453	

以上结果介绍：Standard Deviation 表示主成分的标准差，即主成分的方差的开方，也就是相应的特征值的开方。Proportion of Variance 表示方差的贡献率。Cumulative Proportion 表示方差的累计贡献率。

而 loadings 函数的内容，实际是主成分对应于原始变量 x_1、x_2、x_3、x_4、x_5、x_6 的系数。由于前面三个主成分（股东责任、员工责任、消费者责任）累计贡献率已达到 82.5%，另外三个主成分（环境责任、社会责任、其他责任）可以舍去，达到降维的目的。可以得到主成分：

$Z1=-0.449x_1+0.351x_2+0.638x_5+0.511x_6$

$Z2=-0.425x_1-0.860x_4-0.206x_5-0.170x_6$

$Z3=-0.406x_1-0.556x_2+0.256x_3+0.144x_4-0.423x_5+0.510x_6$

从崖底碎石图也可以看出同样结果：

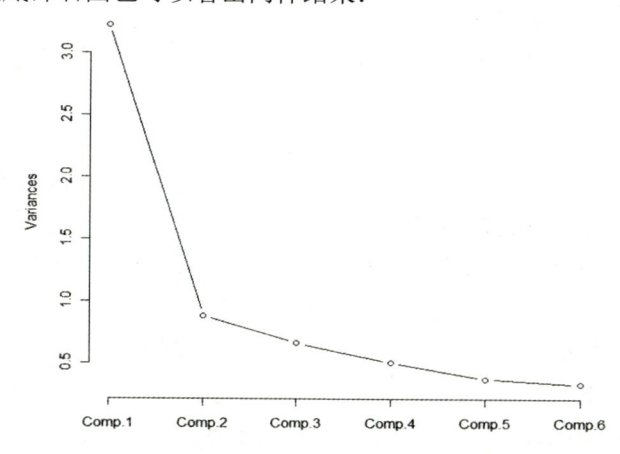

由此可见，无论是在做企业社会责任评价的过程中，还是在资源有限的情况下，解决企业如何通过自己在社会责任承担上的作为来提高自己企业的影响力与价值收益的问题上，都可以有所偏向地来提高效益。通过上文的分析可知，前三个指标（股东责任、员工责任、消费者责任）的投入产出比更高，更能够起到实际作用。

六、结语

综上分析结果可知，单纯地从公司的企业社会责任角度去看企业的盈利情况，其中起主要作用的还是企业对股东的责任，企业对股东的责任（完善法人结构、履行信息披露、积极回报股东、合规经营）越健全，企业的盈利业绩越好。与此同时，企业对员工的责任（公平雇佣、安全与健康、员工培训、员工福利）以及对消费者的责任（产品质量、提供优质服务、保护消费者权益）在一定程度上都对企业的业绩有不弱的影响。而企业所应具备的对环境的责任（控制环境污染、环保投入、保护资源、节能减排）、社会责任（公益捐赠、公益事业、社区参与）和其他责任（积极纳税、其他利益相关者利益）从分析结果中来看则没有起到特别大的作用，几乎可以忽略不计。

可见，如果企业想从社会责任这个角度来进一步提升企业的影响力，从而达到增大企业盈利的目的，在资源有限的情况下就必须优先重视企业自身对股东、员工、消费者的责任度。虽然这只是单纯从企业社会责任这个角度出发，但也能在一定程度上为企业指明方向。

参考文献：

[1] 杜莹,屈荣. 河北省百强企业社会责任状况及对策建议[J]. 当代经济科学, 2011, (8): 69~73.

[2] 傅德印. 主成分分析中的统计检验问题[J]. 统计教育, 2007, (9): 4~7.

[3] 林海明, 杜子芳. 主成分分析综合评价应该注意的问题[J]. 统计研究, 2013, (8): 27~33.

[4] 王青云, 王建玲. 上市公司企业社会责任信息披露质量研究——

基于沪市 2008~2009 年年报的分析[J]．当代经济科学，2012，(3)：80~83．

[5]薛毅．统计建模与 R 软件[M]．清华大学，2007．

江苏省城乡人均收入与消费的差异
——基于 R 软件构造的一元线性回归模型

2013 级　世界经济　蒋飞亚

摘　要：一直以来，城乡人均收入就有较大的差别。本文选取了 2002~2012 年江苏省城镇居民与农村居民人均消费与收入的数据，用 R 软件作线性回归来分析了城镇与农村居民收入增加对消费的贡献，并分类研究了收入增加对城镇与农村居民消费具体类别的贡献，认为增加农民收入有利于刺激消费，也即是扩大内需。

关键词：R 软件；人均收入；人均消费；一元线性回归

一、引言

城乡收入与消费差异一直是经济及社会学者关注的热点。本文以江苏省 2002~2012 年的统计数据，借助 R 软件来分析城镇与农村居民收入增加对各自消费的影响。

二、城镇与农村人均消费支出差异

在我国的城乡二元结构下，城镇居民与农村居民不论在收入还是消费上，差异都比较大。本文对江苏省 2002~2012 年的相关数据进行分析。

表1 江苏省2002~2012年城镇居民与农村居民消费支出（单位：元）

	2002	2003	2004	2005	2006	2007	2008	2009	2010	2011	2012
农村人均消费支出	2620	2704	2993	3567	4135	4786	5328	5805	6543	8095	9138
城镇人均消费支出	6043	6709	7332	8621	9628	10715	11978	13153	14358	16782	18825

数据来源：根据国家统计局官网数据整理。

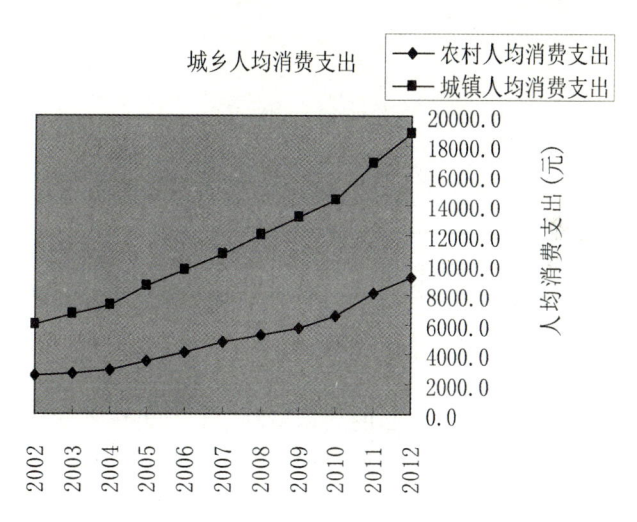

图1 江苏省2002~2012年城镇居民与农村居民消费支出

图1由Excel对表1的数据处理而得，直观地得出了城镇人均消费支出比农村高，而且这种差异的增长势头有增无减。而比较一致的是，城乡人均消费支出都在逐年提高。

三、城镇居民与农村居民人均可支配收入差异

表2 江苏省2002~2012年城镇与农村居民人均可支配收入（单位：元）

	2002	2003	2004	2005	2006	2007	2008	2009	2010	2011	2012
农村人均可支配收入	3980	4239	4754	5276	5813	6561	7356	8004	9118	10805	12202
城镇人均可支配收入	8187	9263	10482	12319	14084	16378	18679	20552	22944	26341	29677

数据来源：根据国家统计局官网数据整理。

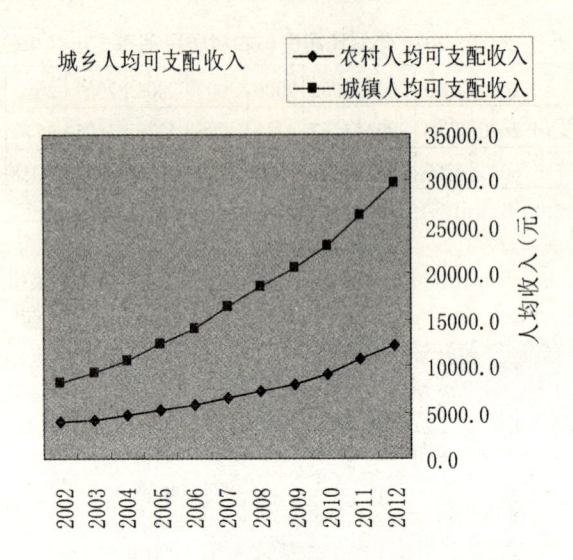

图 2　江苏省 2002~2012 年城镇与农村居民人均可支配收入

图 2 是由 Excel 根据表 2 的数据所制，直观地说明了江苏省城镇与农村居民人均可支配收入差异有愈演愈烈之势。同样，比较一致的是，江苏省城乡人均可支配收入都逐年上升。

四、用 R 软件测算城镇与农村人均消费支出与人均可支配收入作一元线性回归分析

（一）一元线性回归方法介绍

一元线性回归方程 $\hat{y}=a+bx$ 反映一个因变量与一个自变量之间的线性关系，当直线方程的 a 和 b 确定时，即为一元回归线性方程。

1. 最小二乘法

根据样本值确定方程 $\hat{y}=a+bx$ 中系数 a、b。设在一次试验中，取得 n 对数据 (x_i, y_i)（$i=1,2,\cdots,n$），这 n 对数据 (x_i, y_i) 就是一组样本值，根据这一组样本值可以寻求一对系数 a、b。但由于 y 是一个随机变量，所以如果通过另一组试验又可得到一对 a、b 的值。也就是说，

我们通过一组数据所得到的是系数 a、b 的估计值，记作 $\hat{a}$、$\hat{b}$，通过一组试验数据所求出的回归方程为

$$\hat{y} = \hat{a} + \hat{b}x \tag{1}$$

称为经验回归方程，又称为经验公式，$\hat{a}$、$\hat{b}$ 叫做经验回归系数。

为了求系数 a、b 的估计值 $\hat{a}$、$\hat{b}$，我们常用的方法是最小二乘法。

设在一次试验中，取得 n 对数据 (x_i, y_i)，其中 y_i 是随机变量 y 对应于 x_i 的试验值，直线是根据这 n 对数据 (x_i, y_i) 描绘的回归直线，其中 $\hat{y}$ 是试验值 y_i 的回归值。每一个试验值 y_i 与回归值 $\hat{y}_i$ 之间的差 $y_i - \hat{y}_i$ 在图中表示为两个纵坐标之差，这个差有正有负，其绝对值为 $|y_i - \hat{y}_i|$。显然，我们要找的直线应该是使所有这些距离之和为最小的一条直线，即 $\sum_{i=1}^{n} |y_i - \hat{y}_i|$ 最小。但由于绝对值在处理上比较麻烦，所以代之以平方和 $Q = Q(\hat{a}, \hat{b}) = \sum_{i=1}^{n} (y_i - \hat{y}_i)^2 = \sum_{i=1}^{n} [y_i - (\hat{a} + \hat{b}x_i)]^2$。这个平方和 Q 是随着回归系数 $\hat{a}$、$\hat{b}$ 而变的，因此它是 $\hat{a}$、$\hat{b}$ 的一个二元函数，其中 x_i、y_i 为常数。

根据二元函数求极值的方法，求偏导数得到

$$\begin{cases} \dfrac{\partial Q}{\partial \hat{a}} = -2\sum_{i=1}^{n} [y_i - (\hat{a} + \hat{b}x_i)], \\ \dfrac{\partial Q}{\partial \hat{b}} = -2\sum_{i=1}^{n} [y_i - (\hat{a} + \hat{b}x_i)]x_i。 \end{cases}$$

令 $\dfrac{\partial Q}{\partial \hat{a}} = 0$，$\dfrac{\partial Q}{\partial \hat{b}} = 0$，得到

$$\begin{cases} \sum_{i=1}^{n} y_i - \sum_{i=1}^{n} \hat{a} - \hat{b}\sum_{i=1}^{n} x_i = 0, \\ \sum_{i=1}^{n} x_i y_i - \hat{a}\sum_{i=1}^{n} x_i - \hat{b}\sum_{i=1}^{n} x_i^2 = 0。 \end{cases}$$

解出回归系数 $\hat{a}$，$\hat{b}$ 为

$$\begin{cases} \hat{b} = \dfrac{\sum\limits_{i=1}^{n} x_i y_i - \dfrac{1}{n}\sum\limits_{i=1}^{n} x_i \sum\limits_{i=1}^{n} y_i}{\sum\limits_{i=1}^{n} x_i^2 - \dfrac{1}{n}\left(\sum\limits_{i=1}^{n} x_i\right)^2} \\ \hat{a} = \overline{y} - \hat{b}\overline{x} \end{cases} \quad (2)$$

其中 $\overline{x} = \sum\limits_{i=1}^{n} x_i$，$\overline{y} = \dfrac{1}{n}\sum\limits_{i=1}^{n} y_i$。

（2）式或写成

$$\begin{cases} \hat{b} = \dfrac{\sum\limits_{i=1}^{n} x_i y_i - n\overline{x}\,\overline{y}}{\sum\limits_{i=1}^{n} x_i^2 - n\overline{x}^2} \\ \hat{a} = \overline{y} - \hat{b}\overline{x} \end{cases} \quad (3)$$

式中的 $\hat{a}$、$\hat{b}$ 即为 Q 的最小值点，使得 $Q = Q(\hat{a},\hat{b}) = \sum\limits_{i=1}^{n}(y_i - \hat{y}_i)^2$ 达到最小。以 $\hat{a}$、$\hat{b}$ 为回归系数的直线方程，就是我们所要求的回归方程。它最能代表这些点的散布状态。由于在求系数 $\hat{a}$、$\hat{b}$ 时，是使平方和 Q 最小，故称这种方法为最小二乘法。

（二）一元回归模型方程

如果令

$$\begin{cases} L_{xx} = \sum\limits_{i=1}^{n}(x_i - \overline{x})^2 = \sum\limits_{i=1}^{n} x_i^2 - \dfrac{1}{n}\left(\sum\limits_{i=1}^{n} x_i\right)^2 \\ L_{yy} = \sum\limits_{i=1}^{n}(y_i - \overline{y})^2 = \sum\limits_{i=1}^{n} y_i^2 - \dfrac{1}{n}\left(\sum\limits_{i=1}^{n} y_i\right)^2 \\ L_{xy} = \sum\limits_{i=1}^{n}(x_i - \overline{x})(y_i - \overline{y}) = \sum\limits_{i=1}^{n} x_i y_i - \dfrac{1}{n}\sum\limits_{i=1}^{n} x_i \sum\limits_{i=1}^{n} y_i \end{cases} \quad (4)$$

则公式（4）可写成

$$\begin{cases} \hat{b} = \dfrac{L_{xy}}{L_{xx}} \\ \hat{a} = \overline{y} - \hat{b}\overline{x} \end{cases} \quad (5)$$

将求得的 $\hat{a}$、$\hat{b}$ 代入 $\hat{y} = \hat{a} + \hat{b}x$，就得到一元线性回归方程的具体表达式。

（三）回归方程的显著性检验

1. 相关系数

由 $\overline{y} = \hat{a} + \hat{b}\overline{x}$，对 $Q(\hat{a},\hat{b}) = \sum_{i=1}^{n}\left[y_i - (\hat{a} + \hat{b}x_i)\right]^2$ 进行恒等变形，得

$$\begin{aligned} Q(\hat{a},\hat{b}) &= \sum_{i=1}^{n}\left[y_i - (\hat{a} + \hat{b}x_i)\right]^2 \\ &= \sum_{i=1}^{n}\left[(y_i - \overline{y}) - \hat{b}(x_i - \overline{x})\right]^2 \\ &= L_{yy} + \left(\dfrac{L_{xy}}{L_{xx}}\right)^2 L_{xx} - 2\dfrac{L_{xy}}{L_{xx}}L_{xy} \\ &= L_{yy} - \dfrac{L_{xy}^2}{L_{xx}} \\ &= L_{yy}\left(1 - \dfrac{L_{xy}^2}{L_{xx}L_{yy}}\right) \end{aligned}$$

令 $r^2 = \dfrac{L_{xy}^2}{L_{xx}L_{yy}}$，则 $Q(\hat{a},\hat{b}) = L_{yy}(1 - r^2)$，而 $Q(\hat{a},\hat{b}) \geq 0$，$L_{yy} \geq 0$，所以 $1 - r^2 \geq 0$，从而 $-1 \leq r \leq 1$。

因为 $Q(\hat{a},\hat{b}) = L_{yy}(1 - r^2)$，当变量 y 与 x 的样本值 (x_i, y_i) ($i = 1, 2, 3\cdots, n$) 确定以后，只有 r^2 的值决定 Q 的变化，r^2 的值越接近于 1，则 Q 的值越小，变量 y 与 x 之间的线性关系也就越显著；反之，若 r^2 的值越接近于 0，则 Q 的值越大，变量 y 与 x 之间的线性关系也

就越不显著，用回归直线来表示变量 y 与 x 之间关系就越不准确。r 的值可以表示变量 y 与 x 之间具有线性关系的相对程度。称 $r = \dfrac{L_{xy}}{\sqrt{L_{xx}L_{yy}}}$ （$-1 \leqslant r \leqslant 1$）为变量 y 与 x 的相关系数。

当 $r = \pm 1$ 时，$Q=0$，则所有的样本值 (x_i, y_i)（$i=1,2,3\cdots,n$）都落在直线 $\bar{y} = \hat{a} + \hat{b}\bar{x}$ 上，称变量 y 与 x 完全相关；当 $r=0$ 时，Q 的值最大，说明变量 y 与 x 不相关或是非线性相关关系。

在实际中，r 的值要达到什么水平，才能认为变量 y 与 x 之间的线性关系是显著的，回归方程具有实用价值，这要根据具体情况对检验标准的要求不同而定。

2. 线性相关的显著性水平检验方法

一般地，按照以下步骤对线性相关的显著性进行检验。

①提出原假设 H_0：y 与 x 的线性关系不显著。记 $b=0$，这是因为当 $b=0$ 时，回归直线 $\hat{y} = \hat{a} + \hat{b}x$ 是一条平行于 x 轴的直线，无论 x 如何变化，y 的值均为常数，显然，不可能有显著的线性关系。

②选用统计量 $r = \dfrac{L_{xy}}{\sqrt{L_{xx}L_{yy}}}$，并根据样本值计算 r 的值。

③按给出的显著性检验水平 α 和自由度 $f = n-2$，查相关系数临界值表，得临界值 λ。

④做出判断：当 $|r| \geqslant \lambda$ 时，则拒绝原假设 H_0，说明变量 y 与 x 的线性关系显著；当 $|r| < \lambda$ 时，则接受原假设 H_0，说明变量 y 与 x 的线性关系不显著。

五、用 R 软件测算城镇与农村人均消费支出与人均可支配收入线性关系

设农村人均消费 X1，城镇人均消费 X2，农村人均可支配收入 Y1，

城镇人均可支配收入 Y2。

运用 R 软件测算 X1=a+bY1，X2=c+dY2 的估计值。如下为操作过程：

```
> lm.sol<-lm(X1~1+Y1)
> summary(lm.sol)
Call:
lm(formula = X1 ~ 1 + Y1)
Residuals:
     Min       1Q   Median       3Q      Max
 -184.71   -44.60    13.47    61.76   155.45
Coefficients:
                Estimate Std. Error t value Pr(>|t|)
(Intercept)   -646.60400   95.75286  -6.753 8.34e-05 ***
Y1               0.80435    0.01267  63.474 3.02e-13 ***
---
Signif. codes:  0 '***' 0.001 '**' 0.01 '*' 0.05 '.' 0.1 ' ' 1
Residual standard error: 108.6 on 9 degrees of freedom
Multiple R-squared: 0.9978,     Adjusted R-squared: 0.9975
F-statistic:  4029 on 1 and 9 DF,  p-value: 3.017e-13
```

由上可得到估值，a=−646.60400，b=0.80435，且都通过显著性检验，故 X1=0.804Y1−646.604> plot (X1~Y1); abline (lm(X1~Y1))。

由此得到了以下散点图中拟合的直线，也即为 X1=0.804Y1−646.604。该直线与所有点基本拟合。这表示的经济意义是：农民每增加一单位收入，便会增加 0.804 的消费支出。

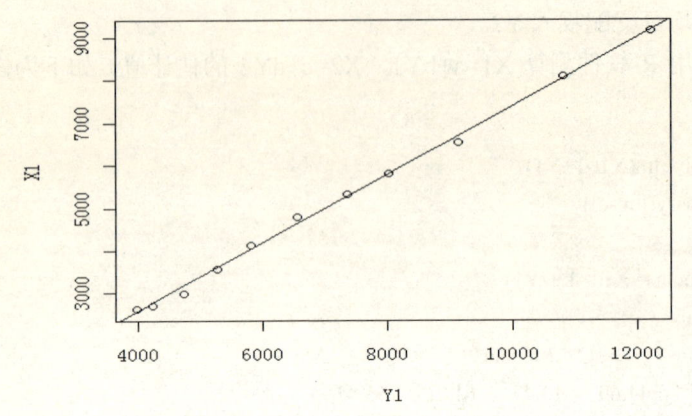

图3 江苏省农村居民人均可支配收入与人均消费支出的线性关系

按同样的方法用R软件来对城市居民人均消费支出与可支配收入进行一元线性分析,过程如下:

> lm.sol<-lm(X2~1+Y2)
> summary(lm.sol)
Call:
lm(formula = X2 ~ 1 + Y2)
Residuals:
  Min   1Q   Median   3Q   Max
-305.75 -108.02 20.01   140.40 222.45
Coefficients:
           Estimate Std. Error t value Pr(>|t|)
(Intercept) 1.238e+03 1.437e+02   8.61 1.23e-05 ***
Y2   5.851e-01 7.781e-03 75.20 6.58e-14 ***

Signif. codes: 0 '***' 0.001 '**' 0.01 '*' 0.05 '.' 0.1 ' ' 1
Residual standard error: 175.6 on 9 degrees of freedom
Multiple R-squared: 0.9984,   Adjusted R-squared: 0.9982
F-statistic: 5655 on 1 and 9 DF, p-value: 6.579e-14

由上可知,估计的c=1238,估计的d=0.5851,且均通过显著性检验,则 X2=0.585Y2+1238> plot(X2~Y2); abline(lm(X2~Y2))。

由此得到了如下散点图及拟合线。由图可知,拟合效果较好。其经济意义为:江苏省城镇居民可支配收入增加一单位,消费支出只增加 0.585,与农村居民的 0.804 相比,相差不少。

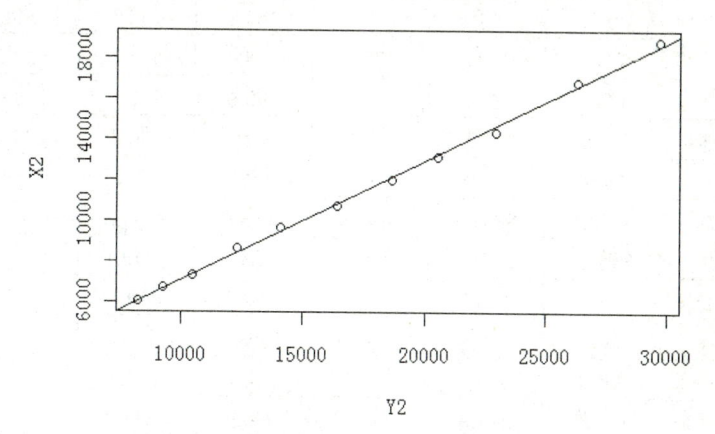

图4 江苏省城镇居民人均可支配收入与人均消费支出的线性关系

而在经济学中,X1=a+bY1,X2=c+dY2,估计值 a 与 c 表示的分别为江苏省农村居民的边际消费倾向和城镇居民的边际消费倾向。可见,农村居民的边际消费倾向比城镇的高出约 37.44%。

比较 X1=0.804Y1-646.604,X2=0.585Y2+1238,还可以看出,截距差别很大,这在相当程度上表明了城镇居民与农村居民的消费支出差异,甚至是收入支出差异(考虑到消费与收入的相关性)有较强的历史累积性。在 2002 年的起点上就差异很大。

六、用 R 软件对城镇与农村人均分类消费支出与对应人均收入作一元线性回归

表3 江苏省 2002~2012 年农村居民人均分类消费支出（单位:元）

	2002	2003	2004	2005	2006	2007
消费	2620.3	2704.4	2992.5	3567.1	4135.2	4786.2
食品	1045.2	1118.6	1317.9	1569.3	1729	1968.9

续表

衣着	137.6	140.6	163.5	191.2	223.3	251.3
居住	552.7	441.9	467.6	512.5	641.1	752.7
家庭设备	129.4	137.7	141.4	168	199.5	228.5
交通通信	203.9	268.5	293.1	363.8	465.2	544
文教娱乐	327.1	379.2	373.4	478.9	544.1	642.5
医疗保健	142.5	142.1	163.2	198.6	232.3	263.9
其他	81.8	75.9	72.5	85	100.8	134.4
	2008	**2009**	**2010**	**2011**	**2012**	
消费	5328.4	5804.5	6542.9	8094.6	9138.2	
食品	2202.6	2275.3	2491.5	2839.9	3049.1	
衣着	276.4	306.6	350	554.8	610.7	
居住	860.4	969.8	1170.9	1372.6	1493.2	
家庭设备	250.1	286.4	327.7	503.2	532.9	
交通通信	614.2	691.6	785.5	923.9	1311.1	
文教娱乐	713.2	818.5	908.1	1044.6	1184.2	
医疗保健	290.9	323	362.3	645.6	724.2	
其他	120.6	133.4	146.9	209.9	232.7	

数据来源：国家统计局官网。

表4 江苏省2002～2012年城镇居民人均分类消费支出（单位：元）

	2002	2003	2004	2005	2006	2007
消费	6042.6	6708.6	7332.3	8621.8	9628.6	10715.2
食品	2441.9	2566.9	2931.7	3205.8	3462.7	4544.6
衣着	534.5	587.9	611	804.2	886.8	1166.9
居住	692.2	716	760.7	794.9	997.5	1042.1
家庭设备	436.7	452.1	493.5	586.8	647.5	813.5
医疗保健	376.1	493.8	496.8	579.3	600.7	794.6
交通通信	499.7	686.5	765.2	1050.9	1203.5	1358
文教娱乐	867.4	971.9	1031.1	1287.9	1467.4	1799.8
其他	194.2	233.6	242.3	311.9	362.6	458.1

续表

	2008	2009	2010	2011	2012
消费	11977	13153	14357	16781	18825
食品	4773.7	5243.1	6060.9	6658.4	4544.6
衣着	1298	1465.5	1772.1	1916	1166.9
居住	1148.9	1234.1	1187.7	1437.1	1042.1
家庭设备	923.3	1026.3	1193.8	1288.4	813.5
医疗保健	808.4	805.7	962.5	1058.1	794.6
交通通信	1721.9	1935.1	2262.2	2689.5	1358
文教娱乐	1968	2133.3	2695.5	3077.8	1799.8
其他	510.9	514.4	647.1	700.1	458.1

数据来源：国家统计局官网。

令 X_1、X_2、X_3、X_4、X_5、X_6、X_7 依次为江苏省农村居民的食品、衣着、居住、家庭设备、交通通信、文教娱乐、其他消费的人均支出；Y_1、Y_2、Y_3、Y_4、Y_5、Y_6、Y_7 依次为江苏省城镇居民的食品、衣着、居住、家庭设备、交通通信、文教娱乐、其他消费的人均支出；令 X 为农村居民人均可支配收入，Y 为城镇居民人均可支配收入。

现在利用 R 软件分析农村居民与城市居民食品、衣着、居住、家庭设备、交通通信、文教娱乐、其他消费支出对可支配收入的依存关系。由 R 软件计算得出：$X_1=0.245X+222.3$，$X_2=0.058X-118.3$，$X_3=0.135X-118.6$，$X_4=0.05X-98.6$，$X_5=0.012X-266.2$，$X_6=0.11X-76.5$，$X_7=0.019X-9.9$，$Y_1=0.198Y+766.6$，$Y_2=0.066Y-46.8$，$Y_3=0.034Y+439.6$，$Y_4=0.03Y+197.6$，$Y_5=0.095Y-228.5$，$Y_6=0.099Y+29.7$，$Y_7=0.02Y+11.9$，且都通过显著性检验。当可支配收入增加一单位时，各类消费增加情况如下表：

表5 城镇居民与农村居民分类边际消费倾向

	农村人均消费	城镇人均消费
边际食品支出	0.245	0.198
边际衣着支出	0.058	0.066
边际住房支出	0.135	0.034
家庭设备支出	0.05	0.03
交通通信支出	0.12	0.095
文教娱乐支出	0.11	0.099
医疗保健支出	0.019	0.02

数据来源于R软件线性回归分析,由于篇幅限制,未附上过程。

对其分析,可以看出农村居民可支配收入增加一单位,食品支出增加0.245,住房支出增加0.135,交通通信支出增加0.12,文教娱乐支出增加0.11,即农村居民收入增加会使得食品、住房、交通通信、文教娱乐支出增加较多。

而城镇居民可支配收入增加一单位,食品支出增加0.198,衣着支出增加0.066,交通通信支出增加0.095,文教娱乐支出增加0.099,即城镇居民收入增加会使得食品、衣着、交通通信、文教娱乐支出增加较多。

七、分析与结论

农村居民在衣着和医疗保健方面的边际支出低于城镇居民,在食品、住房方面的边际消费值远高于城镇居民。当然,这些都只是分类边际消费值的比较。考虑到农村居民收入的绝对值远低于城镇居民,所以只有住房方面,农村居民的绝对支出是高于城市居民的。

联系农村与城市居民消费支出与可支配收入的线性关系,可知农村居民的边际消费倾向远高于城市居民的边际消费倾向。而在分类消费方面,与城镇居民相比,农村居民在衣着与医疗保障方面的边际消费倾向较低,而在食品与住房方面的边际消费倾向则远高于城镇居民。

所以总的来看,提高农民的收入可以较大程度上刺激消费,一定程度上也有利于缩小城乡之间的差距。

参考文献：

[1]薛毅，陈立萍. 统计建模与 R 软件[M]. 北京：清华大学出版社，2006：297～325.

性别工资差异与日本女性就业问题研究

2014 级　日本语言文学　马莉鑫

摘　要：日本已进入超少子老龄化时代，劳动力不足成为影响经济发展的重要因素。为缓解劳动力不足给经济带来的压力，安倍政府推出了"女性经济学"，其目标是推动潜在的女性劳动力走上工作岗位，提高女性在企业的参与度，进而激发日本经济的发展活力。但是日本性别工资差异巨大，在 OECD 国家中仅次于韩国，成为女性就业的不利因素。

关键词：男女工资不平等；女性就业；雇佣形态；女性经济学

一、日本性别工资差异的现状

（一）OECD 国家中日本的性别工资差异

世界经济论坛近日发布 2015 年度《全球性别差距报告》，从健康、教育、经济和政治四个领域，对 100 多个国家和地区的女性地位进行分析和量化。从全球范围看，男女在工资方面仍然不平等，一名全职女性的平均年薪为 1.11 万美元，一名全职男性的平均年薪为 2.06 万美元，差距接近 50%。在调查的 100 多个国家中，日本居第 101 位，在发达经济体中居于倒数。

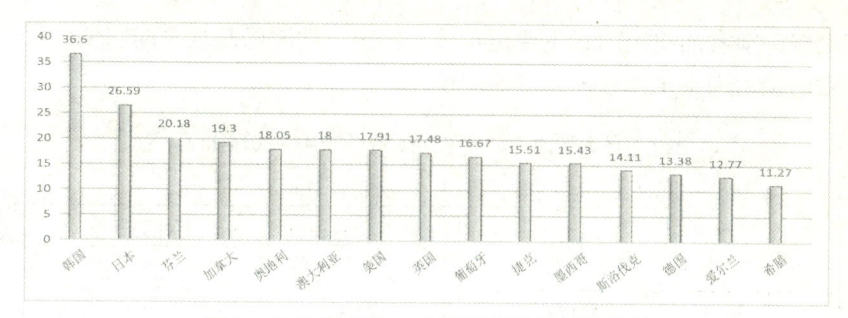

图 1　2013 年 OECD 主要国家性别工资差异

资料来源：根据 OECD 网站数据制作。

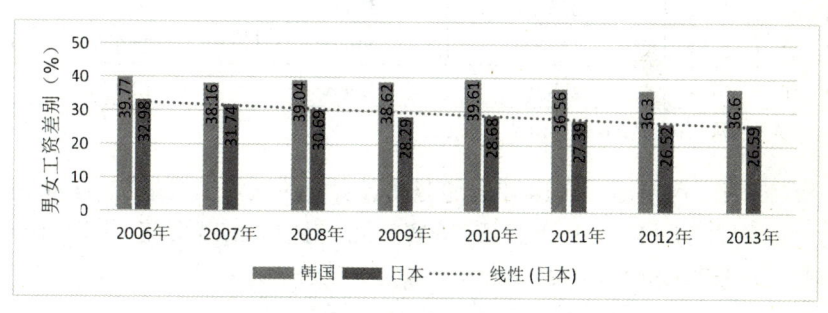

图 2　2006~2013 年日本和韩国的性别工资差异

资料来源：根据 OECD 网站数据制作。

从图 1 可以看出，在 OECD 主要发达经济体中，日本的性别工资差异仅次于韩国，居第二位。从图 2 可以看出，2006~2013 年日本的性别工资差异大体呈下降趋势，但是差距仍然较大。

从年龄段看，年轻男女的工资差距在 15%（2012 年），40 岁以上男女的工资差距超过 40%（2012 年）。另外，根据共同通信社报道，在有数据的 30 个国家中，有孩子的女性和男性的平均工资差距是 22%，而日本则高达 61%。

（二）造成性别工资差异的原因

工资差异是社会制度因素和经济因素共同作用的结果。在社会和经济诸多因素的作用下，产生了两种不同的工资差异形式，一种是资质不同的劳动者之间的工资差，另一种是资质相同的劳动者之间的工资差。前者的决定因素主要是年龄、性别、学历以及从事的职位，后者的决定因素是产业和企业的规模。

表 1　日本普通劳动者法定工资（2010~2014 年）

		法定工资		性别工资差
		女性	男性	（男性=100）
普通劳动者	2010	227.6	328.3	69.3
	2011	231.9	328.3	70.6
	2012	233.1	329.0	70.9
	2013	232.6	326.0	71.3
	2014	238.0	329.6	72.2

资料来源：厚生劳动省网站。

从表 1 可以出，2014 年普通劳动者女性的法定工资是 23 万 8000 日元，男性的法定工资是 32 万 9600 日元，男女间的工资差（男性=100 时，女性的工资）是 72.2。

表 2　性别工资存在的原因

原因	性别工资差		性别工资差缩小的程度
	调整前	调整后	
工龄	72.2	77.3	5.1
职位	74.5	84.2	9.7
年龄	72.2	73.3	1.1
学历	72.2	72.8	0.6
劳动时间	72.2	73.1	0.9
企业规模	72.2	72.7	0.5
产业	72.2	69.5	-2.7

资料来源：厚生劳动省网站。

从表 2 可以看出，性别工资差异主要取决于工龄、职位和年龄，职位不同对工资的影响达到 9.7，如果调整职位不同带来的影响，性别工资差是 84.2。工龄的影响是 5.1，如果调整工龄不同带来的影响，性别工资差是 77.3。

学历、劳动时间、企业规模和产业对性别工资的影响不是很大，分别是 0.6、0.9、0.5 和-2.7。这里的学历指的是进入公司以后对性别工资的影响（日本很重视学历，学历高低对能否进入一个企业有重要影响），进入同一个企业以后，在年功序列制度下学历对工资的影响不是很大。

二、日本女性就业

（一）日本女性就业的特征和现状

"男主外，女主内"是日本社会的传统思想，但是随着女性社会地位的提高和接受教育程度的提升，这一情况已经发生了深刻的变化。加之日本少子老龄化程度加剧，劳动力短缺，促进女性就业成为缓解劳动力短缺压力的重要手段。传统的日本女性就业呈现"M"型曲线特征，即女性在结婚生育之前和之后各出现就业高峰期。从图 3 可以看出现在"M"型曲线正在向倒"U"型曲线转换，并且就业低谷呈现后移的趋势。这说明日本女性晚婚甚至不婚的现象在增加，结婚生育但不中断工作的女性也在增加。

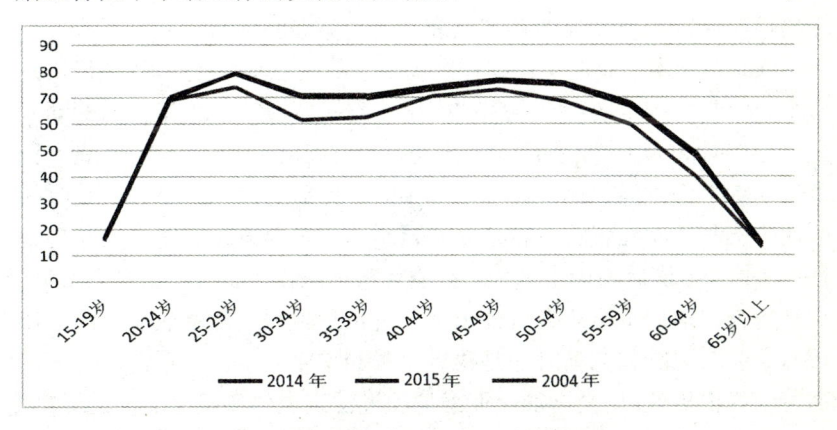

图 3　日本的女性劳动参与率变化趋势

资料来源：根据厚生劳动省网站数据制作。

根据厚生劳动省统计，2014 年共有劳动力人口 6587 万，其中女性劳动力人口 2824 万，占总劳动力人口的 42.9%（比 2013 年增长 0.3%）。根据总务省《劳动力调查》统计，2014 年女性就业人数 2719 万，比 2013 年增加 28 万，就业率 47.6%（比 2013 年增长 0.5%）。单从数字来看，女性就业情况有所好转。但是从产业类别来看，女性就业多集中于医疗卫生、批发零售、制造以及住宿服务业，且多从事事务性和服务性工作。从企业规模来看，在 30 人以下企业就职的最多，占 29.2%，30～99 人的占 16.1%，100～499 人的占 18.8%。在 500 人以下企业就职的女性占 64.1%，而在 500 人以上企业就职的女性只有 25.6%，在机关单位就职的只有 9%。从雇佣形态来看，正式员工所占比例低于非正式员工，且比例还在不断下降。2014 年，女性正式员工所占比例为 43.3%，非正式员工所占比例为 56.7%，而男性正式员工所占比例为 78.2%，远远高于女性的 43.3%。

（二）性别工资差异与女性就业的关系

在前面已经提到过，性别工资差异主要取决于工龄、职位、年龄、学历和劳动时间，而在这些因素中影响最大的是工龄和职位。受传统"M"型就业曲线的影响，女性在结婚、生育时中断工作，这不仅影响女性工作的持续性，也使她们很难得到晋升的机会。所以女性工资低于男性，性别工资差异的存在已成为司空见惯的事情。

同时，日本的企业文化和社会制度也不利于女性就业。"加班"是日本企业文化的重要特征。OECD 统计数据显示，2011 年日本劳动者平均工作时间为 1728 小时，低于 2001 年的 1809 小时。即便如此，日本劳动者工作时间仍比英国多 100 小时，比荷兰多 300 小时。长时间的加班不利于女性就业，特别是有孩子的、需要兼顾家庭与工作的女性。另外，下班后与同事、客户把酒言欢至深夜，在日本也极为常见，这种场合，他们不愿意有女性出现，这也是阻碍女性就业的原因。在日本企业，工龄和劳动时间是决定工资的重要因素，这不仅不利于提高劳动者积极性，也会增加企业雇佣超过法定退休年龄劳动力的成本，不利于企业的长期发展。因此，企业应导入其他衡量劳动者工资的要素，提高生产效率，降低企业运行成本，促进企业的长期稳定发展。

日本的税收和社会保险制度不利于女性就业。前面提到过日本女性的非正式雇佣比例远高于男性。这在很大程度上是女性为合理调整家庭总收入而自觉选择的结果，其目的是为了避免因工作而使家庭可支配收入减少。日本的个人所得税中设置了"配偶扣除"部分，即有配偶的工薪阶层，其税收的起征点在计算时，应先扣除需要抚养配偶的部分。另外，日本于 1985 年确立了女性年金制度，妻子随丈夫加入国民基础年金。1986 年，又设立了配偶特别扣除制度，在这一制度下，作为有正式工作的丈夫的配偶，如果妻子年收入超过 103 万日元，不但不能享受家庭收入的课税起征点优惠，就连其收入本身也将被征税，同时丈夫工资中"配偶补贴"一项也会被取消。而当妻子年收入超过 130 万日元时，除了不能享受上述税制优惠，妻子还要自己缴纳国民年金或厚生年金。这种税收和社会保险制度导致长期以来日本女性婚后选择计时性的非正式工作，尽可能避免因参加工作导致家庭总收入减少。这种雇佣形态也导致性别工资差异的存在。

三、促进女性就业与缩减性别工资差距

首先，我们来考虑一个问题，到底是日本女性就业的现状导致了性别工资差异的存在，还是性别工资差异的存在阻碍了女性的就业积极性，导致了日本女性就业的现状。我们很容易认为是性别工资差异的存在导致了现在日本女性就业的现状。但是前面我们已经讲过性别工资差异出现的原因，所以在这里我们可以认为是女性就业现状导致了性别工资差异的存在，反过来，性别工资差异又影响了女性的就业。如果日本女性和男性一样不因结婚生育而中断工作，在职位上得到提升，那么男女间的工资差距将大幅下降。因此，缩减男女工资差距，就要创建有利于女性兼顾家庭与就业的环境，改变日本企业评定工资的标准。

根据厚生劳动省《人口动态统计》(2013 年)，2012 年日本 0～14 岁人口占总人口的比重为 13%，日本已进入"超少子化"社会，同时老龄化程度不断加剧，导致日本劳动力短缺，严重影响经济的发展。为缓解劳动力短缺对经济的影响，日本政府提出了"女性经济学"，其

具体目标是到 2020 年社会各个领域的管理层女性占比达到 30%以上，提高女性企业参与度，激发女性创造力。

但是现实中，女性承担着较重的家务劳动，她们的就业需要灵活的工作方式和工作时间，需要企业创建有利于女性就业的制度与环境，需要政府充实育儿设施，解决她们的后顾之忧，同时改变不利于女性就业的税收和社会保险制度。目前，日本政府将促进女性就业的重点放在了解决幼儿入园难和减轻女性家务负担这两点上来。其中解决入园难的财政支出由中央和地方共同承担，为满足育儿家庭的育儿需要，新经济成长战略将育儿休假制度的具体措施纳入其中，并提议企业自主进行设计，产假原则上可由原来的一年变更为可延长休假三年，为此，政府将通过设立新的税制和补贴制度进行支持。此外，日本政府为鼓励企业雇佣女性，还制定了补助金制度，享受补助的企业需要在女性管理者比例、特殊岗位聘用女性等方面达到一定标准，对于达标的企业，日本厚生劳动省将给予大企业 15 万日元、中小企业 30 万日元不等的补助。但到目前为止，该项措施成效甚微。

目前，促进女性就业是日本政府的政策性措施，在财政和制度上也给予了支持。这有利于缩小性别工资差距，促进同工同酬的实现，但是也将使日本本已困难的财政雪上加霜。就目前来看，促进女性就业，缩减性别工资差距，促进同工同酬的实现将是日本政府面临的长期课题。

参考文献：

[1]田思路. 日本女性离职问题及其劳动权的法律保障[D]. 日本神户学院大学法学研究科, 2003.

[2]太田伸. 日本の賃金較差は小さいのか[J]. 内閣府経済社会総合研究所, 2006.

[3]竹中美恵子. 女性の賃金問題とジェンダー[M]. 明石書店, 2012.

[4]ビルメタール・トビア. 日本経済における賃金較差の決定[D]. 1966.

古代科举制度的若干影响研究综述

2014 级　中国古代文学　常潇

摘　要：本文作为综述类的文章，关注科举制度对文学的影响、科举制度对世界各国的影响、科举制度对中国社会的影响这三个方面，其中又以科举制度对文学的影响为论述的重点，以期通过对这一主题的综述，为今后在这一领域的研究提供更多借鉴与思考。

关键词：科举制度；社会流动；文学作品

一、引言

科举制度对中国乃至世界具有深远影响，有学者曾将之喻为"中国的第五大发明"。研究科举制度的影响，也是对中国的历史、现状进行研究、总结、升华。文学作为中国文化中的一枚奇葩，需要受到更多的研究，且大量的文学作品，能展现更多生动而翔实的历史图景。因此，本文探析了古代科举制度的若干影响，尤其是其对文学的影响。

二、对文学的影响

（一）科举与文学关系的总论

科举制度对整个社会的文化，尤其是对文学的影响举足轻重。《科举文学与"科举学"》提出"科举文学"的概念："包括'科文'及以科举为题材的文艺作品在内的、因科举考试而产生的文学作品和体裁及与科举相关的文学"。"科举文学研究的内容包括'科文'和与科举直接相关的文学作品和人物，比如科举出身的文学家，文学家的科举生涯与科举观,某一文学群体的心态与科举生活等"。关于科举对文学的影响,祝尚书提出应从"科举制度"本身和"科举考试"这两大类别中观察科举制度对文学的影响。从科举考试内容的局限性、出题风格的偏狭以及文章的高度格式化这个层面上说,科举对文学有"促退"作用;而环绕在科举考试之外,由科举辐射、带动的,就可以产生更多的文学的基点,如文学教育等是促进文学发展的。王勋成提出,在唐代科举中"举"与"选"是相互分开的,所以在守选时期内一部分及第举子创作了丰富的文学作品。干谒壮大了唐代文学家群体,推动了唐代文学的传播,带动了文学体裁的高度发展,干谒风气中昂扬进取的心态也对唐代文学中体现的精神气质具有重要影响。《北宋科举考试与文学》规整了文学发展与被动科举的历史发展轨迹,尝试着将学风的转变作为科举对文学发生影响的环节。《宋代科举与文学考论》详细考察了宋代科举考试程序,还将科举与文学的多维关系及互动影响作为重点进行讨论。关于其他朝代科举与文学关系的论述,较为知名的还有《论明代科举制度对文学的影响》《元代"以曲取士"新解:兼谈元代科举制度与元代审美风尚》《诗钟与科举及其对清代台湾文学的影响》等。

(二)科举与各类文学作品的关系

历来研究科举与文学作品相互关系的成果较多,整理如下。

1. 诗文

《沧浪诗话·诗评》中提出:唐诗为什么会胜过宋代的诗歌?唐代以诗歌取士,有很多专门的学问,这就是宋代诗歌不及唐朝的原因。《杜甫诗歌与初盛唐科举》提到:以杜甫诗为代表,其诗歌全面展现了唐代科举制度与其笼罩下的士人心态,科举试"策"的经验,促使杜甫的诗歌突破抒情言志的功能,在其中加入大量的时事叙述和议论,使其成为一种变形的"奏章""策论",诗歌"以文为诗",向散文文体接近。《中国科举制度的南传与越南辞赋创作论》较详细地阐述了科举试赋的考试制度对越南产生的积极影响——表现出浓厚的经世致用情怀、以经史为主体的倾向。《论两宋科举制度对诗歌发展之助力》说明了科举考试以试赋、策论与帖经为基本考试形式,对同时期诗歌题材、主题、表达技巧等产生了重大影响。《论宋代科举考场外的诗歌创作活动》详细阐释了鹿鸣宴赋诗、礼部锁院唱和、闻喜宴赐诗及其他诗歌创作活动。

辞赋与骈文方面,重要学术成果有《北宋后期的党争与辞赋创作》《科举与辞赋:经典的树立与偏离》等。《北宋后期的党争与辞赋创作》论述了党争使辞赋创作中的议政变得小心谨慎,畏祸心理在这时期的辞赋创作中显露出来,也让北宋后期的辞赋创作表现出悲凉之气。《康熙朝科举制度对文学的影响》中提及辞赋选拔人才的功能在当时的科考中得到特别重视,这给辞赋取士的制度化和下移提供基础。文章还提到,由于辞赋成为考试内容的一部分,士人不得不学赋、作赋;辞赋并不像八股文那样迂腐,反而擅长辞赋是一种渊雅风流,这就促进了功利性较少的辞赋创作,促成了清赋的多样化。对科举与古文的关系,有的从历史背景分析唐宋古文运动与科举制度的联系,如《论唐代科举制度在古文运动中的作用》。有的从追溯和建构古文谱系与八股文方面来解释两者的渊源,比如《八股文与古文谱系的嬗变》。而《方苞的古文"义法"与科举世风》以及《方苞时文观及〈钦定四书文〉之正文体》就是分析古文写作理论受科举的影响和古文家文学思想的。

2. 词、曲

《论古代戏曲中批判科举制度对小说的影响》以古典戏曲为对照标准,从艺术手法与思想内容方面着重阐述戏曲对科举弊病的批判。清人作词章法与结构受清代科举时文的影响,则在《时文章法与清人的宋词作法论》中体现。《论元曲反传统观念的思想特征及其成因》认为元代歧视汉族人并轻视科举取士制度,致使元曲作者的社会地位普遍下降,因此对社会现实有更加深刻的认识。《娱乐与教化:古典戏曲中的科举社会》指出戏曲在科举从阳春白雪走向下里巴人的历程中扮演了重要作用,不仅满足了民众对科举的想象,也为科举制度获取了广泛的民间舞台。《明代科举制度研究》主要从两方面阐明戏曲受明代科举制度的影响:一是明代戏曲主题取材于文人在科场的悲欢离合的戏曲作品比宋元两朝有所增加;二是戏曲作者中考中举人、进士的文人参与写杂剧、传奇的人数比较多,有助于俗文化在社会地位中的提升。

3. 小说

关于科举制度与小说的关系的学术成果有很多。《宋人笔记与宋代科举制度研究》探讨了宋人笔记中的科举史料对宋代科举制度及相关问题研究的重要意义。《唐代文言小说与科举制度论略》据唐代科举选官制度和文言短篇小说创作情况，说明唐代的科举制度造就了一个与以往不同的知识分子人群，也造就了唐代文言短篇小说的作者和读者群体，进而影响了他们的价值观念、文学风习、行为方式、精神心理等，同时也造就了唐代文言短篇小说的美学风貌与精神内容。

涉及科举题材小说作品的鉴赏，也有许多优秀的成果。《试论〈红楼梦〉的科举观》通过对书中与科举有关人物的分析，从相关人物的对比中探讨了曹雪芹的科举仕途观、人才观。《晚晴四大谴责小说中的科举文化探究》中说：在四大谴责小说里，作家对当时的社会状况、人们的精神状态、行为表现做了详尽的描绘，展示出了科举文化的面貌。剖析这些画面，能更真切地明白科举制度的得与失，用当下的眼光审视、评判那些儒林秀士荣辱升迁状况。

（三）科举对文学风气的影响

《宋初进士行卷与文学》具体说明了行卷风气在宋初王、柳古文复兴中重要的作用。从行卷的视角，可以得到以下几方面结论：此前举子虽少以古文行卷，但古文复兴之前，古文在文坛被相当包容的态度对待。古文运动中行卷信笺作用巨大，正是利用行卷信笺这一"空间"，行卷还推动了古文家之间的联系，促进了古文士人群体的形成。王、柳利用行卷宣传古文，却因朝廷科举选士标准的调整，举子们逐渐不再偏爱古文，这便是王、柳古文复兴失利的重要原因之一。《明代科举制度研究》论述了科举考试的"八股"文体在明代文学风气、文学形式、社会畅销读物等方面发生的影响，并详细阐述了八股文在规范考试文体的同时，也导致了社会文风的沦丧。文章先以南人游士为中心，分析了馆阁文风的形成，再对馆阁文风和科举文风的关系进行分析，最后分析了因科举对左、右榜举子的不同心理影响及产生的不同文学后果。

三、科举制的其他影响

就科举制度是否造成了社会流动而言,何忠礼认为科举制度有很多弊病,但这对于广泛搜罗人才、调动人的积极因素,具有无可争论的优点,也有利于政治的清明和社会的安定。李弘祺却认为,科举制度并没有产生非常重要的社会流动,直接受科举影响的人数事实上很少。相反,它对势家背景缺乏的平民进行向上社会的流动造成了更大的阻力,它创造和维持地方上的"士绅"家族。

就科举制度对中国社会的积极影响而言,部分著述认为,它一定程度上也给中国封建社会带来了长期的稳定;它兼备教育考试性质,所以最直接地作用于教育与人才培养……在某种意义上说,科举制度造就了古代中国的人才。它促进了明清时代农、工、商家庭出身的"士人"群体的涌现;对古代中国教育的发展与学术文化起了重要的作用。它推崇儒家伦理,对国民心理的形成与中华民族道德发展有非常重要的作用;对中国商业道德、官吏廉洁教育有积极影响;强化了尊师重道、读书尚文的传统;强化了士大夫忧国忧民的精神。

就科举制度对中国社会的消极影响而言,一些著述指出其对封建专制独裁具有强化作用;阻碍了中国科学技术的进步;致使学者文士们只知钻研经籍,很大程度上丧失了对民族社会的责任感;压抑了人才的发展和个性的培养;使成者为王败者为寇的世态炎凉日渐明显。

四、结语

历来对各朝代科举制度的相关论述不少,相比其他与科举相关主题的研究,科举制度对文学的影响这一主题,以往的研究仍算是比较薄弱的,期望通过本篇研究综述,为今后该主题的研究提供一些线索与启示,进而发掘这一主题的更多值得研究之处,使这一主题的研究成果不断充实。

参考文献:

[1]何忠礼.科举制起源辨析——兼论进士科首创于唐[J].历史

研究，1983，(2)：106～111.

[2] 刘海峰. 科学文化：与古代文学的关联[J]. 武汉大学学报（人文科学版）.2009, 62（2）：175.

[3] 朱云影. 中国文化对日韩越的影响[M]. 台湾：台北黎明文化事业股份有限公司，1981.

[4] Wolform Eberhard. *Social Mobility in Traditional China*[M]. Leiden: E. J. Brill, 1962.

PPP 模式对中东北非轨道交通建设的应用

2014 级　英语语言文学　孙柳

摘　要： 随着世界经济的高速发展和城市化水平的不断提升，城市人口集中、交通拥堵、环境污染等问题日益受到各国的关注，而发展城市轨道交通是缓解交通压力、提高出行效率、减少环境污染的重要举措。PPP 模式有利于转换政府职能，使社会资本更愿意参与到项目中，减轻财政负担，促进投资主体的多元化发展。

关键词： PPP 模式；中东北非；轨道交通建设

一、研究目的和意义

近年来，随着世界经济社会迅速发展，城市人口大幅度增加，公共交通需求急剧增大，由此引起了更多的交通安全事故、交通拥挤、环境污染等问题。城市轨道交通能够有效解决这些问题。

城市轨道交通虽然有很多的优越性，但是其也具有投资巨大、回收周期长的特点，单靠中央和地方财政投入及银行贷款已远远不能满足城市轨道交通建设的需要。因此，在政府的支持下，拓宽市场化融资渠道，寻找新的投资回报方式，在保证城市轨道交通社会效益的前提下解决资金投入问题和建设运营管理问题，成为顺利建设城市轨道交通项目的关键所在。

二、基础设施及 PPP 模式

（一）基础设施的定义

基础设施是指为社会生产和居民生活提供公共服务的物质工程设施，是用于保证国家或地区社会经济活动正常进行的公共服务系统。基础设施主要包括交通运输、机场、港口、桥梁、通信、水利及城市供排水、供气、供电设施和提供无形产品或服务于科教文卫等部门所需的固定资产，它是一切企业、单位和居民生产经营工作和生活的共同的物质基础。

（二）PPP 模式的定义及常见方式

PPP 模式（Public Private Partnership，公私合营模式）是指政府与私人组织之间为了合作建设城市基础设施项目，或是为了提供某种公共物品和服务，以特许权协议为基础，彼此之间形成一种伙伴式的合作关系，并通过签署合同来明确双方的权利和义务，以确保合作的顺利完成，最终使合作各方达到比预期单独行动更为有利的结果。

依照国内各类基础设施项目的实际运作情况，可以将 PPP 模式分为三类，分别是外包类、特许经营类和私有化类。

① 外包类 PPP 项目

在这类项目中，私人企业通过签订合同的方式负责整个项目中的部分职能，项目的所有权自始至终均归政府所有。在外包类 PPP 项目中，私人部门承担相对较小的风险。

② 特许经营类 PPP 项目

公共部门授予民间企业一定的特许经营权限，由民间企业提供全部或者部分资金开发并运营基础设施项目。

③ 私有化类 PPP 项目

这种模式是指在政府部门的特许与监督下，私人部门完全依靠自身力量负责项目的建设，并永远拥有项目的所有权与经营权，私人部门依靠向使用者收取费用收回投资、获得利润。在这类项目中，风险一般由私人部门完全承担。

三、中东北非地区基础设施发展现状

（一）中东北非主要国家基础设施发展现状

2014年该地区基础设施项目不断增加，成为全球增长最快的基础设施市场之一。中东北非各国为刺激经济增长、改善民生、提高国民福利，对基础设施的投入逐年增加。据仲量联行数据统计，伊拉克、利比亚和阿尔及利亚每年将其GDP总量的11%投入到基础设施，海湾六国的投入也占GDP总量的5%。其中，海湾六国电力工程以及交通基础设施领域支出占据总支出43%。中东北非地区2013年建筑行业总值高达1440亿美元，预计未来五年将保持6%的平均增长率，至2018年市场规模可达2490亿美元。未来五年内，这个市场可以为投资者提供1000亿美元的增长空间。

2015年，以"推动公私合作，构建区域繁荣与和平框架"为主题的世界经济论坛中东北非峰会在约旦举行。会议认为，目前中东北非国家在基础设施领域的投入仅占国内生产总值的5%。当地年轻人口失业率高、基础设施需求迫切，加上贷款利率低和财政储备相对充足等有利因素，正值大力发展基础设施建设的良好契机。

表1 中东地区主要国家2013年的国内生产总值（亿美元）

中东国家	国内生产总值
伊朗	3689
以色列	2906
约旦	337
科威特	1759
阿曼	797
卡塔尔	2032
阿联酋	4023

资料来源：国家统计局网站数据。

表2 北非地区主要国家2012年的国内生产总值（亿美元）

北非国家	国内生产总值
阿尔及利亚	2058
埃及	2628
摩洛哥	960
苏丹	588
突尼斯	457

资料来源：国家统计局网站数据。

整个中东北非地区用于基础设施建设的支出仅占其 GDP 总量的5%，而中国的这一比例已达15%，全球的平均水平也有10%。在海合会地区，每10亿美元的基建投资将创造2.6万个工作岗位，而在伊拉克等发展中的产油国与约旦等石油进口国，同样10亿美元的基建投资带来的工作机会则将分别达到4万个和10万个。

（二）投资基础设施的必要性

城市轨道交通是一种节能环保、快捷的交通方式。通过表3的对比，可以看出城市轨道交通能源消耗明显低于小汽车，略高于大型公共汽车。轨道交通是一种节能效果较为明显的交通方式，且对转变交通不合理结构、缓解城市地面交通压力、改善城市环境污染具有十分重要的作用。

表3 不同交通方式每公里人均能源消耗的比较

单位：兆焦耳/人公里

交通方式		满载率（%）			
		25	50	75	100
小汽车	<1.4升	2.61	1.31	0.87	0.62
	>2升	4.65	2.33	1.55	1.16
公共汽车	小公共	1.42	0.71	0.47	0.35
	大公共	0.7	0.35	0.23	0.17
轨道交通	市内	1.14	0.59	0.38	0.29
	郊区	1.05	0.57	0.35	0.26

四、PPP 模式在轨道交通建设具体阶段的实施

对于项目准备阶段的融资问题,中东北非地区政府最好的选择就是以政府与社会资本合作(PPP)方式做好项目规划和实施,而中东富裕国家的主权财富基金也应参与到本地区的基建工程中来。从下图可以看出,私人资本参与基础设施建设的占比在不断增加。

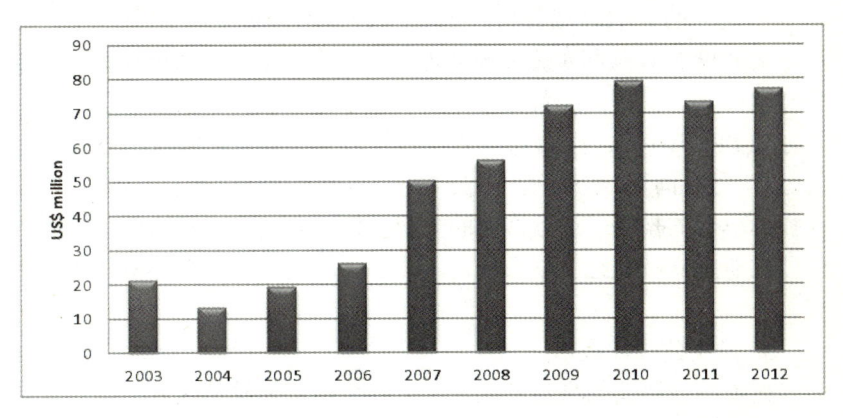

图1　2003~2012年发展中国家私营资本在基础设施领域的投资额

资料来源:顾曼.PPP模式下城市轨道交通项目公私双方风险管理研究,2014。

海湾六国的轨道交通建设可以采用上述的外包 PPP 和特许经营 PPP 项目,由政府和私人部门共担风险,共享收益。根据国内外多年实践经验,轨道交通项目 PPP 模式具体实施过程主要包括:

1. 前期准备阶段

此阶段的工作主要是指项目的可行性研究和立项审批。在确认待开发项目后,首先应当由公共部门委托专业机构对轨道交通项目进行可行性研究,包括一般建设工程通常进行的技术、经济、环保、社会评价等可行性分析,同时还要评估项目引入民间资本的可行性和引入后的风险承受能力等因素。在完成可行性研究评估后,地方政府应当向省级和中央管理部门提交报批材料,待立项审批通过后,进入项目的实质性操作阶段。此外,在本阶段,政府公共部门应当组建单独的

管理机构或公司负责轨道交通项目的统一管理和后续建设运营工作。

在此阶段，对于风险管理而言，主要是由政府公共部门进行风险识别和初步分析评价，站在合理公正的角度上进行初步的风险分担，并将初步分担的结果纳入特许权协议的草案中，作为招标文件的组成部分。

2. 招投标阶段

招投标的目的是选择优秀的私营合作伙伴成立特许经营项目公司，是PPP模式顺利实施的核心内容。本阶段主要包括招标、投标评标与定标、成立特许经营项目公司、签订特许权协议四个环节。

对PPP项目来说，评标与定标是比较复杂并且可能占用较长时间的过程。投标时间结束后，由公共部门牵头组织各领域的专家针对各家投标单位的投标书进行客观的分析评价。完成合作签约后，投标单位便注册成立特许经营项目公司，并和政府公共部门签订特许经营协议。

3. 融资建设阶段

根据特许协议的规定，项目公司按照技术和质量以及工期方面的要求，负责项目的设计、施工、安全管理等，同时还要保证各类资金的到位，以免影响项目的正常建设。项目的设计和施工可以由项目公司自己承担，也可以承包给其他有资质的设计单位或者施工单位。在项目融资、建设和运营的全寿命期内，政府公共部门根据特许权协议以及其他有效的合同文本内规定的范围和方式，可以随时对项目进展状况进行监督，出现不符合约定的情况时及时与项目公司沟通，并协商解决。

4. 运营移交阶段

在项目的特许经营期结束后，项目公司应当按照协议的规定，将项目的全部资产移交政府指定的管理部门或机构，并确保相关资产和设备的质量符合规定的标准，且能继续提供轨道交通服务。若政府有意继续聘请运营管理机构负责轨道交通项目的运营工作，项目公司也可申请延长特许经营期，但双方需重新签订合作协议。在项目确认移交后，项目公司完成使命而解散，并到相关部门办理清算工作。

五、PPP 模式在应用过程中会出现的问题及启示

目前，在应用 PPP 模式过程中还存在不少问题，PPP 模式的实施面临很多挑战，具体体现在配套政策尚不完善、公共管理部门角色定位有误、监管政策制定与执行难、项目收费定价机制仍需探索。并且项目实施过程中会存在一定的风险，包括政策风险、技术风险、财务风险、项目营运风险的分担与管理等。

针对以上各种存在和可能出现的问题，我们要建立并完善有关 PPP 投资管理办法；建立专门的 PPP 投资管理机构；是否选择 PPP 模式，选择哪种 PPP 模式，不能"一刀切"，要因地制宜；政府要考虑采用 PPP 的时机；政府要坚持公开、公平、公正的方式选择合作对象；PPP 模式能否成功运作的关键是政府的监管。因此，大方向和小目标一定要彼此配合才能有大的成果。

参考文献：

[1]鲍志莉.PPP 模式交通基础设施建设的新渠道[J]. 企业改革与管理，2015，（7）：107.

[2]卞罡. 中东北非地区基础设施市场喜忧参半[J]. 国际工程与劳务，2014，（9）：33～34.

[3]顾林琳. PPP 运用于基础设施建设的运营机制与模式研究[D]. 南京农业大学硕士学位论文，2011.

[4]顾曼. PPP 模式下城市轨道交通项目公私双方风险管理研究[D]. 中国矿业大学硕士学位论文，2014.

[5]朱巍.PPP 模式在城市轨道交通建设中的应用[J]. 综合运输，2001，（10）：31～33.

中国货币流动性指标的解读和分析

2014 级　世界经济　吴丹

摘　要：货币供应可以根据其流动性被划分为多种层次，从此衍生出多项可以指示货币结构状况的流行性指标。货币流动性可以反映货币需求与货币供给的均衡状况，其指标对我国宏观政策的执行和经济发展的导向具有重要的现实意义。文章通过总结和分析 1990~2014 年表示货币流动性的各项指标的含义及影响，全面考察了我国的货币供应结构和状况。

关键词：货币供应量；货币流动性；货币政策

一、引言

在商品的流通中，货币起到了物物交换中重要的媒介作用，也被称为流通手段。在宏观经济分析中，货币的流动性是一个重要的关注领域。按照货币的流通速度，货币供应量可以分为不同的层次，用以观察不同金融机构持有的各种货币形式，便于宏观经济政策的调控与执行。货币流动性的强弱不仅会影响到货币的需求量，还会影响到央行对货币政策的斟酌和实施，其变化趋势往往反映了宽松或者紧缩的货币环境，也会反映出一国的货币供应状况。货币流动性是银行系统流动性和市场流动性的基础，超额货币流动性不仅影响股票的名义回报，还会影响股票的真实回报。本文将根据 1990~2014 年中国货币供应量数据，分析各项货币流动性指标，从而了解我国近二十五年来的货币供应情况。了解货币流动性的重要地位的同时，可以从指标趋势中发现中国货币结构的现存问题，防范货币流动性过剩或不足而引起的危害。

二、我国货币供应的结构层次

依据国际货币基金组织（IMF）的要求，我国的货币供应量划分为 M0、M1 和 M2；M0 指流通中的现金，尤其银行体系以外流通的现金；M1 指狭义的货币供应量，M1=M0＋企事业单位活期存款；M2 指广义的货币供应量，M2=M1＋企事业单位定期存款＋居民储蓄存款，其中居民储蓄存款包括个人存款和其他存款，其他存款当中又包含证券公司客户保证金。其中，M0 是流动性最强的货币，它与消费的变动关系最为密切；M1 则能够反映居民和企业资金松紧的变化，流动性要次于 M0；M2 的流动性相对来说偏弱，但是其可以反映出社会总需求的变化和未来通货膨胀的压力状况。国际上讨论一般货币供给时，往往指的是广义货币供应量 M2。中国人民银行会定期公布 M0、M1 以及 M2 的统计数据。世界上各国在货币层次的划分上不尽相同，但其参考依据都是根据货币流动性的大小来进行的。

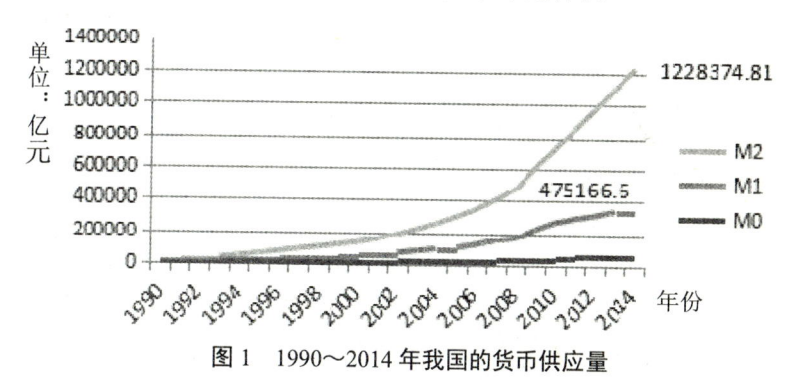

图 1　1990～2014 年我国的货币供应量

数据来源：根据《中国统计年鉴 2014》及中国人民银行数据整理得出。

截止到 2014 年底，中国广义货币供应 M2 的年底余额为 122.84 万亿元，其中狭义货币供应 M1 为 34.81 万亿元，流通中的现金 M0 为 6.03 万亿元。由图 1 可以看出，伴随着经济的进步，我国的货币供应量逐年上升。2009 年受金融危机影响，我国 M2 供应量以 47.5 万亿元为基点大幅度增加，在走势图上表现出斜率拐点，M1 供应也有明显上升，而 M0 的供应增速并不显著。

三、货币流动性指标的分类解读

M0、M1、M2 可以衍生出几项衡量社会金融结构的货币流动性指标，这些指标从不同角度提供了资金结构的有用信息。经济学家和政策制定者们通过考察这些指标的变动趋势来了解经济变化的现实状况，预测经济发展的未来方向。根据我国货币供应结构划分，可以从以下几个角度进行观测。

（一）流通中的现金占比

流通中的现金占比指的是流动性最强的、具有随时购买力的货币 M0 分别占 M1 及 M2 的比重。如图 2 所示，1990～2014 年我国流通中的现金在货币构成中的比重逐年降低。M0 占 M1 比重的下降速度比 M0 占 M2 比重的下降速度更快。其原因一方面是 M1 与 M2 的年供应量保持高位增速，而 M0 的供应增速并不显著。另一方面，随着互联网时代的到来，货币电子化程度提高，银行卡支付、网上支付等方式盛行，现金存提形式越来越便利等，都会影响到流通中的现金占总货币量的比重。

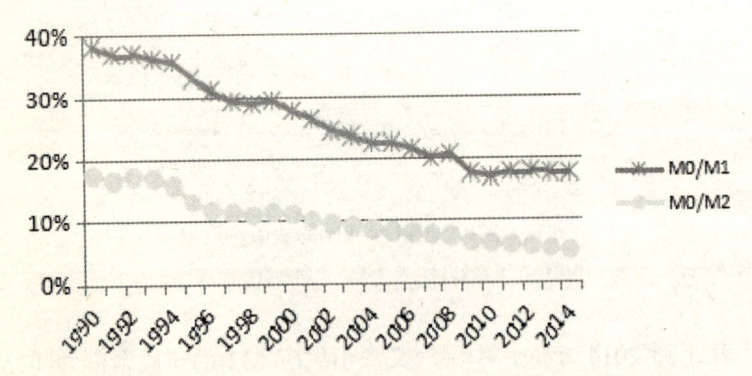

图 2　1990～2014 年中国流通中的现金在货币构成中的比重变化

数据来源：根据《中国统计年鉴 2014》及中国人民银行数据整理得出。

（二）狭、广义货币供应量之比

指货币供给的流动性结构指标 M1/M2，近年来在我国的季度货币政策执行报告和许多相关货币政策的研究报告中频频出现。M1/M2 测度了货币供应内部结构的活跃程度，也被称为"货币活化程度"。

当经济增速加快时，通货膨胀率上升，消费和投资的需求相对比较旺盛，此时微观主体倾向于持有流动性强的货币 M1，会造成 M1/M2 升高；另外，利率下降会造成持有现金与活期存款的机会成本降低，导致人们更愿意较多持有现金与活期存款，也会导致 M1/M2 指标升高。当 M1/M2 的值趋大时，可能表明人们的消费、投资的信心增强，经济形势趋好；当 M1/M2 的值趋小时，则可能表明人们的消费和投资信心减弱，经济形势趋于不景气。M1/M2 不仅能够反映货币流动性强弱的结构变化，而且在分析社会即期资金状况、加强金融监测、制定与实施货币政策方面也是一个重要的参考标准。

图 3　1990～2014 年货币流动性指标的走势

数据来源：根据《中国统计年鉴 2014》及中国人民银行数据整理得出。

如图 3 所示，我国 M1/M2 在 1990～1995 年间呈现波动下降趋势；1996～2010 年间，虽然 M1/M2 这一指标在 0.35～0.40 范围内上下小范围波动，但基本保持平稳；2010 年以后下降到 2014 年的 0.28 左右。我国 M1/M2 的下降受经济波动、通货膨胀、利率变动等影响，近年来 GDP 增速的放缓对 M1/M2 指标的下降也有一定程度的影响。

（三）M2/GDP 指标

M2/GDP 可以表示为广义货币供应量占 GDP 的比重，也是我国测度货币流动性的重要指标之一。其理论基础是美国经济学家费雪在 1911 年提出的货币流通速度概念。费雪方程式为 M×V=P×Y；V 表示货币流通速度，M 表示货币供给量，(P×Y) 表示名义收入。在衡量一国名义收入时，可用 GDP 表示，货币供给量用广义 M2 表示，可得 M2/GDP=1/V，即 M2/GDP 指标为货币流通速度的倒数。货币流通速度也被称为货币周转率，指一定时期内一单位货币用来购买经济体最终产品和劳务总量的平均次数。

为了更清晰地观察我国 M2/GDP 指标走势，引入货币增长率、通货膨胀率及 GDP 增长等宏观经济指标作为比照。图 4 中△M1、△M2 分别表示狭、广义货币供应增长率；△CPI 表示用居民消费指数变动代表的通货膨胀率；△GDP 即国内生产总值的增长。截止到 2014 年底，我国的 GDP 增速为 7.3%；居民消费指数为 2%；广义货币供应增速为 11%；M2/GDP 值为 1.93，达历史最高位，在 2003～2008 年间有轻微的下降，随后继续上升。

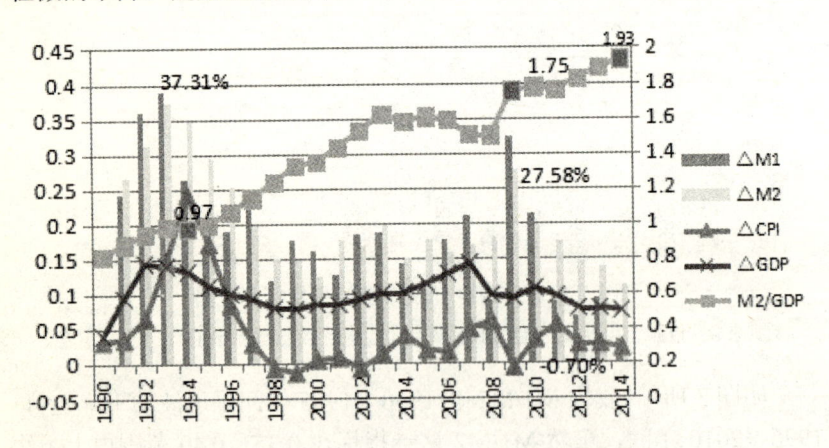

图 4　1990～2014 年中国 M2/GDP 指标的走势

数据来源：根据《中国统计年鉴 2014》及中国人民银行数据整理得出。

如图 4 所示，1993 年我国货币供应增长出现第一个高峰，M1、M2 供应增长幅度都很大，并引发了 1994 年的通货膨胀，CPI 增幅高达 24.1%，而 M2/GDP 指标并不高，仅有 0.97；2009 年我国出现了第二次货币供应增长高峰，M2 增幅达 27.58%，而 2009 年并没有出现通货膨胀，反而出现通货紧缩，CPI 表现出 0.7% 的负增长，M2/GDP 指标高达 1.75，不可忽视的是 2008 年全球性金融危机对此现象造成了很大的影响。此外，由这一变动关系可以简单推测出，当货币供应高增长时，高的 M2/GDP 指标可以抵消通货膨胀，即 M2/GDP 指标与通胀指标有反向变动的关系。2009 年以后，虽然我国的货币供应增长率逐年降低，M2/GDP 指标却依旧在增长，通胀指标继续保持低位运行。

（四）M2/GDP 指标的国际比较

我国的高 M2/GDP 指标引发了经济学界对中国是否已出现严重货币超发现象的担忧。不少分析师认为 M2 总量超过 GDP 是全球普遍现象，且 M2/GDP 排名靠前的多是世界人均收入水平较高的国家和地区。下面选取全球 12 个典型国家和地区进行比较，表 1 中通胀指标是世界银行按 GDP 平减指数衡量的年通胀率，人均 GDP 按 2005 年不变价美元核算。

表 1 全球主要国家和地区广义货币占 GDP 比重的汇总（2014 年数据）

国家和地区	M2/GDP	通胀指标（%）	人均 GDP（美元/人）	国家和地区	M2/GDP	通胀指标（%）	人均 GDP（美元/人）
中国	1.93	0.83	3866	黎巴嫩	2.57	1.09	7257
印度	0.77	3.83	1235	日本	2.51	1.64	37595
泰国	1.37	1.32	3426	德国	0.9	1.72	39718
韩国	1.4	0.56	24566	英国	1.41	1.77	40968
新加坡	1.31	0.22	38088	美国	0.9	1.46	46405
中国香港	3.62	2.9	34222	加拿大	1.23	1.78	38293

数据来源：根据世界银行统计数据（http://data.worldbank.org.cn/indicator）整理得出。

由表 1 可知，高 M2/GDP 并不是中国的特殊情况。黎巴嫩和日本等国家和地区 M2/GDP 指标高于中国，而且不但人均 GDP 比中国高，通胀指标也比中国高。印度和泰国人均 GDP 和 M2/GDP 低于中国，通胀指标高于中国。人均 GDP 较高的发达国家中英国、加拿大、韩国、新加坡的 M2/GDP 指标也较高，且通胀指标低于中国。由数据可以推测，中国的高 M2/GDP 是以换取低的通货膨胀率为代价的。1996 年中国正式确定货币政策的最终目标是"保持币值稳定，并以此促进经济增长"，货币供应量则为货币政策的中介目标，所以中国当前的高 M2/GDP 是由于控制货币供应量以防止通胀为目的所引发的。虽然不少高人均 GDP 的发达国家 M2/GDP 指标也偏高，但中国的人均 GDP 还仍然处于较低水平，所以需要引起足够的重视和警惕，防止货币超发现象的发生。

四、结论和建议

在强调发展质量重于发展速度的新常态经济背景下，伴随着互联网时代的到来，我国的现金支付及提取形式越来越便利，货币电子化程度不断提高，使得流通中的现金占狭、广义货币供应量的比重不断降低。受经济转型、利率变动、通胀指标等原因的影响，我国的 M1/M2 流动性指标走势趋低，一定程度上表现了货币政策对人们消费和投资信心的削弱影响。2008 年金融危机后，我国的货币供应增速开始逐渐放缓，但 M2/GDP 指标总体呈不断上升的趋势，2014 年达到历史最高位，但通货膨胀指标较稳定，处于较低水平，可以推测，M2/GDP 指标与通胀水平属于反向变动关系。虽然从世界范围内来看，我国的 M2/GDP 也偏高，但是可以理解为为了稳定通胀目标而做出的牺牲。但是从长期来看，要警惕和防范货币超发的风险及货币危机的发生。

参考文献：

[1]北京大学中国经济研究中心宏观组. 流动性的度量及其与资产价格的关系[J]. 金融研究，2008，(9)：44～55.

[2]黄达. 金融学[M]. 北京：中国人民大学出版社，2009：499～527.

[3]伍戈. 中国的货币流动性分析[J]. 金融与经济,2011,(6):6～

11.

[4] 杨祖艳. 货币流动性过剩的衡量方法：指标比较和选取研究[J]. 金融理论与实践，2009，(9)：18~22.

[5] Grauwe P. D., Polan M. Is Inflation Always and Everywhere a Monetary Phenomenon? [J]. *The Scandinavian Journal of Economics*, 2005, Vol. 107 (No.2): 239-259.

基于因子分析的
河北省 11 市区域经济发展差异的研究

2015 级　世界经济　展博娜

摘　要：随着京津冀产业结构不断优化升级，河北省的发展越来越受到关注。本文基于 2014 年河北省 11 个市的经济统计数据，选取了生产总值、固定资产投资、社会消费品零售总额、财政收入、人均生产总值、人均可支配收入、第三产业占 GDP 的比重、财政收入占 GDP 的比重等经济指标对河北省 11 个市的经济发展状况进行了定量分析，即因子分析，并对分析结果进行了说明，同时分析了河北省 11 个市区域经济产生差异的原因，对协调区域经济发展提出了建议。

关键词：产业一体化；经济发展状况；因子分析

一、引言

随着当前区域经济一体化的不断发展，区域经济的发展成为研究热点。在京津冀一体化的发展过程中，北京、天津和河北省经济的发展存在很大的差异。河北省经济发展处于转型发展的阶段，11 个城市的发展也有很大的差异，地理位置的不同造成了产业结构的不同。如何将河北省区域经济发展差异缩小，对促进河北省与北京、天津产业的衔接有一定的作用。本文选取了河北省 11 个市的经济指标，通过构建经济发展水平评价体系进行实证研究，比较其发展过程中的不足，并针对不足找到合适的方法，这对京津冀一体化也有一定的促进作用。

二、河北省区域经济差异分析

（一）数据来源及分析

1. 数据来源

衡量经济发展的指标不仅有国民生产总值，收入水平、产业结构、贸易结构等也是影响经济发展的主要因素。河北省 11 个市的经济发展状况是本文的研究对象，因此文章选取 2014 年 11 个市的国民生产总值（X_1）、财政收入（X_2）、固定资产投资（X_3）、社会消费品零售总额（X_4）、人均生产总值（X_5）、人均可支配收入（X_6）、第三产业占GDP 的比重（X_7）、财政收入占 GDP 的比重（X_8）、进出口总值（X_9）、外商直接投资（X_{10}）等 10 个不同方面的经济指标，构建评价体系和评价模型。

2. 构建相应指标体系

为了全面完整地衡量河北省 11 个市的经济发展状况，遵循指标体系选取的完备性、可比性、代表性、弱相关性、可行性、结构层次性等原则，从经济总量、人均经济量、经济结构、对外贸易等四个方面的 10 个经济指标，构建了河北省 11 个市的经济发展水平评价体系。

表 1　河北省 11 个市经济发展水平评价体系

经济水平	经济总量	国内生产总值
		财政收入
		固定资产投资
		社会消费品零售总额
	人均经济量	人均生产总值
		人均可支配收入
	经济结构	第三产业占 GDP 的比重
		财政收入占 GDP 的比重
	对外贸易	进出口总值
		外商直接投资

（二）计量模型分析

1. 因子分析

利用 SPSS 16.0 对选取的河北省 11 个市的经济指标进行因子分析，首先需要将选取的数据进行标准化，处理标准化数据获取其相关系数矩阵，计算各个经济指标的特征值、贡献率、累积贡献率（如表 2）。本文主要选取了三个主因子，这三个主因子的特征值都大于 1，其累积贡献率达到了 94%。

表 2 因子特征值、贡献率及累积贡献率

因子序号	特征值	贡献率	累积贡献率
1	6.222	62.220	62.220
2	2.077	20.768	82.988
3	1.139	11.386	94.374
4	.429	4.289	98.663
5	.134	1.337	100.000
6	3.52E-16	3.520E-15	100.00
7	4.71E-17	4.712E-16	100.00
8	-2.68E-17	-2.681E-16	100.00
9	-1.35E-16	-1.356E-15	100.00
10	-5.98E-16	-5.987E-15	100.00

前三个主因子的累积方差贡献率达到了 94%，足以反映原始变量所代表的全部信息，其中第一个主因子的方差贡献率为 62.22%，其包含了原始变量绝大部分的信息，第二个主因子的方差贡献率为 20.768%，第三个主因子的方差贡献率为 11.386%。取这三个主因子特征值计算各个变量在主成分中的载荷，表 3 中左侧数据显示的因子载荷并不明显，不能对因子做出很好的解释，因此对因子载荷矩阵旋转是我们进行分析的关键。未旋转的因子载荷矩阵乘以该因子转换矩阵（表 4）就可以得到旋转后的载荷矩阵（表 3 右侧）。

表 3 载荷矩阵

因子序号	因子载荷矩阵			旋转后的因子载荷矩阵		
	主因子 1	主因子 2	主因子 3	主因子 1	主因子 2	主因子 3
1	.483	-.739	.225	-.132	.825	.364
2	.966	.144	-.134	.836	.373	.367
3	.950	-.244	.049	.541	.662	.482
4	.701	.379	-.500	.932	.111	-.060
5	.825	.537	-.062	.902	-.044	.395
6	.731	.046	.676	.244	.192	.947
7	-.524	.688	.478	-.245	-.931	.223
8	-.717	.619	.036	-.218	-.885	-.262
9	.928	.310	-.145	.899	.215	.353
10	.892	.251	.327	.626	.161	.740

表 4 因子转换矩阵

因子	1	2	3
1	.725	.488	.486
2	.514	-.853	.090
3	-.458	-.185	.869

第一个主因子主要包括财政收入（X_2）、社会消费品零售总额（X_4）、人均生产总值（X_5）、进出口总值（X_9）、外商直接投资（X_{10}），主要反映了收入消费支出的情况。第二个主因子主要包括生产总值（X_1）、固定资产投资（X_3），主要反映了生产投资水平。第三个主因子主要包括人均可支配收入（X_6）、第三产业占 GDP 的比重（X_7）、财政收入占 GDP 的比重（X_8），主要反映了经济结构水平。

2. 因子分析结果说明

为进一步说明河北省 11 个市的经济发展状况，利用 SPSS 16.0 软件使用回归法计算出因子得分，根据系数我们可以得到因子得分函数：

F_1=-0.217X_1+0.202X_2+0.031X_3+0.377X_4+0.254X_5-0.175X_6-0.083X_7+0.055X_8+0.243X_9+0.035X_{10}

$F_2=0.305X_1+0.038X_2+0.167X_3-0.020X_4-0.146X_5-0.071X_6-0.401X_7-0.316X_8-0.031X_9-0.086X_{10}$

$F_3=0.177X_1-0.020X_2+0.101X_3-0.310X_4+0.040X_5+0.575X_6+0.354X_7-0.002X_8-0.024X_9+0.330X_{10}$

将原始数据带入上面的函数当中，可以得到 F1、F2、F3 的值。根据贡献率我们可以进行加权求和，得到综合得分：$F=(62.22F_1+20.768F_2+11.386F_3)/94.374$，按降序对河北省 11 个市的综合得分进行排序，可以得到河北省 11 个市经济水平综合评价表。

表5 河北省11个市经济水平综合评价表

城市名称	F1	F2	F3	F	排序
石家庄	2.59626	-0.22955	0.59589	1.733	1
唐山	0.10910	2.63359	-1.22918	0.503	2
邯郸	0.27945	0.15681	-0.26117	0.187	3
保定	0.57101	-0.78345	-0.78012	0.110	4
沧州	0.25652	-0.38987	-0.09220	0.106	5
廊坊	-0.31357	0.48583	1.57834	0.089	6
秦皇岛	-0.87775	0.59593	1.67706	-0.245	7
张家口	-0.49366	-0.61493	0.68247	-0.378	8
邢台	-0.42944	-0.83685	-0.98967	-0.587	9
承德	-0.70457	-0.63890	-0.55981	-0.672	10
衡水	-0.99155	-0.37861	-0.62163	-0.812	11

河北省 11 个市的经济得分说明了区域间经济发展的基本情况：（1）从总体来看，11 个市的经济发展水平极度不平衡。综合得分最高的为石家庄，最低的为衡水，这两个城市的经济实力相差悬殊。排在前 6 位的城市都处在平原地区，地理区位优势明显，可以看出当前京津冀一体化带动了周边城市的发展。（2）单从各个主成分来看，石家庄的第一主因子得分较高，反映了石家庄的收入消费支出情况良好；唐山的第二主因子得分较高，可以反映唐山的生产投资水平很高；秦皇岛的第三主因子得分较高，真正反映了秦皇岛的对外贸易情况；秦

皇岛濒临渤海，拥有自己的港口秦皇岛港，其对外贸易要比河北省其他城市更加发达。

三、河北省 11 个市经济发展差异的原因

（一）自然资源和地理位置差异

自然资源和地理位置的差异是河北省 11 市区域经济发展差异的客观因素，但却是影响经济发展不平衡的重要原因之一。河北省大部分地区位于平原地区，农业相对发达。张家口处在高原之中，自然条件相对恶劣，农业不发达。尽管秦皇岛处在平原中，但是秦皇岛濒临渤海，海洋资源丰富，其旅游服务业比较发达。

（二）政策导向不明显

纵观新中国成立以来河北省为区域发展颁布的一系列政策，其政策导向并不明显，有些政策存在明显的偏颇。如"两环开放带动战略"，其工作的重心是秦皇岛、唐山这些沿海城市。为了推动这些地区的发展，给予其更多的优惠政策；相对而言，张家口、承德等地区则失去了政策的强力支持。秦皇岛作为最早开放的 14 个沿海城市之一，通过大规模地吸引外资和先进技术、开展对外贸易，经济得到了空前的发展。而河北省其他城市开放相对较晚，发展程度不高，这也导致了其经济发展存在一定的差异。

（三）产业结构不合理

尽管河北省产业结构经过不断优化，发展成为"二一三"的格局，但是目前其产业结构仍然存在很多的问题。河北省 11 个市的产业越来越趋同化，第二产业内部发展不合理，技术密集型产业的比重比较低，并且第三产业对经济的渗透能力弱。

四、河北省 11 个市经济协调发展的对策研究

（一）合理利用地理位置和自然资源的优势，发展地区特色经济

河北省 11 个市存在的资源种类不同，应合理利用本地区的资源要素，大力发展特色产业，寻求地区间的有效合作，充分利用本地区和外地区的资源，带动本地区和外地区的协同发展。例如，秦皇岛濒临

渤海，海洋资源丰富，北戴河环境优美，气候宜人，每年夏天有相当一部分人选择到这里避暑，所以秦皇岛可以大力发展旅游业、特色服务业；唐山的煤、铁矿资源丰富，应大力发展煤炭、钢铁行业。

（二）明确政策导向

完善协调发展政策体系，重视不发达地区的政策调整，如加大对不发达地区基础设施的投入，完善农村基础设施建设体系。在改善不发达地区基础设施的同时，也要关注这些地区的投资，放宽投资政策，鼓励企业进行投资，带动不发达地区的经济增长，缩小城市之间的差距。

（三）合理优化产业结构

促进河北省区域内的产业布局联动发展，重点进行产业整合，以11个市的比较优势为基础，积极调整和优化区域内的产业结构，进而优化河北省的工业产业结构。对于本地区企业的发展要本着"优胜劣汰"的原则，对落后的、污染严重的企业进行淘汰，积极发展优势产业。

（四）抓住京津冀一体化发展的机遇

借助京津产业的发展，主动承接京津产业的转移，打破京津冀的行政壁垒，尤其是廊坊、保定、张家口这些毗邻京津的城市，在进行定位时要充分考虑京津的经济发展调整优化的要求。

五、结论

随着京津冀协同发展的不断推进，河北省应抓住机遇，分析经济发展进程中遇到的问题，区域经济协同发展是最关键。通过对河北省11个市的经济发展水平进行定量分析，河北省各地区经济发展存在很大的差异。针对这些差异，应及时采取相应的措施，实现河北省经济健康持续发展及区域经济协同发展。

参考文献：

[1] 李佩，王慧，陈园园. 基于因子—聚类分析的河北省区域经济发展水平差异的研究[J]. 高师理科学刊，2011，3（2）：80~84.

[2]马树强,王雅洁. 河北省区域经济差异与协调发展研究[J]. 河北工业大学学报,2011,9(3):20~23.

[3]王淑芬. 应用统计学[M]. 北京:北京大学出版社,2011.

[4]张冉. 河北省区域经济差异分析与协调发展研究[D]. 北京交通大学硕士学位论文,2007.

[5]甄建岗. 河北省区域经济差异及协调发展研究[D]. 河北农业大学硕士学位论文,2008.

浅析日剧在跨文化交际能力培养中的作用

2015 级　日语语言文学　李琴

摘　要：在跨文化交际中，各种社会文化的差异会对学习者的语言学习和文化交流造成障碍。因此，跨文化交际能力的培养和提高在日语学习中有着重要的作用。日剧是日本当前社会文化的载体，我们可以通过合理利用这一资源，帮助学习者丰富语言，拓宽视野，使学习者的知识储备实现量的积累，在跨文化交际能力方面得到质的提高。

关键词：跨文化交际能力；日剧；文化常识获取；流行语习得

一、先行研究

Spitzberg（2000）对于跨文化交际能力的定义是："跨文化交际能力广义地说可以理解为这样一种现象，即这一行为在某一特定的语境中是恰当和有效的。"根据另一位研究者胡文仲（2013）的研究，我们可以发现，跨文化交际能力包含认知、情感和行为这三个要素。情感和行为要素需要通过一定的语境和实践来获得，而认知能力的培养则是我们在跨文化交际能力的培养中教学实践的中心。他在研究中提到："在认知层面，学者们提出要进行成功的跨文化交际，交际者不仅需要一般的文化知识，还需要具备一定的文化常识以及本国和其他国家的政治、经济、地理、历史、人文、宗教、习俗等方面的知识。"胡文仲（2013）还提出，一般在认知能力的培养中，可以通过使用音像制品的方式进行。同时，在研究过程中也发现目前对于日语影视文学作品在教学中运用的相关研究也有了一定进展。冯文彦（2015）分析了日语影视文学作品在教学中运用的可行性，为相关的研究提供了理论上的支撑。他在研究中指出，在对日本风俗文化的介绍中，影视文学作品的作用，相对于静态的纸质教材，具有一定的优越性。通过对以上文献的解读和分析，我们可以发现培养跨文化交际能力的必要性和通过日剧培养、提高跨文化交际能力的可行性。下面，本文将从日剧在文化常识的获取和流行语的习得这两个方面来分析日剧在跨文化交际能力培养中的作用。

二、文化常识的获取

目前，在高校的日语专业中，为了加深学生对于日本基本国情和社会的了解，多数开设了日本概况等课程，从政治、经济、文化、社会、人文等方面来介绍日本社会的情况。但由于内容庞杂，课程设计偏重于理论讲解，对于学习者学习造成了一定的困难，无法达到预期的学习目标。日剧中还原人物所在年代和贴近现实生活的场景设定，可以让学生产生身临其境的感官刺激，更好地理解和接受这些文化常识，从而很好地辅助课堂教学，解决这一难题。本节以日剧《多谢款待》为例，来分析日剧中包含的文化知识，发掘日剧对于跨文化交际能力培养的作用。

首先，这部日剧是日本 NHK 电视台在 2013 年 9 月至 2014 年 3 月播出的晨间剧，是面向日本全国播出的影视文学作品。该剧以日本大正年间至第二次世界大战为时代背景，讲述了主人公的人生经历。这是一部讲述食物与人生的日剧。日本的饮食文化是日本文化中重要的组成部分，也因为饮食文化的特殊性，只是通过教师的讲解是无法直观地展示这一特殊的文化的具体形式，无法满足学习者的学习需求。

《多谢款待》不仅全面地展示了日本的各种食物，而且对于其背后的知识进行了诠释。例如，在第 2 集当中，对于草莓这种水果，有这样的描述："明治 44 年、イチゴはまだ珍しい果物でございました。"通过这些片段的描述，可以窥见那个时代食物种类匮乏的状态。同时，由于主人公出身于经营法国餐厅的家庭，所以不仅展示了各式各样的日本传统美食，还对于日本人西式饮食文化的发展过程进行了诠释。

例如在前四集中，展现了西式饮食文化与传统日本饮食观念的冲突，以及人们逐渐理解和接受西式饮食文化的过程。最后，身为厨师的父亲将这些饮食文化与本国的传统饮食相结合，创造了适合日本人饮食特色的独特的料理。这些不仅帮助我们理解了日本目前和洋结合的饮食特点，更向我们展示了这种饮食文化的起源和发展。

其次，这部日剧在社会背景设定中融入了很多社会风俗的知识。例如，在第55集～58集当中穿插了天神祭这一风俗的介绍，在第59集当中更是集中展现了天神祭、狮子舞这些活动的场景。此外，在历史知识方面，也有很多细节的展现。例如，在第132集当中，描述第二次世界大战中日本投降这一历史事件时，播放了日本天皇宣布投降诏书的录音，通过这一段录音，学习者可以了解历史事件背后的细节，加深对这段历史的印象。最后，这部日剧的社会背景设定也非常适合帮助学习者全面了解日本社会的风貌。剧情前期以东京为背景，展示了东京地区的风土人情，后期由于剧情的发展，又以关西地区作为生活的舞台，展示了与关东迥然不同的社会风貌。

从以上的实例分析来看，像《多谢款待》这样以不断发展的社会背景作为舞台的日剧，可以以一种直观的方式展示日本社会生活的方方面面。这些直观的展示可以让学习者在脑海中理清这种文化现象的发展脉络，构建知识的思维导图。其次，日剧中包含很多风土人情和社会习惯，能够帮助学习者了解这一社会常识，在潜移默化的过程中形成对这一文化现象非常直观的认识。而且，内容的丰富性和娱乐性能够缓解学习者的紧张感。同时，对于事件和文化现象非常细化的展现，可以丰富在跨文化交际的认知层面的知识结构，成为跨文化交际能力发展的基石。

三、流行语的习得

语言作为社会文化的载体，和社会发展相联系，日语的流行语作为一种常见的语言现象，在跨文化交际中是不可或缺的一部分。作为日语学习者，在掌握基本词汇的基础上，还应该了解随着时代发展的流行语。流行语的习得可以丰富在跨文化交际中的词汇积累，使在学习与交流中使用的语言贴切，更好地传达自身的感受和观点。同时，通过这些地道、贴近生活的表达方式，可以拉近跨文化交际中的心理距离，获得文化心理上的认同。本节将通过分析 2002~2014 年日语新语流行语大赏中与日剧相关的获奖词语，来考察日剧与流行语习得的关系。

2002~2014 年日语新语流行语大赏中与日剧相关的获奖词语[①]

获奖年份	获奖流行语	流行语出处	播放平台
2002 年	真珠夫人	《真珠夫人》	富士东海电视台
2004 年	ヒカチュー	《在世界中心呼唤爱》	TBS 电视台
2008 年	アラフォー	《Around 40》	TBS 电视台
2010 年	ゲゲゲの	《怪怪怪的妻子》	NHK
2013 年	倍返し	《半泽直树》	TBS 电视台
	じぇじぇじぇ	《海女》	NHK
2014 年	ごきげんよう	《花子与安妮》	NHK

　　从以上表格的数据可以得出，2002~2014 年的 13 次流行语大赏中，有 7 个与日剧相关的词语获奖，2013 年更是有 2 个流行语跻身前十，由此可见日剧在日语流行语的习得中的重要性。这些流行语多是仿照原有词汇构造的新词，比如，"じぇじぇじぇ"中的"じぇ"是岩手县方言，三个"じぇ"合成的这个新词有表达非常吃惊和非常感动的意思。也有流行语是通过赋予原有词汇新的意思，比如 2013 年的流行语"倍返し"，《大辞林》的解释是："倍の金額を返すこと"，也就是加倍返还金钱的意思。在日剧《半泽直树》中，"やられたら、やり返す、倍返しだ。"这句台词贯穿全剧，表达了主人公和恶势力斗争的信念，成为当年的流行语。这里使用的是这个词的衍生义，多用于表达复仇、报复的意思，与中文"加倍奉还"的意思相同。

　　这些流行语本身出自这些日剧当中，可以通过日剧的观看，理解故事情节，把握词语的意思。同时，日剧对于词语的语境还原能够帮

[①] 表格中关于流行语的信息来自自由国民社主页关于"U-CAN 新语流行语·大奖"的记录。

助学习者了解词语使用的场合和语境，更好地把握对词汇的使用。

四、结语

通过以上的考察我们可以看出，在文化常识获取方面，日剧中还原人物所在年代和贴近现实生活的场景设定，可以让学生产生直接的感官刺激，理解和接受这些知识，从而很好地辅助课堂教学；同时，在流行语习得方面，流行语本身出自这些日剧当中，可以通过日剧的观看，理解故事情节，把握词语的意思，对于词语的语境还原能够帮助学习者了解词语使用的场合和语境。

从以上的分析可以看出日剧对于跨文化交际能力的发展的促进作用。但在利用日剧这一素材时，我们需要注意以下两个方面。首先，要注意对于日剧种类的选择，需要选择以现实生活为背景的日剧，以了解日本社会生活的现状，练习经典台词，学习流行语，扩充词汇量和知识面。而像悬疑推理剧这种含有许多和现实生活脱节的内容的日剧就不适合作为学习的素材。其次，在使用日剧来学习时，需要注意方法，像大河剧中有很多古代的词汇和表达，可以通过其中的故事情节了解历史，但不宜学习词汇表达。所以在观看时要有侧重，如果着重于学习文化常识，就要关注场景设定、道具细节；如果要学习其中的流行词汇和地道表达，就需要专注于会话内容和台词。

本文分析了日剧在跨文化交际能力培养中的作用，希望能够给日语学习者一定的指导作用。同时，希望通过和其他研究者的共同努力，能够使这种新的教学模式得到发展和完善，成为目前课堂教学的补充，实现多元化教学模式。

参考文献：

[1] 冯文彦. 日本影视文学在日语教学中的可行性研究[J]. 戏剧之家，2015，(20)：230～231.

[2] 高永晨. 大学生跨文化交际能力的现状调查和对策研究[J]. 外语与外语教学，2006，(11)：26～28.

[3] 侯琳琳，吴莹. 跨文化交际背景下的日语学习对策——通过日

剧学日语[J]. 才智，2015，(28)：126.

[4]胡文仲. 跨文化交际能力在外语教学中如何定位[J]. 外语界，2013，(6)：2~8.

[5]梅子. 从跨文化交际能力培养的视角分析日语敬语教学[J]. 教育教学论坛，2014，(52)：150~151.

浅析语言实验室在德语教学中的应用

2014 级　德语语言文学　王惠

摘　要：在德语教学中，多媒体应用是必不可少的环节。语言实验室以其自身强大的优势，在德语教学中得到了广泛的应用。但是，语言实验室也慢慢暴露出自身所存在的问题。如何更为有效地利用语言实验室开展德语教学，是本文所关注的重点。

关键词：语言实验室；优缺点；德语教学

一、前言

语言实验室是以语音教学设备为手段来完成教学全过程的场所，旨在更好地提高学生外语听力水平和会话能力，从而达到教学要求，完成教学任务。其概念源于伯尔赫斯·弗雷德里克·斯金纳，他提出了自己的行为主义理论——操作性条件反射理论，并且通过长期研究鸽子和老鼠的操作性条件反射行为，提出了"及时强化"的概念以及强化的时间规律，对教育有着指导性的意义。语言实验室也是斯金纳的发明。20 世纪 50 年代，语言实验室首先在美国展开运用；20 世纪 60 年代，德国外语教学中也开始设立语言实验室；自 20 世纪 70 年代以来，随着科学技术的进步，语言实验室在我国教育领域中开始普及。到目前为止，正规的外语教学都使用了语言实验室。但我国的语音建设尚停留在视听型语音室层面，且由于传统的教学理念和教学模式没有改变，譬如人们习惯性地认为语音室就应该是教师讲，学生听，教师播，学生看，又如有些教师对多媒体设备使用不熟练等，使语言实验室在德语听力教学中的优势并没有很好地发挥出来。笔者通过探究语言实验室在听力教学中的优缺点,旨在扬长避短,以更有效利用语音室进行德语教学。

二、语言实验室在德语教学应用中的优势

(一)图声并茂

据教育学家研究表明,人类接受知识主要是靠视觉和听觉。就其比例来说,视觉占83%,听觉占11%,味觉占1%。在记忆方面,只听不看的,三天后留下的印象是15%;边听边看的,三天后留下的印象是75%。而多媒体语音室以其多样化的形式、丰富的图文声像刺激着学生的感官和大脑,能调动学习者的眼、耳等多种器官同时参与学习,增加了信号刺激的强度,加深了大脑皮层中留下的痕迹,从而提高了记忆的效率。相对语音室来说,传统课堂显得单调枯燥。由此可见,语音室授课具有传统课堂无法比拟的语言环境。

(二)学生拥有更多表达及练习时间

在传统教学课堂中,每个学生与老师进行练习的时间,一堂课平均不超过3分钟。语言实验室可以让所有的学生同时进行练习,所以学生们的表达时间拓宽了10倍左右。在语言实验室教学过程中,一位教师可以同时对几十位同学进行听说训练,遥控学生的录音机或监听、监录学生的作业,及时有针对性地给学生帮助辅导,从而达到理想的教学效果和目的。语言实验室给学生提供了一个发挥主观能动性的平台,借助于先进的教学手段,由以教师为中心的教学模式转变为以学生为中心的教学模式,学生不再是知识的被动接受者。

(三)语言实验室对于初学者有着重要的作用

一般来说,在传统教室中,教师是学生们最主要的听力来源和发音的模仿对象。但是大部分老师都是非德语母语者,他们的发音和母语者相比,还是存在一定差别;尤其个别老师发音不准确,带着方言口音,这样对学生们的发音产生了非常消极的影响。而在语言实验室中,教师可以大量播放原汁原味的德语材料,让学生们逐步习惯德国人讲话时的发音和语调的变化。学生们可以戴上耳机精听,仔细区别

不同的发音。比如通过"Minimalpaarübung: fühlen-füllen, Hüte-Hütte, Wüste-wüßte",或有针对性地对单个比较难以区分的音素,如/v/和/w/进行语音对比练习;让学生录下自己的语音,之后再与原声进行比较,找出自己的发音问题,优化发音。对初学者来说,语音学习非常重要,因为语音一旦形成,后期比较难纠正。语言是交流思想的工具,语言首先是有声的,所以德语发音的正确与否也会影响到是否能正确与对方进行交流。应有效利用语言实验室,打好语音基础,让学生们对自己的发音有一个自我意识的过程,提高语音独立学习的能力。

三、有效利用语言实验室进行听力教学

(一)调整教学理念与方法

语言实验室理论基础源于行为主义和结构主义。行为主义学习理论要求教师掌握塑造和矫正学生行为的方法,为学生创设一种环境,尽可能在最大程度上强化学生的合适行为,消除不合适行为。结构主义强调学生所学知识的结构性,更多关注教学中知识方面的内容,即知识及其传授方式的结构化。但脱离了行为主义和结构主义,语言实验室就缺少了理论基础。语言实验室因为其机械化、无意义的操练也饱受批评。例如,刚开始,教师在语言实验室中经常采取"Pattern Drills"(模式操练)的教学方法。教师给出例句"Ich wohne in Tianjin"(我住在天津),学生们按照这个例句,替代句子中的一个成分,造出新句子"Ich wohne in Peking"(我住在北京),"Ich wohne in Shanghai"(我住在上海)。然而从 20 世纪 70 年代以来,人们尝试用"Meaningful Drills"(意义操练)的结构练习替代"Pattern Drills"。比如"Ich wohne in Tianjin, weil..."(我住在天津,因为……),通过对 weil 所引导的从句进行替换,构成内容、意义上有变化的练习。意义操练与模式操练相比,更大程度上调动了学生们的自主能动性,以便达到交流的目的。但这两种操练多适合于初级者,即 A1 到 B1 的学生。

(二)视听形式多样化

教学中,教师应在激发学生兴趣的基础上,建立多样性练习,避免学生疲惫的情绪,提高学生参与度,让学生积极融入课堂。语言实

验室提供了一个更好的平台。

单人练习 大部分教师都会进行听写训练,大约 3 分钟的听力材料是最好的听力练习。第一遍,学生泛听,不动笔,大概了解材料内容;第二遍进行细听,并动笔,记录下自己所听到的内容;第三遍进行补充和完善。或者一部电影,教师对关键场景部分进行练习,比如第二遍播放关键场景的时候,给学生提一个问题,让学生们细听之后,给出自己的答案。

分组练习 如果说在传统的教室中,学生分组练习,相互交流比较单调的话,那么在语言实验室中,这项活动则更有活力。教师可以给学生们放一段视频,让学生们进行角色扮演,给不同的角色配音;或者播放一部电影的上半部分,让学生们分组猜测电影情节的发展方向。这样既可以激发学生的学习兴趣,又可以让学生们在互动过程中,有更多交流及说德语的机会。

(三) 听力内容多样化

现实生活中人们的语音千差万别,所以语音实验室教学中,教师应尽量让学生接触各种不同的视听材料,反复对听觉进行刺激,让学生们习惯各种不同的语音、语调和语速,营造一个良好的视听氛围,提高德语听力水平。对于 A1 到 B1 水平的学生,教师可以进行以日常生活场景为主的听力练习;而对于 B2 水平以上的学生,教师可以播放一些有适当难度的视听资料,比如电影、快速新闻,等等。此外,生活中语言信息的传递通常伴有干扰音素,比如人们通电话时,电话另一端经常伴有杂音。所以,听力课上应安排学生听一些有背景声音的材料,以增强学生的分辨能力和抗干扰能力。

四、语言实验室在德语教学应用中的局限性

(一) 成本费用高,且需要花大力气维护

语音教室伴随着计算机不断发展变化,也从起初的听音型向多媒体数字化、网络化的方向发展。仪器设备的购买及教室环境的改善等直接构成语言实验室的成本主体。另外,高校语音室设备的技术维护管理,直接关系到设备为教学服务的效率,影响教学活动的开展。因

此，需对常用设备进行定期的保养维修。

（二）缺少师生互动

教学实践显示，教学活动中最活跃的因素是师生间的关系。师生之间的互动性与相互融洽的关系，也是许多优秀教师成功的重要因素。合理地运用非语言行为对建立良好的师生关系有着无法替代的作用。眼睛是非语言行为的主要工具，所以教师适度地使用"目光语言"是非常必要的。如果教师发现学生在课堂上走神，可运用"目光语言"提醒他以促使其自觉改正。而在语音实验室课堂上，非语言交流甚少，教师一般都在坐在控制台前面进行视听材料播放与讲解，由于戴着耳机，目光盯着屏幕，师生间常常缺乏目光交流，师生之间的信息交流受到阻碍。

（三）教师及学生对语音设备的操作熟练程度不高

目前，高校新配备的语音设备较多是功能齐全的教学系统，但不少教师所使用的功能并不多。有些教师把语音设备变成简单的录音机、对讲机、影碟机来使用。多数教师或因自身计算机水平较低，或因缺乏相应的训练，对语言实验室的设备操作不够熟练。因此，语言实验室设备的功能并没有得到充分的发挥，也没有达到预期的教学效果。此外，少数教师对设备不熟悉，不懂得如何操作和使用语音设备。譬如：语音设备无法播放声音，可能只是需要重启一下电脑即可，但是教师以为设备出现故障，等专门技术人员过来修理时，已经耽误了一定的课时。学生方面，因为对语音设备不熟悉，加之其对于新鲜事物非常好奇，时常出现以下情况：不听从老师的指令，违反语音操作规程，发生人为故障。这些都阻碍了语言实验室正常教学进度，导致不必要的时间浪费。

五、总结

综上所述，虽然语言实验室自身存在着局限性，但我们要对它保持一个客观理性的认识，认识到它在外语教学中的必要性和重要性。随着信息时代的迅猛发展，语言实验室也在不断更新换代，尤其是将数字网络技术引入德语教学，对传统意义上的教师来说，更是一种挑战。另外，加强视听教学理念的贯彻，提高教师对听说能力重要性的认识更是当务之急，因为中国德语学习者的听说能力与读写能力相比，还存在一定差距。教师应努力丰富语言实验室教学内容与方式，活跃教学气氛，有效利用语音实验室这个教学资源，提高学生说德语的兴趣及表达机会。

参考文献：

[1]鲍施. *Handbuch Fremdsprachenunterricht*[M]. 斯图加特：UTB（大学口袋书）出版社，2007：421～422.

[2]郭凤霞，朱新杰. 浅谈语音室在英语教学中的局限[J]. 现代企业教育，2009，（20）：169～170.

[3]张进红. 扩招前提下高校多媒体语音室问题及对策浅议[J]. 才智，2008，（2）：17.